随着股指期货的破茧而出，我国资本市场告别了只能通过做多赢利的单边市场，广大投资者面临着新的机遇和挑战。欧美等发达国家成熟的理论和操作经验，对于我国投资者而言具有重要的借鉴意义。为此，华夏基金精选了时下欧美股指期货领域具有权威性和实战性的经典著作，组成这套"华夏基金股指期货丛书"，旨在为广大投资者提供真实的市场经验，帮助其在市场交易中做出更明智的抉择。

——华夏基金管理有限公司

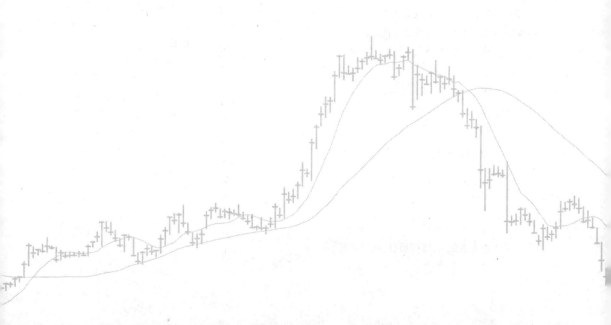

图书在版编目(CIP)数据

股指期货/(英)萨克里弗著；李飞,黄栋译.
—北京：中国青年出版社，2008
ISBN 978-7-5006-8000-0

Ⅰ.股... Ⅱ.①萨... ②李... ③黄... Ⅲ.股票—指数—期货交易—基本
知识

股指期货

作　　者：〔英〕查尔斯·M·S·萨克里弗

译　　者：李　飞　黄　栋

责任编辑：周习华

审　　订：胡　浩

美术编辑：夏　蕊　　王晋荣

出　　版：中国青年出版社

发　　行：北京中青文文化传媒有限公司

电　　话：010-65516873／65511270

网　　址：www.cyb.com.cn

制　　作：中青文制作中心

印　　刷：北京凌奇印刷有限责任公司

版　　次：2010 年 5 月第 2 版

印　　次：2010 年 5 月第 2 次印刷

开　　本：787×1092　1/16

字　　数：532 千字

印　　张：29

京权图字：01-2007-3710

书　　号：ISBN 978-7-5006-8000-0

定　　价：68.00 元

目 录

序

金融衍生品市场是市场经济发展到一定阶段的产物。伴随着上市公司股权分置改革的顺利完成，我国资本市场结构发生了重大的调整，市场流动性显著增强，融资能力大大提高，具备了建设真正的国际金融中心的扎实基础。而金融期货交易所的建立，则标志着我国金融衍生品市场的诞生，给资本市场注入了强大的活力。货币、外汇、保险、证券、期货市场之间开始紧密互联，整体金融市场将发生一场深刻的革命。

经过多年的市场竞争，国外的衍生品市场已经积累了很多的经验，能够为客户提供多样化、个性化的风险管理服务。在这样的金融环境和背景下，我国金融市场全面开放后，金融机构在国际竞争中处于很重要的地位。因此，衍生品市场的建立是保证我国金融市场安全、提高金融市场国际竞争力的需要。衍生品市场能够大大增加金融机构参与金融市场业务的广度和深度。在没有衍生品市场的条件下，金融机构产品开发和资产管理能力受到严重制约，市场参与深度非常有限，只能被动地持有资产，不能根据市场风险变化，主动地调整资产结构。当市场下跌时，金融机构规避风险的唯一途径就是抛售股票，从而加剧市场波动。有了衍生品市场后，无论上涨还是下跌，金融机构都能够通过期货与现货构造的资产组合来对冲风险，减少产品收益的波动，增加盈利的机会。这是一个国家金融市场效率的体现。

股指期货作为重要的股权金融衍生品，给市场参与者提供了有效管理风险的功能。投资者用它来进行风险管理，具有更高的准确性、流动性、经济性和时效性。期货交易的杠杆方式，也大大降低了交易成本，同时赋予投资者更多的灵活性。

自堪萨斯市期货交易所于 1981 年推出全球最早的股指期货合约——价值线综合平均指数（Value Line Index）合约后，股指期货就受到了市场的广泛关注。目前全球股指期货的年成交额已经突破了 20 万亿美元，并且这一数字还在逐年上升，在很多国家股指期货的交易规模已经同股票现货的交易规模相近。

随着中国经济的发展和资本市场广度和深度的不断扩大，市场参与者和投资者对股指期货等金融衍生产品的需求也日益强烈。即将推出的沪深300指数期货不仅仅是给我国期货市场增添了一个新的交易品种，更重要的是给资本市场提供了一套行之有效的避险机制，具有革命性和里程碑式的意义。

在推出新的交易品种的同时，如何做好市场参与者和投资者的教育工作，使其了解股指期货的特性，是培育和引导市场发展的重要环节之一。我们通过引进、消化、吸收其他成熟市场的相关经验并加以运用，能够使我们加快市场建设，避免一些不必要的错误和损失。

从这一点来看，阅读查尔斯·萨克里弗教授的《股指期货》一书无疑对我们是大有裨益的。作为英国雷丁大学的教授，萨克里弗教授长期从事股指期货的学术研究工作，同时他还作为英国金融服务管理局(FSA)的顾问，对交易品种设计和市场机制完善等方面做了大量的咨询工作。自1990年初版后，本书再版两次，该书理论性和实际性相结合，对世界上主要的股指期货的运行规律作了详尽的总结。内容完整，对套利、套期保值、合约设计等股指期货的重要领域均做了详尽的介绍和实证分析。同时，对于机构投资者感兴趣的如何在投资组合中运用股指期货这一问题，该书也专设一章做了充分的论述。而对于从事学术研究的人士，诸如期货市场和现货市场之间的影响关系、套期保值比率等也作了介绍和说明。

我希望通过本书中文版的出版，能够为培育和提高我国金融衍生品从业人员和广大读者的相关股指期货知识起到一定的推动作用。

中国证券监督管理委员会期货部副主任　黄运成

2008年1月

前 言

撰写本书的主要目的是展示关于股指期货的相关理论和经验证据。期货交易的主要原则在所有交易所都是一致的。因此，从许多国家的市场都可以总结出一整套理论和经验证据。基于各国所做的实证研究，可以对股指期货的实证专题构建一套国际化的视角。

本书对股指期货参与机构的细节和事例都是基于英国的金融时报100指数期货(FTSE 100)做出的。有关参与机构的论述都是根据写作时掌握的最新资料得来的，或许目前已经有所变化。

本书的主要目的是从使用者的角度出发对市场做出分析，而论述的重点也绕开了关于期货市场存在的宏观经济意义和福利效应的讨论，如"期货市场存在能否提升经济福利"。因为尽管这些问题也是引人入胜的，但是它们联系到所有期货市场，而不仅仅是股指期货市场。

本书使用研究股指期货一般特点的金融分析方法和语言，力图对市场驱动因素做出基本判断和考量。在某些地方，本书使用了下述金融学理论：组合理论、资本资产定价模型、有效市场假说和投资组合保险，并对上述理论做了简明的介绍，提供进一步研究学习所需的文献，其主要目的是尽量减少阅读本书所需的数学知识。

许多著作对于那些希望在金融期货市场交易的读者会有所帮助，这些著作都详细描述了交易机制和过程。尽管本书也专设一章描述了股指期货的交易机制，然而本书的目标却不同于这些专著。

本书适用于金融经济专业的学生、金融市场的参与者和监管者。当然，对于任何想要了解股指期货运作的读者而言，本书都能使其受益。

缩略词

ACCESS   American Computerized Commodity Exchange System and Services（NYMEX）美国电子化商品交易系统和服务（纽约商业期货交易所）

ADR   American Depository Receipt 美国存托凭证

AFBD   Association of Futures Brokers and Dealers 期货经纪商和交易商协会（从1991年4月起归入英国证券期货管理局）

AFFM   Australian Financial Futures Market 澳大利亚金融期货市场

AFM   Amsterdam Futures Market 阿姆斯特丹期货市场

AIM   Alternative Investment Market 伦敦的创业板市场（自1995年6月19日起归入伦敦证券交易所）

AMEX   American Stock Exchange（New York）美国证券交易所（纽约）

AMVI   AMEX Market Value Index 美国证交所市价指数

AOI   All Ordinaries Index（Australia）普通股价指数（澳大利亚）

APS   Average Price System（CME）平均价格系统（芝加哥商品交易所）

APT   Automated Pit Trading 伦敦国际金融期货与期权交易自动交易池（始于1989年11月）

ARCH   Autoregressive Conditional Heteroscedastic model 自回归条件异方差模型

ARIMA   Autoregressive Integrated Moving Average process 差分自回归移动平均模型

ARMA   Autoregressive Moving Average process 自回归移动平均模型

ASX   Australian Stock Exchange（Sydney）澳大利亚股票交易所（悉尼）

ATOM   Automated Trading and Order matching system（APT，Euronext.Liffe）自动交易系统和指令撮合系统（伦敦国际金融期货与期权交易所）

ATS   Automated Trading System（LCE、IFOX and NZFOE）自动交易系统（伦敦商品交易所、爱尔兰期货期权交易所和新西兰期货期权交易所）

ATX   Austrian Traded Index（ÖTOB）奥地利交易指数（奥地利期货期权交易所）

AUDIT   Automated Data Input Terminal（CBOT）自动数据输入终端（芝加哥期货交易所）

BBdeF   Bolsa Brazileira de Futuros 巴西期货交易所

BDP   Bolsa de Derivados do Porto（Portugal）葡萄牙衍生品交易所

BELFOX   Belgian Futures and Options Exchange（Brussels）比利时期货期权交易所（布鲁塞尔）

BFE   Baltic Futures Exchange 波罗的海期货交易所（1991年1月2日与伦敦期货期权交易所合并）

BIFFEX   Baltic International Freight Futures Exchange（Division of BFE）波罗的海国际运费期货交易所（波罗的海期货交易所的分支机构）

BIS   Bank for International Settlements（Basle）国际清算银行（巴赛尔）

BM&F	Bolsa de Mercadorias & Futuros (Sao Paulo, Brazil) 巴西商品期货交易所(圣保罗,巴西)
Bobl	Bundesobligation 德国联邦证券
BOTCC	Board of Trade Clearing Corporation (CBOT) 芝加哥期货交易所结算公司
BTP	Buoni del Tesoro Poliennali (Italian Government Bonds) 意大利公债
CAC	Compagnie des Agents de Change (France) 法国股价指数
CAPM	Capital Asset Pricing Model 资本资产定价模型
CAPS	Combined Actuarial Performance Services Limited (UK) 综合保险精算师业绩服务公司(英国)
CAR	Cumulative Abnormal Residual 累计超额残差
CATS	Computer Assisted Trading System (Toronto SE) 计算机辅助交易系统(多伦多交易所)
CBOE	Chicago Board Options Exchange 芝加哥期权交易所
CBOT	Chicago Board of Trade 芝加哥期货交易所
CD	Certificate of Deposit 存款单
CDR	Collateralized Depository Receipt 抵押存托凭证
CFD	Contract for Difference 差价合约
CFTC	Commodity Futures Trading Commission (US) 美国商品期货交易委员会
CIP	Capital International Perspective 资本国际远景
CLOB	Central Limit Order Book (Singapore) 自动撮合国际股市(新加坡)
CME	Chicago Mercantile Exchange 芝加哥商业交易所
COMEX	Commodity Exchange Inc. 商品交易所有限公司(纽约,在 1994 年 8 月 3 日与纽约商业期货交易所合并)
CORES−F	Computer Assisted Order Routing and Execution System for Futures (Tokyo SE) 计算机辅助期货指令导流执行系统(东京交易所)
CPEN	Capital Protected Equity Note 保本权益票据
CPPI	Constant Proportion Portfolio Insurance 固定比例组合保险
CPS	Clearing Processing System (Euronext.Liffe) 清算处理系统(伦敦国际金融期货与期权交易所)
CRSP	Centre for Research in Security Prices (Chicago) 证券价格研究中心(芝加哥)
CTA	Commodity Trading Adviser 商品交易顾问
CTG	Commodity Traders Group (UK) 商品交易者组织(英国)
CTX	Czech Traded Index (ÖTOB) 捷克交易指数
CUSUM	Cumulative Sum 累计总和
DAR	Dollars At Risk (CME) 在险美元
DAX	Deutscher Aktienindex (German stock index) 达克斯(德国股票指数)
DIBOR	Dublin Interbank Offered Rate 都柏林银行同业拆放利率
DJIA	Dow Jones Industrial Average (US) 道·琼斯工业平均指数(美国)
DOT	Designated Order Turnaround (NYSE) 指定指令转换系统(纽约证券交易所)
DTB	Deutsche TerminBörse (Frankfurt) 德国期货交易所(法兰克福)

E100	Eurotop 100 index 泛欧 100 指数期货
ECM	Error Correction Mechanism 误差纠正机制
ECOFEX	European Community Options and Futures Exchanges 欧洲共同体期货及期权交易所
ECU	European Currency Unit 欧洲货币单位
EDSP	Exchange Delivery Settlement Price 交易所交割结算价
EFP	Exchange For Physicals 期货转现货
EGARCH	Exponential GARCH 指数广义自回归条件异方差模型
EMFA	European Managed Futures Association 欧洲期货业管理协会
EOE	European Options Exchange（Amsterdam）欧洲期权交易所(阿姆斯特丹)
ERISA	Employee Retirement Income Security Act 1974 (US)美国 1974 年雇员退休收入保障法案
ESP	Exchange Stock Portfolio（NYSE）交易所股票组合(纽交所于 1989 年 10 月 26 日引进)
ETF	Exchange Traded Fund 交易所交易基金
FAST	Fast Automated Screen Trading （LCE）快速自动荧幕交易系统 （伦敦商品交易所）
FCM	Futures Commission Merchant 期货佣金经纪商
FCOJ	Frozen Concentrated Orange Juice 冷冻浓缩橙汁
FEX	First European Exchange（OMLX and EOE）第一欧洲交易所（伦敦证券与衍生工具交易所和欧洲期权交易所）
FFM	Financial and Futures Market（Netherlands）金融期货市场(荷兰)
FIA	Futures Industry Association（US）期货同业协会(美国)
FINEX	Financial Instrument Exchange（Division of the NYCE）金融产品交易所(纽约棉花期货交易所的分支)
FLI	Fifty Leaders Index（Australia）澳大利亚市场领导者 50 指数
FOF	Futures and Options Fund（UK）期货期权基金(英国)
FOM	Finnish Options Market 芬兰期权市场
FORCE	Futures and Options Real-Time Computer Environment（Euronext.Liffe）期货期权实时计算机环境(伦敦国际金融期货期权交易所)
FOX	London Futures and Options Exchange （LCE from 1st July 1993）伦敦期货期权交易所(从 1993 年 7 月 1 起为伦敦商品交易所)
FOX	Finnish Options Index 芬兰期权指数
FSA	Financial Services Authority（UK）英国金融服务管理局
FT-A	Financial Times – Actuaries All Share index（UK）英国金融时报精算全股指数
FTA	Financiële Termijnmarkt Amsterdam （Financial Futures Market，a division of EOE）阿姆斯特丹金融期权市场(是欧洲期权交易所的一部分)
FTO	Financial Times Ordinary index（UK）英国金融时报普通股指数
FT/S&P-AWI	Financial Times/S&P- Actuaries World Index（UK）英国金融时报标准·普尔精算世界指数

FTSE	Financial Times – Stock Exchange index（UK）英国金融时报股票交易所指数
FUTOP	Guarantee Fund Danish Futures and Options Exchange（Copenhagen）保证基金期货期权交易所(哥本哈根)
GARCH	Generalized Autoregressive Conditional Heteroscedastic model 广义自回归条件异方差模型
GARCH-M	GARCH in Means 均值广义自回归条件异方差模型
GDP	Gross Domestic Product 国内市场总值
GEM	Growth and Emerging Markets 增长和新兴市场（从 1995 年 12 月 2 日起为芝加哥商品交易所分支）
GEMx	German Equity Market Index 德国权益市场指数
GFOF	Geared Futures and Options Fund（UK）英国高杠杆期货期权基金
GNMA	Government National Mortgage Association（US）美国政府国民抵押贷款协会
GRB	Guaranteed Return Bond 回报保证债券
GSCI	Goldman Sachs Commodity Index（CME）高盛商品指数(芝加哥商品交易所)
HIBOR	Hong Kong Interbank Offered Rate 香港银行同业拆借利率
HIPs	TSE 100 Index Participation Units 多伦多 100 指数参与单位（ 多伦多股票交易所于 1995 年 10 月发起）
HKFE	Hong Kong Futures Exchange 香港期货交易所
HTX	Hungarian Traded Index（ÖTOB）匈牙利交易指数
IBIS	Integriertes BÖrsenhandels und Informationssystem （Integrated Stock Exchange Trading and Information System，Germany）德国股票交易所交易和信息整合系统
ICCH	International Commodities Clearing House 国际商品结算所
ICE	International Commodities Exchange（Atlanta）国际商品交易所(亚特兰大)
IDB	Inter Dealer Broker 交易商之间的经纪人
IDEM	Italian Equity Derivatives Market（Milan）意大利权益衍生品市场(米兰)
IFOX	Irish Futures and Options Exchange（Dublin）爱尔兰期货期权交易所(都柏林)
IMM	International Monetary Market（Division of the CME）国际货币市场(芝加哥商品交易所分支)
INTEX	International Futures Exchange of Bermuda 百慕大国际期货交易所
IOM	Index and Options Market（Division of the CME）指数和期权市场(芝加哥商品交易所分支)
IOSCO	International Organisation of Securities Commissioners 国际证券事务监察委员会组织(国际证监会组织)
IPC	indice de Precios y Cotizaciones（Mexico）墨西哥价格和报价指数
IPE	International Petroleum Exchange（London）伦敦国际石油交易所
ISE	International Stock Exchange （renamed the LSE in 1991）国际股票交易所（在 1991 年更名为伦敦股票交易所）
ISF	Individual Stock Futures 个股期货
ISEQ	Irish Stock Exchange Equity index 爱尔兰股票交易所权益指数
JEC	Joint Exchanges Committee（UK）合作交易所委员会(英国)

JGB	Japanese Government Bond 日本政府债券
JSE	Johannesburg Stock Exchange 约翰内斯堡股票交易所
KCBT	Kansas City Board of Trade 堪萨斯市期货交易所
KLCE	Kuala Lumpur Commodity Exchange 吉隆坡商品交易所
KLSE CI	Kuala Lumpur Stock Exchange Composite Index 吉隆坡证券交易所综合指数
KLOFFE	Kuala Lumpur Options and Financial Futures Exchange 吉隆坡期权和金融期货交易所
KOSPI	Korea Stock Price Index 韩国股价指数
LCE	London Commodity Exchange 伦敦商品交易所（在 1993 年前为伦敦期货期权交易所，从 1996 年 9 月 16 起并入伦敦国际金融期货与期权交易所）
LCH	London Clearing House 伦敦清算所(1991 年 6 月前为国际商品结算所分支机构)
LEAPS	Long term Equity AnticiPation Securities（CBOE）长期资产预期证券(芝加哥期权交易所)
LIBOR	London Interbank Offered Rate 伦敦银行同业拆借利率
Liffe	London International Financial Futures Exchange 伦敦国际金融期货与期权交易所
LME	London Metal Exchange 伦敦金属交易所
LOCH	London Options Clearing House 伦敦期权清算所
LOX	Large Order Execution（CME）大单执行(芝加哥商品交易所)
LSE	London Stock Exchange 伦敦股票交易所(1991 年前为国际股票交易所)
LTOM	London Traded Options Market 伦敦交易期权市场（1992 年 3 月 23 日与伦敦国际金融期货与期权交易所合并）
MATIF	Marché à Terme International de France（Paris）法国国际期货及期权交易所（巴黎）
MCC	Modified Closing Call（CBOT）改进收盘追加保证金(芝加哥期货交易所)
MEFF RF	Mercado de Futuros Financieros Renta Fija(Barcelona)固定佣金金融期货市场(巴塞罗那)
MEFF RV	Mercado de Futuros Financieros Renta Variable（Madrid)变动佣金金融期货市场（马德里）
MERFOX	Mercado de Futuros y Opciones（Buenos Aires，Argentina）金融期货期权市场（布宜诺斯艾利斯,阿根廷）
MFA	Managed Futures Association 期货管理协会
MIF	Mercato Italiano Futures（Italy)意大利期货市场
MMI	Major Market Index（US)美国主要市场指数
MOFEX	Mercando de Opciones Financiero Espanol（Madrid）西班牙金融期权市场（马德里）
MONEP	Marché des Options Négociables de la Bourse de Paris 巴黎期权交易市场
MSCI	Morgan Stanley Capital International 摩根士丹利资本国际
NASDAQ	National Association of Securities Dealers Automated Quotation System 纳斯达克
NFA	National Futures Association（US）美国全国期货业协会

NMS	Normal Market Size（LSE）市场正常交易规模（伦敦交易所）
NPV	Net Present Value 净现值
NSC	Nouveau Systeme de Cotation （Paris Bourse and Matif）巴黎股票交易所和法国国际期货及期权交易所新报价系统
NYCE	New York Cotton Exchange 纽约棉花交易所
NYFE	New York Futures Exchange 纽约期货交易所
NYMEX	New York Mercantile Exchange 纽约商品交易所（在 1994 年 8 月 3 日与纽约商品期货交易所合并）
NYSE	New York Stock Exchange 纽约股票交易所
NZFOE	New Zealand Futures and Options Exchange 新西兰期货和期权交易所
NZSE	New Zealand Stock Exchange 新西兰股票交易所
OARS	Opening Automated Report Service（NYSE）纽约股票交易所开盘自动报告服务
OLS	Ordinary Least Squares regression 最小二乘法回归
OMLX	London Securities and Derivatives Exchange 伦敦证券和衍生品交易所（1993 年 4 月 1 日与瑞典斯德哥尔摩期权市场合并）
OPALS	Optimized Portfolios As Listed Securities（Morgan Stanley, May 1993）跟踪上市公司优化组合（摩根士丹利,1993 年 5 月）
OSE	Osaka Securities Exchange （Japan）日本大阪股票交易所
OTC	Over the Counter 场外市场
ÖTOB	Österreichische Termin und Optionenbörse （Austrian Futures and Options Exchange, Vienna）奥地利维也纳期货期权交易所
PHBOT	Philadelphia Board of Trade 费城期货交易所
PHLX	Philadelphia Stock Exchange 费城股票交易所
PIBS	Permanent Interest Bearing Share 永久有息股票
PSI	Portuguese Stock Index 葡萄牙股票指数
PTX	Polish Traded Index （ÖTOB）波兰交易指数
RAES	Retail Automatic Execution Service（CBOE）自动执行服务
S&P	Standard and Poor's 标准·普尔
SAEF	SEAQ Automated Execution Facility （LSE）英国股票交易所自动报价执行服务系统（伦敦股票交易所）
SAFE	Simulation Analysis of Financial Exposure（CBOT）芝加哥期货交易所金融风险暴露模拟分析
SAFEX	South African Futures Exchange （Johannesburg）南非期货交易所（约翰内斯堡）
SEAQ	Stock Exchange Automated Quotations（LSE）英国股票交易所自动报价系统（伦敦股票交易所）
SEAQI	SEAQ International（LSE）国际股票交易所自动报价系统（伦敦股票交易所）
SEATS	Stock Exchange Automated Trading System（ASX）股票交易所自动交易系统（澳大利亚股票交易所）
SEATS	Stock Exchange Alternative Trading System（LSE）股票交易所另项交易系统（伦敦股票交易所）

SEC   Securities and Exchange Commission（US）美国证券交易管理委员会

SEM   Simultaneous Equations Model 联立方程模型

SETS   Stock Exchange Electronic Trading Service（LSE，20 October 1997）股票交易所电子交易服务（伦敦股票交易所，1997 年 10 月 20 日）

SFA   Securities and Futures Authority 英国证券期货管理局（1991 年 4 月由英国期货经纪商和交易商协会（AFBD）与证券协会（TSA）合并而成）

SFE   Sydney Futures Exchange 悉尼期货交易所

SGX   Singapore Exchange 新加坡交易所

SIB   Securities and Investments Board（UK）英国证券投资委员会

SIGNS   Stock Index Growth Notes 股价指数成长债券

SIMEX   Singapore International Monetary Exchange 新加坡国际货币交易所（自 1999 年 12 月起为新加坡交易所）

SMI   Swiss Market Index 瑞士市场指数

SOFE   Swedish Options and Futures Exchange （Stockholm）瑞典斯德哥尔摩期权期货交易所

SOFFEX   Swiss Options and Financial Futures Exchange （Zurich）瑞士期权期货交易所（苏黎世）

SOM   Stockholms Optionsmarknad（Stockholm Options Market，or OM Stockholm）瑞典斯德哥尔摩期权市场

SOM   Suomen Optiomeklarit Oy（Finnish Options Market）芬兰期权市场

SPAN   Standard Portfolio Analysis of Risk 风险标准组合分析

SPDRs   Standard and Poors Depositary Receipts（Spiders）标普指数预托证券（一般称为"蜘蛛"，美国证券交易所 1993 年 1 月 29 日发行）

SPI   All Ordinaries Share Price Index（Australia）澳大利亚全部普通股票价格指数

SRO   Self Regulatory Organization（UK）英国自律组织

SURE   Seemingly Unrelated Regression Estimation 表面非相关回归

SYCOM   Sydney Computerized Overnight Market 悉尼电子化隔夜市场

TALISMAN   Transfer Accounting and Lodgment for Investors，Stock Management for Principals（LSE）投资者账户转移和保管本金股票管理（伦敦股票交易所）

TAURUS   Transfer and Automated Registration of Uncertificated Stock 自动交易撮合系统"金牛座系统"（伦敦股票交易所，于 1993 年 3 月 11 日取消）

TFE   Toronto Futures Exchange 多伦多期货交易所

TGE   Tokyo Grain Exchange 东京谷物交易所

TIFFE   Tokyo International Financial Futures Exchange 东京国际金融期货交易所

TIPs   Toronto 35 Index Participation Units 多伦多 35 指数参与单位（多伦多股票交易所于 1990 年 3 月 9 日发起）

TOCOM   Tokyo Commodity Exchange 东京商品交易所

TOFS   The Futures and Options Society（UK）英国期货期权协会

TOPIC   Teletext Output of Price Information by Computer（LSE）大利市电脑股价信息输出系统（伦敦股票交易所）

TOPIX	Tokyo Stock Price Index 东京股票价格指数
TSA	The Securities Association 英国证券业协会（自 1991 年 4 月起为英国证券期货管理局的一部分）
TSE	Tokyo Stock Exchange 东京股票交易所
TSE	Toronto Stock Exchange 多伦多股票交易所
TRS	Trade Registration System（Euronext.Liffe）交易登记系统（伦敦国际金融期货期权交易所）
UCITS	Units of Collective Investment in Transferable Securities（UK）可转让证券集合投资单位
USDA	United States Department of Agriculture 美国农业部
USM	Unlisted Securities Market 未上市证券市场（在 1996 年被伦敦的创业板市场替代）
VAR	Vector Autoregression 向量自回归
VLA	Value Line Arithmetic index（US）美国价值线算术平均指数
VLCI	Value Line Composite Index（geometric）（US）美国价值线几何平均综合指数
WEBS	World Equity Benchmark Shares（Amex）世界权益基准股（美国证券交易所）
WM	World Markets Company plc（UK）英国世界市场公司

Chapter

1

第1章

股票市场指数

　　股票指数是股指期货的基础，本章主要讨论指数的编制及其特征。对于那些已经熟悉这些概念和指数编制的读者，可以跳过本章直接进入后续深入介绍股指期货的章节。

1.1 衡量市场范围价格变动所需

　　为了满足对股票市场整体表现测量的需要，一系列股票市场指数相继被开发出来。设计这些指数是用来量化股票市场价格的大范围变动，这种范围要么是市场整体，要么是市场的某些主要部分。随着不同股价正相关性程度的增加，这种市场范围测度的应用性也随之提高。有一系列原因支持这种测度的需要。它们可以用来对股票市场而不是其他如政府债券或者黄金的投资收益做出历史比较，它们可以用做评价投资经理业绩的简单基准。由于股票价格往往被认为是市场对发行公司未来现金流的预期，股票市场指数也就成为国民经济表现的先行指标。此外，新闻媒体也需要一个对金融市场变动的简单而方便的把脉工具，特别当市场处于萧条或者繁荣时期。

　　近年，有关全市场变动的金融理论发展很快并趋于主流，这也推动了对全市场变动测量工具的需求。而在资本资产定价模型（CAPM）以及对于个股贝塔（β）计算中，市场组合扮演了关键角色。对于通过指数基金来对市场业绩进行匹配的被动基金管理来说，指数也非常重要。基于市场而非个股变动的新的市场工具也已经设计出来,例如股指期货、股指期权、股指期货期权。对于上述工具,缺乏相应的股票市场指数是无法实现的。

因此,对于全市场范围的变动进行测量是一项非常重要的工作,而且也要借助指数数据来实现。对于测算股票市场价格变动指数的编制方法有多种,每种都有其优点和缺点。因为指数涵盖了百种以上股票的价格变动,许多信息在编制中丢失。所以,选择股票指数永远是一个妥协和权衡利弊的过程,而这也解释了为什么会有那么多各种类型的指数被编制出来测算单个市场的价格变动。某个适合回答某类问题的指数可能并不适用其他。

在我们详尽地探讨指数之前,对于红利(dividend)的一个特性需要做出声明。几乎所有股票市场指数测量股票价格变动,但是对于不做考虑。有一例外的是法兰克福 DAX 指数(DAX 指数又称 Xetra DAX,一般也称之为法兰克福 DAX 指数。是由德意志交易所集团[Deutsche Börse Group]推出的一个蓝筹股指数。该指数中包含有 30 家主要的德国公司。DAX 指数是全欧洲与英国金融时报指数齐名的重要证券指数,也是世界证券市场中的重要指数之一——译者注),其假定所有股息红利用于再投资在该公司股票。当某一股票除息(ex-dividend)(意味着新买入的股票所有者将不获得已经宣布但是还没有实施的红利)时,该股票价格将下跌。假设很多大公司的股票在同一天除权,将造成市场指数大幅度的下降。尽管使指数在除权日仅仅小幅下浮,但是忽略红利使得指数变动低估了长期持股的回报,其低估的部分恰恰就是被忽略的红利部分。正是这样,股票市场指数通常是价格指数,而不是回报或者表现指数。红利部分通常可以加回,因为组成指数的股票的红利收益数据往往可以获得,当然在英国,红利收益数据往往只有年度数据。自 1993 年 7 月 5 日以来,金融时报全回报(total return)的日度数据开始发布。回报的计算使用收盘价并且包含红利,需要指出的是在 1994 年 7 月 11 日之前使用税后红利(金融时报股指决策委员会,1995)。红利和任何赋税所得在除息日当天立即被再投资,并且不考虑任何交易费用,同时假定红利受益人不支付任何税金。

1.2 股票市场指数类型

可以按照两种标准把指数进行分类:加权方式(市场价值加权、股票价格加权或平均加权)和均化方式(算术或几何平均)。

1.2.1 权重

最简单的方法就是不使用任何权重,而直接编制指数。这种价格加权的指数,高价股的股价波动将可能占据主导,因为它们倾向于以较大的数额变动。

举例:假设只有两家公司:Dum 和 Dee。这两家公司除了股权结构外其他一切都相同。Dum 有 100 万股股票,每股价格是 100 英镑;而 Dee 只有 20 万股股票,每股价格是 500 英镑。假设两个公司的净资产均出现了 10% 的上升,那么 Dum 公司的股票价格将上涨 10 英镑,而 Dee 公司的股价将上涨 50 英镑。因此,在价格加权的指数中,Dee 公司比 Dum 公司有更大的影响力。这仅仅由于 Dee 公司选择发行较少的股数,虽然两家公司的总市值是相同的(1 亿英镑)。

另一个可能的方法是赋予构成指数的股票的价格相同的权重。等权重考虑各股价格相对于某个基期等比例发生了变化,也就是相对价格。因为股价较高的公司并不会对指数产生一个不成比例的影响,该方法没能反映公司之间的大小。于是,在等权重指数构建中,市值是 10 亿英镑的公司和市值是 5,000万英镑的公司的重要性是相同的。

加权指数赋予某些公司股价相对较多的权重,而赋予某些公司股价相对较少的权重。加权方法往往对于那些投资者持股比例较高的公司赋予较高的权重,而对于那些投资者持股比例较小的公司赋予较低的权重。权重通常就是市值,也就是公司股票发行数和某时点股价的乘积。采用这种方法,即每股价格按照它们在组合中的重要性给予权重有很多优势。这也意味着,如果选择了合适的平均化方法,指数的变动也表示了平均组合的价值变动,也就是市场整体的变动。当然,如果目的是为了测算等权重加权组合的价值变动,那么一个等权重加权的指数将会更加适宜。

市值加权的指数具备其他加权方法所不具备的难以被操控的特点,因为流动性好的股票将获得更多的权重。但是,市值加权的指数也并非说没有任何问题:1995 年 8 月 1 号芬兰 FOX 指数 46.3% 的市值来自一家公司——Nokia。某些指数给权重设了上限,以防止指数被少数几家公司所主导。例如阿姆斯特丹 EOE 指数、FOX 指数、多伦多交易所 35 指数。在过去几年,许多指数公司(比如金融时报、MSCI 和道·琼斯)都转换为使用自由流通量作为权重来计算市值加权指数。股票的自由流通量也就是公司股票可以被交易的市值,也是一个更加实际测算可投资股票组合的指标。日本东证 TOPIX 指数是市值加权指数,它的一个特性是包含了母公司和下属公司,这样母公司在下属公司的持股比例被计算了两次(Kobayashi 和 Yamada,2000)。

最近,Arnott、Hsu 和 Moore(2005)认为市值加权的指数给予股价过高的股票更多的权重,反之则反是。他们建议使用基本面指标进行加权:销售额、净值、现金流、红利或者雇员数量。各股价格(或者相对价格)必须汇总后才能形成一个单一数值——也就是指数值。这可以通过两方面完成:算术平均或者几何平均。三个数的算术加权平均(AW)可以表示为 $AW=(w_1x_1+w_2x_2+w_3x_3)$,其中 x_i 是数值,w_i 是权重并且合计为 1。

三组 3 个数的几何平均(GW)可以表示为 $GW=(x_1^{w_1})\times(x_2^{w_2})\times(x_3^{w_3})$。假如每个数字平均加权(也就是说对于所有的 i,$w_i=1/n$,其中 n 代表指数成分股数量),这个等权重加权(或者说没有加权)几何平均(GU)就成为了这些数字乘积的 n 次根,$GU=(x_1x_2x_3)^{1/3}$。使用算术平均和几何平均法来计算指数的优缺点将在 1.4 章节讨论。

1.3 股票市场指数计算

所有市值加权或者平均加权的指数都有一个基期。这是把指数值取为单位整数(100 或 1,000)的时间。对于价格加权的指数,基期的选择重要性不大,指数按照英镑单位表示,而不是取为基期的比率。在时间 t,价格加权算术平均指数(AP)是:

$$AP_t = \sum_{i=1}^{n} p_{it}$$

举例: Morticia Addams 打算建立她自己的价格加权指数,名为 Zelig 指数。该指数由 4 只股票构成。这些股票在时间 0 和 1 时的价格是:

股票	时间 0	时间 1
Sydenham	£ 100	£ 110
Wimbledon	£ 500	£ 490
Dulwich	£ 20	£ 25
Surbiton	£ 10	£ 9
合计	£ 630	£ 634

Zelig 指数在时间 0 时的价值是 630,而在时间 1 时的价值是 634。尽管任何时点都可以选做基期,但是往往选择指数编制首日时点作为基期。

基期为时间 0,在时间 t 算术加权股票市场指数为 AW_t^0,可以表示为加权价格的算术平均,即

$$AW_t^0 = \sum_{i=1}^{n} w_i R_i,其中,R_i = p_{it}/p_{i0},并且 \sum_{i=1}^{n} w_i = 1。$$

基期为时间 0,在时间 t,几何加权股票市场指数为 GU_t^0,可以表示为加权价格的几何平均,即

$$GU_t^0 = (Z_t/Z_0)^{1/n}, Z_j = P_{1j} \times P_{2j} \times P_{3j} \times \cdots \times P_{nj},其中 j=0 和 t。$$

1.4 几何平均和算术平均股票市场指数的比较

几何平均和算术平均的各自特点将在后续关于几何平均相对于算术平均的优缺点中加以阐述。

1.4.1 几何平均指数的优点

几何平均指数的优点来源于这类指数的某一特点。指数现值可以简单地分解为:

$$GU_t^0 = (Z_1/Z_0)^{1/n} \times (Z_2/Z_1)^{1/n} \times \cdots \times (Z_t/Z_{t-1})^{1/n}$$

可以进一步表示为:

$$GU_t^0 = GU_1^0 \times GU_2^1 \times GU_3^2 \times GU_4^3 \times GU_5^4 \times \cdots \times GU_t^{t-1}$$

这也导致了几何平均指数的三大特点。

改变基期。几何平均形成的指数序列的基期可以非常方便地更改。如果想把基期从时间 0 改变为时间 r,由于 $GU_t^0 = GU_r^0 \times GU_t^r$,因此 $GU_t^r = GU_t^0 / GU_r^0$,简单的除法就能改变基期。同样地,指数序列以前的数值可以通过除以 GU_r^0,将基期从时间 0 改为时间 r。

举例:以下几何平均形成的指数序列的基期可以从时点 0 调整为时点 2,因为 $GU_t^2 = GU_t^0 / GU_2^0$。

	时点 0	时点 1	时点 2	时点 3	时点 4
GU_t^0	1.00	1.04	1.08	1.12	1.20
GU_t^2	0.926	0.963	1.00	1.037	1.111

这一简单地改变基期的特点对算术平均形成的指数序列并不适用。尽管消费者或者生产者价格指数的基期经常改变，但股票市场指数很少变动基期（但是意大利 Mibtel 指数却每年都调整为 10,000）。

回报率并不取决于基期。几何平均形成的指数序列的回报率与选择的基期没有关系，该特点对算术平均形成的指数序列并不适用。该特点可以通过一个简单的例子加以说明（回报率的计算方法是算术平均而不是对数平均）。

举例：几何平均形成的指数序列。假设指数仅由两只股票 A 和 B 构成，在两个时点时的股价为：

	时点 0	时点 1
股票 A	£ 1.00	£ 1.5625
股票 B	£ 1.00	£ 1

首先计算平均几何加权的指数以时点 0 为基期的价格变化率；接着，对比以时点 1 为基期的回报率。

以时点 0 为基期的价格变化率：

$GU_0^0 = [(1\times1)/(1\times1)]^{1/2} = 1.00$

$GU_1^0 = [(1.5625\times1)/(1\times1)]^{1/2} = 1.25$

因此，选择时点 0 为基期，回报率是 1.25/1.00−1=25%。

以时点 1 为基期的价格变化率：

$GU_0^1 = [(1\times1)/(1.5625\times1)]^{1/2} = 0.80$

$GU_1^1 = [(1.5625\times1)/(1.5625\times1)]^{1/2} = 1.00$

因此，选择时点 1 为基期，回报率是 1.00/0.8−1=25%。

这一结果，即几何平均形成的指数序列的回报率与选择的基期无关很普遍。因为它来自于几何平均指数的定义和 $GU_t^r = 1/GU_r^t$，也就是说存在一个倒数关系。以时点 r 为基期，从时点 r 到时点 t 的期间回报率是 $GU_t^r/GU_r^r = GU_t^r$，其中 $GU_r^r == 1$ 因为指数在基期取值为 1。同样地，以时点 t 为基期的期间回报率是 $GU_t^t/GU_r^t = 1/GU_r^t$，因为 $GU_t^r = 1/GU_r^t$，因此使用的基期尽管不同，但是计算出来的回报率都是一样的。

使用相同的数据，对于算术平均形成的指数，改变基期后其回报率也相应改变。这也意味着当基期改变后，所有历史回报数据均将发生改变。

举例：算术平均形成的指数序列。使用在几何平均中相同的数据，首先计算算术平均形成的指数以时点 0 为基期的价格变化率；接着，对比以时点 1 为基期的回报率。

以时点 0 为基期的价格变化率：

$AU_0^0 = [(1 \times 1) + (1 \times 1)]/2 = 1.00$

$AU_1^0 = [(1.5625/1) + (1/1)]/2 = 1.2815$

因此，选择时点 0 为基期，回报率是 1.2815/1.00−1=28.15%。

以时点 1 为基期的价格变化率：

$AU_0^1 = [(1/1.5625) + (1/1)]/2 = 0.82$

$AU_1^1 = [(1.5625/1.5625) + (1/1)]/2 = 1.00$

因此，选择时点 1 为基期，回报率是 1.00/0.82−1=21.95%。显然这一数据和以时点 0 为基期计算的价格变化率是不一样的。

鉴于股票市场指数很少重新改变基期，所以几何平均指数序列的这一优点没有能充分体现。

股票替代。相比较算术平均的指数序列，使用几何平均的指数序列能够简便地处理指数成分股中的股票替换问题，这是因为：

$GU_t^0 = (Z_1/Z_0)^{1/n} \times (Z_2/Z_1)^{1/n} \times \cdots \times (Z_t/Z_{t-1})^{1/n}$，其中 $Z_j = P_{1j} \times P_{2j} \times P_{3j} \times \cdots \times P_{nj}$

假如需要将成分股中第二只替换掉，那么 $(Z_t/Z_{t-1})^{1/n}$ 可以被 $(Z_t^\#/Z_{t-1}^\#)^{1/n}$ 替换来计算在时点 t 的指数值，而指数值的先前数据保持不变（Allen，1975，第 235 页）。在替换新股时，第 Z 项计算值发生改变，即 $Z_j^\# = P_{1j} \times P_{2j}' \times P_{3j} \times \cdots \times P_{nj}$，其中的 # 代表新股替代。

举例：算术平均形成的指数序列。使用在几何平均中相同的数据，首先计算算术平均形成的指数以时点 0 为基期的价格变化率；接着，对比以时点 1 为基期的回报率。

以时点 0 为基期的价格变化率：

	时点 0	时点 1	时点 2
股票 A	£1.00	£1.5625	£1.00
股票 B	£1.00	£1.00	£0.50
股票 C	£0.80	£0.90	£2.00

开始时，等权重几何平均指数由股票 A 和 B 构成。在时点 1，股票 B 被股票 C 替换。使用时点 0 为基期，几何平均指数是：

$GU_0^0 = [(1 \times 1)/(1 \times 1)]^{1/2} = 1.00$

$GU_1^0 = [(1.5625 \times 1)/(1 \times 1)]^{1/2} = 1.25$

$GU_1^{0\#}=[(1.5625\times0.9)/(1\times0.8)]^{1/2}=1.326$

$GU_2^{0\#}=[(1\times2)/(1\times0.8)]^{1/2}=1.581$

为了防止指数在时点 1 时因为成分股改变而发生跳升，可以乘以 1.25/1.326，从而 $GU_1^{0\#}=1.25$，$GU_2^{0\#}=1.4904$。

对于算术平均的指数，处理股票替代是非常复杂的。

信息不对称。Lien 和 Luo（1993d）给出了股票指数三个合意的特性：高的交易量，内部人员可以获得较高的利润和流动性交易者预期损失较小。他们给出了一个理论模型，指出在信息不对称情况下，等权重几何平均指数比市值加权算术平均指数在以上三个方面来得要强。

1.4.2 组合调整

在本章中考察的算术价格和市值加权指数可以和买入持有策略相联系，该策略也不需要重新调整指数下的组合股票。于是，当持有股票的价格超越平均水平上涨后，股票在组合中的比重也就得到了提高。随着时间的推移，更多的资金投向少数几只股票，组合多样化程度将下降。

Latane、Tuttle 和 Young（1971）讨论了另一种算术平均指数。其中，定期虚拟卖出发生较大价格上涨的股票，同时买进发生较小价格上涨的股票。通过这样的方式对组合重新调整，使得各股在组合中的比例回到初始水平。平均化加权的指数能够获得这样的结果。

举例：

	时点 0	时点 1	时点 2
股票 A	£1.00	£1.5625	£1.00
股票 C	£0.80	£0.90	£2.00

为了简便，投资于股票 A 和 C 的初始比例各为 50%，该指数是平均加权的算术指数，以时点 0 为基期，初始投资额是 1,000 英镑。组合每个时点定期重新调整。在时点 0，组合包括 500 股股票 A 和（50/0.8）×100=625 股股票 C。在时点 0，指数的值是 1.00。在时点 1，组合市值上升至（500×1.5625）+（625×0.9）=1,343.75 英镑，在时点 0，指数的值是 1.34375。

这时组合得到了重新调整。修正后的股票 A 在组合中的数量是 1343.75/（2×0.9）=746.53（由于组合要求平均持股，所以除以 2）。在时点 2，重新调整后的组合市值上升到（430×1.0）+（746.53×2.0）=1,923.06 英镑，于是在时点 2 的指数值是 1.92306。如果组合没有得到调整，在时点 2 时组合的市值将会变为（500×1.0）+（625×2.0）=1,750 英镑。

没有一个算术加权指数会定期调整，能够定期得到调整的重要指数是几何加权指数。在这种情况下，平均化过程本身就意味着连续调整。

1.4.3 几何加权指数的缺陷

1.4.3.1 低估价格涨幅

如果指数成分股股价全部上涨（下降）x%，那么平均几何加权的指数将上涨（下降）$[(1+x)^n]^{1/n}-1=(1+x)-1=x\%$。但是除非指数成分股股价全部恰巧上涨（下降）相同比例，否则几何加权指数将低估价格的绝对涨幅或者是高估价格的绝对跌幅。各股价格变动的幅度越不相同，那么低估或者高估的程度也就越大。正确衡量股价变动的标准是持股期间组合市值的变动，上一例子中使用的数字可以用来说明这个问题。

举例： 假如 Sally Bowles 在时点 0 购买了 1,000 股公司 A 和 B 的股票，各公司投资金额是 1,000 英镑。平均加权组合的初始成本是 2,000 英镑。在时点 1，组合市值上升到 1,000+1,562.5=2,562.5 英镑，这代表了回报率是（2,562.5/2,000）-1=28.13%，这也是平均算术加权指数取时点 0 为基期的回报率。于是，当组合没有调整时，算术加权指数准确地反映了组合的区间回报（基期设定为投资回报区间的起始）。因为几何平均指数的百分比增长率是 25%（与基期无关），因此几何平均指数低估了 3.13% 的价格涨幅。

另一个考察几何平均指数高估价格跌幅的例子如下：

	时点 0	时点 1
股票 A	£1.00	£0.50
股票 B	£1.00	£1.00

平均几何加权指数数值是：

$GU_0^0=[(1\times1)/(1\times1)]^{1/2}=1.00$

$GU_1^0=[(0.5\times1)/(1\times1)]^{1/2}=0.7071$

因此，几何平均指数的百分比变动率是下跌 29.29%（如果时点 1 作为基期，下跌幅度依然是 29.29%）。但是各公司投资金额是 1,000 英镑，平均加权组合的初始值是 2,000 英镑，将下跌至（1,000+500）=1,500 英镑，也就是说下跌 25%(以时点 0 作为基期的平均算术加权的组合回报也是–25%)。因此相对组合实际变化,几何平均指数高估了 4.29% 的价格涨幅。

这一结果对于测算投资回报有着非常重要的意义。在实际情况下的偏差程度将在 1.7 章节得以进一步的阐述。基期设定为投资回报区间的起始时,算术加权指数准确地反映了组合的区间涨跌。

1.4.3.2 零值

计算几何指数牵涉到股票现价的乘积,如果某只成分股股价下跌到 0,在跌为 0 之前必须剔除该股。而对于算术平均指数并不存在这一要求。

1.4.3.3 非正态分布

如果算术平均指数中的各股的算术回报呈独立正态分布,那么指数算术回报也必将呈正态分布,这是因为独立正态分布的加和也是正态分布的。但是如果单个算术平均被用来计算几何指数,那么指数回报不会是正态分布的。

1.5 金融时报 100 指数计算详述

我们以金融时报 100 指数(FTSE 100)为例,来详述股票市场指数的计算。金融时报 100 指数是算术市值加权平均指数。在时点 t 指数值是:

$$I_t = \lambda \sum_{i=1}^{100} C_i P_{it} / \sum_{i=1}^{100} C_i P_{ib}$$

其中 C_i 是 i^{th} 公司发行的股票数目,P_{ij} 是 i^{th} 公司在时点 j 的股价,λ 是调整系数,使得指数在基期时等于 1,000,目的是为了给后续的成分股以及股权结构变动留下余地。基期是时点 b,对于本指数为 1984 年 1 月 3 日。公式可以改写为:

$$I_t = \lambda \sum_{i=1}^{100} W_i (P_{it}/P_{ib}) / \sum_{i=1}^{100} W_i, \text{其中 } W_i = C_i P_{ib}$$

因为每一指数值均被常数 $\sum w_i$ 相除,所以该项可以整理到 λ 项中,于是:

$$I_t = \lambda \sum_{i=1}^{100} W_i (P_{it}/P_{ib})$$

除了加入整理到项外和相应地对权重的重新定义,该等式与稍早定义的

算术平均指数类同,即 $AW_t^0 = \sum w_i R_i$

举例:以下数据是用来计算金融时报 2 指数的,该指数的编制方法与金融时报 100 指数一样,区别在于仅有两只股票。

	12 月 31 日	1 月 31 日	2 月 28 日	3 月 31 日
Multilever	£300	£320	£340	£350
Xoff	£100	£90	£80	£120

在该期间,Multiever 发行 1,000 万面值 1 英镑的股票,而 Xoff 则发行了 500 万面值 50 英镑的股票。基期是 12 月 31 日:

$I_{12月} = 1.000$,这是按照定义,所以 $1/\lambda = 3,500,000 = 3.5m.$

$I_{1月} = (3,000m.(320/300) + 500m.(90/100))/3.5m. = 1,042.9$

$I_{2月} = (3,000m.(340/300) + 500m.(80/100))/3.5m. = 1,085.7$

$I_{3月} = (3,000m.(350/300) + 500m.(120/100))/3.5m. = 1,171.4$

1.6 主要股票市场指数

按照加权方法和均化过程,我们在表 1.1 中给出了主要股票市场指数。可以发现,在 6 种可供选用的方式中,只有 4 种获得使用,其中算术和市值加权是最普遍的。

表 1.1　主要股票市场指数分类

	市值加权	等权重加权	价格加权
算术平均	CAC40* DAX* FT–A FTSE 100* Hang Seng* IBEX 35* Nikkei 300* NYSE Compo* SMI* S&P 500* Topix*	VLA* Amex 生物技术	DJIA MMI* Nikkei 225* Osaka 50 Kabusaki*
几何平均	–	FTO VLCI*	–

* 表明有股指期货可以交易。

1.7 股票市场指数的一些问题

所有股票市场指数均存在一些问题,尽管问题因指数的不同而异。但是在某些时候一些指数比其他指数好,而在另外一些时候,某些指数又比其他指数更有优势。

1.7.1 长期向下低估偏差

我们在先前已经指出,如果所有股票价格没有以一个相同的比例变动,几何指数(FTO 或者 VLCI)会在股价上升时低估涨幅,而在股价下跌时高估跌幅。现实情况是,长期来看股价是上升的,但是相互之间的程度却不相同。因此,当股票价格指数是几何平均加权的,它通常可以简单地投资相等数量的股票在市场指数的成分股上,并且在区间内持有该投资组合(见 Cootner, 1966)。

尽管这种长期向下低估偏差通常存在,但仅仅在计算回报时有非常大的影响时才有实际意义。Marks 和 Stuart(1971)对平均几何加权的 FTO 指数验证了这一特点。他们得到了计算 FTO 指数的股价数据,然后计算了相应的平均算术加权的指数。取 1960 年年末为这两个指数的基期,截至到 1970 年年末,FTO 指数上涨了 11.6%,而相应的算术平均加权指数上升了 41.2%。显然,在10 年间由 30 只股票组成的算术平均加权的指数上升了 41.2%,而 FTO 指数却只有不到 1/3 的涨幅。这也说明了存在非常严重的低估,几何平均加权指数并不适宜于衡量长期的股价变动。

1.7.2 基期

在上述一个数字例子中,基期可以是投资区间的起点或终点。计算回报时选择基期的重要性可以应用下述例子说明,其中基期还使用非起点或者终点的其他时点。

举例:

	时点 0	时点 1	时点 2	时点 3
股票 A	£1.00	£1.5625	£1.00	£1.00
股票 B	£1.00	£1.00	£0.50	£1.00

对于上述三个时点为基期(由于时点 3 和时点 0 的结果一样,因此忽略)的平均几何加权和算术加权的指数值在表 1.2 中列出,在表 1.3 中列出相应的

指数百分比变动和平均加权组合的百分比市值变动。

这些表格表明:(a) 几何平均指数的回报并不依赖基期;(b) 相对市场组合,几何平均指数低估价格涨幅但是高估价格跌幅;(c)只有在投资评介区间的起点作为基期时,算术加权指数才能衡量市场组合的百分比变动;(d)取决于基期的选定,算术加权指数给出的百分比变动可以比几何平均指数的或大或小,不能一概而论。

表 1.2　举例的各种指数值

	时点 0	时点 1	时点 2	时点 3
GU^0	1	1.25	0.7071	1
GU^1	0.8	1	0.5657	0.8
GU^2	1.4142	1.7678	1	1.4142
AU^0	1	1.2813	0.75	1
AU^1	0.82	1	0.57	0.82
AU^2	1.5	1.7813	1	1.5

表 1.3　举例的指数变动率

	时点 0 至时点 1	时点 1 至时点 2	时点 2 至时点 3
GU^0	25.00%	−43.43%	41.42%
GU^1	25.00%	−43.43%	41.42%
GU^2	25.00%	−43.43%	41.42%
AU^0	28.13%	−41.47%	33.33%
AU^1	21.95%	−43.00%	43.86%
AU^2	18.75%	−43.86%	50.00%
组合	28.13%	−43.00%	50.00%

这些结果提示在使用指数衡量组合市值变动时,我们必须对选用的指数格外小心。几何平均指数具有持续性的方向性偏差,而算术平均指数的方向性偏差则不确定。因此,如果基期选的不是投资区间的起点的话,可能会低估或者高估组合真实回报,而几何平均指数则持续低估回报。通过适当地选择起点和市场指数,基金经理可以说他打败了市场,而实际情况可能是基金净值仅仅和市场变动保持同向。

1.7.3 选择偏差

某些指数覆盖交易的所有股票（比如 NYSE 合成指数、AMVI、TOPIX 和

NASDAQ），对于这些指数不存在选择偏差。在计算机普遍使用之前，指数实时计算时要求仅使用少部分股票来很快地计算指数数值，而将所有股票均包含在指数计算中依旧存在某些股票交易量很小的问题。但是如果涵盖的股票过少，那么所选择的股票代表性就不好，会带来选择偏差，例如金融时报 100 和标普 500。主要有两个原因：一是很多指数设计出来就是为了仅跟踪大型领导性公司，因此不可避免使得样本存在偏差，因为剔除掉的小市值公司也是在交易所上市的。近来很多研究表明，小公司和大公司的市场表现存在很大的差别，即所谓的大小效应（size effect），参见 Dimson（1988）。

第二个偏差的来源是成分股的变化。成长较慢的公司将从指数中剔除，而成长较快的公司将加入。被收购或者国有化的公司也将从指数中消失，而那些新上市的大公司将加入。在 1935 年 FTO 指数最早的 30 只股票中，只有五只存续到 2001 年：Blue Circle、GKN、ICI、Marconi、Tate 和 Lyle。这个加减的过程将给指数带来更倾向于超越平均历史表现的公司的偏差，从而进一步使得指数在未来时点更可能超越均值表现。

把公司从指数中剔除也会带来一个问题。截至 1992 年，假设金融时报 100 指数下的成分股股票交易被中止，那么该公司将被剔除指数直到交易恢复为止。尽管交易中止后毫无意义，但是该股仍被认为按照中止交易时的价格退出指数，如此将给指数带来上行偏差。按照定义，通常认为可以按照中止交易时的价格清算被中止的股票。

1.7.4 均化偏差

假设一组随机时间系列数据被平均化处理后产生另一组时间序列，而均化是在很多并且相互之间不重叠的时间区间进行的。Working（1960b）表明，尽管原始序列数据变化是独立的，但均化后序列的变动会有正相关的倾向。例如，股票市场指数的日收盘数据是随机游走的，假如对五个日交易数据取平均后取得周平均数据序列，Working 的研究表明这个新序列的变动呈一阶正自相关，相关系数是 0.235。

假定价格变动满足随机游走，Board 和 Sutcliff（1985）证明按照时间做均化处理会带来除自相关以外的更多的失真。新序列的方差是原序列的 2/3，而新序列观察值之间的协方差也是是原序列的 2/3；此外，新序列观察值的均值也低估了约为 1/6 的原序列方差值。

均值化产生正自相关以及方差、协方差和均值的降低现象可能发生在两个方面：首先，公布的市场指数可能已经被明确地均化了，而另一种可能便是在指数计算中不自觉地做了均化。下面将对这两种可能分别加以说明。

1.7.4.1　明确均化

一些公布的股票市场指数实际上是指数在不同时点的平均值。比如，国际货币基金组织发布的《国际金融统计》涵盖了许多国家股票市场指数的时间序列。对于其中很多国家的指数数据来看，实际上都是每个日历月中的周五收盘数据的平均值。

这种均化将提高（降低）指数变化的正自相关，同时也会降低序列的方差和和均值，尽管与原序列的协方差将保持不变。这将带来很大的后果：Board 和 Sutcliff(1985)调查了该后果对利用"国际金融统计"中的历史数据建立的组合的影响。他们的研究表明这种均化的方法会极大地改变有效集合（efficient set）组合，并且产生的偏差是严重的。

1.7.4.2　异步性

市场指数通常使用最新的交易价格。尽管到 1997 年，金融时报 100 指数是按照报价而非时间成交价来编制的。由于股票不是连续交易，很有可能出现的情况是用来计算指数的股价可能对于一些股票是几分钟前，而对于另一些是几个小时之前，也就是说计算指数的股票交易价格不是来自同一时点的。这也意味着使用这种异步股票价格所得到的指数，实际上衡量的是"真实"指数在某段时间上的平均值。

比如，假设因为成分股股价稳步上行，使得"真实"平均加权指数在一天内稳定上涨。因为股价存在上行趋势，那么使用一天内不同时点交易数据计算的指数值将不可避免地低于当前"实际"的指数值。而其实，它本身也就是指数在当天各时点的加权平均，而权重取决于实际交易发生时的时点（Gwilym 和 Sutcliff,1999,2001)。

因为在计算股票市场指数时不自觉地会使用到均化，因此，即使股价序列本身是随机的，均化后将产生正自相关。金融时报指数序列是基于报价的中间价的，而不是最后的成交价格，但是仍然会有滞后反应。因此，金融时报–A 指数序列在 1962~1988 年间存在相关系数是 0.2 的正一阶自相关。Brealey(1970）尝试使用非同步交易数据来测算英国市场指数的自相关系数的大小。

在 1968 年的 202 个交易日，他收集到了 FTO 指数 29 只股票（除去 Marks 和 Spencer）在每个下午 2 点的报价，并计算了平均算术加权指数。该序列的一阶自相关系数是 0.19。Brealey 指出，即使将均化造成的一阶正相关去除，也不能排除正相关的存在。也就是说，正一阶自相关并非完全计算 FTO 指数的股票数据的异步性。

最近的一项由 Atchison、Butler 和 Simonds(1987)所做的研究使用了纽约交易所 280 只股票的交易数据来考察异步交易数据带来的偏差，他们发现这仅仅解释了指数自相关的 15%。MacKinlay 和 Ramaswamy(1988)认为随着差分区间长度的增加，非同步性对股价的影响将降低。他们研究了标普 500 发现，当差分区间从 15 分钟拉长到 1 小时后降低了正自相关性，但是继续拉长差分区间将不会继续降低正自相关性。他们得出的结论是除了异步性数据外，一定还有其他造成自相关性的原因。

Ahn、Boudoukh、Richardson 和 Whitelaw(2002)考察了 16 个国家 24 只指数 1982~1999 年间的日交易数据。其中 21 只指数的回报比其相应股指期货的回报的自相关性要高。当交易量比较高时，指数回报，而不是股指期货回报的自相关性随之降低。这一研究也说明了，其他诸如滞后价格(Stale Price)等市场微结构因素也是造成自相关性的重要原因。

1.8 结论

市场指数根据不同的编制方法而不同，这也造成指数特点和成分股股价之间的关系的差异。了解股票市场指数的特点对于掌握股指期货合约具有重要的意义。

第2章

期货交易介绍

引 言

股指期货的实质是对在未来某个时点指数点位的预测。其产生于1982年的美国,1984年在英国率先开始了金融时报100指数期货的交易。自从上市交易以来,股指期货的交易量和交易金额均快速增长。在英国,股指期货交易金额与现货交易金额的数量已经趋于一致。而在美国和日本,股指期货的交易比英国的发展更为迅猛。本章将简单论述股指期货交易的程序,对类似差价合约(contract for difference)、价差投注(spread betting)、交易所交易基金(exchange traded fund)和个股期货(individual stock futures)等概念也做一个简短的阐述。

2.1 远期合约和期货合约

微观经济学中对市场、需求曲线和供给曲线论述颇多。多数关于这方面的论述是关于现货市场(spot market),也就是交易即刻发生的市场。但现实情形是许多合约的完成是延迟的,也就是货物首先被定购,货款交割却在未来时点。这样的交易是远期或期货合约。经济理论(Allingham,1985;Arrow,1981;Townsend,1978)指出,在跨期一般均衡中要求存在一系列或有商品(contingent commodity,即依赖于世界某种状态的商品)的完整市场,或者存在一系列的保险市场,而期货市场则将能够给均衡状态提供较好的模拟。尽管并非任何商品都有期货市场,但是很多交易都牵涉到与未来时期买卖有关的合约。

关于远期合约和期货合约的区别在于前者必须指明价格、相关商品描述和交割日期及条件。

举例: 假设 Bruce Wayne 想买一部新的粉红车体和绿色装饰的摩托车。由于暂时没有现货,他订购了一辆在 3 个月后才能交货的摩托车。车价在他订购时就已经确定,但是要延迟到摩托车交货时才支付。这样的合约就是一种远期合约。

举例: Clark Kent 周一打电话给蔬菜铺,在获知价格后,订购了 10 磅土豆,并将在周五送货收款。同样,这也是一种远期合约。因为商品、价格、送货日期和条件都已经在合同中载明。远期合约可以界定在任何商品服务,并且还可以与金融商品相联系,例如外币、证券、股票和贷款。

举例: Rhett Butler 与其银行商定在第二年 7 月 1 日,不管当时的汇率水平如何, 由后者按照 1 英镑兑换 150 比塞塔的汇率水平向其兑换 15,000 比塞塔,供其暑假旅游之用。这样的合约就是一种外币远期合约。

举例: Michael Dundee 正在购房, 他与建筑商协会商定在 10 月 15 日按照一定利率向其贷款 3 万英镑。这样的合约也是一种金融商品(房贷)远期合约。

期货合约与远期合约很相似,但是又有区别(Board,Sutcliff,2005a)。期货合约是设计出来供交易的, 因此合约必须是标准化的而且有组织健全的期货市场。这样期货的买卖双方就可以自由交易,也就是说市场有流动性。与之相反的是远期合约是两人之间的一次性(one off)交易。Houthakker(1982)给出了期货合约标准化的 5 个方面:数量(合约大小)、质量、交割日、交割地点和对手方(清算所,见 2.2.1 章节)。有关期货合约与远期合约的差别,我们在讨论了期货市场机构背景后将继续探讨。

期货(和远期)合约通常建立在某基础资产上,而这些基础资产则由一些特殊群体来供应。例如提取冶炼的黄金、种植收割的大豆、饲养的牲畜、开采的原油、国家发行的金边债券、公司发行的股票证券等等。期货(和远期)合约下任意基础资产都可以被买卖。交易者并不必须持有现货才能卖出该基础资产的期货合约,所以未平仓的期货合约数量可以比现货市场的数量大。其实,期货交易还可以建立在并不实际存在的商品上,例如股指期货。

本章剩余部分将着重解释股指期货的交易程序。

2.2 期货市场机制

为了运行正常,期货交易所都制定了交易程序和规则。大多数交易所在主要规定上都相近,在某些商品的规定上,各交易所之间可能会有所不同。此外,规定也会随着时间的推移而改变。在本节,我们主要围绕在欧洲交易所衍生产品市场(Euronext.liffe)上交易的金融时报 100 指数期货,探讨期货市场最主要的某些方面。本节对机构方面的论述并不具有经济意义,在后续章节将对本节所提出的一些问题做出深入探讨。

2.2.1 清算所

每个期货市场都有一个清算所。对于每个期货合约,都有一个买方（多头）和卖方(空头)。清算所置于买卖双方之间,使得买方与清算所,而不是与卖方建立契约关系;而卖方也是与清算所,而不是与买方建立契约关系。对于这一安排的法律术语叫做变更(novation)。这样,买卖双方通过与清算所来对交易进行结算交割,而不是与参与交易的个体直接清算,当然这些参与交易的个体也是清算所的会员(Edwards,1984;Bernanke,1990)。在图 2.1 中展示了这一过程。

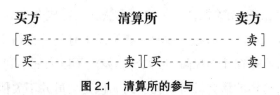

图 2.1　清算所的参与

清算所在这一过程中净头寸永远为 0,这将极其简化其对期货合约的管理,也会带来标准化的好处并且能降低违约风险。假如有会员违约,清算所将承担损失。这是因为所有的合同都是与清算所订立的,而不是与其他交易对手建立的。其结果是期货交易者并不关心其他交易方的信用风险。但是清算所并不保护因为经纪商给交易者带来的违约风险。清算所会员的客户所建立的合约是与会员而不是与清算所建立的, 这会给客户带来违约风险(Jordan,Morgan,1990)。图 2.2 展示了这一结构安排。

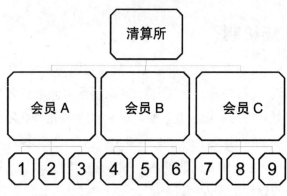

图 2.2 　违约风险的结构安排

　　如果清算所会员违约，清算所将用该会员保证金账户中的资金来支付该会员对其他会员的负债。但是，清算所会员的客户将无法从清算所得到赔付，他只能向违约的会员单位提出索赔。目前欧洲交易所衍生产品市场只有一家会员出现过违约，是德崇证券公司（Drexel Burnham Lambert）在 1990 年发生的。德崇当时是伦敦清算中心第四大会员，在 1990 年 2 月 14 日早上，德崇无法满足保证金要求。市场当时没有出现振荡。将德崇的持仓结算后，清算所将约 1,800 万美元的净收入转交给了该公司的管理委员会。

　　如果交易者想降低会员给他们带来的违约风险，他们就应该考虑选择那些所属客户在期货市场都建立相同头寸的会员。因为在这种情形下，客户之间的支付存在很大的正相关性，一位客户无法支付造成会员对其他客户违约的风险大大降低（Jordan、Morgan，1990）。如果发生有利的价格变动，会员和客户都是被支付者，不存在违约风险。假如价格发生了巨大的不利变动以至于吞噬了维持保证金，这样的话会员将面临违约。但是会员并不欠他们资金，因此不会给会员其下的任一客户造成损失。但是需要指出的是，尽管头寸相同能使客户降低违约损失，但是客户向会员缴纳的维持保证金可能会被挪用，因此某些风险依然存在。

　　举例：Rufus T. Firefly 向他的交易商 A 发出购买一张期货合约的指令。他的交易商打算和交易商 B 做交易，而交易商 B 代表 Eddie Felson 卖出一张期货合约。如果 Rufus 违约的话，清算所将首先通知交易商 A；如果 Eddie 违约的话，清算所将首先通知交易商 B。但在交易商出现违约的情形下，Rufus 和 Eddie 都不能向清算所发出通知。

欧洲交易所衍生产品市场使用伦敦清算所(LCH.Clearnet)系统,该系统是 2003 年伦敦清算所(LCH)和中央清算银行股份公司(Clearnet)合并而成。自 2004 年 1 月起,芝加哥期货交易所(CBOT)通过共同结算连线(CBOT/CME Common Clearing Link)机制来使用芝加哥商业交易所(CME)的清算系统。

2.2.2 交割

在确定的日期,期货合约的卖方将商定的货物(通过清算所)转交给买方。很少有金融期货合约保留到交割日,因此也很少有实际交割。1983 年在美国,只有不到 1% 的期货合约被交割(Carlton,1984)。1989 年,只有 3.6% 的金融时报 100 指数期货合约被保留到交割日。许多合约都在交割之前就清算或者反向交易来平仓。标准化的期货合约促进了这一过程的发展,因此任何两份有相同交割日的期货合约都是完美的替代品。这一性质不适用于远期合约。

举例:Harry Lime 是 Blakelaw 基金的基金经理。他购买了一些期货合约(10 张英国政府债期货合约,定于 12 月交割),他同时卖出相同数量的期货合约(10 张英国政府债期货合约,定于 12 月交割)。因为买卖均是由 Larry 发出的,于是清算所就将 Harry 的头寸平仓了结。

对于股指期货来说,交割非常困难。因为这需要交割相同比例的金融时报 100 指数的 100 只成分股股票。这将遇到不可分割(indivisibility)的难题,同时也会产生巨额的交易成本。Martell 和 Salzman(1981)指出,股指期货的实物交割将产生高额的交割成本,因此要采用现金交割,但随着一揽子股票交易(如 ETFs)的发展会降低实物交割的成本(见 2.2.2 节)。Garbade 和 Silber(1983b)、Jones(1982)和 Paul(1985)也倾向于现金交割。除非当交易所交割结算价(EDSP,Exchange Delivery Settlement Price)不准确或者存在人为操纵(参见 11.9 节对于交易所交割结算价操纵的描述)。由此,当合约没有平仓,那么就需要现金交割。一个例外是从 1992 年 3 月在大阪交易所上市的大阪 50 Kabusaki 股指期货,该股指期货可以使用现金和实物交割主要原因是该合约上市时的 1987 年日本不允许现金交割(Brenner、Subrahmanyam 和 Uno,1990b)。日本国会于 1988 年将现金交割合法化(Semkow,1989)。阿根廷的 Merval 和 Burcap 股指期货也允许实物和现金交割。

2.2.3 报价和价格

金融时报 100 指数期货与基础资产的报价单位相同,例如 3,812.5,但是小数点后面的数字只能是 0 或者 5,这是因为金融时报 100 指数期货最小价格变动单位(或者叫做波动点)是 0.5 点。期货合约的价格(合约大小)是报价指数点和合约乘数的乘积。对于金融时报 100 指数期货的合约乘数是 10 英镑,因此 $3,812.5 \times 10 = 38,125$ 英镑。这样,最小价格变动单位是 5 英镑(在 1998 年 3 月以前,合约乘数是 25 英镑)。

标准·普尔 500 指数期货的合约乘数是 250 美元,最小价格变动单位是 2.5 美元。除了最小价格变动单位外,日经 225 指数还有一个最大价格变动单位(Arai、Akamatsu 和 Yoshioka,1993)。

期货合约的最低价格是 0,多头交易商可能承担的最大损失也就是合约的初始价格。鉴于没有最大价格,空头交易商的最大损失是无限的。

2.2.4 交割月和交割价

对于金融时报 100 指数期货,有 4 个交割月:3 月、6 月、9 月和 12 月。在任何时点,都有最近 4 个交割月份的期货合约在交易。当然最远月份(即交割月份最远的合约)交易量最少。所以,每个合约均交易 12 个月(在 2002 年 3 月 18 日以前,只有最近的 3 个交割月份的合约同时交易)。表 2.1 中给出在 2005 年每月交易的 4 种合约。

表 2.1   2005 年每月交易的 4 种合约

月份	交易合约			
2005 年 1 月	2005 年 3 月	2005 年 6 月	2005 年 9 月	2005 年 12 月
2005 年 2 月	2005 年 3 月	2005 年 6 月	2005 年 9 月	2005 年 12 月
2005 年 3 月	2005 年 3 月	2005 年 6 月	2005 年 9 月	2005 年 12 月
2005 年 4 月	*2006 年 3 月*	2005 年 6 月	2005 年 9 月	2005 年 12 月
2005 年 5 月	*2006 年 3 月*	2005 年 6 月	2005 年 9 月	2005 年 12 月
2005 年 6 月	*2006 年 3 月*	2005 年 6 月	2005 年 9 月	2005 年 12 月
2005 年 7 月	*2006 年 3 月*	*2006 年 6 月*	2005 年 9 月	2005 年 12 月
2005 年 8 月	*2006 年 3 月*	*2006 年 6 月*	2005 年 9 月	2005 年 12 月
2005 年 9 月	*2006 年 3 月*	*2006 年 6 月*	2005 年 9 月	2005 年 12 月
2005 年 10 月	*2006 年 3 月*	*2006 年 6 月*	*2006 年 9 月*	2005 年 12 月
2005 年 11 月	*2006 年 3 月*	*2006 年 6 月*	*2006 年 9 月*	2005 年 12 月
2005 年 12 月	*2006 年 3 月*	*2006 年 6 月*	*2006 年 9 月*	2005 年 12 月

对于那些在 2004 年 11 月之前到期的合约,交易所交割结算价(EDSP)在

20 分钟间隔计算（早上 10：10~10：30），其中价格每 15 秒记录一次，合计 81
次。舍弃其中的 12 个最高值和 12 个最低值，剩余 51 个值取平均后得到交易
所交割结算价。自 2004 年 11 月，运用个股日间竞价计算的指数值来得到交易
所交割结算价。在到期日的早上 10 点 10 分，有一个延续 5 分到 5 分半钟的竞
价时间，交易指令送入指令驱动交易系统（Stock Exchange Electronic Trading
Service，SETS）。假如某只股票数量不平衡，该股的竞价时间将延长 13 分钟半，
合计最长竞价时间为 19 分钟。竞价时段结束后，开始委托撮合，买价大于卖价
的委托成交，其成交价格用来计算指数，指数值被用做交易所交割结算价，数
值被近似为 0.5。

　　1991 年 9 月以来，计算交易所交割结算价的开始时间被提早 1 小时到早
上 10 点 10 分，避免通常在早上 11 点 30 分公布经济数据带来的影响。对于
1992 年及以后的合约，合约的最后交易日移至交割月的第三个星期五，而不
是在交易所开市的交割月的最后一个交易日。

2.2.5 未平仓合约

　　这是没有平仓的合约总数。它等于未平仓多头头寸的总数，或者未平仓
空头头寸的总数。尽管期货交易量巨大，但是未平仓合约通常很小。例如，
1987 年 12 月 31 日标准·普尔 500 指数期货的未平仓合约数，仅为该股指期
货在 1987 年交易总量的 1.1%。而在 1989 年，金融时报 100 指数期货最大的
单日未平仓合约数是年交易量的 3.4%。

　　举例：以下是 12 月金融时报 100 指数期货的交易。

合约：　1. Peter 购买由 Paul 卖出的 5 张合约

　　　　2. Mary 购买由 Bob 卖出的 10 张合约

　　　　3. Paul 购买由 Peter 卖出的 6 张合约

　　　　4. Carol 购买由 Mary 卖出的 4 张合约

　　　　5. Ted 购买由 Paul 卖出的 8 张合约

　　　　6. Alice 购买由 Mary 卖出的 7 张合约

在每个交易达成后，未平仓合约的大小见表 2.2。

　　该例子说明未平仓合约给期货交易带来三种可能的效果。第一，当有人建
立新头寸，未平仓合约将按照同等大小增加；第二，当有人对现有仓位进行平
仓，未平仓合约将按照同等大小减小；第三，当有人建立新头寸，而其他人对现

有仓位进行平仓,未平仓合约保持不变。

表 2.2　未平仓合约大小举例

	1	2	3	4	5	6
Peter	+5	+5	–1	–1	–1	–1
Paul	–5	–5	+1	+1	–7	–7
Mary	–	+10	+10	+6	+6	–1
Bob	–	–10	–10	–10	–10	–10
Carol	–	–	–	+4	+4	+4
Ted	–	–	–	–	+8	+8
Alice	–	–	–	–	–	+7
未平仓合约大小	5	15	11	11	18	19

2.2.6 盯市和变动保证金

为了减小违约损失,每日都要对期货合约价格的变动进行结算。每个交易日收盘后,按照当日结算价计算期货合同的价格变动。而结算价则按照收盘前的交易价格,非常类似收盘价。合同一方(其在清算所开立账户)要么获得清算所的支付,要么支付这一金额给清算所。这些款项称为变动保证金。对于清算所而言,变动保证金总额永远为零。

举例: Phileas Fogg 花费 50,000 英镑购买(Anna Karenina 卖出)一张金融时报 100 期货合约。按照指数点位来算,合约价格是 5,000。合约将在 3 日后到期,合约乘数是 10 英镑。

表 2.3　变动保证金举例

时间	价格(指数点位)	合约清算价格	现金流	
			Phileas	Anna
–3	5,030	£ 50,300	+ £ 300	– £ 300
–2	5,020	£ 50,200	– £ 100	+ £ 100
–1	5,040	£ 50,400	+ £ 200	– £ 200
0	5,050	£ 50,500	+ £ 100	– £ 100
合计			+ £ 500	– £ 500

本例表明了期货市场零和性(zero sum)的特点。需要注意的是当 Phileas 获利 500 英镑时,Anna 正好损失相同金额。这一金额不是要到交割日才支付。由于变动保证金制度,在交割日只有 100 英镑得到支付。

通常提请支付变动保证金在每个交易日收市后进行。但是标准·普尔 500 指数期货在 1987 年 10 月中合计日间盯市 13 次,包括 10 月 19 日 3 次,在 10

月 20 日和 26 日分别为 2 次(Feng 和 Kupiec, 1993)。从 1988 年 3 月 1 日开始,标普 500 指数期货从每日固定盯市 1 次变成每日固定盯市 2 次。在芝加哥期货交易所(CBOT)上市的主要市场指数期货(MMI) 每日盯市 2 次。当交割结算价变动后,由于未平仓头寸要求每日现金支付 2 次,所以盯市制度产生了交易成本。

正像要求在日间追加保证金一样, 交易所也可以要求交易商在其保证金账户额外缴存资金。例如,在 1987 年股灾时期,金融时报 100 指数期货合约三次要求日间保证金缴款:10 月 19 日星期一每张看涨合约 6,000 英镑,10 月 20 日星期二每张看涨合约 7,500 英镑和 10 月 22 日星期四每张看涨合约 5,000 英镑。在 1989 年 10 月 16 日星期一,担心股市会发生暴跌,金融时报 100 指数期货合约多头持仓者每张合约要求向其保证金账户额外缴纳 3,000 英镑。

2.2.7 初始保证金

清算所会员存在拒绝向清算所支付变动保证金从而违约的可能。在每个交易日结束后,多头或者空头中一方会损失,因此有不支付追加保证金的违约风险。交易商可以建立期货头寸,在要求追加变动保证金时违约。为了防止这种行为对清算所造成的损失(期货合约买卖后未了结先前仓位),初始保证金必须首先支付给清算所。初始保证金并非是部分支付,它是一种由买卖双方都缴纳的善意性的存款,当合约结束后将可以取得还款。金融时报 100 指数期货的初始保证金随着时间变化(在其合约乘数是 25 英镑时期的初始保证金可以参见表 2.4)。在 2004 年 4 月初始保证金是 1,000 英镑,这将适用于本书的举例。这大约是期货价格的 3%,反映了金融时报 100 指数期货可能的最大日价格变动(期货保证金通常以英镑或者美元的金额, 而不是百分比设定)。参见 11.1 节对保证金设定的讨论。

表 2.4　金融时报 100 指数期货初始保证金

1985-6-21	£750	1991-3-1	£2,000
1986-10-16	£1,000	1991-6-11	£1,500
1987-10-2	£1,500	1992-3-4	£2,000
1987-10-21	£5,000	1992-3-24	£3,000
1987-11-2	£7,500	1992-4-23	£2,000
1987-11-16	£5,000	1992-9-15	£3,000
1987-12-4	£4,000	1992-11-19	£2,500
1988-2-4	£3,000	1993-2-26	£2,000
1988-6-14	£2,500	1994-3-4	£2,500
1989-2-20	£1,500	1995-5-30	£2,000
1989-10-17	£2,500	1995-6-27	£2,500
1991-1-15	£4,000	1996-4-25	£3,000

在 1991 年 4 月 2 日,伦敦清算所(LCH)在计算期货和期权的初始保证金中引入了标准组合风险分析(Standard Portfolio Analysis of Risk,SPAN)机制。标准组合风险分析主要查看交易者持有的期货期权组合风险状况,其中某些风险可以对冲掉。标准组合风险分析模拟测算组合根据市场条件发生变化后的变化,这样初始保证金就确定为可能合理发生的隔夜最大损失。伦敦清算所(LCH.Clearnet)系统给出在一系列可能的价格和波动下相应的初始保证金水平,而测量范围(scanning range)是伦敦清算所要求承担的给基础资产最大的价格变动的名称。例如在 1993 年 3 月,金融时报 100 指数期货的测量范围是 160 个指数点位,或者是 2,000 英镑。这样,假设交易商的唯一未平仓头寸是金融时报 100 指数期货,则其初始保证金是每张合约 2,000 英镑。

追加保证金必须用现金向伦敦清算所支付,但清算所会员向欧洲交易所衍生产品市场(Euronext.liffe)缴存初始保证金时可以选择以下方式:现金(英镑、美元、日元、欧元、瑞典克朗、丹麦克朗、挪威克朗和瑞士法郎)、许可的银行担保、14 国范围内的政府债券和票据、英镑和美元计价的大额可转让定期存单(CDs)以及金融时报 100 的成分股(仅对股票期货期权适用)。除了现金和银行担保外,抵押物的价值将被折价(haircut),因为伦敦清算所只能低于其当前市场价值来卖出。例如,政府债券和票据将被折价 5%。对于超过 50,000 英镑的现金存款,利息将会给付(Bassett,1987)。当伦敦清算所持有一定数量英镑时,它将把这些资金以隔夜存款的形式存放在伦敦货币市场,而伦敦清算所将留取其中 25 个基点,而把剩余利息收入返还给存款方(Wilson,1995)。

在大阪上市的日经 225 指数的保证金水平要比其他任何市场的水平高很

多。它们按照价格的一定比例,而不是一个绝对额来设置。此外还规定保证金中以现金支付的最小的比例,同时对缴纳的现金保证金不给付利息。在 20 世纪 90 年代早期,为了限制股指期货交易,日本提高了保证金水平和最低现金支付比例。

每笔交易必须通过清算所的会员予以结算。会员向清算所缴纳的初始保证金按照其所有客户加总的净头寸计算,即净保证金;或者给其每个客户的头寸分别缴纳,即毛保证金。

举例:交易商 Daryl Van Horne 有两个客户,其中一位持有 10 张多头股指期货合约,另一位持有相同股指期货的 5 张空头合约。该指数合约要求每张支付 1,500 英镑初始保证金。假如交易所按照毛保证金征收,两人需要缴纳的合计保证金是(10+5)×1,500=22,500 英镑;假如按照净保证金则需要缴纳的合计保证金是(10–5)×1,500=7,500 英镑。

伦敦清算所承担了欧洲交易所衍生产品市场的清算工作,要求会员按照净保证金缴纳保证金。而芝加哥商业交易所(CME)使用毛保证金法(所以标普 500 指数期货需要支付毛保证金)(Brady,1988)。由于交易商向所有的客户征收保证金(毛保证金),如果会员只需要向清算所支付净保证金,那么会员就可以将其中的差额进行投资获利。

2.2.8 维持保证金

当初始保证金发生变动后,交易商可能会被要求追加变动保证金。当初始保证金下降到一定水平——维持保证金水平以下,额外的资金必须缴存以便使保证金账户恢复到其初始水平。只有当账户余额超过初始保证金要求后,变动保证金才可以从账户移出(对于日经 225 指数期货,只有等头寸结算后,资金才能从账户移出,Chung、Kang 和 Rhee,1994b)。在图 2.3 中给出了保证金账户的图解。

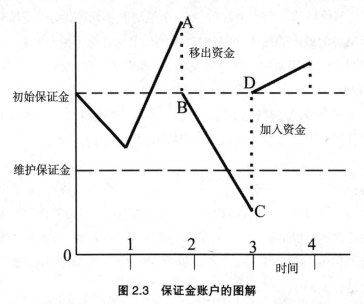

图2.3　保证金账户的图解

图2.3表明当第1日出现不利的价格变动时,当支付变动保证金后,余额仍旧保持在维持保证金水平之上,因此不需要追加金额。在第2日出现有利的价格变动使得账户余额升到A点,交易商选择立刻把超过初始保证金水平的多余资金从账户中取出,即AB。在第3日,发生了不利的价格变动,使得支付变动保证金后,账户金额降至在维持保证金水平之下的C点,因此交易商必须立刻支付CD金额以将其保证金账户恢复到初始水平。

如果交易商持有与期货的基础资产价格变动相反的资产,那么他所要求的初始保证金和维持保证金可以降低。对于某些期货,对于套期保值、市场内价差(Intramarket Spread)交易和市场间价差(Intermarket Spread)交易,保证金水平设定有所不同。请参考2.7.3节对套期保值和价差交易的简要介绍,在第6章和第9章中给出了详尽介绍。对于欧洲交易所衍生产品市场,维持保证金与初始保证金水平相同。一旦保证金水平降至初始水平,清算所立刻请求会员追加保证金到初始水平。假设交易商拒绝追缴保证金,他在期货市场的头寸将立刻被平仓,从而降低可能带来的更大的损失。为了说明在初始保证金和维持保证金水平不同的情况下,保证金账户如何变动,我们以标普500指数期货为例来加以说明。

举例: Rocky Balboa在周一上午指数是1,000点时购买10张标普500指数期货合约。这样,他购买的名义价值是10×1,000×250=2,500,000美元。支付的初始保证金为10×20,000=200,000美元。在周一指数的交割价是990,这样

Rocky 需要支付变动保证金：10×(1,000−990)×250=25,000 美元,这笔金额从 Rocky 的保证金账户中划出,使得其账户余额为 175,000 美元。因为他的余额超过维持保证金水平 10×16,000=160,000 美元, 因此 Rocky 不需要向其保证金账户支付额外款项。周二,指数的交割价是 980,这样 Rocky 需要支付变动保证金：10×(990−980)×250=25,000 美元,这笔金额从 Rocky 的保证金账户中划出,使得其账户余额为 150,000 美元。因为余额低于维持保证金水平(10×16,000=160,000 美元,因此 Rocky 需要再向其保证金账户支付 50,000 美元,从而达到它的初始 200,000 美元的水平)。

2.2.9 涨跌幅限制

许多其他期货都设定了每日价格涨跌幅, 但是金融时报 100 指数期货没有设定每日价格涨跌幅(但是 LIFFE CONNECT 交易系统认为错误,自动拒绝一些与市价相差很远的不合理报价)。交易所规定了每天价格向上或向下变动偏离上一结算价的最大幅度。假如达到涨跌幅,交易将停止直到交易者要么选择按照涨跌幅之内的价格继续交易, 要么等到下一个交易日适用新的价格涨跌幅。如果交易由于达到涨跌幅而中止,当日的结算价就是涨跌停价。在 11.3 章节给出了设定价格涨跌幅的主要理由。1988 年 10 月 20 日,标普 500 指数期货中引入了一种复杂的能够降低振荡幅度(shock absorber)的价格涨跌幅。每个交易日一开市,涨跌幅很窄(25 美元),经过 30 分钟交易后,涨跌幅逐渐放宽到 150 美元,接着到 250 美元。当触及涨跌幅后,交易首先停止一段时间(10 分钟到 2 个小时)。后来,标普 500 指数期货涨跌幅的设定细节也多次变动。日本股指期货曾经设定的幅度约为上一结算价的 3%(Brenner、Subrahmanyam 和 Uno,1990b),日本股指期货涨跌幅度也出现多次变动。

2.2.10 持仓限制

为了防止市场被少数交易者操纵,某些期货设定了持仓限制。这样限制单个交易商能够持有期货合约的数量。例如,标普 500 指数期货规定在所有交割月中合计的净空头或者净多头仓位的最大合约数量是 20,000 张。巴西期货交易所(BM & F)的圣保罗股票交易指数(Ibovespa)期货合同的持仓限制大小取决于某个合约月份未平仓合约的数量(Braga,1995)。持仓限制在金属和农产品交易中更为普遍,而金融期货市场流动性强,因此被操纵的可能性较小。欧洲交易所衍生产品市场对其合约不设持仓限制。一些投资者,诸如美国的养老金就受到未平仓头寸的限制(Binn,1989)。Pliska 和 Shalen(1991)研究了持仓限制的影响。通过模拟,他们的理论模型揭示持仓限制的实施能降低交易量和未平仓头寸,并提高期货价格波动性。

2.2.11 给交易商的支付

交易所只和会员直接联系,而不直接与其会员客户发生联系。因此,变动保证金和初始保证金只适用于结算所会员单位。然而,会员单位要求其客户向其支付相应的保证金。保证金的金额和支付时间取决于会员与其客户之间的协议安排,但是通常保证金水平不能低于清算所要求会员的支付水平。比如,在 1990 年 6 月大经纪商要求买卖金融时报 100 指数期货的客户按照每合约3,000 英镑支付初始保证金(而交易所要求 2,500 英镑),并且要求维持保证金的下限是每合约 2,500 英镑。一些经纪商会给客户的初始保证金支付利息。并且相比较清算所,经纪商愿意接受更加广泛的证券来作为初始保证金的支付(Liffe,1992b)。

2.2.12 交易过程

微观经济学家假定竞争性市场按照瓦尔拉斯拍卖运行,即在每个时期,潜在的买者和卖者相遇,拍卖商喊出一个价格(假设是价格调整,而非数量调整的拍卖过程),接着交易者报出一个在该价位上愿意买入或者卖出的数量。根据超额供给或者超额需求的程度,拍卖商接着喊出另一个价格。这个过程一直持续到供给等于需求。实际交易按照这个最终的均衡价格进行。在图 2.4 中,拍卖商首先喊出价格 P_1,对应的供给量是 Q_s 和需求量是 Q_d。因为供给超过需求,拍卖商下调价格到 P_2,该过程一直持续到均衡价格 P_e。

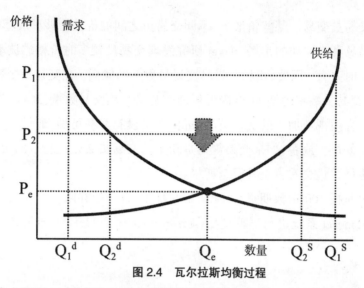

图 2.4　瓦尔拉斯均衡过程

　　期货市场的运行不同于这个理想状态的瓦尔拉斯过程。首先,期货市场交易连续进行,并不像瓦尔拉斯拍卖中那样离散进行。第二,期货市场没有拍卖商。相反,场内交易是个双重拍卖的过程,其中买者和卖者同时报出买价和卖价。在报出初始买价(卖价)后,后续的买价(卖价)必须高于(低于)前一买价(卖价)。当买价和卖价相等时,便达成交易。假如购买或者出售期货合约的交易者仍留在市场(例如专门做投机抢帽的[scalper],见 2.7.2 节),如果没有新信息出现,价格将最终收敛到瓦尔拉斯拍卖所产生的均衡价格上(但是交易的均价将不同于瓦尔拉斯市场所产生的价格,因为交易将在不同于瓦尔拉斯均衡价格上达成)。但是假设交易商即刻离开市场 (即长线交易者[position trader],参见 2.7.2 节),那就没有理由期望价格达到瓦尔拉斯均衡价格。在这种情况下,交易价格将落在买方愿意出的最高价和卖方愿意接受的最低价的区间中(Monroe,1988)。

　　场内交易员的规模也影响到期货市场的运作。根据 Baker(1984)的实证研究,有三类不同的交易员规模(crowd size)。一种是少部分交易员行动一致,比如他们报价的幅度都很大。当交易员的规模扩大到 15~30 人后,这时完全竞争性市场才初具雏形。假如交易员规模继续放大,市场将逐步细分为若干个亚市场。例如,在芝加哥商品交易所上从事标普 500 指数期货交易的交易员有 400多人,所以可以同时间在不同价格发生许多交易(Locke、Sarkar 和 Wu 在 1994年研究发现,在 1987 年六七月间至少做过一次标普 500 指数期货交易交易商平均数目是 439)。当场内交易员人数很多时,为了降低错误,交易员通常选择临近的交易员交易。某些情形下,不同交易员之间的价差能够形成套利机会。

　　交易员喜欢波动的市场,Baker 研究发现交易员较多时价格的波动也比交易员较少时要大。因此,市场有提高交易员数量的倾向。在交易指令数量固定时,随着交易员数量的增加,会降低场内交易员平均交易数量。Baker 发现现有的交易员会漠视新加入的交易员的报价,使其没有交易可做,通过这种方式来抵制新交易员。或者,如果交易规则是新来的交易员必须进行双向报价,他们会被迫去做单边交易直至其资金耗尽。

　　金融时报 100 指数期货自 1999 年 5 月 10 日开始在欧洲交易所衍生产品市场的 Connect 系统进行屏幕交易(screen trade)(见 11.12 章节对屏幕交易的介绍)。

2.3 金融时报每日交易报告介绍

　　金融时报(*Financial Times*)每天都会登载前一日金融时报 100 指数期货最近合约(near contract)的交易数据,对这些日交易报告的解读如下。

表 2.5　金融时报每日数据

	2004 年 4 月 13 日	2004 年 4 月 14 日	2004 年 4 月 15 日
	6 月	6 月	6 月
开盘价	4,524.0	4,502.5	4,489.0
结算价	4,523.0	4,494.5	4,508.0
变动	33.0	−28.5	13.5
最高价	4,538.0	4,509.0	4,518.5
最低价	4,504.5	4,463.5	4,480.0
估计交易量	57,077.0	69,640.0	48,771.0
未平仓合约数	384,909.0	382,153.0	385,634.0
现货开盘价	4,489.7	4,515.8	4,485.4
现货收盘价	4,515.8	4,485.4	4,505.5

　　在报纸上随处可见的指数的现价也可在表 2.5 中找到。需要注意的是,开盘价和前一日的结算价不同,而变动指的是结算价的变动。此外,最高(低)价指的是实际交易的最高(低)价,而不是报价中的最高(低)价。估计交易量和未平仓合约数仅指 6 月合约,而未平仓合约数是前一日的数值。4 月 14 日多头头寸的变动保证金是当天结算价和上一结算价的差乘以 10 英镑,即−285 英镑。2004 年 4 月 14 日金融时报 100 指数期货未平仓合约数的名义价值大约为 173 亿英镑。

2.4 远期合约的回报

本节用图表的形式展示持有远期合约的损益,并且揭示该损益取决于交割日的指数值。该图适用于远期,而不是期货合约,因此没有盯市。持有远期合约的收益(损失)是交付日现货价格(S_T)与远期合约价格(W)的差,即 S_T-W,卖空远期合约的收益(损失)是 $W-S_T$。

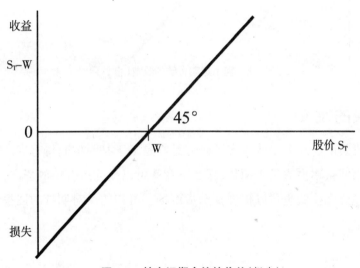

图 2.5 持有远期合约的收益(损失)

从图 2.5 和图 2.6 中可以发现,远期合约的损益是零和的,也就是交易者的损益汇总后是零。同时显而易见的是交付日现货价格(S_T)的涨跌将对交易者的损益产生相同幅度的影响,也就是在图中的直线斜率是 45 度。与此类似的是持有股票的损益,不同的是 W 是在交割日股票购买价格再加上期间的股息。

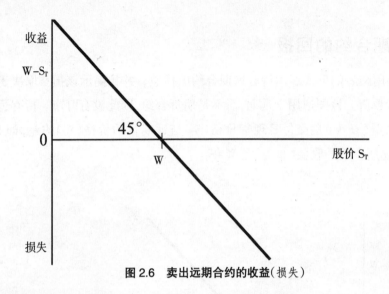

图 2.6 卖出远期合约的收益(损失)

2.5 回报的定义

对于股票市场的理论或者实证研究是都是基于某一期间持有资产的回报率的。如果回报率也适用于期货,那么期货就可以成为组合中的资产,于是市场有效的概念和检验也可以扩展到期货市场。可惜的是对期货的回报率的定义存在困难。

2.5.1 问题

期货合约的算术平均回报可以表示为期间内期货价格的变动,即$(F_{t+1}-F_t)$被初始投资金额(I_t)相除。但是对于投资金额(I_t)的定义存在一定的问题。

一个可能的定义是把 (I_t) 理解为初始保证金, 即期货价格的 4%(Bear, 1972,Brooks 和 Hand,1988,Francis,1991,Gressis、Vlahos 和 Philippatos,1984, Levy,1987,Niederhoffer 和 Zeckhauser1980,Panton 和 Joy,1978,Robichek、Cohn 和 Pringle,1972,Schrock,1971,Turner、Houston 和 Shepherd,1992,Yau、Savanayana 和 Schneeweis,1990)。 而 Lukac、Brorsen 和 Irwin (1988a,1988b),Han cock (2005),Marshall、Herbst(1992)把投资金额定义为初始保证金外加留存的为了支付后续保证金的流动性储备 (liquidity reserve)。但是这个方法也有一些问题,正如 Dusak(1973)等人指出初始保证金只能视为善意存款(good faith deposit),而不是投资,因为初始保证金也没有从买方向卖方转移。相反,买卖双

方都向清算所支付了初始保证金。假设初始保证金是,算术回报就可以表示为 $(F_{t+1}-F_t)/F_tm$,其中的是初始保证金占期货价格的比例。于是 I_t,这个回报的绝对数值应该是基础股票回报的 25 倍($1/m$),而该回报的方差也是基础股票回报方差的 625 倍($[1/m]^2$)。

另一个对(I_t)的定义是相对应于一个期货合约的基础股票的初始价值(即 S_t),于是算术回报就可以表示为$(F_{t+1}-F_t)/S_t$,Figlewski 和 Kon(1982)。与购买股票类似,因为价格不能为负,投资者购买期货合约的最大损失是资产的初始价格。这样计算回报率,与基础资产回报的大小和分布基本相似。但是当购买期货合约时,并不需要即刻支付现金。Dusak(1973)于是建议把$(F_{t+1}-F_t)/S_t$看为超额回报,也就是风险溢价(risk premium),而不是平常意义上的回报率,见 Sutcliff(1997)的第 8.3.3 节(由于它避免了现货和期货价格,某些实证研究中 S_t 被 F_t 取代了,例如 Dusak,1973)。紧跟着 Dusak(1973),Bodie 和 Rosansky(1980)也使用了$(F_{t+1}-F_t)/F_t$作为超额回报的估测。(Taylor 和 Tari,1989,以及 Taylor,1992a 和 1992b 也采用了相似的方法)。除此以外,他们还定义了能与股票直接进行比较的回报率,这就是$(F_{t+1}-F_t)/F_t$,加上按照无风险利率(R_F)和期货合约平均价格得到的期间利息,也就是 $R_F(F_{t+1}+F_t)/2F_t$,期货回报率于是为 $[F_{t+1}(2+R_F)-F_t(2-R_F)]/2F_t$。

举例:Jack Napiers 管理 Hazlerigg 基金。他按照 45,000 英镑的价格购买了金融时报 100 指数合约。当指数的即期值是 4,400,支付了 1,500 英镑的初始保证金。他同时还存了 3,000 英镑作为后续保证金(表示为 C)。一个月后,期货价格涨到 46,300 英镑,他了结了多头持仓。这个月的无风险利率是 1%。Jack 想了解投资回报,可以有四个可能的答案。

a)$(F_{t+1}-F_t)/(F_tm)$=(46,300−45,000)/1500=86.7%;

b)$(F_{t+1}-F_t)/(F_tm+C)$=(46,300−45,000)/(1,500+3,000)=28.9%;

c)$(F_{t+1}-F_t)/S_t$=(46,300−45,000)/44,000=3.0%;

d)$\{F_{t+1}-(2+R_F)-F_t(2-R_F)\}/2F_t$=((46,300×2.01)−(45,000×1.99))/(2×45,000)= 3.9%。

Black(1976)认为因为初始保证金不能看做是一项投资,而且也没有对 S_t 的支付和接受,因此合计的投资金额是零,其结果是对于期货合约难以界定回报率。因此,需要采用不使用投资总额的其他分析方法。目前已经广泛接受了 Black 观点的逻辑,在实务界许多实证分析使用了其他类、名称各异的回报率。

比如叫做价格的百分点变动,或者价格的对数百分点变动。

2.5.2 实际解决方案

所有定义期货合约回报率的问题均存有异议。但是,如果要把传统的金融理论适用在期货上,必须选择一些定义。许多研究者要么选择研究价格变动,即$(F_{t+1}-F_t)$,要么选择取对数后的价格的变动,即$\ln(F_{t+1}-F_t)-\ln(F_t)$,这一表示项也可以重新表示为相对价格的对数,即$\ln(F_{t+1}/F_t)$。现在来讨论以上表示的优缺点。

对价格变动的分析避免了定义投资的总金额。通过在均值–方差的分析框架中创立出对应于价格,而不是回报率的期货的供给和需求模型,从而避免了回报率定义问题。见 Sutcliff(1997)的第 7.4 章节和 Sutcliff(1993)的第 7 章的附录部分。但是,价格变动是量标依变(scale dependent)的。市场指数一般是随着时间推移而增长,这样就造成了价格变动的大小和方差也随着时间的增大。于是,数据中就存在时间趋势和异方差性(heteroskedasticity)。而对数价格的变动就有量标独立(scale independent)的特点,尽管指数随着时间推移而增长,但是这不会造成价格变动的大小和方差也随之增大。通常,算术平均是$(F_{t+1}-F_t)/F_t$,这样相对价格就成为 1 加上算术回报。使用对数价格变动也意味着投资的总额是F_t。

举例:使用 Jack Napiers 例子中的数据,回报率可以计算为$\ln(F_{t+1}/F_t)=\ln(46,300/45,000)=2.85\%$。

尽管相对价格的对数在本质上是回报率,但一些研究者开始试图克服将其定义为投资总额的缺陷,而把$\ln(F_{t+1}/F_t)$或者$(F_{t+1}-F_t)/F_t$称为价格的比例变动(proportionate price change),同时把这个价格变动作为回报。

假如在实证研究中使用不同的回报率计算方法得出相同的结论,那么对于回报的定义本身也不是一个重要的问题。Yau、Savanayana 和 Schneeweis(1990)对比了由现货和期货构成的(美国国债)组合在三种不同的回报计算方法下的结果(价格变动、百分比价格变动和初始保证金的回报)。对于最小化风险的套期保值(见第 9 章)和均值方差有效组合,这三种回报给出了差别很大的结果。因此,至少对于政府债来说,回报的定义方法的确重要。

2.5.3 合约联接

一个相关的问题是，在很多实证研究中需要将若干个期货合约联系在一起考虑价格变动或者回报。这也引出了把近期月份合约转换为下一近期月份合约的选择时点问题，以及如何调整这两个合约之间价格差异（见 Gwilyn 和 Sutcliffe，1999，第 35~37 页）。Ma、Mercer 和 Walker（1992）发现合约联接（contract linking）价格的方法对实证研究的结果有无法预测的影响。他们对标普 500 和其他 4 种股指期货的均值、方差和相关系数对价格变动或者回报的敏感性做了研究，他们同时对日期周（day of week）的效应做了研究（见第 8 章对该异常现象的讨论）。他们使用了 6 种方法对 1982~1989 年间日价格变动进行了联接，结果差异很大，所以联接方法的不同对于结论有重大的影响。

Geiss（1995）给出了将不同期货合约联接在一起股票指数需要满足的 6 种标准，其中只有一种类型的股票指数满足所有上述条件——根据未平仓合约加权价格平均，其中的权重是时间的函数，而把相近合约月份的价格通过相加（additive）或者相乘（multiplicative）来调整将不能满足这些标准。尽管加权方法很多，但 Geiss 只考虑了两种价格指数，其中价格的权重均呈帐篷形分布。合约的初始价格权重是零，并依照线性状态随时间增加到 100%；接着便开始下降，当下一个合约加入到价格指数后，其权重完全降低到零。在这种方式下，每个合约会逐步地加入价格指数，并在合约到期之前，剔出价格指数，于是形成了一种无缝接合。Rougier（1996）采用了类似的方法得到了对未平仓合约价格权重，而该权重也是时间的函数。对于两个未平仓合约，其加权平均价格具有一个等于两个合约到期日间隔（v）的固定到期时间，而对于较近合约的权重设定为 m/v，而较远合约的权重则为 (v−m)/v，而 m 是较近合约的到期时间。根据 Geiss（1995）的研究，对于某一合约的权重是按照帐篷形分布的。对于三个未平仓合约，有三种可允许的权重组合，而固定到期时间则在 v 和 v(4/3) 之间变化。

举例：Seth Brundle 希望构建一个在 1 月和 6 月之间不受到期日影响的期货价格序列。最近和次近合约（都无套利可能）的价格和现价如表 2.6 中所列。Seth 想对使用最近合约和使用最近次近合约的加权平均价格进行对比，而加权权重分别为 m/v 和 (v−m)/v，其中 v 代表两个合约到期日间隔（也就是 3 个月），而 m 是较近合约的到期时间（3 个月、2 个月或者 1 个月）。

表 2.6   期货价格和现货价格举例

	3 月	6 月	9 月	现价
1 月	£ 94,340	£ 96,236	–	£ 92,500
2 月	£ 94,775	£ 96,683	–	£ 93,750
3 月	£ 95,192	£ 97,114	–	£ 95,000
4 月	–	£ 98,204	£ 100,217	£ 96,250
5 月	–	£ 96,059	£ 97,997	£ 95,000
6 月	–	£ 93,930	£ 95,813	£ 93,750

    表 2.7 表明因为最近合约受到到期日的影响,最近期货价格和现货价格比率随着到期日呈现规律性地变化,而这一现象对于到期时间恒定为 3 月的加权平均价格则不存在。

表 2.7   最近合约价格和加权平均价格对比

	最近合约	权数		加权平均	最近合约价格 / 现货价格	加权平均价格 / 现货价格
1 月	£ 94,340	1	0	£ 94,340	1.02	1.02
2 月	£ 94,775	2/3	1/3	£ 95,410	1.01	1.02
3 月	£ 95,192	1/3	2/3	£ 96,473	1.00	1.02
4 月	£ 98,204	1	0	£ 98,204	1.02	1.02
5 月	£ 96,059	2/3	1/3	£ 96,705	1.01	1.02
6 月	£ 93,930	1/3	2/3	£ 95,185	1.00	1.02

    鉴于联结合约价格序列存在的问题和缺陷,能够避免这些问题的方法显然是很受欢迎的,其中包括对每个到期日分别进行分析。而另一种方法是联结相同合约计算出来的回报,而不是价格。于是一个问题是如何处理价格上下限制? Sutrick (1993)在实证中研究了四种处理价格限制的方法:剔除它们,保留它们,通过较长时间间隔的差分来降低价格上下限制的影响,或者使用估计的均衡价格来替代。他认为用估计的均衡价格这种方法最好。

2.6 价格变动或者回报的分布

    回报的定义方法对于回报的分布有着重要的影响。因此,假如我们将初始保证金作为投资金额,则计算出的回报的方差将是以现货价格作为投资额的几百倍。研究价格变动或者回报的分布有几方面的意义。首先,参数的假设检验是基于价格变动或者回报的某种分布,例如正态分布的基础上的;第二,在某些时候,对于价格变动或者回报的分布是否对称或偏斜也很重要(偏斜分布意味着风险或者保证金要求在多头和空头头寸上是不一样的);第三,价格变动或者回报的分布也给出了生成未来期货价格的随机过程的证据。目前有足够的证据表明,股指期货回报的分布是尖峰的,也就是在均值时的峰值很高,但对于回报的分布是否是偏斜的证据还不是很充分。想要进一步了解对回报分布的证据以及非正态分布的解释,请见 Sutcliffe(1997,第 8.2 章节)。

2.7 交易过程的分类

可以对于交易过程进行不同的分类。例如,根据交易者类型,分为自营和代理。根据自营者的位置,分为场外或者场内交易。根据交易策略,分为套期保值、投机、差价交易和套利交易。根据交易风格,分为抢帽子、日内交易和头寸交易。任何一种交易均可以在上述分类中找到位置。

举例:Felix Unger 是一个从事套利的场内交易商。依照上述分类, 其交易策略是套利;交易风格是头寸交易;他是自营者,并且位于交易所场内。

显然在分类之间有很大的重叠,例如几乎任何套利均是头寸交易。现在将对交易类型进行详细介绍。

2.7.1 交易商的类型和位置

通过公开喊价来交易股指期货(例如标准·普尔 500)的交易者可以分为在交易所场内交易和场外交易两种。场内交易者又可以进一步分为为自己交易的自营者和代表他人交易的中间商,Jones(1984)(而在美国,中间商也被称为期货佣金商,futures commission merchants,即 FCMs)。总之,场内交易者可以为自己账户或者作为一个代理为他人操作,因此他们有双重功能。我们将在第11.13 章节中对单一或者双重功能的选定做一介绍。

自营场内交易者,也称为从事本身账户买卖的交易员(locals),他们受益于为自身交易的低交易成本的好处,同时也能在交易中获得更多的信息,对市场机会的把握也比较快。中间商则是在场内代他人交易的群体;独立中间商可以为各种各样的客户服务并挣取佣金;而其他的中间商则是某公司的雇员,只为其雇主交易。场外交易者(例如个人、公司、投资基金、养老金和保险公司)是通过中间商交易的期货市场的使用者。

现在欧洲交易所衍生产品市场以及多数期货交易所已经通过屏幕交易。于是,交易者的地理位置已经不重要了。但是市场仍旧对直接联接到交易所的屏幕交易者与那些通过他人进行交易的做出区别。

2.7.2 交易风格

在自营场内交易者中有一组特殊的成员叫做抢帽子者(scalpers)。他们起到了做市商的作用,随时准备着购进和卖出期货合约,提供了期货市场所需要的流动性。他们买卖大量的期货合约,并在买卖价差中取得收益。所谓的买卖价差是他们给出的卖出价格(bid price)和愿意买入价格(ask price)之间的差。Wiley and Daigler (1998)发现50%的MMI指数期货交易是由抢帽子者形成的。抢帽子者仅仅在几分钟内持有其头寸,在每日收市前将所有头寸平仓。Silber (1984)对纽约交易所复合指数期货(NYSE Composite index futures)的典型抢帽子者做了分析。他发现平均的仓位是2.9张合约,平均持仓时间仅仅是116秒。他同时发现抢帽子者的利润来源主要是买卖价差,而不是发生了有利的价格变动,所以抢帽子者并不能依赖信息优势或者预测技巧来取得超越市场的收益。

Kuserk 和 Locke (1993)使用了自1990年7~9月间的交易数据来研究被归为抢帽子者的150名从事标普500指数期货买卖交易员的交易行为。研究表明,这些交易员平均买卖2.1张合约,每日平均从事标普500指数期货买卖的毛收益是1,256美元。他们较少买卖标普500指数以外的合约,并很少代表其他人买卖期货。在该期间内平均实现的买卖价差(即抢帽子者买卖的价差)是0.0116%。通过考察12种不同的期货,Kuserk 和 Locke (1993)发现当抢帽子者的平均日收益增加后,他们的利润变动也上升。于是,在不同的期货合约间进行"抢帽子"的风险-收益之间存在替换(trade-off)关系。

在屏幕交易市场中,有完成抢帽子者和自营场内交易者的做市功能的交易者,他们在交易时间段上同时在屏幕上报出买卖价格。

日交易者则是发起交易,而不是被动等待成为他人发起的交易的对手方,而抢帽子者则是主动的交易发起者。日交易者往往在几个钟头内持有多头或者空头头寸,并在收市前平仓。在美国,有市场地位的交易者并不要求对在日内平仓的头寸支付初始保证金,(Brady,1988)。在英国也很类似,当日持仓并在当日平仓则无保证金要求。

长线交易者(position traders)则愿意持仓超过 1 天,并愿意接受持仓过夜或者市场关闭数日(例如周末和银行的节假日)的风险。Moser(1994)使用标普 500 指数期货在 1982 年 4 月~1990 年 1 月间的日交易数据来研究 1987 年股灾对未平仓权益(open interest)和交易量关系的影响。他发现在股灾前,未平仓权益每增加 1%,将导致交易量增加 0.16%;而在股灾后,这一比例提升到 0.98%。因此,在股灾发生后,隔夜头寸交易量,也就是头寸交易,得到显著扩大。

2.7.3 交易策略

通常交易策略分为 4 种:投机、价差交易、套利交易和套期保值。每种策略都将简要介绍。为了获得股票价格上升或者下降的投机收益,股指期货可被用于在市场中占取一个较大的头寸(无论多头还是空头)。这样的操作还具有低交易成本,对市场和价格带来较小的负面冲击。价差交易则是在买入一份期货合约时,同时卖出另一份期货合约,价差的每一部分称为一条"腿"(leg)。价差交易主要基于对两份期货合约相对价格变动的预期上来获取收益,我们将在第 6 章进行阐述。套利交易则利用了现货和期货市场价格异常差异来获取无风险收益,我们将在第 3、4 和 5 章中详细介绍。套期保值是为了规避现有或预期将持有的资产或者负债的价值变动而买入或者卖出期货合约,这将在第 6 章进行论述。

2.8 远期和期货市场对比

我们对期货市场的基本运作已做简要介绍,远期和期货市场的若干差异点将在此简单做出归纳,(Carroll,1989;Miskovic,1989)。

1. **规模和交易单位**。在期货合同中明确规定了基础资产和价格;而在远期合约中的基础资产范围很广,价格也由双方商定;

2. **交付日期和交付手续**。在期货中有标准化的具体日期,并且交割地点也很确定;而在远期合约中,交割可以发生在双方协商一致的任意时间和地点;

3. **交割**。在期货中交割并非是交易的目的,实际只有不到 2%的合约最

终得到交割;而在远期中,交易的目的是为了交割,超过90%的合约最终得到交割;

4. **常见价格**。在期货中无论交易规模的多寡,价格对所有的参与者都是相同的;而在远期合约中,价格是根据交易规模和信用风险变化的;

5. **交易手段**。在期货中,交易在电脑屏幕上或者在交易所公开叫价拍卖进行;而在远期合约中,买卖双方通过电话、电传或电脑达成交易;

6. **市场和交易时间**。在期货中,交易是在交易所固定的固定时间内,通过全球相连的通讯工具,通过电脑或者身处交易所完成;而在远期市场中,交易发生在场外市场,每日24小时通过电话、电传或电脑达成交易;

7. **价格发布**。在期货交易中,价格公开发布;而在远期市场中,价格通常不对外发布;

8. **最优价**。在期货交易中,每手交易都是在当时最好的价格上达成的;而在远期市场中的价格并不能保证是在最优价格上达成的;

9. **保证金**。在期货交易中,交易所要求初始保证金和每日的变动保证金;而在远期市场中,质押水平是可商议的,没有每日价格波动调整;

10. **清算**。在期货交易中,由与交易所相关联的中央清算公司来处理未平仓头寸的每日价值重估、现金支付和清算程序安排;而在远期市场中,通常没有单独结算安排;

11. **交易量**。在期货交易中,相关的交易量(未平仓权益)信息是公开的;而在远期市场中,交易量信息不公开的;

12. **每日价格的波动**。在期货交易中,有每日价格限制(虽然金融时报100指数期货没有价格限制);而在远期市场中,不设价格限制;

13. **市场流动性和持仓相抵的难易**。在期货交易中流动性高,标准化的合约也使得市场参与者能够方便地来持仓、平仓;而在远期市场中,市场流动性有限,同时持仓相抵的难易程度也依合约条款的不同而不同,通常情况下只能与原始对手方进行平仓;

14. **信用风险**。在期货中,结算所承担信用风险;而在远期交易中,市场参与者将承担对方违约风险;

15. **监管**。在期货中,通常由政府机构监管,如英国的金融服务管理局,而远期市场是自律的。

2.9 股指期货的优势

与交易对应于指数成分股组成的组合相比较,交易股指期货有一系列好处。

1. **容易卖空**。卖空股票涉及到各种困难。例如,股票的借贷成本和美国证监会第 10a–1 规则(上摆成交价规则,即 the uptick rule),该规则规定只有当股价上升时,股票才可被卖空。根据 Quality of Markets Unit(1991 年)的报告,在英国,只有做市商(包括股票期权的做市商)可以借入英国公司的股票,但是他们必须通过货币经纪商并支付每年约为 1%股票市值的费用,其结果是股票卖空并不普遍。但是从事股指期货交易有大约一半的交易员建立空头仓位,也就是说卖空对于股指期货容易而对股票难。

2. **低交易成本**。股指期货的交易成本要比买卖一揽子分散化的股票组合低得多。正因为这一点,Kling(1986 年)提出,如果不是交易成本较低,否则金融期货存在的意义不大。期货买卖的交易费用包括:佣金、买卖价差、市场冲击(不利的价格变动)成本、把资金用于支付初始保证金和为了支付变动保证金预留部分所产生的机会成本和有可能发生的税金。Greer 和 Brorsen(1989)认为交易成本还应包括对某些风险的准备,例如交易延误的风险,也就是交易实际执行的价格和交易订单给出价格之间的差额(对于以外币计价的股指期货,例如芝加哥商品交易所日经 225 指数期货还包含货币买卖价差)。与股票不同的是,在英国买卖期货从未要求缴纳印花税;而且与买卖 100 家或者 500 家上市公司股票不同的是,买卖股指期货只需要做一次交易。举个期货交易成本低的例子,美国一家大型期货经纪商在 1990 年 6 月对金融时报 100 指数期货每个交易来回(建仓和平仓)仅仅收取每合约 22 英镑(另加 3.30 英镑的增值税)。

伦敦国际金融期货及期权交易所(1990)、Norman 和 Annandale (1991)估计了来回交易的费用,具体参见表 2.8,它显示出买卖股票的交易成本比等值期货指数的 10 倍还要多。这些计算忽略了任何的市场冲击成本,而期货的冲击成本可能比股票本身要低得多。

表2.8　来回交易费用估计

	伦敦国际金融期货及期权交易所(1992b)		Norman 和 Annandale (1991)	
	英国阿尔法股票	金融时报 100 期货	金融时报 100 股票	金融时报 100 期货
买卖价差	1.10%	0.05%	0.80%	0.083%
印花税	0.50%	0	0.50%	0
佣金(两次)	0.40%	0.05%	0.40%	0.033%
合计费用	2.00%	0.10%	1.70%	0.116%

Arai、Akamatsu 和 Yoshioka（1993）曾经估计了买卖日经 225 指数期货合约来回交易的费用,并与一揽子等值股票的交易费用做了对比。表 2.9 显示在 1992 年 8 月, 日本股票的交易成本比股指期货大约高 21 倍。Yadav 和 Pope （1992b）则研究了金融时报 100 指数期货时间间隔是 60 秒的买卖报价。他们使用了 1986~1990 年的数据,发现最近月份合约的价差中位数从 1986 年的约 0.12%下降至 1990 年的 0.05%。而对于次近月份合约的相同指标同期则从 0.34%下降到 0.14%。Berkman、Brailsford 和 Frino（2005）使用 2000 年的交易和报价数据,比较了金融时报 100 股指期货和金融时报 100 成分股大额交易的有效和已实现价差, 他们发现股票的大额交易的价差是期货交易的 15~16 倍。由于期货交易的长期价格影响约为有效价差的 1/4, 这意味着大多数期货价差是临时流动性不足造成的费用, 而非信息的长期影响。Wang、Moriarty、Michalski 与 Jordan（1990）的研究发现,标普 500 指数期货的买卖价差虽然在 1987 年 10 月股市萧条期上升七八倍,但是通常来讲非常小（即等于允许的最低价格变动或称升降单位,tick size）。Smith 和 Whaley（1994a,1994b）也发现标普 500 指数期货的买卖价差往往就是一个波动点（tick）。Bortoli、Frino 和 Jarnecic（2004）的研究表明,在 1998~2001 年间,交易 SPI 期货的平均佣金是 0.003%。佣金水平与价格波动及买卖价差呈正相关,而与交易规模以及是否采用屏幕交易呈负相关。以上结果（连同表 2.9）表明股票的价差明显大于股指期货。

表 2.9　日经的来回交易费用估计

	日经一揽子股票	日经指数期货
佣金	2.232%	0.142%
消费税	0.067%	0.004%
保证金利息损失	0	0.039%
股票过户税	0.299%	0
交易所费用	0	0.002%
买卖价差	1.006%	0
合计费用	3.604%	0.187%

Rubinstein（1989）和 Stoll（1987）认为，上述现象是因为某只股票的做市商比股指期货中的抢帽子者（其实也是做市商）面对更大的风险。在股指期货市场上做市商的未平仓只受系统性的市场风险影响，因为其多元化持仓已经分散了非系统性风险。而某只股票的做市商则需要面对系统性和非系统性风险，因为非系统性风险没有分散掉。如果像在英国一样，做市商对数个不同的股票做市，那么就有一定程度的持股多样化的效益。假如他们属于某个大型综合性金融公司的一部分，那么这也将给公司的资产提供一些多样化效益。更有可能的是，一个投资者掌握了在某只股票价格上尚未反映的信息，但是该投资者并没有了解所有股票信息的途径。这样的话，股票的负面信息成本大于股指期货。Stoll(1989)估计了个股 43%的价差是由于个别散布的负面信息造成的。由于股指期货市场交易频繁，不知情的抢帽子者可望迅速平仓，所以当负面信息产生后给他们的影响时间非常短。Followill 和 Rodriguez（1991）的一项研究发现，决定标普 500 指数期货每日买卖价差的主要因素是每日交易量。当交易量上升则价差下跌，与此一致的是更高的交易量会减少抢帽子者的持仓时间，从而降低了了流动资金供应减少的风险。

对于股指期货价差较小还存在另一个种解释，因为卖空股票从成本上讲较买入更高，做市商选择持有股票，这样就形成了股票净多头持仓，这样将占用他们的资金并且带来风险。反过来，卖空股指期货并不比买入高，做市商没有理由选择持有期货净多头头寸。

鉴于缺乏分散化、不良信息以及需要维持股票存货的原因，做市商要求有一个较大的买卖价差。在一些国家，期货做市商在其他两个方面都优于股票做市商。他们不必在所有时间都出现在交易席位上，可以根据需要在不同期货合约之间分配时间。如果买卖期货可透过电脑系统，他们就可以同时交易其他证券，当然股票买卖也是通过电脑系统完成的。此外，期货市场庄家通常有双重身份使他们既是庄家又充当掮客(Grossman 和 Miller,1988)。

　　3. 高杠杆。使用 1,500 英镑的初始保证金，就可能获得大约 10 英镑×5,000= 50,000 英镑的金融时报 100 指数期货合约头寸，也就是 33:1 的杠杆比率。由于盯市制度，交易商也要预留一笔款项以支付变动保证金的变化。请参见第 11.2 章节对这一类资金规模的讨论。

　　4. 市场的流动性。股指期货市场的流动性比公司股票市场的流动性高。2004 年金融时报 100 指数期货的成交合约数量是 20,772,878 张，合约价值超过 1 万亿英镑，而在 2000 年单个合计 4,966 张,价值约为 2 亿英镑的金融时报 100 指数期货成交(berkman、brailsford 和 frino,2005),于是通过股指期货会迅速增加或者减少大笔投资对市场产生的不利影响。Harris、Sofianos 和 Shapiro (1994)估计了纽约证券交易所于 1989 年和 1990 年间通过程序化交易买卖价值 1,000 万美元的指数套利或者非指数套利对市场的影响仅为 0.03 个指数点,Hasbrouck(1996)估计在 1990~1991 年间对指数的影响是 0.024 个指数点。

　　通常用交易量来表示流动性(或者对市场影响)。但是,有一些证据显示,至少长期来看,交易量是一个较差的代理变量。Park 和 Sarkar (1994)对 1987 年 2 个月和 1991 年 2 个月的标普 500 指数期货交易数据进行了研究,研究发现 1991 年的总交易量是 1987 年的一半。在控制了买卖价差、逆向选择成本和活跃的场内交易员数量等因素后，他们发现在两年里交易对市场的影响与成交量下降无关。于是，他们认为既然成交量下降一半后，市场流动性几乎不变,他们的结论是成交量不是一个适合的流动性代理变量。

　　5. 确定价格。如果一个投资者想购买一系列分散化的股票(如 500 只),很可能的情况是投资者需要在较长的时间内以未知的价格来购买每只股票；然而,如果买卖股指期货,该头寸(与买入股票是等效的)将只需要一次交易就可达成。

　　6. 税负。相比较股票,期货交易的盈亏税负有所不同。例如在英国,股票交易需要缴印花税,但是对期货交易却从来没有收取印花税。养老基金在英国可获豁免期货交易利得税，但只有当他们的股票交易不被认为是炒作股价时股票利得税方可豁免(LIFFE,1993 年)。一个阻碍美国共同基金参与期货市场的因素是如果他们超过 30% 的年总收入是来自出售持有的不足三个月的证券,则该基金的所有收入都将课税(Miller,1988 年)。

　　7. 法规。由于期货是与股票不同的金融工具,并且在许多交易所挂牌,受到不同的法律法规监管。例如,期货的内幕交易在 1986 年的美国不属违法,但是股票的内幕交易却违规,(Scarff,1985;Grossman,1986)(美国商品期货交易委员会(CFTC)在 1993 年年底发布的法规规定美国期货交易所的雇员或者其成员利用内幕信息交易属于违法)。在英国,公司证券(内幕交易)1985 年法令规定股指期货的内幕交易属于违法行为(White,1992 年,第 295 页)。

　　8. 较长的营业时间。期货市场可能比基础资产的现货市场的交易时间更长。特别是期货电子化交易延长了交易时间(如 24 小时的 Globex 系统)。

2.10 差价合约和价差投注

　　在英国有很多私人公司(例如 City Index 和 IG Index)提供了针对一系列股票指数、货币、利率和个股价格变动的投注博彩业务,作为交易期货(远期)合约的一种替代物。对于其下基础资产(如指数)未来值的押宝被称为差价合约(contracts for difference),等同于交换由指数成分股组成的一篮子生息资产;而对期货合约价格变动的博彩称为价差投注(spread bets)。

　　客户根据自己对某一股票指数(股指期货)价格升降走势的判断,与博彩公司押注。博彩公司经纪人连续报出股票指数(股指期货)的买卖价格,客户可以选择依照这些价格购买或出售合约。在随后的时间内,客户也可选择将其头寸平仓。差价合约没有固定到期日,而差价投注在期货合约交割日时结束。经纪人则赚取买卖报价的价差,持有差价合约多头头寸的客户需要对其未平仓头寸支付利息,而空头头寸客户收取利息;如果股票派发红利,则差价合约的空头头寸客户需要向多头头寸客户支付红利。

　　尽管博彩公司经纪人是每一手投注的对手方,但他们承担的风险并不大。这是因为投注相互抵消,例如有的客户投注指数(或股指期货)上涨而其他投注其会下降。如果投注无法相互冲消,经纪公司会在相应的期货市场规避剩余的风险。

　　以这种形式参与期货市场的好处是:赌注小(金融时报 100 指数的合约乘数是每个指数点 1 英镑);当高于最低投注大小后(即一张合约),客户可以投注部分合约;所所有投注均采用现金结算,包括货币、利率、股票合约,而期货则采用实物或者现金结算；投注还可以投向没有以英镑作为合约乘数的股指期货上，或者押宝在没有期货的一些指数上，当期货市场收市后，投注依然可以进行。经纪商还提供止损指令，当指数跳过选定的价格后，指令即可生效。

差价合约的其他好处还包括投注没有确定的终止日期。因为博彩是基于现货价格，而非期货价格，所以排除了利率和股利风险。持有到期的差价投注并不会在到期时产生额外的买卖价差。在英国博彩虽然合法，但是不同于期货合约，因此产生的损益的税负安排与期货显著不同。个人对盈利部分则免交增值税、所得税、增值税等，但是博彩公司自付费用。

不利的因素是当头寸太大时，经纪商有限的资源将无法做到风险完全对冲；保证金要比期货大（金融时报100指数的保证金是3,000英镑）；保证金金额通常只能使用英国银行支票支付，并且存在经纪商清盘的风险。博彩经纪公司受到金融服务管理局（Financial Service Authority，简称 FSA）的监管，客户均受补偿方案的保护。因此，差价合约和价差投注更为适合投注个人，而大型企业公司则更适合直接参与期货市场。

2.11 交易所交易基金

在过去十年中，出现了一种在许多方面与股指期货相似的新型的投资品种，被称为交易所交易基金（ETFs）。它有很多不同的品牌（如 SPDRs 或称 Spiders，Diamonds，QQQs［或叫 qubes］，Vipers，iUnits，TIPs，HIPs，iShares［以前称为 Webs］，iFTSE 100 和 Leaders）。它们源自于1990年在加拿大发行的多伦多指数参与计划（TIPs），而接着在1993年的美国和2000年的欧洲也出现了交易所交易基金（Kostovetsky，2003）。

ETFs 的发起人首先买入构成指数的股票，并且该组合的存托凭证在二级市场买卖（如伦敦证券交易所）。它们与股指期货的相似地方在：

- 它们连续买卖；
- 存托凭证的价格与基础篮子股票价值密切相关，这是因为如果相差太大，机构可以创建或者赎回大量存托凭证。金融时报100指数 iShares 的最大差幅是19个基点，或 0.19%；
- 存托凭证交易不需支付交易印花税；
- 存托凭证可沽空；

- 非常低的交易费用(约9.5个基点)。

但是,在几个方面ETF不同于股指期货,但是与基础篮子股票相似。

- 与相应指数篮子股票一致,ETF支付股息给存托凭证持有人;
- 无限存续期。

2.12 个股期货

个股期货提供了一种替代买卖标的股票的方法,并有低交易成本的优势(例如在英国,这将避免缴纳0.5%的印花税),且容易卖空,具有高杠杆率(Lascelles,2002)。其中除了缺乏分红外,个股期货(individual stock futures,ISFs)的支付与在交易所买卖且结算时间较长的股票的支付基本类同。因此,对于那些打算持有时间较长的投资者来说,买卖个股期货不失为一个较好的选择。在一些国家,ISFs是现金结算,而在有些国家则是实物结算。1982年通过的Shad-Johnson协定使得个股期货在美国中断了20年,一是因为美国证券交易委员会(SEC)和商品期货交易委员会(CFTC)对于监管权的归属没有达成一致,其二是害怕个股期货的清算价格(也就是基础股票价格)会被操纵。然而,2000年的《商品期货现代化法案》解除了这项禁令,并由美国证券交易委员会和商品期货交易委员会共同监管个股期货。这项法案还禁止对个股期货及其期权进行内幕交易和市场操纵,因此减少了对市场操控的恐惧。在美国,个股期货的保证金与股指期货不同,所需保证金是合约名义价值的一个固定百分比,所以随合约价格变动,但不随其风险变动,Dutt和Wein(2003b)显示可以更改保证金收取时间(如1~4天)来调整风险差异。

Brailsford和Cusack(1997)发现澳大利亚的个股期货按照将在第3章中介绍的无风险套利条件定价,随着到期日的临近,定价错误将随着下降。不过,对俄罗斯两只股票期货(卢克石油公司[Lukoil]和RAO EES电力)从1996~1998年的研究发现,当市场停止运作时,有相当大的定价错误(Chetverikov,2000)。在澳大利亚的个股期货由现金改变为实物结算,Lien和Yang(2004)以及Lien和Tse(2005)发现现货和期货市场变得更加波动,同时增加了避险效果。个股期货在其他国家也提供实物结算,所以对指数适用的规律似乎并不适用于个股。Lien和Yang(2003)研究了澳大利亚个股期货和基础正股之间的关系。他们使用1994~1998年间的日数据,发现现货市场领先于期货市场,得到了与第 6 章不同的结论。他们这一结论是因为股票的交易量较高(超过 150~2000 倍),从现金结算到实物结算的转变加强了证券市场价格发现的作用。Lien 和 Yang（2003b）调查了在 1991~2000 年间同时存有期货的澳大利亚股票。他们发现当发行了个股期货后,股票期权到期时的交易量和回报波动明显减少。

2.13 结论

在提高市场效率方面,期货交易可以发挥重要作用。期货是标准化的、在流动性很高的市场上、根据指定的规则和程序化交易的商品。期货在若干重要方面不同于远期合同。虽然期货投资回报率的定义存在一些问题,实际的解决办法是选用价格变动或对数相对价格。股指期货价格变动经常被发现是尖顶分布的, 但是股指期货对于想买卖指数成分股的交易商提供了一系列有吸引力的特征。至今, 有很多新产品（交易所交易基金 [ETFs]、股票差价合约 [CFDs]、价差投注和个股期货[ISFs]）提供了与股指期货相类似的功能。

Chapter

第3章

套利与股指期货定价

引　言

　　本章将在简化假设的基础上,使用套利方法,来推导股指期货合约的定价公式。然后以各种不同形式来对此定价公式(或无套利条件)进行重新表述。接着,将考察对价格高估和低估的期货进行套利的过程,并对套利头寸的提前平仓或延迟平仓进行研究。最后,对合成期货以及其他形式的指数套利进行一个简要介绍。

3.1 假设

　　股指期货定价公式的推导所依赖的假设条件将在第五章中详细探讨,在第五章将同时探讨放宽这些假设对股指期货定价的后果。

3.2 无套利条件的推导

　　套利是一个基本的经济学概念,Modigliani 和 Miller 关于资本成本和红利的定理可以看做是套利方法的一个应用, 类似的还有 Black-Scholes 的期权定价模型和 Ross 的套利定价理论。如果有两个完全相同的产品,并且可以套利,那么就要求这两种产品具有相同的价格,否则,套利者可以买入便宜的产品,并把它以较贵的价格卖出,这种交易将使得便宜产品的价格上升,而较贵的产品价格下降,最终使得它们价格相等并且消除了套利机会。

　　套利已被证明对复杂金融工具的定价是很有用的, 因为如果新金融工具可以用已有的价格、已知的工具的组合来复制的话,那么新金融工具的价格必须等于用复制策略产生的工具的价格,见 Varian(1987),否则,就存在套利机会。在金融学中,套利意味着初始财富为零,但由于价格存在差异,可以通过买入一项资产而同时卖出一项相同的或者等价的资产,最终获得无风险利润。套利是无风险的,不需要初始资金,因而可以是任意规模的。因此,只有一部分理性交易者可以消除套利机会。Dybvig 和 Ross(1992)认为,套利比"一价定律"更一般化。一价定律只适用于完全相同的资产,对一种资产收益比另一种资产占优的情形并不适用,不过,这类资产如果是在不同世界状态下,并且金额不同,那么一价定律或许也适用。

为了在现在(0 时刻)和 T 时刻(期货的交割日)之间的这段时间持有"一单位"市场指数的多头头寸,可以考虑两种相互替代的策略。第一种策略使用标的资产的现货和债券市场,第二种策略则利用期货合约和债券市场。对于需要持有一单位指数的空头头寸的情形,也可以使用类似的替代策略。为了达到现货和期货市场的同时均衡,也就是无套利状态,这些替代策略在 0 时刻必须具有相同的成本,否则就会产生套利利润。

3.2.1 红利

持有指数成份股可以收到红利,但是持有对应股指期货的多头或者空头头寸却拿不到红利。在任何套利交易中都必须考虑到这个差异,这个问题可以通过计算指数股票篮子中红利的现值来解决。

持有指数股票篮子有权在持有期间(比如现在 0 时刻到 T 时刻)的除息日获得股票红利。需要注意的是,由于除息日和红利支付日之间存在一个时间差,所以在持有期间的早期几乎不会收到红利,但在卖出股票一段时间后还会继续收到红利。令 D 表示将预期红利按无风险利率进行贴现的现值。这可以表示为:

$$D = \sum_{t=1}^{m} D_t / (1+\varphi)^t$$

其中,从现在到收到最后一期红利的期间被划分为 m 个时间间隔,每个时间间隔中的无风险利率(按每个间隔进行复利)为 φ,在第 t 个间隔当中支付的红利价值为 D_t。图 3.1 给出了四个红利的除息日和支付日的关系。对于 0 时刻和 T 时刻之间持有股票的投资者,与他相关的红利是 A、B 和 C,红利 D 不包含在里面,因为 D 的除息日在 T 时刻之后。

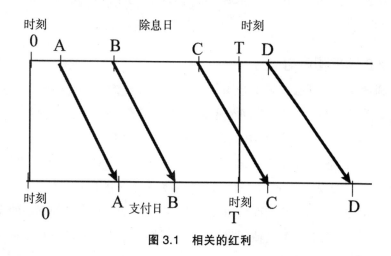

图 3.1　相关的红利

3.2.2 现货和债券

在 0 时刻套利者用资金 S 购买一个单位的由市场指数成分股构成的基金。与此同时,套利者借入资金 D,用股票篮子随后派发的红利(加上利息)在 T 时刻支付贷款 (加上利息)(这有效地从所考虑问题中去除了红利的因素)。这个在 0 时刻和 T 时刻之间持有一单位市场指数(扣除红利)的策略,在 0 时刻的全部净成本为 S–D。

举例:1 月 1 日(0 时刻),Blaydon 基金的经理 Gordon Gekko 花 50,000 英镑购买了对应于一单位 Bull 指数的股票。持有这些股票到 6 月 30 日他可以获得下列红利:一月份 0 英镑,二月份 0 英镑,三月份 50 英镑,四月份 200 英镑,五月份 300 英镑,六月份 100 英镑,七月份 200 英镑,八月份 166.36 英镑。一月份和二月份没有红利,但七月份、八月份还有红利支付,这是因为股票除息和实际支付之间存在时间差。需要注意的是,要计算 D 必须知道交割日后两个月的无风险利率。无风险月利率(φ)(按月复利)是 0.8%,并且假设红利在每个月的最后一天收到, 那么这些红利在 1 月 1 日的现值是 $D = 50/(1.008)^3 + 200/(1.008)^4 + 300/(1.008)^5 + 100/(1.008)^6 + 200/(1.008)^7 + 166.36/(1.008)^8 = 971.40$ 英镑。因此,Gordon 按照月利率 φ 借入 971.40 英镑,并用随后派发的红利(以及将红利按月利率 φ 投资所得到的利息)在 T 时刻偿还贷款和利息。T

时刻偿还的贷款和利息的现值是 971.40 英镑。所以，为了在 1 月 1 日到 6 月 30 日期间持有一单位指数，Gordon 在 1 月 1 日的净成本是 50,000−971.40= 49,028.60 英镑。

3.2.3 期货和债券

套利者在 0 时刻购买了 1 张期货合约，将以 F_L 的价格在 T 时刻交割 1 单位指数。套利者还购买了 T 时刻到期的无风险国债，到期总回报是 F_L。该债券的价格（现值）为 $F_L/(1+r)$，其中 r 是 0 时刻到 T 时刻期间（也许并非一年）的无风险利率，也就是 $r=(1+\varphi)^m-1$，这里 r 是对 m 个时间间隔取复利。比如，无风险月利率为 1%，按月复利，那么对剩余期限为 3 个月的期货合约，$r=(1.01^3-1)\times100\%=3.03\%$。对无风险利率（r）的这种定义可以理解为 T 时刻到期的无风险债券的收益率。在 T 时刻国债回报为 F_L，这正好支付期货合约。为了在 0 时刻和 T 时刻之间持有一单位市场指数，该策略在 0 时刻的全部成本为 $F_L/(1+r)$。

举例：Blaydon 基金的 Gordon Gekko 在 1 月 1 日购买了一张 Bull 指数的期货合约，合约价格为 51,430 英镑，6 月 30 日交割。在同一天他还购买了价值 49,028.60 英镑的 6 月 30 日到期的无风险债券，到期回报为 51,430 英镑，这是因为 6 个月的无风险利率（r）是 4.897%，也就是 $[(1.008)^6-1]\times100\%=4.897\%$，这里月利率是 0.8%。所以，为了在接下来的 6 个月期间持有一单位指数（不包括红利），Gordon 必须在 1 月 1 日投资 49,028.60 英镑。

既然期货市场上多单的购买者总可以通过在现货市场上按成本 S−D 建立多头头寸，以复制相同的期货头寸，那么他就不会为期货支付更高的价格，也就是 $S-D \geq F_L/(1+r)$，或者 $F_L \leq (S-D)(1+r)$。因此，套利的可能性给期货多单的价格设置了一个上限。表 3.1 用 0 时刻和 T 时刻的现金流来说明期货价格的上限，其中 S_T 是 T 时刻股票篮子的价值。

表 3.1 期货和股票多头头寸的现金流

	时刻	
	0	T
期货（多头）	0	S_T-F_L
股票（多头）	−(S−D)	S_T
现金流差异	S−D	$-F_L$

使用期货而不是股票来建立多头头寸的好处就等于现金流差异的现值,并且这种现金流差异是确定的。用无风险利率来贴现,就是 $PV=S-D-F_l/(1+r)$。要使持有期货多头比持有股票更有吸引力,那么这个现值必须是非负的,所以 $F_L \le (S-D)\times(1+r)$,也就是,期货价格不能大于用借款购买一单位市场指数股票(对股票红利进行调整)来复制相同头寸的成本。

用类似的方式,也可以对一单位市场指数的空头头寸建立套利边界。在 0 时刻套利者按价格 S 卖空一单位由市场指数成分股组成的基金。从现在到 T 时刻之间标的股票会有红利支付。令 D 表示按无风险利率(r)贴现的预期红利的现值,套利者将资金 D 按照利率 r 进行投资,他用未来返还的这笔钱(加上利息)来支付后续的红利(这有效地从所考虑问题中去除了红利的因素)。这个在 0 时刻和 T 时刻之间持有一单位市场指数(扣除红利)空头头寸的策略,在 0 时刻的全部净收入为 S-D。

套利者在 0 时刻卖出一单位指数的期货合约,将以 F_S 的价格在 T 时刻交割。套利者还借入了 $F_S/(1+r)$ 资金(他必须在期货存续期内按利率 r 支付利息),也就是,套利者在 T 时刻必须偿还 F_S。这个在 0 时刻和 T 时刻之间持有一单位市场指数(扣除红利)空头头寸的策略,在 0 时刻的全部净收入为 $F_S/(1+r)$。

既然期货市场上的空头头寸总可以通过在现货市场建立收入为 S-D 的空头头寸来复制,那么交易者就不会低于这个价格卖出期货,也就是 $S-D \le F_S/(1+r)$,或者 $F_S \ge (S-D)\times(1+r)$。因此,套利的可能性就给期货空单的价格设置了一个下限。表 3.2 用 0 时刻和 T 时刻的现金流来说明期货价格的下限。

表 3.2　期货和股票空头头寸的现金流

	时刻	
	0	T
期货(空头)	0	$-S_T+F_S$
股票(空头)	S-D	$-S_T$
现金流差异	-(S-D)	F_S

将确定的现金流差异按无风险利率贴现得到的现值为 $PV=-(S-D)+F_S/(1+r)$。要使得用期货而不是现货来建立空头头寸更有吸引力,那么这个现值必须是非负的,因此 $F_S \ge (S-D)\times(1+r)$,也就是期货价格不能低于卖空一单位市

场指数股票(对股票红利进行调整)并投资于无风险利率来复制组合的成本。

3.2.4 无套利条件

交易者准备卖出期货的价格必须和其他交易者准备买入期货的价格一致,也就是说,$F_s=F_L=F$。均衡状况下,算术平均指数期货满足 $F \leqslant (S-D) \times (1+r)$ 和 $F \geqslant (S-D) \times (1+r)$,所以,由无套利条件给出的期货价格为:

$$F=(S-D) \times (1+r)$$

要使期货和股票市场同时达到均衡,上述条件必须满足,否则就可以对股指期货进行套利。如何套利的过程将在 3.4 节进行描述。这个条件称为无套利条件,也被称为期货合约的"公允价格"或者"理论价格"。也有人称之为持有成本期货价格,因为它等于持有一个等价现货头寸直至 T 时刻交割的成本。

3.3 无套利条件的重新表述

前述的无套利条件使用了未来红利的现值(D)和期货存续期内的无风险利率(r)。一些作者曾使用无风险利率和指数成分股红利的其他定义来对无套利条件进行重新表述。利率的处理有两种方式:期货存续期内的利率和年利率;红利的处理则有四种方式:现值,终值,期货存续期内的红利收益率以及年红利收益率 (连续复合的利率和连续支付的红利在第五章的附录 A 中进行讨论)。尽管这些重新表述的无套利条件在数学上和前面给出的无套利条件是等价的,但一般认为这些重新表述要稍差一些。

红利终值。在这种情形下,红利被按照向前复利来计算在交割日的价值 (D^*),无套利条件变为 $F=S(1+r)-D^*$,见 Sultan、Hogan 和 Kroner(1995)。

举例:继续本章前面使用过的 Gordon Gekko 的例子,Gordon 决定用 $F=S(1+r)-D^*$ 来计算无套利期货价格,由于 $D^*=971.40 \times 1.04897=1,019$ 英镑,$F=50,000 \times 1.04897-1,019=51,430$ 英镑。

交割日前的红利收益率 A。无套利条件的一个变形,曾经被很多作者运用过 (比如 Black,1990;Figlewski,1987;Fink 和 Feduniak,1988, 第 512 页;Furbush,1989;Gould,1988;Moriaty,Phillips 和 Tosini,1981;Petzel,1989,第 96 页;Silk,1986;Solnik,1988, 第 243 页;Stoll,1987;Stoll 和 Whalley,1987,1988a,1988b,1993),他们使用红利收益率(d)而不是红利的现值(D),此时给出的无

套利条件为 F=S(1+r−d),其中 d 是期货合约存续期内的红利收益率,也就是, d=D(1+r)/S,因此,d 等于 T 时刻的红利价值除以 0 时刻的"投资"(也就是 S)。

举例: Gordon Gekko 使用六个月的红利收益率来重新考虑其套利决策,也就是,d=(971.40×1.04897)/50,000=0.02038,期货的无套利价格为 F=S(1+r−d)= 50,000(1+0.04897−0.02038)=51,430 英镑。

交割日前的红利收益率 B。Dumas 和 Allaz(1995)曾经提出一个略有不同的交割日前红利收益率的定义,χ=D/(S−D),此时给出的无套利条件为 F=S(1+r)/(1+χ)。

举例: 对 Gordon Gekko 的例子,χ=D/(S−D)=971.40/(50,000−971.40)= 0.019813,因此 F=S(1+r)/(1+χ)=(50,000×1.04897)/1.019813=51,430 英镑。

年化红利收益率。红利可以表示为年化红利收益率(ψ),其中 $\psi=1-(1-D/S)^{1/h}$,h 是交割日前的剩余年数。因此无套利条件变为 F=S(1+r)×(1−ψ)^h。ψ 的这种用法内含假设了红利是在每个时间间隔上被支付的一个常数金额, 这里时间间隔用于定义 h 的最短期间,比如一天。

举例: 对 Gordon Gekko 的例子,$\psi=1-(1-D/S)^{1/h}=1-(1-971.40/50,000)^2=$ 0.038486, 因而无套利期货价格为 F=S (1+r)×(1−ψ)^h=50,000×1.04897×(1− $0.038486)^{0.5}$=51,430 英镑。

年化利率。对无套利条件的另一个修正是对无风险利率以年为单位重新定义。如果 η 是年化的无风险利率,$\eta=(1+r)^{1/h}-1=(1+\varphi)^m-1$,那么无套利条件可以表述为 F=(S−D)×(1+η)^h。一般 h 会小于一年,因而该无套利条件假设利率至少每 h 年进行复合计算。由于 h 随合约期限变短而变化,利率被假设为在定义 h 的最短时间期限(比如一天)的末尾进行复合计算。

举例: 使用前面考虑的 Gordon Gekko 例子中的数据,$\eta=(1+\varphi)^{12}-1=$ $(1.008)^{12}-1$=0.10034。因此, 无套利期货价格为 F=(S−D)×(1+η)^h=(50,000− $971.40)×(1.10034)^{0.5}$=51,430 英镑。

红利终值和年化利率。这种情形下,使用红利的终值和年化利率,给出 F= S (1+η)^h−D*。这个公式曾经被 Daigler (1993a,1993b)、Johnson 和 Giaccotto (1995)所使用。

举例: 对于 Gordon Gekko,F=S (1+η)^h−D*=50,000×$(1.10034)^{0.5}$−1,019= 51,430 英镑。

红利收益率和年化利率。可以用期货存续期内的红利收益率来代替红利的终值,同时使用年化利率,那么 F=S[(1+η)^h−d],见 Watsham(1993)。

举例:对于 Gordon Gekko,F=S[(1+η)^h−d]=50,000(1.10034^{0.5}−0.02038)=51,430 英镑。

年化红利收益率和年化利率。一些交易者也许觉得使用年化利率和年化红利收益率更加舒服,那么,F=S(1+η)^h×(1−ψ)^h,见 CBOT(1989)。

举例:再一次使用 Gordon Gekko 的例子,期货的无套利价格为 F=S(1+η)^h×(1−ψ)^h= 50,000(1.10034)^{0.5}×(1−0.038486)^{0.5}=51,430 英镑。

3.3.1 常数红利收益率

尽管各种方法在数学上是等价的,但是使用 D(红利的现值)强调了特定现金流现值清晰的计算过程,而使用 d、χ 或者 ψ(红利收益率或者年化红利收益率)暗含了在每一时间期间的红利收益率是常数。由于一年中的红利现金流并不均匀,假设红利收益率或年化红利收益率是常数并不正确,这从表 3.3 显示的金融时报 100 指数成分股的情况可以看出,该表取自 Robertson(1990,第 26 页)。另外,在英国,股票通常在股票交易账户的第一天除息,这会进一步造成小的起伏。自从英国 1994 年 7 月 18 日引入滚动清算后,股票一般在星期一除息,这使得除息的日子差不多翻了一倍,因而减小了这种波动。

表 3.3　1988 年金融时报 100 指数成分股的红利

月份	占总数百分比	月份	占总数百分比
一月	1.2%	七月	7.0%
二月	9.2%	八月	11.3%
三月	13.9%	九月	13.7%
四月	7.9%	十月	4.7%
五月	8.2%	十一月	6.8%
六月	5.5%	十二月	10.6%

标准·普尔 500 指数和道·琼斯工业平均指数成份股的红利在一年中也是分布不均匀的,见 Gastineau 和 Madansky(1983)、Kipnis 和 Tsang(1984a)。在芬兰,公司基本上每年只在春季分配一次红利,所以红利支付会集中在少数几个月(Puttonen,1993a)。对于 CAC40 指数,1990~1991 年间大约 80%的红利是在六月份和七月份支付的(Fitzgerald,1993,第 87 页),而德国 DAX 指数有 2/3 的红利是在四月、五月和六月宣布的,见 Bamberg 和 Röder(1994b)。

因此,尽管无套利条件的其他替代表述与最初的无套利条件表述是等价的,但是它们在红利的测算上会带来误差。使用 r 而不是 η 作为利率,也可以带来一些简化。基于这个原因,从现在开始无套利条件被表述为 F=(S–D)×(1+r),而不是前面给出的其他表述。

3.4 套利过程

本节描述如何进行套利交易,套利者可以在期货价格与无套利条件不一致的情况下,立即锁定无风险收益。

将定价偏差和套利机会进行区别很重要。定价偏差比率是指当前期货价格减去无套利期货价格,再除以当前期货(或现货)价格。尽管定价偏差都很小,但它们很少等于零,所以在绝大部分时间都存在定价偏差。只有当定价偏差超过套利交易的成本时,才会出现套利机会,而这一般是比较少的。

股指期货套利可以分为两种类型:期货价格相对高于现货价格,以及期货价格相对低于现货价格。下面将分别考虑这两种情形。

3.4.1 期货价格相对高估

如果 F>(S–D)×(1+r),套利者会以价格 F 卖掉高估的资产,也就是股指期货;同时以价格 S 购买低估的资产,也就是指数的成份股。套利者还会借入资金 D,也就是未来红利的现值,以后将用红利来归还这笔借款。这种套利被称为现货持有套利,因为是持有一个现货多头头寸直到交割。在 0 时刻买入指数成分股的成本是 S–D,卖出股指期货合约的未来收入的现值是 F/(1+r)。因此在 0 时刻,初始资本为 0,每张期货合约的利润为 F/(1+r)–(S–D)。在红利确定、无风险利率为常数以及没有逐日盯市的假设下,套利利润是无风险的。因此,套利者会尽其可能交易更多的期货合约,这种形式的套利将保证股指期货合约的价格不会超过(S–D)×(1+r),也就是,F≤(S–D)×(1+r)的条件将总是满足。

举例:金融时报 100 指数在 7 月 1 日的数值为 5,400 点,而六个月后交割的该股合约的价格为 5,600 个指数点。Blythe 基金的经理 Annie Hall,计算出指数成份股在未来六个月中将支付红利的现值为 1,500 英镑。交割前六个月的无风险利率是 5%,因此期货的无套利价格为 (5,400×10–1,500)×1.05=

55,125 英镑,这比期货合约的当前价格少了 875 英镑,所以每张合约在 7 月 1 日存在 $\pi=F/(1+r)-(S-D)=(56,000/1.05)-(5,400\times10-1,500)=833.33$ 英镑的套利利润。Annie 迅速按 56,000 的价格卖出了 12 月份的金融时报 100 期货,她同时借入 54,000 英镑,按 $5,400\times10=54,000$ 的价格买入了对应于一张金融时报 100 合约的一篮子成分股。因此,她在 7 月 1 日的初始现金流是 0。在接下来的六个月中,她将成分股的红利按无风险利率进行投资,在 12 月 31 日共得到 $1,500\times1.05=1,575$ 英镑。这一天她以价格 z 卖出成分股,同时收到她在期货空头合约上的收益 56,000−z。她还归还了 54,000 英镑的贷款和利息,也就是 $54,000\times1.05=56,700$ 英镑。所有这些加起来,在 12 月 31 日共产生了 875 英镑的净现金流入,这笔收益在 7 月 1 日的现值为 875/1.05=833.33 英镑。

套利利润与指数在到期日的数值 z 是无关的,它需要的仅仅是持有头寸直至到期。在这个例子中 Annie Hall 不用支付初始保证金,也不必考虑为了套利如何筹集资金。下面将给出一个更复杂的例子,其中包含支付利息的初始保证金,也考虑到套利者可能受到借入资金上限的约束,并对期货合约不能无限分割的问题进行处理。

举例:一张金融时报 100 股指期货合约的价格(F)是 5,300 指数点(或者 53,000 英镑),而指数价值为 5,100,指数股票篮子的价值(S)为 51,000 英镑。期货合约三个月后到期,每张合约的初始保证金(M)是 1,500 英镑。期货合约期限内指数红利的现值(D)为 1,000 英镑,接下来三个月的无风险利率(r)是 2.411%(也就是每年 10%,按每季度复利)。Lawrence Garfield,一个受雇于 Brandling 银行的套利者,希望在近月合约差不多三个月的剩余期限内借入约 1 亿英镑资金(不包括未来由红利来偿还的借款)。令 x 表示要交易的期货合约数量,假设成分股的全部价格必须立即支付,成份股的成本和期货保证金必须等于借款加上未来收到的股票红利的现值。因此,$Sx+Mx=100,000,000+Dx$,也就是 $51x+1.5x=100,000+1x$,于是 x=1,941.7476。将要交易的期货合约数量四舍五入为 1,942 张,Lawrence Garfield 共借入资金 100,013,000 英镑。这笔贷款的利息为 2,411,313 英镑(也就是 2.411%,或者每年 10%)。

Lawrence 于是按每张 53,000 英镑的价格卖出 1,942 张金融时报 100 指数期货合约,也就是 $53,000\times1,942=102,926,000$ 英镑,共支付初始保证金 $1,942\times1,500=2,913,000$ 英镑。假设初始保证金可以按无风险利率 2.411% 赚取三个月的利息,也就是 $2,913,000\times0.02411=70,232$ 英镑。他买入对应于

1,942 单位指数的股票,成本为 1,942×51,000=99,042,000 英镑。Lawrence 还借入了 1,942,000 英镑,未来将用股票红利来偿还。假设不用支付变动保证金,在交割日 Lawrence 按当时价格卖出股票,共得到 z 英镑。期货的交割价也是 z(因为交割日 F=S)。借款和利息,以及初始保证金和利息,都被偿还。

因此,在 0 时刻的初始现金流为:

借款	+£100,013,000
红利借款	+£1,942,000
购买股票	−£99,042,000
初始保证金	−£2,913,000
净现金流	0

交割日(T 时刻)的现金流为:

归还借款	−£100,013,000
借款利息	−£2,411,313
期货交割	−£z
退还初始保证金	+£2,913,000
初始保证金的利息	+£70,232
卖出股票	+£z
期货收入	+£102,926,000
交割日的净现金流	+£3,484,920
交割日现金流的现值	+£3,402,876

一致性检查。每张期货合约的即刻套利利润为 F/(1+r)−(S−D),也就是 53,000/1.02411−(51,000−1,000)=1,752.253 英镑。因而交易 1,942 份合约的总利润为 1,942×1,752.253=3,402,876 英镑,这和上面所做的更详细的分析给出了相同的结果。因此,不考虑交易成本,Lawrence Garfield 获得了 330 万英镑的即刻无风险的利润。

3.4.2 期货价格相对低估

如果 F<(S−D)×(1+r),套利者将以价格 F 买入低估的资产,也就是股指期货合约;同时以价格 S 卖出高估的资产,也就是指数的成份股。套利者还将在 0 时刻投资 D 英镑,为指数成分股后续的红利支付做准备。卖出指数股票篮子的净收入为 S−D,而股指期货合约成本的现值为 F/(1+r)。因此 0 时刻每份期

货合约的无风险利润为(S−D)−F/(1+r)。下面的第一个例子忽略了初始保证金和对套利者的任何头寸限制,而第二个例子则包含了这些特征。

举例:3月1日Bull指数值为5,500点, 而该股9月份合约的价格为5,600指数点。未来六个月指数成份股将支付的红利的现值为1,300英镑。未来六个月无风险利率为6%。Montgomery Brewster是Brunswick基金的职员,他计算出期货的无套利价格为F=(5,500×10−1,300)×1.06=56,922英镑。这意味着存在套利利润,每张合约在9月30日可得到922英镑,相当于在3月1日每张合约可得到922/1.06=869.81英镑。Montgomery在3月1日以56,000英镑的价格买入1张期货合约,又以价格5,500×10=55,000英镑卖出等价于1张期货合约的股票。与此同时,Monty拿出1,300英镑来为卖空股票需支付的红利做资金准备。以上交易产生的净现金流入为53,700英镑,这些Monty将按6%的利率投资,在9月30日产生53,700×1.06=56,922英镑。当9月30日期货合约结束时, 他以价格z买回他卖空的股票,在期货上的获利为z−56,000。这使得那天的净现金流入为922英镑,等价于在3月1日获得922/1.06=869.81英镑的收益。

接下来的例子包含了初始保证金支付(可赚取利息)和交易限制。

举例:金融时报100的当前指数值为5,000,因而一单位指数股票篮子的价格(S)为5,000×10=50,000英镑,而9个月后交割的金融时报100指数期货合约的当前价格(F)也是50,000英镑。9个月期限的无风险利率(r)是8%,在此期间指数成分股红利的现值(D)为3,000英镑。无套利条件意味着期货合约价格应该是(5,000×10−3,000)×1.08=50,760英镑。因此,相对于标的股票的价格,当前期货合约被低估了760英镑。

Byker基金的经理Scarlet O'Hara按成分股在指数中的比例,卖空了价值1,200万英镑的指数成分股(她的交易额度极限)。假设这立即产生了1,200万英镑的收入,她将其按无风险利率投资,在交割日得到960,000英镑的利息。然后她购买了12,000,000/(5,000×10)=240张金融时报100指数期货合约,为此她必须支付240×1,500=360,000英镑的初始保证金,保证金在接下来的9个月中将获得8%的无风险利率,也就是28,800英镑。为了给卖空股票所需支付的红利融资,Scarlet借入了240×3,000=720,000英镑,这笔借款按无风险利率计算的成本为57,600英镑。假设这段期间不需要支付变动保证金,在交割日Scarlet按当时的市场价格(z)买回她所卖空的股票。期货合约的交割价格也是 z，也就是，每张合约净收入为（S_T-F），或者 z−(50,000×240)=z−12,000,000。她偿还为红利而借入的资金及其利息(也就是 777,600 英镑)，并收到 1,200 万英镑的投资及利息，以及初始保证金和利息(也就是 388,800 英镑)。她还偿还了为初始保证金进行的借款及其利息，也就是 388,800 英镑。

初始现金流为：

卖空股票	+£12,000,000
投资	−£12,000,000
初始保证金	−£360,000
初始保证金借款	+£360,000
支付红利	−£720,000
为支付红利借款	+£720,000
净现金流	0

交割日现金流为：

购买股票	−£z
卖出期货合约	+£z
期货合约成本	−£12,000,000
收回投资	+£12,000,000
投资的利息(12,000,000×0.08)	+£960,000
收回初始保证金	+£360,000
初始保证金的利息(360,000×0.08)	+£28,800
偿还初始保证金借款	−£360,000
初始保证金借款的利息(360,000×0.08)	−£28,800
偿还红利借款	−£720,000
红利借款的利息(720,000×0.08)	−£57,600
交割日净现金流	+£182,400
现金流的现值	+£168,889

检查。交易一张金融时报 100 指数期货合约即刻可获得的套利利润为(S−D)−F/(1+r)=(50,000−3,000)−50,000/1.08=703.7037 英镑。如果交易 240 张期货合约，那么总的套利利润为 240×703.7037=168,889 英镑。

3.5 套利头寸提前平仓

如果在套利头寸存续期内的某个时刻,无套利条件得到了满足,那么就没有必要等到交割日再来结束套利交易。这意味着一些套利头寸可能在交割日前就结束,从而减少了合约到期时可能对股票市场带来潜在不稳定的交易的数量,参见 12.4.2 章节对到期日效应的讨论。提前平仓应被看做是建立了一个与初始头寸等量但方向相反的套利头寸,而不是仅被看做结束初始套利头寸,如表 3.4 所示。于是,这两个套利头寸相互抵消。

表 3.4   将提前平仓看作两个套利交易之和

	期货	股票
对初始的价格高估进行套利	空头	多头
对后来的价格低估进行套利	多头	空头
净头寸	0	0

举例:考虑前面 Scarlet O'Hara 的套利例子。她建立套利头寸三个月后,金融时报 100 指数变动到了 5,050 点,合约剩余期限内的无风险利率为 5.233%(因而前三个月的利率为 1.08/1.05233−1.00=2.6294%),红利支付的现值为 2,000 英镑,期货合约的价格上涨到了无套利价格,也就是(5,050×10−2,000)×1.05233=51,038 英镑。Scarlet 可以选择在三个月后对她的套利交易提前平仓,这与再等待六个月到交割日得到的利润是相同的。由于是在无套利条件推导过程中举的例子,因此它假设交易期货合约的利润(或者损失)在到期日前并不会实现。但是,如果套利者能在到期日前实现其套利利润,那么他们可以把收入进行再投资,从而得到稍微多一点的利润,见 McMillan(1991)。

和前面一样,初始现金流为:

卖空股票	+£12,000,000
投资	−£12,000,000
初始保证金	−£360,000
初始保证金借款	+£360,000
支付红利	−£720,000
为支付红利借款	+£720,000
净现金流	0

三个月后结束股票空头头寸的现金流为：

购买股票(5,050×10×240)	−£12,120,000
收回投资	+£12,000,000
投资的利息(2.6294%)	+£315,528
偿还红利借款	−£720,000
红利借款的利息(2.6294%)	−£18,932
未支付红利(2,000×240)	+£480,000
三个月时的净现金流	−£63,404

两个互相抵消的期货头寸在交割日的现金流为：

卖出期货合约(51,038×240)	+£12,249,120
期货合约的成本	−£12,000,000
收回初始保证金	+£360,000
初始保证金利息(8%)	+£28,800
偿还初始保证金借款	−£360,000
初始保证金借款的利息(8%)	−£28,800
交割日净现金流	+£249,120

这些现金流的净现值为−63,404/1.026294+249,120/1.08=168,887 英镑。考虑到舍入误差,提前结束套利头寸的利润与持有套利头寸到期是相同的。提前平仓使 Scarlet 规避了无法按交割价格卖出股票的风险。

在 Scarlet O'Hara 的例子中,当期货合约价格变动到无套利水平时就结束套利头寸。提前结束套利头寸,有可能使获得的利润超过期初锁定的无风险套利利润。在交割日前,期初的定价偏差(它导致建立套利头寸)有可能会反转,出现在相反方向上的定价偏差。如果发生这种情形,那么提前结束套利头寸会产生额外的无风险利润。

假设由于期货价格高估而建立了初始套利头寸,包含一个股票的多头头寸和期货的空头头寸。如果以后出现了期货价格低估,那么可以通过卖出股票、买入期货来进行套利。假设两个套利头寸是同等大小的,对低估部分套利将结束(或者提前平仓)初始套利头寸,也就是将股票卖出,并买入期货来冲销空头头寸。因此,假设初始头寸在 t 时刻建立并在 u 时刻结束,那么每张合约的套利利润在初始时刻的现值为 $\pi_t+\pi_u\times[(1+r_u)/(1+r_t)]$, 其中 $\pi_t=F_t/(1+r_t)-$

(S_t-D_t)，r_u 是提前平仓时刻到交割日的无风险利率，$\pi_u=F_u/(1+r_u)-(S_u-D_u)$，下标 t 和 u 分别代表 t 时刻和 u 时刻的变量。

图 3.2 表明，如果在 A 时刻提前结束对高估的近月合约建立的的套利头

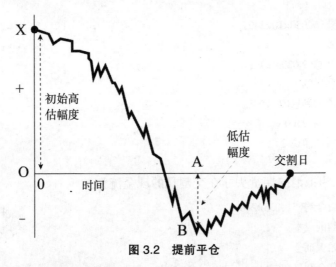

图 3.2　提前平仓

寸，那么总套利利润等于初始套利利润（0 时刻的距离 OX）加上在 A 时刻对低估的近月合约进行套利的利润（也就是 A 时刻的 AB）。

举例：考虑前面 Scarlet O'Hara 提前结束套利头寸的例子。在三个月后，金融时报 100 指数上升到了 5,050 点，但是股指期货价格超过了其 51,038 英镑的无套利价格，变为 52,000 英镑。这种情形下提前平仓会产生额外的套利利润，对于 N 张合约，该额外利润贴现到初始头寸建立时刻的现值为 $N[F_t/(1+r_t)-(S_t-D_t)]\times[(1+r_u)/(1+r_t)]=240\times[52,000/1.05233-(5,050\times10-2,000)]\times(1.05233/1.08)=213,777$，使得总利润为 382,664 英镑。

3.5.1 交易成本、内含期权和风险套利

提前平仓为何有利，主要原因在于其交易成本比建立两个单独的套利头寸要低，其中主要是因为股票只需要交易一次。比如，某人持有由股票多头和期货空头构成的套利头寸（比如 Lawrence Garfield），如果以后期货合约价格相对低估，那么他只需将其股票多头和期货空头头寸平仓就可以对这种低估进行套利，从而避免了建立（并随后平仓）股票的空头头寸带来的交易成本。提前平仓的总交易成本与单次套利交易的成本是一样的，并且期货买卖价差也会减半（因为期货头寸按照买价或者卖价清算，而交割则使用的是 EDSP）。因此，

对于初始存在定价偏差而后来定价偏差反转的情形，这样的套利者比其他潜在套利者具有更低的交易成本。

实际上，建立初始套利头寸给与套利者一个内含期权（美式的，因为它可以在期货存续期内随时行权）的额外好处，使套利者可以按低得多的交易成本对后续的反向定价偏差进行套利。这就产生了何时执行该期权的问题，因为如果延迟执行的话，反向的定价偏差也许会更大。Duffie（1990）假设定价偏差服从布朗桥运动（Brownian Bridge），推导出了反向定价偏差边界以决定是否提前平仓。当反向定价偏差达到该边界（该边界随交割日临近而趋于 0）时，应该提前平仓。Bühler 和 Kempf（1994）表明，提前平仓期权的价值随着剩余期限的延长而增加，也随着建立一个新的套利头寸和对已有套利头寸提前平仓的交易成本的差异的上升而增加。Kempf（1998）给出了一个模型来决定是否提前平仓，他假设定价偏差服从随机游走过程，并且套利交易对定价偏差有一个线性的影响。该模型对价格高估和低估的情形考虑了不同的交易成本。

内含期权的存在使得风险套利成为可能，也就是，在当前定价偏差并不足以弥补交易成本时就建立套利头寸，期望定价偏差未来会反向，从而可以提前平仓以获得净利润。

如果套利者持有头寸的总规模受到分配给他们进行套利的资金额的限制，那么提前平仓就体现出它的优点（Brennan 和 Schwartz，1988）。提前平仓可以释放资金以进行另一笔套利交易，从而提升资金的年回报率。

3.5.2 提前平仓的实证证据

美国。Brennan 和 Schwartz（1990）考察了对套利头寸提前平仓策略的盈利状况，在该策略中，提前平仓期权的存在会影响期初建立套利头寸的决策。如果初始定价偏差并没有大到可以覆盖交易成本，但是交易者预期该定价偏差将会反向，并且初始套利头寸和提前平仓两部分利润之和足够抵消总的交易成本，从而建立（风险）套利头寸时，就可能发生提前平仓。Brennan 和 Schwartz 使用 1983~1987 年标准·普尔 500 的 15 分钟价格数据进行计算，发现他们的交易策略产生的平均利润（扣除交易成本后）等于建立初始套利头寸时每张期货合约的一个指数点。

Merrick（1988b）则使用了标准·普尔 500 从 1982~1986 年间的日收盘价数据，他检验了用于建立并提前结束套利头寸的两个简单交易规则的效果。相对于持有套利头寸直至到期的策略,提前平仓策略可以增加 52%~78% 的利润。

Finnerty 和 Park(1988a)考察了对 MMI 指数的套利头寸进行提前平仓的利润(不扣除交易成本),他们发现,当初始定价偏差反向时对套利头寸提前平仓,其利润比持有套利头寸直至交割的利润明显大很多。

Habeeb、Hill 和 Rzad(1991)考察了标准·普尔 500 从 1987 年 12 月~1990 年 6 月的 5 分钟价格数据。如果定价偏差足以覆盖买入并持有套利头寸的交易成本以及所需要的入场利润,那么就进行套利。如果定价偏差发生反转并且大到可以覆盖额外的交易成本以及所需要的离场利润,那么就提前平仓。在每种情形下,交易信号都必须在接下来的连续两个 5 分钟内持续出现。他们发现,如果要求入场利润为 0.8 到 0.9 个标准·普尔 500 指数点,离场利润为 0.2~0.4 个指数点,那么交易策略能够得到最高的利润。这项研究强调套利者需要设置入场和离场的利润水平。

Sofianos(1993)研究了 1990 年 1~7 月 1442 笔标准·普尔 500 指数套利交易。他发现,扣除交易成本后,平均预期套利利润是负的 5.7 个指数点。平均来看,定价偏差在一天之内就会反向,并且有 2/3 的套利头寸是提前平仓的。由于扣除交易成本后的平均套利利润为 4.7 个指数点,提前平仓期权的价值至少为 10.4 个指数点。

Neal(1995)分析了 1989 年 1~3 月纽约证券交易所(NYSE)的 837 笔套利交易。他发现,仅有 7 笔对 1989 年 3 月份交割的合约进行的套利交易持有到交割日进行结算。他使用分钟数据,估计了一个 logit 回归模型,其中套利交易的发生可以用以下几个变量来解释:当前绝对定价偏差,接下来 24 个小时内最大的定价偏差反转程度、距离交割日的天数以及当前标准·普尔 500 指数股票篮子的买卖价差。对于绝对定价偏差和定价偏差反转程度,他得到了显著为正的系数;而对于距离交割日的天数,其系数是显著为负的。对定价偏差反转程度得到的结果支持了这样的观点,定价偏差的波动率越高,提前平仓期权越有价值,因而套利者越有可能建立套利头寸。

德国。基于一些简化的假设,Kempf(1998)发展了一个提前平仓问题的模型,该模型可以数值求解以得到在每个时间段上要交易的指数股票篮子数量,因而精确解决了何时提前结束套利头寸的问题。他用 1990~1992 年 DAX 指数的 5 分钟报价数据对此模型进行了检验。

芬兰。Puttonen(1993a)使用的是芬兰 FOX 指数从 1988 年 5 月~1990 年 12 月的日数据。他发现提前平仓只能增加很少的利润(套利利润的 6%)。不过,这个发现也许是因为该策略没有要求任何的离场利润所导致的。

这些实证研究表明,提前平仓是很有价值的,这意味着提前平仓应该成为一个重要的市场现象。这已经被 Sofianos(1991,1993)所证实,他报告了在 1990 年的上半年,2/3 的标准·普尔 500 指数期货套利交易是提前平仓的。

3.5.3 定价偏差的路径依赖

提前平仓不但可以增进单个套利者的利润,而且如果许多套利者都提前平仓,那么会减少或消除反向的定价偏差。提前平仓活动很可能在反向定价偏差穿越交易成本边界并值得建立新的套利头寸之前,就已经将其消除了。这会引起定价偏差序列的路径依赖,因为一旦定价偏差足够大到覆盖交易成本,并因此建立了套利头寸, 那么对该头寸的提前平仓会倾向于阻止在反方向上形成大的定价偏差,也就是会与历史相关。图 3.3 表明了正的定价偏差的情形(对于负的定价偏差也可以得到同样的图表)。

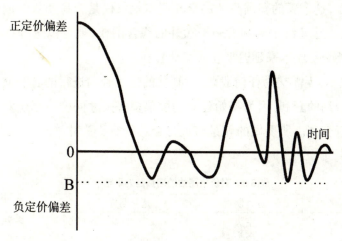

图 3.3　定价偏差的路径依赖

图 3.3 表明,由于初始定价偏差是正的,当定价偏差反转到 B 的时候,一些期初的套利者会提前平仓,从而推动定价偏差朝 0 缩小。因此,只要套利者保持可以提前平仓的头寸,那么定价偏差就不会比 B 的水平负的更多。然而,一旦所有这样的头寸都被提前平仓,反向定价偏差就会增大到建立新的套利头寸所需的交易成本的水平。这样的行为也许会产生套利阈值,5.6 章节将对

此进行考察。

MacKinlay 和 Ramaswamy(1988)使用 1982 年 4 月~1987 年 6 月标准·普尔 500 指数的数据,对路径依赖性质进行了实证研究。他们计算了每 15 分钟的定价偏差(包括交易成本)序列,并且对特定合约是大部分时间超越无套利区间上边界,还是超越无套利区间下边界的趋势进行了研究。他们发现定价偏差超出交易成本部分具有较强的倾向性,要么全部高估,要么全部低估,因而提供了存在路径依赖的清晰证据。对德国 DAX 指数,Kempf(1998)也发现了支持路径依赖的证据。

3.6 套利头寸延迟平仓/滚动套利

在标准的套利交易中,持有的股票头寸是在期货合约到期时被平仓的。不过,如果某个未到期期货合约(比如远月合约)与初始套利时具有相同方向的定价偏差,那么可以对初始期货头寸平仓,并代之以差不多规模和方向的远月合约,来建立一个新的套利头寸,而不用在到期时将股票头寸清仓。由于不需要交易股票,这个新的套利头寸的交易成本就仅仅是交易期货的成本。因而,建立套利头寸又给了套利者一个额外的隐含期权,他可以选择在到期日用极低的额外交易成本来延迟平仓或滚动套利。

表 3.5 显示,无需交易任何股票,对高估的近月合约进行的套利就可以转换成对远月合约的套利,因为初始建立的股票多头头寸同样可用于对高估的远月合约进行套利。所要做的就是将近月合约的空头头寸平仓,并建立远月合约的空头头寸。

表 3.5　对价格高估的期货延迟平仓

	近月期货	远月期货	股票
期初近月合约高估	空头	0	多头
对近月套利平仓	多头	0	空头
对高估的远月套利	0	空头	多头
净部位	0	空头	多头

举例:Charlie Allnutt 是 Caversham 基金的经理,他持有一个套利头寸,其中包含金融时报 100 指数成分股的多头和股指期货的空头。在期货交割日(6 月 28 日),股票市值为 1,200 万英镑,而指数为 4,800 点。这一天,9 月份的合约每张高估了 60 英镑,而套利成本(买、卖股票以及卖出期货)是每张合约

100 英镑。因此,对于要承担全部交易成本的套利者,9 月份合约不存在套利机会。不过,只要交易一张期货合约的成本低于 60 英镑,那么 Charlie 就可以卖出 12,000,000/(4,800×10)=250 张 9 月合约,并保持 1,200 万英镑的股票组合来进行套利。

　　到期有可能会发生延迟平仓,但是初始套利头寸通常都是提前平仓的,以实现额外的利润或者损失。图 3.4 表明了这点,期初近月合约高估了 OX,在 B 时刻已经反转为低估 BC,但是在 B 时刻远月合约还有 AB 的高估。因此,如果套利者将其套利头寸滚动到远月合约上(也就是,结束他们在近月合约上的空头头寸,并且建立差不多规模的远月合约的空头头寸),他们得到的总套利利润在 0 时刻等于 OX,在 B 时刻等于 AB+BC=AC。它由期初套利利润(OX)、B 时刻对反向定价偏差(BC)的套利利润(提前平仓),以及 B 时刻对远月合约的套利利润(AB)三部分构成。

　　如果期初的定价偏差发生了反转,而远月合约出现了与期初定价偏差相同方向的定价偏差,那么不扣除交易成本,提前平仓并滚动套利是有利的,如图 3.4 所示。如果期初的定价偏差没有反转,而远月合约出现了与期初定价偏差相同方向的定价偏差,只要远月合约的定价偏差大于当前套利持有合约的定价偏差,那么不扣除交易成本,提前平仓并滚动套利也是有利的,图 3.5 说明了这一点。该图表明,如果在 C 时刻将对期初价格高估而建立的套利头寸滚动到远月合约,那么套利者将在 C 时刻产生额外的利润 AB,它由对近月合约套利头寸提前平仓而产生的损失 BC,以及对高估的远月合约进行套利的利润 AC 两部分构成。

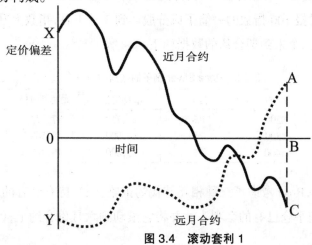

图 3.4　滚动套利 1

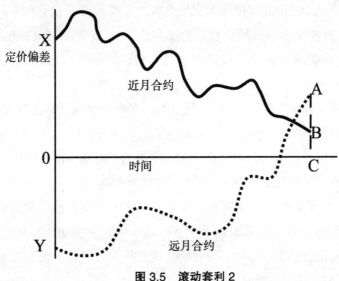

图 3.5   滚动套利 2

举例:2 月 11 日，金融时报 100 指数为 4,700 点，而三月份期货价格为 4,800 指数点。由于到三月份交割日的利率为 1.5%，1 张期货合约对应的成分股红利的现值为 300 英镑，因此 2 月 11 日三月份合约的无套利价格为 (4,700×10−300)×1.015=47,400 英镑。所以三月合约被高估了。如果对高估的期货进行套利(也就是买股票，卖期货)的成本的现值为 200 英镑，那么每张合约的净套利利润为(48,000/1.015)−(4,700×10−300)−200=390.64 英镑。

2 月 11 日，Charvil 基金的经理 Rose Sayer，以 48,000 英镑的价格卖出了 20 张金融时报 100 的三月份合约,并且花 20×4,700×10=940,000 英镑买入了对应于金融时报 100 指数的一篮子成分股。到 3 月 1 日,指数上升到了 4,750 点,而最近的三个未到期合约的数据如下:

表 3.6   Rose Sayer 例子的数据(3 月 1 日)

期货合约	红利	利率	市场价格	无套利价格	定价偏差
三月	£200	1%	£4,750	47,773	−£273
六月	£800	4%	£4,900	48,568	£432
九月	£1400	7%	£5,000	49,327	£673

3 月 1 日,Rose 考虑了三种相互替代的策略:(a) 持有已有的套利头寸至到期;(b)提前平仓已有的套利头寸并将它滚动到六月份合约上;(c)提前平仓

已有的套利头寸并将它滚动到九月份合约上。Rose 没有考虑十二月份的合约，因为该合约交易量很小。这些策略在 2 月 11 日的现值为：

（a）考虑到卖出期货、买进和卖出股票的交易成本，能取得 390.64×20=7,813 英镑的净利润。

（b）提前平仓套利的额外的毛利润=N $[(S_u-D_m)-F_m/(1+r_m)]\times[(1+r_m)/(1+r_t)]$=20×$[(4,750×10-200)-47,500/1.01]×(1.01/1.015)$=5,379 英镑。$S_u$ 是提前平仓时的现货价格，D_m、D_j 和 D_s 分别是在提前平仓日持有一单位指数至三月、六月、九月份合约到期日能得到红利的现值，F_m，F_j 和 F_s 分别是提前平仓时三月、六月和九月份期货合约的价格，r_m，r_j 和 r_s 分别是提前平仓日至三月、六月、九月份合约到期日之间的无风险利率。如果交易期货要支付的额外交易成本是每张40 英镑，那么利润可以净增加 5,379-（20×40）=4,579 英镑。

滚动到六月份合约可获得的额外毛利润=N $[F_j/(1+r_j)-(S_u-D_j)]×[(1+r_j)×(1+r_t)]$=20×$[49,000/1.04-(4,750×10-800)]×(1.01/1.015)$=8,267 英镑。如果交易一张期货合约的交易成本是 40 英镑，那么 2 月 11 日净利润为 8,267-（20×40）=7,467 英镑，总的套利净利润为 7,813+4,579+7,467=19,859 英镑。

（c）滚动到九月份合约可获得的额外毛利润=N$[F_s/(1+r_m)-(S_u-D_s)]/[(1+r_m)/(1+r_t)]$=20×$[50,000/1.07-(4,750×10-1,400)]×(1.01/1.015)$=12,517 英镑。如果交易一张期货合约的交易成本是 40 英镑，那么净利润为 12,517-（20×40）=11,717 英镑，2 月 11 日的总净利润为 7,813+4,579+12,517=24,909 英镑。

Rose 的结论是，最有利的策略是提前结束已有的套利头寸，并且滚动到九月份合约继续进行套利。她没有考虑如果等待的话是否会出现更有利的策略。

提前平仓或滚动套利在下面两种情形下不具有吸引力。图 3.6 的情形表明，提前结束初始套利头寸的损失为 AC，尽管该损失可以由对远月合约的套

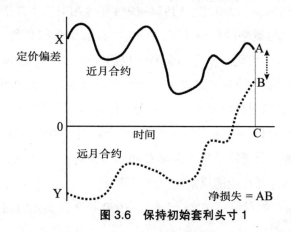

图 3.6　保持初始套利头寸 1

利利润 BC 抵消一部分,但结果仍然净损失 AB。图 3.7 的情形,提前结束初始套利头寸和对远月合约滚动套利都会导致亏损。在这两种情形下,套利者都会选择完整地保持初始套利头寸,如果远月合约的定价偏差超过了建立新套利头寸的交易成本,那么套利者会再进行独立的套利交易。

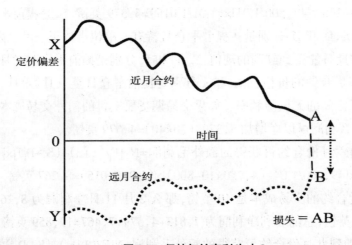

图 3.7   保持初始套利头寸 2

本章最后的图 3.8 对何种情形下做出提前平仓、滚动套利或者什么都不做的决策进行了归纳(需要注意的是,对图 3.8 中的每一个结果,套利者都需要考虑是否对远月合约进行单独的套利,该套利与对近月合约的初始套利头寸无关)。另外,套利者还要处理一个动态的问题:尽管当前进行提前平仓或滚动套利是有利的,但是如果迟一些做出决策,利润是否会变得更多。当然,如果套利者推迟决策,提前平仓或滚动套利的利润也可能会减少。

英国。Yadav 和 Pope(1990)使用 1984~1988 年金融时报 100 指数的日数据来模拟四种不同交易策略的盈利状况:套利、可提前平仓的套利、可延迟平仓的套利、可提前平仓也可延迟平仓的套利。他们发现,提前平仓或者滚动套利的期权一般都会被执行,这可观地增加了扣除交易成本后的套利利润。他们还研究了风险套利,也就是建立套利头寸时会有损失,但是预期未来提前平仓或者延迟平仓带来的利润会弥补这个损失。使用金融时报 100 指数的数据,他们发现风险套利显著降低了能产生预期净利润的定价偏差,比如 60%,不过这样的收益率似乎足够弥补可能的风险。

Yadav 和 Pope(1994)使用 1986 年 4 月~1990 年 3 月金融时报 100 指数的

每小时数据,来模拟他们前面论文中的四种不同交易策略的盈利状况。他们考察了持有到期套利交易的两种不同水平的交易成本:0.25%和0.75%,建立初始的套利头寸需要至少有0.25%的入场利润,后续的提前平仓以及滚动套利也要求如此。他们还考察了有一个小时的交易时滞与没有交易时滞的不同结果。表3.7给出了扣除交易成本后,对1张期货合约进行套利的平均利润。可以看出提前平仓或滚动套利可以显著增加套利利润,比如,对于交易成本为0.75%并且有一个小时交易时滞的情形,滚动套利可以增加123%的利润。Yadav和Pope(1994)还发现,如果考虑提前平仓和滚动套利,那么仅有3%的套利头寸是持有到期的。因此,当计算EDSP时,套利不可能增加现货市场的波动,12.4.2章节对交割日波动性增加进行了讨论。表3.7表明,引入一个小时的交易时滞会减少但不会消除套利利润。

表 3.7　四种套利策略下每张期货合约的平均利润

套利策略 *	没有滞后	一小时滞后
交易成本为 0.25%		
持有到期	£544.4	£278.7
提前平仓	£728.3	£367.9
滚动套利	£1006.7	£417.2
提前平仓和滚动套利	£988.3	£414.8
交易成本为 0.75%		
持有到期	£154.5	£52.0
提前平仓	£220.1	£91.7
滚动套利	£286.9	£116.1
提前平仓和滚动套利	£281.5	£119.3

* 考虑了提前平仓和滚动套利的额外交易成本。

　　Yadav和Pope(1994)使用每小时数据重复了他们先前研究中的风险套利模拟。他们的考虑是,当比例定价偏差超过一定阈值(0.5%或1%)时建立套利头寸,而交易者持有套利头寸至交割日的交易成本超出阈值0.25%、0.5%、0.75%或1%,也就是说,潜在的入场利润是负的。在每种情形下,只要扣除交易成本后,提前平仓或滚动套利的额外利润能使整个套利产生利润,那么就立即提前结束套利头寸或者进行滚动套利。因此,要求的离场利润设置为等于入场时的损失。之所以会产生利润,因为使用的是每小时的数据,当决定提前结束套利头寸或滚动套利时,价格一般已经变动到了超过盈亏平衡点的位置。表3.8给出了交易每份期货合约的平均利润,以及风险套利获利次数的比例。可以发现,即便套利者的交易成本超出定价偏差1%,仍然有70%以上的风险套利交易是获利的。需要注意的是,表3.8给出的是每笔交易的平均利润,如果存在风险套利,那么在给定时间段内模拟交易的次数会更多。Yadav 和 Pope(1994)推断,风险套利将无套利区间的大小缩小了超过 60%。

表 3.8   风险套利的盈利性 *

	交易成本超过阈值			
	0.25%	0.5%	0.75%	1%
每张期货合约的平均利润				
阈值 0.5%	£508.7	£367.3	£241.7	£69.3
阈值 1%	£172.8	£138.4	£107.1	£91.3
获利交易的比例				
阈值 0.5%	96.9%	93.1%	84.0%	72.9%
阈值 1%	99.5%	96.3%	88.6%	83.6%

* 考虑了提前平仓和滚动套利的额外交易成本。

Strickland 和 Xu(1993)使用的是 1988 年 1 月~1989 年 12 月金融时报 100 的每小时数据。他们研究了当反向定价偏差可以覆盖额外的交易成本时提前平仓,和两个合约的定价偏差差异可以覆盖额外交易成本时滚动套利的额外利润。表 3.9 给出了其利润,它们比 Yadav 和 Pope(1994)得到的数字大得多。他们对于买入并持有套利使用了三个交易成本水平:0.5%、1.0% 和 1.5%。同样,从提前平仓和滚动套利得到的额外利润是很可观的,某些情况下比买入并持有套利策略的两倍还要多。

表 3.9   四种不同套利策略下每张合约的平均利润

套利策略 *	交易成本		
	0.5%	1.0%	1.5%
持有到期	£1894.8	£1169.5	£230.3
提前平仓	£2956.3	£1430.3	£366.8
滚动套利	£3223.8	£2481.0	£1516.3
提前平仓或滚动套利	£3923.3	£2495.3	£1516.3

* 考虑了提前平仓和滚动套利的额外交易成本。

芬兰。Puttonen(1993a)计算了 1988 年 5 月~1990 年 12 月间,FOX 期货合约存续期内最后一个星期内进行滚动套利的额外利润。使用日数据,他们发现即使不要求离场利润,也存在可观的套利利润(大约为纯套利利润的 2/3)。

3.7 合成期货合约

只要第 5 章列出的假设成立，那么期货合约总可以利用现货市场和无风险借贷来进行复制。比如，在 0 时刻花费 S 买入 1 单位标的资产（指数），同时以利率 r 借入资金 S，在 T 时刻归还，就意味着交易者在 T 时刻拥有了 1 单位标的资产，并且必须支付 $S(1+r)$。由于会收到指数成分股的红利，将其投资于无风险债券，在 T 时刻可以收回 $D(1+r)$。于是在 T 时刻该策略的净成本为 $S(1+r)-D(1+r)=(S-D)\times(1+r)$。这等价于在 0 时刻购买一张 T 时刻交割的期货合约，按套利原理，其成本也为 $(S-D)\times(1+r)$。交割日 T 并不受限于期货合约的交割日，它可以根据交易者的需要来选择。使用期权也可以构造合成期货合约。因此，即便不存在相关的期货市场，组合经理们也可以通过构建合成期货，以在组合管理中使用期货。当然，推导出无套利条件的所有假设未必都能满足，因此合成期货只能是真实期货的近似，它会失去期货合约的一些优点。

3.8 其他形式的套利

套利关系存在于股指期货和任何其他相关证券或证券组合中。

3.8.1 期货 – 期权套利

就像现货和期货套利一样，期货和期权市场之间也有可能进行套利。众所周知的欧式指数期权的看跌–看涨平价关系是 $C=P-K/(1+r)+S-D$，其中 C 和 P 分别是指数欧式看涨和看跌期权的价格，每个期权的行权价都是 K。指数股票篮子的当前价格为 S，从现在到到期日的利率为 r，D 是从现在到到期日指数支付红利的现值。与指数期权有相同到期日的股指期货的无套利价格为 $F=(S-D)(1+r)$。这就给出了期货和期权市场的无套利条件：$F=(C-P)(1+r)+K$。注意到这个条件中没有出现红利，这简化了实证研究。这种套利不受无法卖空的限制，而且一般也不存在纳税时间选择的复杂性。

美国。Lee 和 Nayar(1993)研究了这种套利关系，他们使用的是 1989 年 11 月~1991 年 6 月标准·普尔 500 期货和标普 500 欧式指数期权的交易数据。他们分析了 1,900 组两个市场上的同步观测值后发现，如果允许交易滞后超过一分钟，那么将不存在期货–期权的套利利润（扣除交易成本），因而这两个市场的整合程度很高。

Fund 和 Chan(1994)研究了 1993 年标准·普尔 500 指数的 701 个收盘价数据,发现对于 0.5%的交易成本阈值,没有证据表明存在定价偏差。

Sternberg(1994)使用了 1983 年中两个月的标准·普尔 500 交易数据。即便考虑到交易延迟,他仍发现存在大量定价偏差,并且定价偏差超过了任何可能的交易成本。类似地,Figlewski(1988)研究了 1983~1984 年纽约证券交易所综合指数的收盘价数据,发现存在可观的套利机会。不过,这两项研究使用的数据距离股指期货开始交易的时间都很短,因而套利机会的出现也许是因为市场还缺乏经验。

香港。Fung 和 Fung(1997)使用 1993~1995 年恒生指数交易数据,对欧式看涨、看跌期权和期货在同一分钟内的交易进行了研究。扣除交易成本后,他们发现存在一些套利机会,特别是对于期限长、偏离行权价较多的期权。不过,这些机会在经济上并不显著。

Fung、Cheng 和 Chan(1997)也使用了 1993~1995 年恒生指数欧式看涨、看跌期权和期货的 1 分钟交易数据。考虑到交易成本和交易延迟后,他们没有发现可以获利的套利机会。

和前面一样,Cheng、Fung 和 Pang(1998)也使用了 1993~1995 年恒生指数欧式看涨、看跌期权和期货的 1 分钟交易数据。扣除交易成本后,他们没有发现套利利润。但当引入提前平仓期权后,他们发现如果交易延迟小于 5 分钟,那么存在少量适中的套利利润。

Bae、Chan 和 Cheung(1998)使用 1993~1994 年的买卖报价数据和交易数据,研究了恒生指数的套利机会。他们认为,报价数据可以避免交易数据的内在偏差,并且发现套利机会的数量也明显减少。不过,Fung 和 Mok(2001)使用 1994~1995 年数据进行的一项类似研究发现,把交易数据换做报价数据会增加套利机会出现的数量。这个差异形成的原因也许是因为 Bae、Chan 和 Cheung(1998)使用的价格间隔是 10 分钟,而 Fung 和 Mok(2001)使用的仅仅为 1 分钟。使用类似数据,Fung 和 Mok(2003)发现引入提前平仓期权会增加 50%的套利利润。

Cheng、Fung 和 Chan(2000)试图在 1997~1998 年亚洲金融危机以及 1998 年 8 月香港政府干预股票市场期间发现套利机会。他们使用 1996~1998 年的恒生指数交易数据,分析了 1 分钟的欧式看涨、看跌期权和期货交易。他们发现即使在波动率上升的期间,虽然定价偏差程度也在增加,但是考虑到交易成本和交易时滞后,几乎不存在套利机会。

Cheng 和 White(2003)的研究也支持这些发现,他们研究了高波动期间的套利机会。使用 1993~1998 年恒生指数 1 分钟交易价格,他们发现当市场高度波动时,两笔交易之间的时间增加了,套利机会的数量和规模也增加了。不过考虑到交易时滞,套利机会的增加将被交易滞后时间的增加所抵消,只能得到最小套利利润。

英国。Liouliou(1995)使用的是 1992 年 2 月~1995 年 2 月金融时报 100 指数期货和金融时报 100 欧式期权的同步日收盘价数据。期权价格被按照价内外程度被划分为三个水平,价内外程度定义为 $M_t \equiv S_t/K_t$,其中 S_t 是现货价格,K_t 是行权价。对于看涨期权,价平为 $0.95 \leqslant M_t < 1.05$,价内为 $0.85 < M_t < 0.95$,价外为 $1.05 \leqslant M_t < 1.15$。对于看跌期权,价外和价内的定义正好相反。她设置交易成本为 0.2%到 0.7%。按照 0.7%的交易成本,观测值落在近月期货合约(以及匹配的期权合约)无套利区间外的比例,对价内期权为 36%(绝大部分是由于期货被相对高估),对价平期权为 15%,对价外期权为 73%(绝大部分是由于期货被相对低估)。由于绝大部分定价偏差都是在最后交割月前出现的,因而存在较强的到期日效应。违背无套利条件的获利机会只存在于价外期权上,可能是因为这些期权交易不活跃的原因。不过,违背无套利条件的情况随时间逐渐减少。

Draper 和 Fung(2002)使用了 1991~1998 年金融时报 100 的欧式看跌、看涨期权和期货在 1 分钟内相匹配的价格数据。考虑了交易成本和交易时滞后,他们发现存在少量的套利机会,其中大部分集中在价平期权上,并且在 3 分钟内就会消失。他们发现对期货-期权套利提前平仓有些时候是有利的。

西班牙。Balbás、Longarela 和 Pardo(2000)使用了 1997 年 Ibex35 期货和 Ibex35 期货的欧式期权的 1 分钟收益率。他们发现在市场平稳的时候存在一些套利机会,并且在市场波动较大的时候套利机会显著增加。

3.8.2 价差套利

如果有两个(或更多的)交易所交易同一种指数的期货,那么就有可能在这两种期货之间存在套利机会(Board 和 Sutcliffe,1996),见 11.11 章节。

3.9 结论

本章使用套利方法(和一些比较强的假设)推导出了股指期货定价公式,同时给出了这个无套利条件的各种不同表述方式。然后,考察了对价格低估或者价格高估期货的交易策略,以及对套利头寸提前平仓或延迟平仓的可能性。最后解释了一些其他形式的套利。

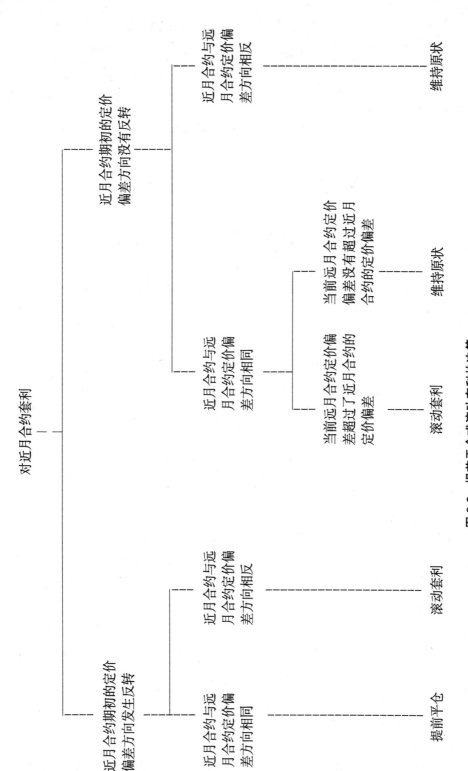

图 3.8 提前平仓或滚动套利的决策

第4章

套利实务

引　言

　　套利定价理论内含了一些对于市场行为的预言，包括预言无套利条件总是能够满足,如果不满足就会立即触发指数套利交易，而这将迅速消除对于无套利条件的偏差。自从1982年股指期货诞生以来,对于指数套利的实证研究从未间断,本章的前两节将对这些研究进行探讨。第一节对实证证据进行回顾,分析实际期货价格与第三章的无套利条件给出的理论价格的偏差程度。接下来一节讨论套利交易对于无套利条件不满足时的响应速度和规模的证据。第三节考察定价偏差和现货波动性之间的联系。最后,讨论一些套利实例。

4.1 期货高估还是低估

　　关于股指期货实际价格对无套利条件预测值偏离程度的实证研究,一般都认为期货价格确实会存在在经济上显著的偏离。在考察实证研究之前,先解释一些术语。如果期货实际价格低于期货的无套利价格,那么称期货价格低估了,套利者会买入期货并卖出股票。如果期货实际价格超过了期货的无套利价格,那么称期货价格高估了,套利者会卖出期货并买入股票。另外,很多研究使用"定价偏差"一词。尽管不同作者对定价偏差有不同定义,不过一般都是指期货实际价格减去期货的无套利价格, 通常还会除以现货价格或者期货的无套利价格。有一些研究在定价偏差中包含了交易成本。如果定价偏差(不包含交易成本)超过了相关的交易成本,那么套利机会就出现了。

4.1.1 实证结果

下面的实证证据将按照国别及地区来分类。

美国。对 1982 年的标准·普尔 500 指数,Cornell 和 French(1983a,1983b)发现无套利条件给出的价格过高预计了股指期货合约的实际价格,也就是说期货被低估了。Cornell(1985a)分析了标准·普尔 500 合约在 1982~1983 年的价格,发现不存在低估。他认为实证证据可以支持无套利条件成立,早期的低估可能是因为市场刚开始,参与者缺乏经验,或者是因为纳税时间选择变得不重要了(纳税时间选择在 5.4 章节中讨论)。

Kipnis 和 Tsang(1984b)分析了 1982~1983 年的标准·普尔 500 指数,在扣除交易成本后,他们发现存在大量对无套利价格的偏离,期货价格高估和低估的情形都有,总体上倾向于低估。

Figlewski(1984a)使用 1982~1983 年的标准·普尔 500 指数数据,他发现在该数据段的前 1/3 中期货是低估的,剩余时间段则是高估的。对于整个时间段,他认为平均而言基本符合无套利条件。

Billingsley 和 Chance(1988)分析了 1982~1983 年标准·普尔 500 指数的周数据。与 Cornell(1985a)和 Figlewski(1984a)的结果相反,他们发现 1982 年 4 月~1983 年 9 月期货价格是高估的,而 1983 年 10 月~1986 年 1 月是低估的。对于整个时间段,Billingsley 和 Chance(1988)认为是高估的。

Merrick(1987)研究了标准·普尔 500 和纽约证券交易所综合指数的日数据,发现 1982~1986 年的期货价格是低估的。

Arditti、Ayaydin、Mattu 和 Rigsbee(1986)认为,在交易刚开始的几年,标准·普尔 500 指数期货存在低估。他们将 6 家美国共同基金在三年间(1982~1984)的实际收益与一个投资于标准·普尔 500 指数期货策略的收益进行比较。该策略是,如果期货价格出现一定程度的低估,那么就将 20% 的基金用于购买期货;如果期货价格出现一定程度的高估,那么就将期货头寸平仓。6 个共同基金中除了 2 个以外,使用该策略都能在三年中增加其收益,表明期货价格明显偏离了无套利条件。

Bhatt 和 Cakici(1990)考察了 1982~1987 年标准·普尔 500 指数的日收盘

价。他们发现期货倾向于高估,并且定价偏差会随时间而减小。该研究似乎没有考虑交易成本的影响。

MacKinay 和 Ramaswamy(1988)使用 1982~1987 年的标准·普尔 500 数据,计算了每隔 15 分钟的定价偏差的一个序列,他们发现期货价格平均高估了 0.12%(不扣除交易成本)。

Klemkosky 和 Lee(1991)研究了 1983~1987 年标准·普尔 500 的交易数据。他们考虑了逐日盯市、交易成本(对于不同机构和会员,以及对于多头和空头都有差异),以及资本利得、收入和期货税的影响。这就产生了一个依赖于套利者地位和税负待遇的套利区间。Klemkosky 和 Lee 检查了每 10 分钟的定价偏差后发现,即使对于具有最大无套利区间的套利者(交税的机构投资者),也有 5% 的时间定价偏差会落在无套利区间之外,期货高估的频率和程度都要高于低估的时候。他们还发现,即使允许有 10 分钟的交易时滞,对于所有类型的套利者,套利都是能获利的。

Chen、Cuny 和 Haugen(1995)使用了 1986~1990 年标准·普尔 500 的日同步价格。他们发现定价偏差平均来说是负的,也就是期货价格存在低估。

Neal(1995)分析了 1989 年 1~3 月间纽约证券交易所的 837 笔套利交易。约有 2/3 的交易是买入股票卖出期货,其余 1/3 是卖出股票买入期货。期货价格高估时套利的平均毛利润(忽略时间价值,并且假设没有交易时滞,套利头寸持有到期)为 0.31%,期货价格低估时为 0.32%。要使得这些套利交易可以获利,意味着交易成本是非常低的。这段时间标准·普尔 500 指数篮子的平均买卖价差为 0.64%,所以套利毛利只有买卖价差的一半。因此,只要很低的预期利润就可以引发套利交易。

Dwyer、Locke 和 Yu(1996)使用了 1982~1990 年标准·普尔 500 的每分钟价格数据。和绝大多数先前的研究不同,他们设法不用估计红利和利率来计算定价偏差。他们设定无套利条件为 $F=Se^{(\pi-\omega)h}$,其中 ω 是连续红利收益率,π 是无风险连续年复利率,h 是剩余年数。实际期货价格为 $F_A=Se^{(\pi-\omega)h}m$,其中 m 是定价偏差比率 $(F_A-F)/F-1$。对实际期货价格的方程取自然对数 $\ln F_A=\ln S+(\pi-\omega)h+\ln m$。在一天之中应计红利和应付利息都是不变的,所以 $(\pi-\omega)h$ 是常数 k。如果假设每天的平均定价偏差比率为零,那么 $\ln m$ 的期望值为零,此时每天对数期货价格的数学期望为 $E[\ln F_A]=E[\ln S]+k$。替换掉 k,对数定价偏差比率可以写为 $\ln m=$

$(\ln F_A - E[\ln F_A]) - (\ln S - E[\ln S])$。因此,如果用均值来衡量期货和现货价格的期望,那么仅用实际期货价格和现货价格就可以估计定价偏差比率,这可以大大简化分析。他们发现定价偏差的分布(考虑到自相关,但没有扣除交易成本)是关于零对称的,这支持了价格高估和低估的可能性是相同的观点。

1997 年 6 月 24 日,纽约证券交易所缩小了股票的最小价格变动单位,从原来的 1/8 美元下降到 1/16 美元。Henker 和 Martens(2005)考察了规则改变前、后六个月标准·普尔 500 期货的套利交易。股票价格变动单位的减小降低了股票的价差,因而也降低了影响套利的交易成本。每笔套利交易的平均规模从 1,650 万美元降低到了 1,380 万美元,而每笔套利使用的的股票数量从 355 只上升到了 379 只。交易规模的减小可能是由于价格变动单位改变后市场深度的降低,而股票数量的增加可能是由于小额交易的成本下降了的原因。考虑到减小价格变动单位后市场波动率上升了,因而触发套利交易所需要的平均定价偏差就会降低,定价偏差的均值回复性也会更强。因此,由于规则改变而导致的交易成本下降,使得定价偏差的大小和持续时间都降低了。

Morse(1988)用 1986~1988 年的日收盘价检查了标准·普尔 500 指数、纽约证券交易所综合指数和 MMI 指数期货的定价偏差。在 1986 年,这三个股指期货都是低估的,而 1987 年和 1988 年,只有 MMI 是显著低估的。他还考察了股指期货定价偏差和标准·普尔 100 指数期权定价偏差之间的关系,他发现这三个股指期货定价偏差的变动与标准·普尔 100 指数期权定价偏差的变动之间存在同步的相关性。

Finnerty 和 Park(1988a)对 MMI 指数进行了研究,他们发现存在可观的套利机会,虽然没有明确考察交易成本,但他们认为套利利润足以覆盖交易成本。

Chung(1991)分析了 1984~1986 年 MMI 期货及其 20 个成分股的交易数据。他以 1 秒钟为时间间隔,使用最新的期货和成分股价格来计算无套利条件的偏离程度。如果定价偏差超过了三个不同的交易成本水平之一,就形成一个套利信号。许多先前的研究都假设可以按照计算定价偏差的价格来建立套利头寸,但这是不现实的,Chung 分别考虑了 20 秒钟、2 分钟和 5 分钟的交易时滞。引入交易时滞后,套利就变得有风险了,因为在做出交易决定时无法知道套利头寸建立时刻的定价偏差。他发现定价偏差信号的数量随时间而明显递减。考虑了交易时滞会导致平均套利利润的明显减少,并且利润变得有风险,比如许多利润是负的。套利利润的风险随时间而增大,并且平均的套利规模也下降了。Chung 发现仅有 7%的定价偏差信号表明期货是低估的,他将此解释为纳税时间选择(参见 5.4 章节对纳税时间选择的讨论)并不存在的证据,因为如果存在将会增加价格低估的数量。他还研究了期货价格低估时股票提价交易规则(uptick rule)的影响,发现需要卖空股票来进行的套利比持有股票多头的套利利润要少,而且风险大得多。他认为股票提价交易规则对于期货价格低估时的套利是一个严重的限制。

　　Daigler(1993a,第 195~198 页,第 110~114 页)使用了 1987~1988 年间的标准·普尔 500 指数、纽约证券交易所综合指数和 MMI 指数的 5 分钟数据。他对考虑交易成本后,交易时滞对套利利润的影响进行了研究。他发现,如果不考虑交易时滞,那么存在很大的套利利润;但是考虑了 5 分钟和 15 分钟的交易时滞后,套利利润大大减小了。

　　Cakici、Harpaz 和 Yagil(1990)使用 1982~1987 年 VLCI 的日收盘价来检验Eytan 和 Harpaz(1986)提出的几何平均指数期货的无套利条件(见 5.10 节)。他们使用最近 20 天的收益率来估计 γ(几何平均指数期货的无套利条件中的额外项),发现估计的结果相当稳定,年率为 5.77%。除了 1987 年外,其余年份 VLCI 期货都是高估的。尽管没有直接考虑交易成本,Cakici、Harpaz 和 Yagil认为存在一些足够大的偏差来产生套利利润。

　　Thomas(1995)研究了 VLCI 和 VLA 的日数据。他对几何平均的 VLCI 指数(1982~1988)使用了 Eytan 和 Harpaz(1986)的无套利条件(见 5.10 节),对算术平均的VLA(1988~1991)使用了一般的无套利条件。几何平均指数和算术平均指数期货的价格差异由 γ 决定(见 5.10 节)。γ 用算术平均和几何平均价值线指数的历史平均值来估计,数值在 0.0210 到 0.0287 之间。在 1982~1986 年,VLCI 的定价偏差主要都是高估。考虑到 0.75%的交易成本,发现存在大量的套利机会。不过,1986 年后高估和低估出现的数量大致相等,而且几乎没有套利机会。Thomas 对 VLCI 大量的价格高估为何结束于 1986 年进行了研究。他假设 1986 年前市场一直对几何平均的 VLCI 错误地使用算术平均的无套利条件,而 1986 年情况发生了改变,这一年 Eytan 和 Harpaz 发表了正确的几何平均指数期货的无套利条件,并且资本雄厚、技术精通的交易者加入了套利队伍。

　　他对这个假设从两个方面进行了检验。首先,Thomas 使用不正确的算术平均的无套利价格（也就是，$\gamma=0$），而不是正确的 Eytan 和 Harpaz 价格，来计算 1982~1986 年的定价偏差，发现价格高估和价格低估的数量大致相等，套利机会也少得多，这就支持了市场使用错误的无套利条件的假设。其次，他检查了同品种价差（intracommodity spread）（见 6.10 节）。对算术平均指数，如果无风险利率大于红利收益率，那么远月合约减去近月合约的价差总是正的。然而，对于几何平均指数，由于在无套利条件中引入了 γ，这个价差可能是正的，也可能是负。这意味着，如果 VLCI 是用正确的 Eytan 和 Harpaz 条件来定价的话，1982~1988 年的同品种价差应该是有正有负的。Thomas 发现，同品种价差在 1982~1986 年大都是正的，而在 1986~1988 年大都是负的。1986 年发生的改变与假设是一致的，也就是 1986 年之前交易者一直错误地使用算术平均的无套利条件。

加拿大。Park 和 Switzer（1995b）计算了 1988~1992 年多伦多 35 指数期货每天的定价偏差比率，发现期货在此期间都是低估的。定价偏差（不扣除交易成本）一般都比较小，在 1990 年 3 月 9 日 TIPs（ETF 的一种）出现后，定价偏差变得更小。

日本。Brenner、Subrahmanyam 和 Uno（1989a，1990a）研究了两个日本指数的期货对于无套利条件的偏差，一个是在新加坡交易所（SGX）交易的日经 225 指数期货，另一个是在大阪证券交易所（OSE）交易的大阪 50 指数期货。他们使用 1987~1988 年的日数据，考虑了 0.5%~1% 的交易成本，发现日经 225 期货有显著的低估，扣除估计的交易成本后，有 42% 的时间期货价格是低估的，仅有 3% 的时间期货价格是高估的（扣除交易成本）。对于大阪 50 指数期货，40% 的时间其价格是高估的（扣除交易成本），27% 的时间价格是低估的（扣除交易成本）。这两个期货对无套利价格的偏差程度都随着时间而减小。在所研究数据的末尾时段，大阪 50 指数期货的平均绝对定价偏差比率降低到了 0.6%，而日经 225 期货则降低到了 0.5%。

Brenner、Subrahmanyam 和 Uno（1989b，1990a）研究了 1986~1988 年日经 225 指数及其在 SGX 交易的期货的日收盘价。他们发现，定价偏差大都是负的，也就是期货价格被低估了，并且低估程度随时间而降低。考虑了 1% 的交易成本后，发现仅有少量的定价偏差能成为套利机会，而这当中几乎没有价格高估的情形。

Brenner、Subrahmanyam 和 Uno（1990b）使用 1988~1989 年日经 225 期货（在大阪和新加坡交易所都有交易）和东证指数（Topix）期货的日收盘价来检查套利机会。他们考虑了 0.5% 的交易成本，认为直到 1989 年初都有明显证据表明这三个期货的价格都是高估的。不过，1989 年春，日本大藏省放宽了对套利的一些限制，自那之后定价偏差就显著降低了，所以在所研究数据的末尾时段几乎没有套利机会。

Bailey（1989）分析了在 SGX 交易的日经 225 期货和在大阪交易的大阪 50 指数期货在 1986~1987 年间的日数据。与 Brenner、Subrahmanyam 和 Uno（1989a，1990a）类似，他发现日经 225 期货是高估的，而大阪 50 期货是低估的。对这两个股指期货，他认为定价偏差都不显著。不过，这是个与先前一些研究不同的结论，可能是由于检查的是平均定价偏差而不是单个的定价偏差。

Lim（1992a，1992b）分析了日经 225 指数及其在 SGX 交易的期货。他计算了跨越 1988 和 1989 年的 20 天中，现货和期货每 5 分钟的收益率。考虑了交易成本后，他认为几乎不存在套利机会。不过，这个结论并不可靠，因为它基于的是每天的平均定价偏差，而不是单个的定价偏差。

Arai、Akamatsu 和 Yoshioka（1993）考查了大阪交易所交易的日经 225 期货 1991 年的 1 分钟价格。他们考虑了东京证券交易所（TSE）会员的交易成本，发现近月合约有 56% 的时间有套利可能。不过，到 1992 年前五个月，使用分钟数据计算的套利机会的数量已经下降到了 16%。

Vila 和 Bacha（1994）使用了在大阪和新加坡交易的日经 225 期货 1986~1991 年的日收盘价。他们发现，考虑了交易成本后，两个市场都存在大量的定价偏差，特别是价格高估的情形。新加坡交易所的近月合约有 40% 的时间存在套利机会，而大阪的对应期货有 50% 的时间存在套利机会。

Lim 和 Muthuswamy（1993）分析了在 SGX 交易的日经 225 每 5 分钟的价格数据。他们得出的无套利区间考虑到了交易成本，包括卖空股票的成本，以及日本对利息、红利和资本利得的 20% 的税负。他们还考虑了 5 分钟、10 分钟和 15 分钟的交易时滞。与先前的绝大多数研究不同，他们认为几乎完全不存在套利机会。这并非由于包含了税负的原因，因为如果不考虑税负的话，仅仅使得套利机会从一次增加到两次。

Chung、Kang 和 Rhee（1994b，2003）研究了日经 225 及其在大阪交易的期

货在 1988~1991 年的每分钟价格数据。考虑了支付给经纪人的交易成本后,他们发现有 26%的时间存在套利机会,平均套利利润为 0.41%。这些套利机会中的 96%都是价格高估的情形。如果引入 5 分钟、10 分钟和 15 分钟的交易时滞,那么套利平均利润分别下降到 0.36%、0.34%和 0.34%,而可获利的套利交易的比例从 100%分别降低到 80%、75%和 74%。在所研究的期间中, 在 14%的交易日里日经 225 指数成分股中至少有一只没有交易, 这表明指数受到缺乏时效的价格(stale prices)的影响,也表明在某些时候也许无法交易完整的指数篮子。Chung、Kang 和 Rhee 也提出,他们所发现的频繁的套利机会可能无法实现,因为套利机会的存在部分是由于缺乏时效的价格造成的,而此时不能交易整个指数篮子。

中国香港地区。Silk(1986)考察了恒生指数期货开始交易的头三个月(1986 年 5~7 月)的每日定价偏差。考虑了交易成本,他发现 1986 年 5 月份的前半个月期货是高估的,但是在此之后套利机会就几乎消失了。

Yau、Schneeweis 和 Yung(1990)也研究了恒生指数期货的定价偏差,他们使用了 1986~1988 年的日收盘价。考虑了交易成本,期货在 1987 年股灾前的时段内是高估的,而这之后几乎没有定价偏差。

Ho、Fang 和 Woo(1992)使用了恒生指数在 1991 年中 17 个交易日的分钟数据。他们的结论是,考虑了交易成本后定价偏差并不常见,而且更多可能是高估而不是低估。

1998 年 8 月,香港政府买入了香港股市 7.3%的股票,给恒生指数设置了7850 点的底线,并且暗示如果有需要将买入市场上超过 30%的股票。政府还改变了规则,使得更加难以卖空股票。Draper 和 Fung(2003)使用报价数据,并且考虑了红利和交易成本,发现在此期间恒生指数期货显著低估了,并且在接下来的一个月套利机会还是存在。这些套利机会的存在,要归因于在此期间卖空股票的风险和难度都增加了。

韩国。1996 年 5 月 3 日, 韩国开始交易 KOSPI 指数的期货。Gay 和 Jung(1999)使用接下来两年的同步日数据,发现期货价格存在低估,对交易所会员来说存在大量的套利机会。部分原因是由于借入股票较为困难,并且要承担股票出借方要求在预先通知 5 天后即归还股票的风险(使得套利变得有风险)。

澳大利亚。Twite(1998)研究了 1983~1988 年的澳大利亚 AOI 指数期货的每日定价偏差。无套利条件考虑了税负和交易成本。他们发现,如果卖空没有额外的交易成本,那么存在大量的定价偏差。如果必须为卖空股票支付额外的5%成本,那么绝大多数的价格低估消失了,定价偏差的绝对大小随着交割日临近而降低了。

Hodgson、Kendig 和 Tahir(1993)使用澳大利亚 AOI 指数从 1992 年 2~9 月的 15 分钟收益率,考虑了 15 分钟的交易时滞,发现仅对交易成本低于 0.5% 的交易者存在套利机会。对于这样的交易者,有 26% 的时间存在套利机会,套利机会在星期一较大,但是在日内并不随时间而变化。

英国。Yadav 和 Pope(1990)使用 1984~1988 年的日数据检查了金融时报 100 指数期货的定价偏差比率,也就是,定价偏差除以当前的现货价格。他们发现平均毛定价偏差比率从"大爆炸"前的低估 0.5% 下降到了"大爆炸"后的低估 0.2%。他们考虑了四种不同水平的交易成本,认为存在很多潜在的套利机会。如果有半天的交易时滞,那么会减少但不会消除套利利润。

Yadav 和 Pope (1994) 分析了 1986~1990 年金融时报 100 指数的小时数据。他们发现定价偏差比率超过交易成本的次数很频繁,而且定价偏差比率的大小在这四年中也并没有随着时间而减小。一些合约平均来说是高估价格的,但另一些合约平均价格却低估很多。总体来说,并没有明显的特征可以断定高估还是低估。次近月合约的定价偏差比率要比近月合约大,这与更长期限的合约套利风险会更大是一致的。近月和次近月合约一般是在同一个方向产生定价偏差,并且偏差大小差不多相同。

Strickland 和 Xu(1993)研究了 1988~1990 年金融时报 100 的小时数据。他们的无套利条件中考虑了股票交易账户延迟支付股票的影响。扣除 5% 的交易成本后,有 6% 的时间期货价格是高估的,而有 46% 的观测值是低估的。因此,出现套利机会较为平常,特别是价格低估的情形。

Theobald 和 Yallup(1996)从连续时间的无套利条件(见第五章的附录 A)开始研究。他们将之重新表述为 $(F-S)/S=(\pi-\omega)h$,其中 π 是连续复合无风险年利率,ω 是连续复合年红利收益率,h 是剩余年数。为了考虑英国的清算系统、指数篮子的税负以及非同步价格的影响,他们还加入了一些其他项。他们使用 1984~1995 年金融时报 100 指数的日数据,用 $(F-S)/S$ 对他们的自变量进行回归,发现英国清算系统、非同步价格的代理变量有显著影响,而股票的税负则没有显著影响。他们的结论是价格偏离无套利条件的情况非常少,特别是在 90 年代早期。

德国。Grünbichler 和 Callahan(1994)计算了 1990~1991 年 DAX 期货的定价偏差比率。由于 DAX 指数是一种全收益指数,他们使用了修正的无套利条件(见 5.11 节)。对于每 5 分钟计算的定价偏差比率(不扣除交易成本),大约 90%都是低估的。由于绝大多数定价偏差都小于 1%,结论是可获利的套利机会都不存在。对于每 15 分钟计算的定价偏差比率,Grünbichler 和 Callahan 仅考虑了高估的情形(占比为 16%)。这是因为在德国卖空股票存在困难(不被官方许可,伦敦证券交易所,1994b),排除了低估情形下任何的套利机会。如果考虑 0.5%的交易成本,那么高估情形下就只存在 1.6%的套利机会,这同样表明可获利的套利机会并不存在。

Bühler 和 Kempf(1995)分析了 1990~1992 年 DAX 的交易价格。他们在计算 DAX 指数时假设红利按 36%的税率纳税,发现绝大多数的定价偏差都是低估的——整体来看 79%的时间里 DAX 都是低估的。考虑了交易成本后(包括 0.25%的风险溢价),他们发现 5%的时间里存在套利机会,而这些套利机会中的 95%都是价格低估的情形。如果考虑 15 分钟的交易时滞,套利利润会有所减少。

Bamberg 和 R-der(1994a)研究了 DAX 在 1991~1992 年的每分钟定价偏差。定价偏差按照修正的无套利条件来计算,其中考虑了扣除 50%的公司税后对红利进行再投资。他们发现,扣除交易成本(如果需要借股票,其中还包含借股票的费用)并且考虑 1 分钟或者 2 分钟的交易时滞后,价格不存在高估,不过,存在大量可获利的价格低估。这个结果与如下看法是一致的,在德国卖空股票的成本要超过这个研究中所考虑的,或者无法卖空股票确实会产生套利机会。使用相同的数据,Bamberg 和 R-der(1994b)发现很多可以获利的价格低估情形集中在六月份合约上。由于 DAX 指数 2/3 的成分股会在四月、五月和六月份宣布红利,因此,定价偏差集中在这些月份中表明,为了复制指数篮子而对股票组合进行再平衡的交易成本是比较可观的。

芬兰。Puttonen 和 Martikainen(1991)考察了芬兰 FOX 指数 1988~1990 年的日收盘价。他们考虑了交易成本,发现大多数定价偏差都是低估的。Puttonen(1993a)也发表了类似的结果,并且认为普遍存在的价格低估是因为在芬兰无法卖空股票。Puttonen 还发现在 1988~1990 年间定价偏差的数量随时间而增加。

瑞士。Stulz、Wasserfallen 和 Stucki(1990)研究了在 Leu 银行管理的 OTC 市场上交易的瑞士市场指数期货从 1989 年 1 月到 10 月间的日数据。他们发现最大的定价偏差是 1.3%，勉强覆盖交易成本，所以他们认为无套利条件是满足的。

荷兰。Berglund 和 Kabir(1994)使用了 EOE 指数在 1991~1993 年的每周三的收盘价格。他们把定价偏差定义为期货实际价格的对数减去期货无套利价格的对数，在整个研究期间平均定价偏差是负的，也就是说价格存在低估。

4.1.2 实证结果的解释

尽管许多对于美国股指期货的研究忽略了交易成本，但是确实有一些期货价格相对于理论价格来说存在足够大的偏差，这使人对 Cornell(1985a)提出的无套利条件被实证所支持的结论表示怀疑。这里，有意义的问题不是"相对于无套利条件的平均偏差是否显著不等于 0"，而是"相对于无套利条件的偏差是不是有时候足够大到覆盖交易成本"。那些考虑了交易成本的对美国市场的研究，也已经发现了存在套利的证据。因此，实证证据支持了在所研究期间标准·普尔 500 存在可获利的套利机会的观点。不过，对于 MMI、Chung(1991)的研究发现，到 1986 年套利机会已经大部分被消除了。

对澳大利亚、英国、加拿大、荷兰、芬兰、香港和日本股指期货的研究，一般也都考虑到了交易成本，结果表明在这些市场存在套利机会，不过，对德国和瑞士的一些研究认为套利机会不存在。一些近期的研究，通过使用较长的历史数据，发现了定价偏差的绝对大小随着时间而减小的证据。然而，Schwarz 和 Laatsch(1991)对市场效率是否有稳定的改善表示质疑，他们认为市场效率随着时间而波动，Puttonen(1993a)则发现定价偏差的数量随着时间而增加。

对于存在套利机会所提出的解释可以分为两类：

(a)尽管实证检验发现有套利机会，但并不能用来获利。这可能是由各种因素造成的，包括推导出无套利条件的假设的无效性。比如，在计算指数时使用了缺乏时效的价格，使用了非同步的收盘价格，使用的价格处于价格限制，对于交易成本的考虑不足，监管限制（比如美国对于卖空股票的提价交易规则，它限制了对期货合约价格的低估进行套利的意图），交易指数股票组合时存在交易时滞,存在套利风险(由于不确定的红利、不确定的利率、不确定的交易成本,无法按照 EDSP 的价格提前结束股票头寸、逐日盯市等,都使套利交易并非是无风险的),或者由于计算无套利价格的模型是不正确的(比如没有考虑价格限制的潜在影响,见 11.3 节)。

(b)存在真实的套利机会,其存在可能是因为机构的反应迟钝,交易者对于新市场的经验不足,或者由于套利交易的量并没有大到使价格回到无套利的水平,而这可能是因为套利资金供应不足(比如 Nick Leeson 的风险)。

Twite(1991)检验了定价偏差可能成因中的两个,他使用澳大利亚 AOI 在 1983~1988 年的日收盘价。他认为缺乏时效的价格并非成因,但是他发现一些可以用套利风险来解释定价偏差的证据。股票卖空限制的存在加剧了股指期货的低估,但是实证证据并没有表明价格低估是定价偏差的主要形式。

对美国市场指数期货的一些研究发现定价偏差中低估占大部分,而另一些研究则发现高估占了大部分。对美国以外市场的研究,许多都发现定价偏差中绝大部分是低估,而另一些则发现不存在低估和高估,Yadav 和 Pope(1994)发现低估和高估的数量大致相等。各种结果表明,卖空限制并不是造成定价偏差的主要原因。在 5.13 节,将进一步考察卖空的困难对于套利的影响。

实证研究也提供了交易时滞对美国、英国、日本、德国和澳大利亚市场的影响的一些证据。他们一般发现,考虑交易时滞会减小但不会消除套利利润,并且交易的短暂延迟也不能解释套利机会的存在。

4.2 套利反应的动态过程

除了检视定价偏差的大小和方向,还可以考察定价偏差的时间序列特性。定价偏差的短暂模式也许是由于套利活动而引起的。比如,定价偏差也许会引发套利者的套利交易。这就提出了一些问题,套利者的反应需要多迅速,定价偏差的大小会降低得多快,定价偏差的降低是通过期货还是现货价格的变动来实现的呢?

4.2.1 定价偏差的特性

许多研究都考察过定价偏差随时间变动的特性,他们普遍发现定价偏差的数量和大小都随着交割日的临近而下降,见表 4.1。这个结果不仅与红利和利率风险随剩余期限缩短而下降是一致的，而且与用一部分股票来跟踪指数篮子的风险会逐步降低也是一致的。不过，这与随交割日临近提前平仓期权的价值会下降并不相符。Bhatt 和 Cakici(1990)还发现，随红利收益率增加，定价偏差的绝对大小会降低。

表 4.1　绝对定价偏差和剩余期限的关系

研　究	指　数	关　系
MacKinlay 和 Ramaswamy(1988)	标准·普尔 500	正相关
Bhatt 和 Cakici(1990)	标准·普尔 500	正相关
Klemkosky 和 Lee(1991)	标准·普尔 500	正相关
Chung、Kang 和 Rhee(1994b,2003)	日经 SA(大阪)	正相关
Twite(1998)	SPI	正相关
Yadav 和 Pope(1990)	金融时报 100	正相关
Yadav 和 Pope(1994)	金融时报 100	正相关
Strickland 和 Xu(1993)	金融时报 100	正相关
Theobald 和 Yallup(1993)	金融时报 100	正相关
Puttonen(1993a)	FOX	正相关
Grünbichler 和 Callahan(1994)	DAX	正相关
Bühler 和 Kempf(1995)	DAX	正相关
Kempf(1995)	DAX	正相关
Lafuente 和 Novales(2003)	Ibex 35	正相关

定价偏差的绝对大小随交割日临近而下降可以用图 4.1 来说明。

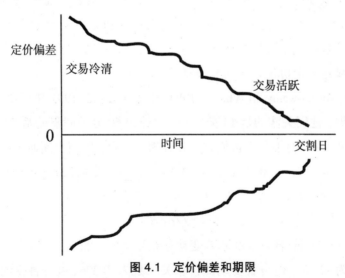

图 4.1　定价偏差和期限

3.5 节论述过,提前平仓会引起定价偏差的路径依赖,许多研究也曾考察过定价偏差的时间序列特性。在大量的实证研究中这都是通过计算定价偏差和定价偏差变动的一阶自相关来进行的。

美国。MacKinlay 和 Ramaswamy（1988）研究了标准·普尔 500 的每 15 分钟定价偏差（不扣除交易成本）。他们发现定价偏差序列的一阶自相关系数为 0.93，表明定价偏差会持续一段时间，比如几个小时。不过，定价偏差的一次差分的一阶自相关系数为–0.23，这表明定价偏差在 15 分钟内有发生方向反转的倾向。

Vaidyanathan 和 Krehbiel（1992）认为，如果满足无套利条件的假设，那么不同时刻的定价偏差之间不应该存在相关性。他们使用了 MacKinlay 和 Ramaswamy（1988）研究的数据，来检查标准·普尔 500 的定价偏差比率是否有非线性相关。他们使用了混沌理论的分析技术，发现存在非线性相关，尽管这种相关性的形式并不清楚。

Dwyer、Locke 和 Yu（1996）研究了 1982~1990 年标准·普尔 500 的每分钟定价偏差。他们发现定价偏差会持续一段时间，但是如果定价偏差超过了交易成本则会导致定价偏差的减小，减小的速度是定价偏差小于交易成本时的两倍。定价偏差会持续减小大约 20 分钟，尽管期货价格也会有一些调整，但基本上定价偏差的减小都是由于现货价格的运动而造成的。

Neal（1995）分析了 1989 年 1~3 月的三个月间，在纽约证券交易所进行的标准·普尔 500 的 837 笔套利交易，他画出了套利交易执行前后 10 分钟内的平均定价偏差。对于价格高估和低估的情况，都有证据表明，套利交易的执行与统计上显著的定价偏差的向零回复是有联系的。

Miller、Muthuswamy 和 Whaley（1994）使用了 1982~1991 年标准·普尔 500 的交易数据。他们关注的是 15 分钟、30 分钟和 60 分钟间隔的基差（F–S）变动的时间序列性质，而不是定价偏差。在较短的时间间隔上，预期红利和利率都可以假设为不变，定价偏差的变动（ΔM）等于基差变动（ΔB）减去现货价格变动乘以利率（ΔSr），也就是 $\Delta M = \Delta B - \Delta Sr$。由于几分钟上的 r 很小，因此研究基差变动与研究定价偏差的变动是十分相似的。

他们发现标准·普尔 500 基差变动存在显著的负自相关，15 分钟变动的自相关系数为–0.369，30 分钟变动的自相关系数为–0.396，60 分钟变动的自相关系数为–0.380。VLCI 指数在 1982 年 9 月~1988 年 3 月间对应的相关系数分别

为 -0.182、-0.273 和 -0.233。在此之前的研究都把定价偏差的负自相关归因于套利活动,但是 Miller、Muthuswamy 和 Whaley 认为这种负自相关可能是一种统计幻觉,因为延长差分间隔并没有减小负自相关程度,而如果负自相关是由套利引起的,那么它应该随着差分间隔的延长而消失。当他们排除了使标准·普尔 500 定价偏差超过 0.25% 的观测值后,发现基差变动的负的一阶自相关系数只有轻微降低。这就支持了基差变动的负自相关并非由套利活动所导致的观点,因为当定价偏差低于 0.25% 时进行套利不可能获利。

Miller、Muthuswamy 和 Whaley 假设观测到的指数变动可以表示为 $\Delta S_t = \varphi \Delta S_{t-1} + (1-\varphi)e_t$,其中 $0 \leqslant \varphi \leqslant 1$,$\varphi$ 衡量的是价格缺乏时效性的程度($\varphi = 0$ 表示不缺乏时效性),e_t(指数的真实变动)均值为 0,序列不相关并且同方差。假设观测到的期货价格的变动服从 MA(1) 过程,$\Delta F = a_t + \Theta a_{t-1}$,其中 $-1 \leqslant \Theta \leqslant 0$,$\Theta$ 度量的是买卖价差反弹程度($\Theta = 0$ 表示没有买卖价差反弹),a_t(期货价格的真实变动)是均值为 0、序列不相关并且同方差的变量。给定这些假设,他们表明,如果计算指数时某些股票价格是缺乏时效的(也就是 $\varphi > 0$),并且如果期货价格存在一些买卖价差反弹(也就是 $\Theta < 0$),那么观察到的期货价格变动会比观察到的现货价格变动有更高的方差,即使他们的真实方差是相同的。

Miller、Muthuswamy 和 Whaley 还论证了如果期货不存在买卖价差反弹($\Theta = 0$),现货价格缺乏时效($\varphi > 0$),真实指数变动和期货价格变动的方差相同,并且真实指数变动和期货价格变动是完全正相关的,那么观测到的基差变动的一阶自相关系数为 $(\varphi - 1)/2$,这总是负的。当 φ 很小时,观测到的基差变动的自相关性会变得更加为负,因而缺乏时效价格效应很小的话,就可以观测到很强的负自相关。因此,他们认为在基差上发现的负自相关不一定是由套利活动造成的,只需要价格缺乏少许时效性即可。

He 和 Wu(2001)发展了 Miller、Muthuswamy 和 Whaley 的工作,他们指出,除了不频繁的交易会引起基差的负自相关性,在构建指数时使用非同步的价格也会造成这个后果。对 1985~1999 年标准·普尔 500 的交易数据,他们发现,同时考虑交易的不频繁性和非同步性会大大减小基差变动的负自相关性,他们的结论是,均值回复是一个统计现象。

Monoyios 和 Sarno(2002)认为在套利和不套利之间存在有一个光滑的边界,而不是一组离散的阈值。如果定价偏差超过某个最小值,那么会加速其均值回复。他们用指数光滑转换自回归模型(ESTAR)拟合了 1988~1998 年的标准·普尔500和金融时报100的日数据,然后,使用动态随机模型,他们发现大的定价偏差的半衰期为几天,而小的定价偏差的半衰期为1或2个星期。因此,不存在离散的阈值,而且正如预期,定价偏差的调整速度是一个与其大小呈正相关的函数。

Tse(2001)使用了1998~1999年道·琼斯工业平均指数期货的5分钟收益率,发现定价偏差变动的自相关系数为-0.45,而很小的基差变动具有-0.27到-0.48的负自相关系数。这后一个结果不大可能是由于套利活动而造成的。Tse认为套利者并不是同质的,在很多方面存在差异,比如交易成本、资金约束、对风险的认识、提前平仓存在与否以及交易时滞。Tse使用指数光滑门限自回归(ESTAR)来模拟定价偏差,当考虑了套利者的不同质性时,发现定价偏差有负的自相关。因此,定价偏差的均值回复可以被解释为是由于存在不同质套利者而造成的。

Taylor(2004b)分析了2001~2002年的5分钟数据。期货价格同时用了标准·普尔500期货和标准·普尔500的E-mini期货,现货价格使用的是标准·普尔500 iShares(一个ETF)。他对这些数据拟合了三种基本模型——门限自回归模型(TAR)、光滑转换自回归模型(STAR)和扩展的STAR模型,模型考虑了套利者之间存在的差异,并且这种差异随着时间而改变,因为交易成本和执行风险随时间会有变动。他发现数据比较符合扩展的STAR模型,并且套利的倾向在开市时是最高的,在收市时是最低的。

日本。Brenner、Subrahmanyam和Uno(1989a,1990a)研究了日经225(在SGX交易)和在大阪证券交易所(OSE)交易的大阪50指数对于无套利条件的偏离。使用1987~1988年的日数据,他们发现即使滞后期为四天,这两个指数的定价偏差(不扣除交易成本)也都存在很强的正自相关。这表明定价偏差(不扣除交易成本)可以持续好几天,而不会由于套利而迅速消除。

Brenner、Subrahmanyam和Uno(1989b,1990a)研究了1986~1988年日经225及其在SGX交易的期货的日收盘价。他们发现定价偏差存在很强的正一阶自相关,数值大约为0.80(类似Yadav和Pope,1990,对英国市场的研究结果)。

Lim(1992a,1992b)分析了日经225指数及其在SGX交易的期货。对跨越1988和1989年的20天,他计算了现货和期货每5分钟的收益率。对现货和期货收益率,都不存在显著的自相关,表明指数计算中不存在价格缺乏时效性的问题。定价偏差(不扣除交易成本)存在很高的一阶正自相关(超过 0.80),而且四阶自相关系数还是显著为正的(差不多 0.40)。这表明定价偏差(尽管不一定是套利机会)会持续超过 20 分钟。

Vila 和 Bacha(1994)计算了在大阪和新加坡交易的日经 225 每日定价偏差的自相关系数。他们发现新加坡存在较大的正一阶自相关,尽管从 1990 年开始这一直在下降。他们认为定价偏差自相关性的减小可能是因为定价偏差从 1990 年以来一直在增大,而这吸引的套利交易迅速消除了定价偏差。

Lim 和 Muthuswamy(1993)考察了新加坡日经 225 期货每 5 分钟的基差。如前所述,在很短间隔上的基差变动等同于定价偏差的变动。他们的数据来自 1988~1991 年的 25 天,基差变动的一阶自相关在 25 天中的 18 天都是负的,数值在 -0.2~-0.5 之间。

中国香港地区。Ho、Fang 和 Woo(1992)使用了恒生指数在 1991 年 17 天的分钟数据,他们发现定价偏差有显著的正自相关。基差变动有负的自相关,尽管并不显著。按 Miller、Muthuswamy 和 Whaley(1994)的观点,这种不显著性可能是由于价格不缺乏时效性的原因,现货收益率不存在自相关也表明了这点。

英国。Yadav 和 Pope(1990)使用 1984~1988 年金融时报 100 的日数据,发现定价偏差比率会持续一段时间,按收盘价计算的定价偏差比率的一阶自相关系数为 0.80。Yadav 和 Pope(1994)分析了 1986~1990 年金融时报 100 的小时数据,再次发现了定价偏差的方向会持续一段时间。

Yadav 和 Pope(1992c)考察了两组数据:1983~1987 年标准·普尔 500 的 15 分钟观测值 (MacKinlay 和 Ramaswamy,1988, 曾使用该数据),和 1986~1990 年金融时报 100 的每小时数据。定价偏差定义为期货实际价格的自然对数减去期货无套利价格的自然对数。他们发现,在英国和美国市场,定价偏差的变动都依赖于前一期定价偏差的水平。如果前一期定价偏差是正的(也就是期货高估),那么定价偏差的变动倾向于是负的(价格高估程度减低),反之亦然。因此,定价偏差服从一个均值回复过程。这种均值回复效应在两个国家都会随着交割日临近而增强,而这与随着剩余期限缩短,套利的成本和风险变小是一致的。Yadav 和 Pope 将这些定价偏差按照大小分成 5 组,发现在美国和英国,前期绝对定价偏差最大的一组具有最强的均值回复效应。这支持了 Pope 和 Yadav(1992)的结果(见 5.6 节),市场上存在许多不同类的套利者,每一类都有不同的交易成本。

Theobald 和 Yallup(2001)推广了 Miller、Muthuswamy 和 Whaley(1994)的模型,他们考虑了现货和期货市场的不完全调整,这一点被证明是造成基差负自相关的一个独立原因。使用 1999 年金融时报 100 的 5 分钟收益率,他们发现,即使消除了不频繁交易的影响后,基差还是表现出负的自相关。使用 Theobald 和 Yallup(1998)的不完全调整系数的估计量,他们发现期货市场在 5 分钟内调整完全,而现货市场在 5 分钟内仅调整了 27%,直到 30 分钟后现货市场才能调整完全。因此,与 Miller、Muthuswamy 和 Whaley 的结果相反,他们的结论是,基差的均值回复并非是一个统计现象。

Garrett 和 Taylor(2001)对 1998 年金融时报 100 的 1 分钟收益率应用了 TAR 模型,来研究 Miller、Muthuswamy 和 Whaley(1994)的发现。定价偏差变动的一阶序列相关系数为-0.08。如果按照 Miller、Muthuswamy 和 Whaley(1994)的方法对数据进行微观结构效应的净化处理,那么一阶自相关系数变为-0.093。如果定价偏差超过交易成本阈值,那么其一阶自相关系数为-0.43,反之则为 0。他们的结论是,是套利而并非微观结构效应使得定价偏差的变动产生了一阶负自相关。

德国。Grünbichler 和 Callahan(1994)发现,1990~1991 年 DAX 的 5 分钟定价偏差比率表现出很强的正一阶自相关,数值约为 0.9。他们还发现定价偏差比率变动的一阶自相关是负的,数值约为-0.2,这表明在 5 分钟内定价偏差有一些均值回复。

对 1990~1992 年 DAX 的 5 分钟收益率,Kempf(1998)发现平均定价偏差是负的,并且随着剩余期限的增加而增加。他还发现定价偏差存在均值回复,也给出了这种均值回复是由套利交易造成的证据。Kempf 和 Korn(1998)使用 1995~1996 年 DAX 的 1 分钟收益率,发现定价偏差存在均值回复。

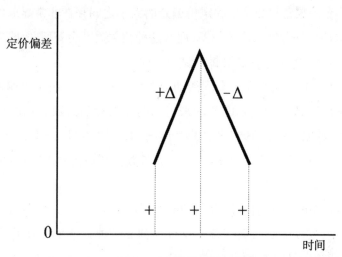

图 4.2　定价偏差的自相关

　　一般的发现都是,定价偏差的一阶序列相关是正的并且很高,而定价偏差变动的一阶序列相关通常是负的。图 4.2 显示了这个特征。这表明定价偏差并不会被套利交易立即消除,但是定价偏差的大小会随时间而减小,这一点 Miller、Muthuswamy 和 Whaley(1994)认为可归因于缺乏时效性的价格。不过,Neal(1995),Dwyer、Locke 和 Yu(1993)的证据表明,超过交易成本阈值的定价偏差与套利活动及定价偏差的减小都是相关的。

4.2.2 套利反应的速度

　　如果期货有定价偏差,那么这会导致套利交易,并且通过使现货和期货价格趋于一致来消除该定价偏差。这表明定价偏差可以用来预测后续的现货和期货价格运动。

　　美国。Swinnerton、Curcio 和 Bennett(1988)使用 1986 年标准·普尔 500 的交易数据,发现定价偏差可以适度预测现货价格在其后 5 分钟的变动,特别是当期货价格高估的时候。

　　Furbush(1989)使用标准·普尔 500 指数在 1987 年 10 月 14 日、15 日、16日、19 日和 20 日的 5 分钟数据——这是股票市场崩盘期间以及之前的几天。他研究了定价偏差是否会在几分钟内引发指数套利交易。他使用被归类为指数套利的程序化交易量来对实际期货价格减去无套利期货价格做回归,程序化交易量为正数代表买入股票,为负数代表卖出股票(对于程序化交易的定义,见4.4.4 节)。使用同步的 5 分钟期间数据,他发现 10 月 14 日、15 日、16 日以及 19

日的上午,在指数套利交易量和定价偏差的大小之间存在非常显著的正相关关系。如果取滞后 5 分钟的定价偏差,那么这种相关关系会有所弱化,表明套利者对于套利机会基本上会在 5 分钟内做出反应。

Furbush(1989)还研究了套利活动会在多大程度上减小定价偏差。他用标准·普尔 500 指数定价偏差的变动来对当前和滞后的指数套利的程序化交易量做回归。数据采用了 1987 年 10 月 14 日、15 日、16 日、19 日的 5 分钟数据。结果尽管不是很明确,但是大体上支持了指数套利在大约 15 分钟内会减小定价偏差的观点。

Sofianos(1993)使用标准·普尔 500 在 1990 年前六个月的每分钟现货和期货价格数据,发现套利机会持续了仅仅 3 到 5 分钟。这个结果考虑了 40~200 个指数基点的交易成本。

在对 MMI 的 5 分钟定价偏差的一项研究中,Chan 和 Chung(1993)发现,在 1984~1985 年,绝对定价偏差持续了大约 10 分钟。这表明大多数套利反应都会在 10 分钟内发生。

Eagle 和 Nelson(1991)使用 1985~1989 年标准·普尔 500 的分钟数据来计算定价偏差。这依赖于一个假设,1 天之中的平均定价偏差为 0。他们检查了两个变量之间的关系,一个是初始的定价偏差大小,另一个是定价偏差在给定时间间隔(1~20 分钟)上的变动。他们发现的证据是,1 分钟后定价偏差只有一个小幅下降,而如果反应时间延长到 20 分钟,那么定价偏差减小幅度会越来越大。

Harris、Sofianos 和 Shapiro(1994)发现指数套利的程序化交易在时间上存在集聚现象。按照 1989~1990 年纽约证券交易所的数据,在每个聚类中该类交易的平均数量是 2.5 笔,而每一个聚类的平均持续时间是 2.3 分钟。这表明典型的套利反应一般会涉及 2~3 个套利者,他们几乎会同时下达套利指令。

Neal(1993b)研究了 1989 年纽约证券交易所前三个月的程序化交易。如果 5 分钟内发生过套利交易,那么平均来说在这个时间间隔上会包含 1.84 笔指数套利交易。他还发现,在 5 分钟间隔内的指数套利交易净成交量的一阶自相关系数为 0.31。这些结果表明套利交易的发生会有集聚现象,并且这些集聚会持续超过 5 分钟。

英国。Pope 和 Yadav(1992)使用 1986~1988 年金融时报 100 的每小时数据,来考察定价偏差的回复速度。他们发现主要的套利反应会发生在 1 小时之内。

　　结论。已有研究表明,在定价偏差出现 5 分钟内会有套利发生,而这在一定程度上会减小定价偏差。Conrardy(1993)指出,在一些情况下,尽管定价偏差超过了交易成本,交易者可能会不愿意建立套利头寸。比如,开市时候的股价可能特别缺乏时效性,所以看上去明显的套利机会却并不会导致套利交易。当股票市场接近于触发类似道·琼斯工业平均指数（DJIA）的 50 点"项圈(collar)"这样的断路器时,套利者可能也不愿意进行套利交易,因为他们面临提价交易或者降价交易规则的风险,以及使用 DOT 系统（DOT 是 Designated Order Turnaround 的缩写,即指定指令交易系统,译者注）的限制,见 11.3.3 节。最后,如果现货和期货市场的交易量很小,那么套利者可能因为市场缺乏流动性而不愿意交易。

4.2.3 套利反应的规模

　　Adachi 和 Kurasawa(1993)指出,在 1991 年 9~11 月的 11 个星期中,在东京股票交易所进行指数套利的金额平均每个星期为 1,830 亿日元（8 亿美元）,而由于指数套利而建立的股票头寸平均达到 13,030 亿日元（57 亿美元）。这表明有大量的资金参与指数套利。从 1989 年 11 月~1991 年 3 月,纽约证券交易所有 4.4%的交易量是由指数套利贡献的,有些星期这一数字曾上升到 9.7%,见 Miller、Muthuswamy 和 Whaley(1994)。

4.2.4 套利与期货、现货价格的变动

　　定价偏差的减小可以分解为两个部分：期货合约价格的变动和标的股票价格的变动。图 4.3 给出了调整的三种可能性:所有的调整都由期货价格来完成,所有的调整都由指数来完成(其中 S* 代表的是对红利和利息调整后的当前指数,也就是 $S^*=(S-D)(1+r)$,期货价格和指数同时进行调整。

　　Furbush(1989)通过分别将期货价格变动、指数变动对当前和滞后的指数套利程序化交易量进行回归,来检验上述三种不同的反应过程。检验并没有明确的结果,这也许是由于数据期间中包含了另一个很强的因素(1987 年股灾)的原因。期货和现货价格总体上倾向于同向运动,这个情况在 1987 年 10 月价格大幅下跌时特别显著。因此,期货和现货价格任何小的、均衡的、方向相反的变动都可能由于那场股灾中这两个价格表现出来的非常强的正相关性而被掩盖。

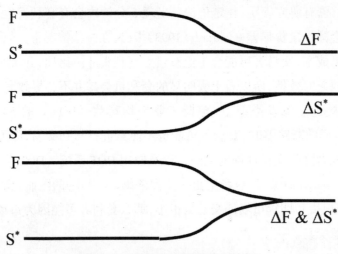

图4.3　是期货还是股票进行调整

　　Harris、Sofianos 和 Shapiro(1994)对 1989~1990 年纽约证券交易所程序化交易的一项研究发现,基差(期货减去现货价格之差,见 6.1 节)很大时会引发指数套利程序化交易,而且基差会在执行程序化交易后的 10 分钟内差不多回到常规水平,这与 Furbush(1989)较早一些的研究认为套利会在 15 分钟内减小定价偏差的结论是一致的。MacKinlay 和 Ramaswamy(1988)也得出过这个结论。因为由某个定价偏差引起的所有的套利交易差不多会同时发生,Harris、Sofianos 和 Shapiro(1994)发现在每一个套利交易聚类中,第一笔套利交易和随后的套利交易引起的价格反应过程没有显著差异。无论对价格高估还是低估的情形,现货和期货价格对于指数套利的反应都是同等大小、方向相反的。因此,两个市场的价格变动对于消除定价偏差的作用是相同的。

　　使用 1990~1991 年标准·普尔 500 的 37 只股票的 1 分钟数据,Hasbrouck(1996)检查了指数套利程序化交易对股票价格的影响。他发现,在控制了期货收益率和定价偏差的影响后,标准·普尔 500 的指数套利交易对价格的影响明显地比其他交易要小(0.019 个指数点,其他交易则是 0.024 个指数点)。套利交易对价格影响较小,这与其被看成不包含任何信息是一致的,由于不包含任何信息,套利交易在将股价向无套利水平推动上就比其他交易的效率要低一些。

　　1997 年 10 月,由于新的屏幕交易系统(SETS)的使用,交易金融时报 100 股票篮子成为可能,这大大降低了交易指数篮子的交易成本。Taylor、Van Dijk、France 和 Lucas(2000)发现,交易成本的降低使得期货和现货价格对冲击的反应速度增加了。在 SETS 引入前,期货市场的调整要更快一些,而 SETS 引入后两个市场的调整达到了相同的速度。

上述几篇研究的证据表明,套利活动在 15 分钟内显著降低了定价偏差。这种套利对于定价偏差响应的实证证据,支持了定价偏差有负的一阶自相关是由套利而并非缺乏时效的价格造成的观点 (如 Miller、Muthuswamy 和 Whaley,1994 所表明的)。最后,是现货价格和期货价格差不多相同大小的变动,消除了套利机会。

4.3 定价偏差和现货波动性

Chen、Cuny 和 Haugen(1995)认为,由于对冲收益(见第 9 章)、看涨的私有信息或者潜在纳税时机收益(见 5.4 节对于纳税时机选择的讨论),投资者也许会对在组合中持有的股票附加一个"个性化价值"。在无套利条件的推导中,这些收益假设是不存在的。如果股票市场波动性上升,这类投资者会不愿意卖出他们的股票,他们会更愿意使用股指期货来进行对冲(见 10.1.1 节对使用股指期货来控制组合风险的解释)。因此,股票市场波动性的上升会导致卖空股指期货的需求的上升,这可能会压低期货价格 (相对于标的指数和无套利价格)。于是,定价偏差降低了,而基差(期货价格减去现货价格)扩大了。另外,由于希望持有股指期货空头的投资者数量增加了,如果现货波动性上升,那么未平仓量也会增加。

美国。Chen、Cuny 和 Haugen(1995)使用了 1986~1990 年标准·普尔 500 的日同步价格。市场波动性用标准·普尔 500 指数的看跌和看涨期权的隐含波动率,以及标准·普尔 500 指数 10 天收益率的方差来衡量。他们发现,如果现货波动性上升,那么定价偏差会下降,而且这种效应随着剩余期限的增加而增加。他们还发现未平仓量随现货波动性上升而增加。

荷兰。Berglund 和 Kabir(1994)使用 1991~1993 年 EOE 指数每星期三的收盘价格,来检验 Chen、Cuny 和 Haugen(1995)提出的假设,也就是现货波动性的上升与定价偏差的降低和未平仓量的增加是相关的。现货波动性用 EOE 指数期权的隐含波动率来衡量,而定价偏差定义为期货实际价格的对数,减去无套利价格的对数。Berglund 和 Kabir 发现 EOE 的定价偏差和现货波动性有负相关关系,并且现货波动性对定价偏差的影响是与期货合约的期限有关系的。

剩余期限越长,那么现货波动性上升会引起定价偏差下降越多。他们还发现了一些证据,表明利率和定价偏差之间的关系是凹的,这与 Hemler 和 Longstaff (1991)的无套利条件所预测的一样,见 5.27 节。最后,Berglund 和 Kabir 发现 EOE 期货未平仓量随现货市场波动性上升而增加。

从美国和荷兰市场得到的结果与 Chen、Cuny 和 Haugen(1995)提出的股票具有个性化价值的假设是一致的。不过,大的定价偏差会引发套利交易。套利交易(事实上,任何程序化交易)会"刷新"现货价格,使得指数中股票的最后一笔交易价格都是当前价格而不是缺乏时效性的价格。另外,套利交易也意味着用于计算指数的交易价格要么是买入价,要么是卖出价,这要看定价偏差的方向而定。而通常情况下,最新的交易价格是买价或者卖价随机构成的,给出一个平均中间报价。由于这两个原因(消除了缺乏时效性的价格,把指数成分股价格推向买入价或者卖出价),套利交易会增加现货价格的波动性。

4.4 套利交易的一些实例

考察了定价偏差的实证证据后,接下来讨论一些套利交易的实例。

4.4.1 套利组合

即使在套利交易中可以使用所有的指数成分股,比如当 $F>(S-D)\times(1+r)$ 而不需要卖空股票时,套利者也会选择其他方式,就是构建一个小得多的组合(比如 15~100 只股票,而不是 500 或 1700 只股票)来跟踪整个指数,也就是套利组合。这种方法有许多好处。如果某些股票被限制卖空,那么可以把它们排除在套利组合外以解决这个问题,并且,交易量的减小可以降低交易成本,也加快了套利交易的速度。使用套利组合的缺点在于套利交易不再是无风险的了,因为在交割日套利组合的价值与指数价值并不相同,这就在确定性的套利利润外,还带来了不可预测的利润或者损失。因此,存在一个最优化的套利组合,使得交易成本降低和套利速度增加带来的收益减去套利风险的成本能够最大。市场普遍使用比指数成分股数量要少的股票组合来进行套利,表明其收益完全可以弥补交割日套利组合价值与指数发生偏差的风险。

接下来的例子表明在套利组合和指数之间也许存在红利的不匹配,因此套利组合有不能完全复制组合的风险。

举例:CYROX 指数当前是 200 点,其乘数为每个指数点 600 英镑,因而指数篮子价值为 12 万英镑。Kathy Burgess 准备用三只股票组成的套利组合来对这个指数进行套利。

股票	股票数量	当前价格	价值(千英镑)	W_i %	Beta	$W_i×$Beta
Orpington	20,000	200 便士	40	1/3	0.8	0.267
Teddington	10,000	400 便士	40	1/3	1.0	0.333
Islington	8,000	500 便士	40	1/3	1.2	0.400
全部			120	1		1.000

如果 Beta 值是正确的,那么套利组合可以完全复制 CYROX 指数。假设六月份 CYROX 期货价格为 210 指数点,现在到六月份的无风险利率为 5%,指数篮子从现在到六月份的红利的现值为 3,000 英镑,而套利组合的红利现值为 5,000 英镑,F=(S-D)(1+r)=(120,000-3,000)(1.05)=122,850 英镑。因此 CYROX 期货价格高估了 (210×600=12,600)、126,000-122,850=3,150 英镑,应该买入股票,卖出期货。假设在套利期间 CYROX 指数上升了 20%,那么套利组合的价值也会上升 20%,因为套利组合的 Beta 值为 1。

交易	现在	交割日
买入套利组合(120,000×1.2)	−120,000	144,000
卖出 1 张六月期货合约(200×1.2−210)×600	−	−18,000
借债(借钱买股票)(120,000×1.05)	120,000	−126,000
到期日红利(5,000×1.05)	−	5,250
净现金流	0	5,250

额外的套利利润是(5,250−3,150=)2,100 英镑,这是因为套利组合的红利比指数篮子更高。如果使用套利组合,那么计算定价偏差时需要考虑到红利的任何差别。如果在该期间的实际 Beta 值与预测值不同,那么使用套利组合就是有风险的。

股票	股票数量	当前价格	价值（千英镑）	W_i %	Beta	$W_i \times$ Beta
Orpington	20,000	200 便士	40	1/3	0.7	0.2333
Teddington	10,000	400 便士	40	1/3	0.9	0.3000
Islington	8,000	500 便士	40	1/3	1.1	0.3667
全部			120	1		0.9000

交易	现在	交割日
买入套利组合(120,000×1.2×0.9)	−120,000	129,600
卖出 1 张六月期货合约(200×1.2−210)×600	–	−18,000
借债(借钱买股票)(120,000×1.05)	120,000	−126,000
到期日红利(5,000×1.05)	–	5,250
净现金流	0	−9,150

在这个例子中采用套利组合会使套利产生损失。

对利率或外汇期货的套利要比对股指期货进行套利容易，因为在这些市场，对标的资产的买卖只要一笔交易就可以完成。对由少量股票编制的市场指数，比如，由仅仅 20 只股票构成的 MMI 指数，套利可以使用指数所有的成分股，这就比其他指数容易得多，比如像纽约证券交易所综合指数，包含 1700 只股票。在 FTA 交易的一种股指期货合约叫荷兰 Top5，它只包含 5 只股票（AKZO、KLM、皇家荷兰壳牌、飞利浦和联合利华）。这意味着，期货价格偏离无套利条件的程度是指数成分股数量的一个正相关函数。

套利交易通过增加低估资产的需求和高估资产的供给来使价格恢复到无套利条件。不过，如果套利组合包含的是股票的一个子集，那么对于指数中其他股票的价格就没有直接影响，这可能使得套利中使用的股票与其余股票的相对价格产生扭曲。选入套利组合的有可能都是价格弹性更高的股票，选择这样的股票会增加套利者的利润，因为对其不利的价格变动（这有助于恢复无套利条件）会最小。按照股票形成的这种双层市场（也就是套利组合中的股票和其余股票）的发展程度，交易者可以利用这两个组之间任何可感知的价格差异来获利，而这会恢复两组之间的价格关系。

Sofianos（1993）研究了 1990 年的前六个月间对标准·普尔 500 的 1442 笔套利交易。他发现，对于做多股票来进行的套利（价格高估），标准·普尔 500 的 500 只成分股中大约有 400 只会被用来进行交易。对于做空股票来进行的套利（价格低估），仅有 140 只股票被用做交易。做空股票时使用的股票数量少得多，也许是因为卖空股票存在困难（提价交易规则和更高的交易成本）。

Neal(1995)分析了 1989 年 1~3 月份纽约证券交易所(NYSE)的 837 笔套利交易。他发现对于价格高估的套利,平均使用的股票数量是 427 只。对于价格低估的套利分为两种情况,套利者卖出他们已有的股票(直接卖出套利)和在需要时卖空股票。Neal 发现 28% 的低估套利并不涉及卖空股票,套利者仅仅卖出他们已经持有的股票,因而这不受提价交易规则的限制。另外,由于对规则的误解,在实务中涉及卖空股票的套利可能曾经不受提价交易规则的限制。1986 年证券交易委员会(SEC)发布了一个说明,豁免了提价交易规则对于特定套利交易的约束,只要纽约证券交易所会员保持总的净头寸超过所有客户账户的净头寸即可。尽管最初的意图仅准备在对套利头寸平仓时适用这个说明,但它被广泛地理解为在建立套利头寸时也适用。SEC 在 1990 年 4 月澄清了它的态度。

直接卖出股票套利(这几乎都是由机构投资者进行的),一般卖出股票数量是 484 只,而涉及卖空的套利(这几乎都是纽约证券交易所会员进行的),一般仅卖空 183 只股票。Neal 发现会员公司卖空股票的数量是一个双峰的分布。22% 的交易使用了超过 405 只股票,而剩余的 78% 的交易使用股票均值仅仅为 85 只。他将这种模式归因于对于卖空限制解释的混乱。

4.4.2 英国市场的套利

1989 年英国股票市场中只有不到 1% 的交易量是指数套利交易造成的,而 1989 年 7 月到 12 月在纽约证券交易所该数字大约为 5%,见市场单元质量(1989)(在日本,日经 225 股票套利交易的这一数字在 1991 年和 1992 年的前五个月分别为 7% 和 11.2%,见 Arai、Akamatsu 和 Yoshioka,1993)。过去,英国的指数套利曾经受到阻碍,因为缺乏加速交易一篮子股票的机制(比如美国的 DOT),需要支付印花税以及流动性不足以应付大量的套利交易而不引起价格的不利变动,见 Price(1988)。

1989 年英国的指数套利都是由很少数量的金融机构(大约 6 家)通过自营账户进行的,经常从事指数套利的也只有 3 到 4 家机构。这些套利者同时也是金融时报 100 指数大部分成分股的做市商,因而他们可以在公司自己的做市商那里买卖股票。作为交易商他们拥有许多重要的优势。他们(和慈善机构)在买回已出售不超过 7 天的股票时,可以免缴 0.5%(在"大爆炸"之前是 1%)的印花税。做市商还拥有借入股票的特权,允许持有股票的空头头寸。做市商可以进入交易商和经纪商内部系统(IDB, Inter Dealer Broker systems),并且豁免在知晓内幕消息时必须停止交易的义务,见公平交易署（Office of Fair Trading, 1995）。由于股票交易是内部进行的,交易股票的佣金费用只是名义上的。因此,这些做市商比其他潜在套利者的交易成本要低得多。由于作为做市商,他们已经持有指数篮子中绝大部分股票,就没有必要使用指数股票的子集,而且这样的内部交易还降低了执行风险。

　　Yadav 和 Pope(1994)研究了一种现象,当指数上升时,做市商在做市时会消耗他们的持股数量,而当指数下跌时他们会增加持股数量。套利者,一般也是指数中许多成分股的做市商,他们倾向于在公司内部进行股票买卖。但公司做市商部分消耗了很多持股量时,通过内部交易来对价格高估的期货套利(这涉及到从做市商那里"买入"股票)就会受到一定限制。相反,如果做市商不断增加其持股量,那么通过内部交易来对价格低估的期货套利(这涉及对做市商"卖出"股票)可能缺乏吸引力。不是做市商的套利者也会面临类似的困难。这表明期货价格在上升市场中倾向于高估,而在下跌市场中倾向于低估。Yadav 和 Pope(1994)使用 1986 年 4 月~1990 年 3 月金融时报 100 指数的每小时数据,来检查英国的指数收益率和定价偏差之间是否存在联系。他们发现正如预期,两者存在显著的正相关关系,但结论是这个关系没有经济显著性。

　　英国的基金实际上并没有参与指数套利,这有许多原因。首先是税负的问题。税负地位的不确定使一些基金放弃了套利,但是 1990 年金融条例对此进行了澄清,消除了这个障碍,并鼓励这些机构比以前更大程度地参与到期货市场中。其次,机构购买股票时必须缴纳 0.5%的印花税。第三,约束基金投资政策的法规可能禁止它们使用期货合约,因而阻止了基金进行套利。第四,基金可能缺乏包含期货的会计系统和绩效评估技术,因而限制他们使用期货。最后,基金管理层也许并不熟悉期货交易,因而对于套利交易比较谨慎。10.3 节对机构投资者使用股指期货的障碍进行了深入讨论。期货税赋的改变并不意味着养老基金和单位信托会成为指数套利的主力军,相反,做市商仍然保持指数套利交易的优势地位。

4.4.3 计算机交易

为了发现金融时报 100 指数套利的可能性,有必要跟踪指数 100 只成分股的价格,也就是 S,以及这 100 只股票在三个未到期合约交割日前预期红利的现值,也就是 D。另外,还必须考虑三个未到期期货合约的价格,也就是 F,这三个期间的借款成本(r)以及交易成本。由于对这些数据的分析必须实时进行,交易者要使用计算机。除了寻找套利机会,计算机也可以用来执行套利交易。在美国,在纽约证券交易所交易股票可以通过下达计算机指令到交易所的 DOT 系统来完成。这样的指令会通过电子手段同时发送到许多做市商那里,从而提高了建立股票组合的速度。Harris、Sofianos 和 Shapiro(1994)估计了纽约证券交易所 1989 年 6 月执行程序化交易到买到股票的时间滞后,对于市价指令滞后为 2 分钟,如果是对价格变动单位敏感的指令,则滞后时间更长。在英国,经纪商可以按照 SEAQ 的最佳价格,使用 SEAQ 自动执行设备来执行小一些的交易(最高达到股票正常市场规模的一半)。

4.4.4 程序化交易

程序化交易是作为策略或者计划的一部分而同时交易一篮子股票,它使用计算机来快速交易(Board 和 Sutcliffe,2005b)。纽约证券交易所对程序化交易的定义是需要同时交易至少 15 只股票,并且总交易额要超过 1 百万美元。程序化交易最重要的一种形式就是在指数套利中买卖股票。Harris、Sofianos 和 Shapiro(1994)发现,1989~1990 年纽约证券交易所的 29,186 笔指数套利程序化交易中,平均每笔交易的成交额为 590 万元,买入股票的交易平均每笔包含 201 只股票,而卖空股票的包含 154 只股票。Sofianos(1993)发现,标准·普尔 500 指数套利头寸平均包含 280 只股票,总价值为 700 万元。Neal(1995)分析了 1989 年头 3 个月纽约证券交易所的 837 笔套利交易,发现平均每笔交易价值为 900 万元。程序化交易的其他形式还包括组合保险(见 12.2 节)。

程序化交易招致了很多批评,特别是 1987 年 10 月和 1989 年 10 月的股市崩盘之后。尽管从每张合约套利中可获得的利润很少,但由于利润是无风险的,会引发非常大量的交易,人们认为这会使金融市场不稳定,见第 12 章。许多研究,比如 Furbush(1989),发现几乎没有证据可以证实程序化交易是导致

1987 年股灾的主要原因。

Duffee、Kupiec 和 White(1992)指出,1988 年 7 月~1989 年 11 月间纽约证券交易所 97% 的程序化交易都是由 13 家公司进行的,仅仅 3 家公司(摩根·士丹利、基德尔·皮博迪和美林)就操作了 43% 的程序化交易。大约有 2/3 的程序化交易是代表客户进行的, 而剩下的 1/3 是这 13 家公司为自己的账户进行的。在为自己账户进行交易的部分,主要由四家公司(摩根·士丹利、基德尔·皮博迪、Susquehanna 和贝尔·斯登)主导,这四家公司经手了纽约证券交易所 1/4 的程序化交易。

4.5 结论

尽管期货价格一般都很接近于无套利价格水平, 但在目前已检验过的所有市场都发现存在过套利机会。这些套利机会通常不会超过现货价格的 1% 或 2%。对于这些结果有许多解释,但是尚不清楚哪种解释是正确的。对于定价偏差动态行为的研究发现,随着交割日临近,定价偏差的绝对大小会降低。另外,定价偏差会持续一段时间(比如几个小时或者几天),但是其大小会在比如 15 分钟内就降低。这些现象可能是由于套利活动引起的,尽管也有人认为缺乏时效的价格是一个成因。最后,有一些证据表明在波动性水平和定价偏差之间存在一种负相关关系。

第5章

放宽假设后的套利

引　言

这一章将详细考察第3章推导无套利条件时所依赖的假设。我们将从两个角度来分析第3章所使用的假设。第一,如果去掉一个假设,能否推导出一个不同的无套利条件? 如果可以,那么该假设是否是一个简化的假设,并且如果该假设被严重违背,是否可以用一个更一般的公式来涵盖? 第二,假设条件与现实情况的符合程度如何, 如果违背假设条件, 那么对无套利条件有效性的影响有多大? 如果影响很大,但又无法在放宽假设条件后得出一个更一般的无套利条件, 那么无套利条件的有效性就依赖于相关假设的满足程度。

5.1 没有逐日盯市

如果忽略逐日盯市,那么更像是为远期合约而不是期货合约来推导无套利条件。这意味着在交割日前投资者不会收到期货合约的任何收益或损失。Cox、Ingersoll 和 Ross(1981)表明,如果无风险利率是确定的(并且其他假设成立),那么尽管期货合约有逐日盯市的制度, 期货和远期合约的价格应该是相同的。Sutcliffe(1993)第 5 章的附录 A 收录了这个结论的证明。因此,如果用无风险利率是确定的假设来替代没有逐日盯市的假设,那么第 3 章对期货价格推导的无套利条件还是成立的。5.3 节将表明无风险利率的假设也可以被放宽。

假设不需要逐日盯市，就消除了任何价格限制对于期货无套利价格的影响，价格限制影响最后结算价时除外，见 11.3.2 节的 Chance 模型。

5.2 借货利率相等

无套利条件的推导要求无风险借、贷利率相同。套利者可以按照无风险利率借出资金，这应该是合理的，但问题是，他是否也能按照无风险利率来借入资金（如果边际套利者是一家大型金融机构，该假设可能也是合理的）。对该假设的辩解是，套利交易是无风险的，因而回报是有保证的。然而在现实中，并非构成无风险套利基础的所有假设都能满足，所以总是存在一些风险的。无套利条件的推导依赖于使用资本市场来运转套利交易所产生的现金流，以使得它们在所有时刻都是非负的，但是至少有一个时刻是正的。如果资本市场不完美，使得借出资金的利率超过借入资金的利率，那么套利论证的结果也许是可变的，这将取决于是按照贷款利率借出资金，还是按照借款利率借入资金。在这种情况下，套利交易是否还有吸引力就取决于套利者的时间偏好，这就很难给出一个一般化的无套利条件。

如果套利者借入资金的利率(r_b)超过无风险借出资金的利率(r_l)，那么可以构建一个无套利的区间，按原来的无套利条件看稍许有些高估的价格，现在将会落在这个无套利区间内，$(S-D)(1+r_l) \leqslant F \leqslant (S-D)(1+r_b)$。

5.3 无风险利率不变

如果没有逐日盯市，那么无风险利率的变动对无套利条件没有任何影响。这是因为套利者在建立套利头寸时就锁定了利率，后续的利率变动都没影响。不过，由于逐日盯市是期货合约的一个普遍特征，下面将同时放宽没有逐日盯市和无风险利率是常数的假设。

存在逐日盯市的情况下，只要无风险利率的变动是确定已知的，那么无套利条件仍然有效，不过这个结论的证明过程更加复杂。Levy(1989)、Flesaker (1991)及 Sercu 和 Uppal(1995，第 155~159 页)证明，假设无风险利率的变动已知（并且合约是可分的，Polakoff,1991），就等价于假设交易者每天都确定地知道第二天的无风险利率。虽然无法确定地知道交割日前的利率，但是第二天的的无风险利率还是可以相当精确地预测出来的。这意味着远期合约和期货合约之间不应该有任何差异。不过,Jabbour 和 Sachlis(1993)指出,用期货来动态复制远期合约最终现金流的策略会产生可观的交易成本,而远期合约本身的交易成本很可能低得多。这意味着远期和期货价格之间还是会出现差别,只要它们不超过交易成本之间的差别。

要检验逐日盯市情况下随机的利率是否会导致远期和期货价格不一致,一个明显的方法就是比较相同资产的远期和期货的实际价格。不过这个方法会遇到两个问题。首先,对于许多资产(比如股票市场指数),市场上存在该资产的期货或者远期,但不会同时存在期货和远期,因此无法直接进行比较。其次,如果发现两者价格存在差异,那么也可能是由于逐日盯市外的其他因素造成的,比如违约风险、流动性、期货比远期市场更容易提前结束套利头寸、监管等等(2.8 节给出了期货和远期市场差异的一个列表)。因此,当同时存在这些资产的期货和远期市场时,对这两个价格的简单对比也并不足以检验两者的差异。

不过,Cox、Ingersoll 和 Ross(1981)给出了这个问题的一个检验方法,可以克服前面所说的两个困难。他们推导了一个理论结果,如果无风险利率和期货价格变动比例呈正(负)相关,那么意味着期货价格要高于(小于)远期价格。如果这个理论结果是有效的,那么就可以用期货这种相关性的程度和方向来推断逐日盯市对期货价格的影响。不过,要判断价格差异的多大比例是由逐日盯市或随机利率造成的,仍然存在问题。已经有许多实证研究,对同时存在期货和远期市场的各类资产进行了分析。这些研究大多数都是基于这样的思想,在利率随机的情况下,现货价格变动和期货价格变动的相关性是随不同商品而不同的,因此逐日盯市的重要性对于不同商品也是不同的。Sutclif fe(1993)的附录 5.B 总结了一些商品期货而不是股指期货的研究结果,一般都证实了 Cox、Ingersoll 和 Ross(1981)的理论。

美国。Chang、Loo 和 Chang(1990)进行了一项关于 MMI 指数的研究,他们使用与 Cox、Ingersoll 和 Ross(1981)不同的检验方法来分析期货价格和远期价格的差异。由于不存在以 MMI 指数为标的的远期合约,他们使用 MMI 看涨期权和看跌期权来合成了一个远期合约。使用 1984~1985 年的日数据,他们发现无风险利率和现货资产收益率的协方差对于期货价格在统计上有显著的正向影响。这个检验支持了这样的观点:逐日盯市和随机利率会对期货价格产生影响,尽管影响很小。

Cakici 和 Chatterjee(1991)考察了 1982~1987 年标准·普尔 500 指数的日收盘价,他们按照利率随机和利率不随机两种情况下的无套利条件分别计算了定价偏差,对两者进行了比较。具有随机利率的模型假设利率服从均值回复过程,并且利率变动和现货价格变动的相关系数为 0(这一点值得推敲)。对于 1986~1987 年的定价偏差,用不考虑随机利率的模型计算得出的结果显著得更大一些,但是对于 1982~1985 年之间的定价偏差,两个方法计算的结果没有差别。他们进行了一个模拟分析,并没有限制利率变动和现货价格变动的相关性为 0,发现仅仅在市场有很强的利率均值回复预期时,随机的利率才会影响无套利条件。当目前利率高于或者低于长期利率水平较多,并且每个时间段上都有很高的回复程度时,市场就会对利率变动产生这样一种预期。他们的结论是,考虑随机利率对结果的重要性随时间而变动,它取决于市场是否预期利率会有大的变动。

Modest(1984)也使用了考虑随机利率的无套利条件,来检验逐日盯市对于股指期货价格的影响。他使用随机模拟来检查标准·普尔 500 的无套利价格,发现利率随机变动对结果的影响很小。

日本。Bailey(1989)分析了在 SGX 交易的日经 225 指数在 1986~1987 年的日数据,以及大阪 50 指数在 1987 年的日数据。他使用了考虑随机利率的无套利条件,发现这对结果的影响非常小。

澳大利亚。6 篇研究逐日盯市对澳大利亚股指期货影响的文章中,只有 1 篇(Twite,1992)使用了 Cox、Ingersoll 和 Ross 的结果。Twite(1992)检查了澳大利亚 AOI 指数在 1983~1986 年的日数据,发现期货收益率和无风险利率之间存在显著的正相关。这意味着远期价格要超过期货价格,也就是,逐日盯市和随机利率降低了期货价格。Twite 认为支持逐日盯市对期货价格有影响的证据比较有限。

英国。Yadav 和 Pope(1992b,1994)研究了逐日盯市对持有到期的套利头寸所产生利润的影响。使用金融时报 100 指数 1986~1990 年的日数据,他们发现这个影响很小,平均只有现货价格的 0.014%。因此,逐日盯市的平均影响是对每张合约增加大约 8 元的额外利润。对于套利风险的影响一般也很小,88% 的情况下会在-0.1%~0.1%的范围内(对于每分合约这差不多是 60 元的额外利润或者损失)。不过,也有一些超过 0.4%的异常值,因此逐日盯市偶尔也会对套利利润有重要影响。

逐日盯市的存在以及利率的随机变动,对于不同期货(依赖于价格对利率变动的敏感性)会有不同影响,而且对不同时刻的同一期货也可能有不同影响,但是一般情况下其影响都相当小。Polakoff 和 Diz(1992)认为,Cox、Ingersoll 和 Ross 的模型所基于的期货合约无限可分的假设是不现实的。他们表明,如果期货并非无限可分,那么即使可以预测期货价格变动并且利率恒定(因而期货价格变动和利率变动之间没有相关性),期货价格和远期价格之间也会有差异。因此,Cox、Ingersoll 和 Ross 的结果被改变了,即使期货价格和利率的相关性为 0,期货和远期价格也不相同。Polakoff 和 Diz 还表明,期货合约的不可分割性会导致期货—远期价格差异的自相关。他们研究了英镑、德国马克、日元和瑞士法郎的期货—远期价格差异,发现存在自相关性,他们将这解释为是由于期货合约不能无限分割造成的。这种自相关性的存在,可能会使得先前对期货—远期价格差异的实证研究中的显著性检验变得无效。

实证研究中,通常发现恒定利率假设作为一种近似是可以接受的。因此,尽管 Cornell 和 French(1983a 和 1983b)已经推导出了一个一般化的无套利条件,来适应利率随机并且需要逐日盯市的实际情况,但是几乎没有实际价值。

如果认为逐日盯市的影响比较大,那么可以通过跟踪套利的期货头寸来降低这种影响。期货价格变动会导致立刻支出或者收到变动保证金,因而必须借入资金或者将资金用于投资,直到交割日。因此,当前的期货价格变动 ΔF 将在交割日产生 $\Delta F(1+r)$ 的现金流,其中 r 是从现在到交割日的无风险利率。为了考虑跟踪风险,可以将套利中使用的期货合约数量减小到 $1/(1+r)$ 乘以原期货数量。r 的值每天都会下降,因此必须每天重新计算期货头寸(在 9.10 节的对冲部分将深入讨论跟踪期货头寸的问题)。

举例:考虑第 3 章的 Lawrence Garfield 的例子。他的套利交易中包含了 1,942 张合约空头。如果他想跟踪期货头寸,他在套利开始时将仅持有 1,942× (1/1.02411)=1,896 张合约。当剩余期限只有 1 个月时,剩余期限内的无风险利率是 0.80%,因此跟踪的期货头寸应该是 1,942×(1/1.008)=1,927 张合约。如果在建立套利头寸后,当天金融时报 100 期货的价格就从 53,000 英镑上涨到了 53,500 英镑。接下来的日子里(尽管有点不现实)期货价格保持不变,因而交割价格也是 53,500 英镑。如果不跟踪期货头寸,那么 Lawrence 必须为接下来的三个月中(53,500-53,000)×1,942=971,000 英镑的变动保证金进行融资,从而承担额外成本 971,000×0.02411=23,411 英镑。如果他跟踪期货头寸,那么为变动保证金融资的成本下降到(53,500–53,000)×1,896×0.02411=22,856 英镑,因此跟踪期货头寸节省了 555 英镑的变动保证金的利息支付。随着到期日临近,他将逐步增加其期货的空头头寸,从而在交割日拥有 1.942 张合约。

5.4 没有税负

引入税负可能会、也可能不会对无套利条件产生影响。如果资本利得、利息和红利都在交割日按照统一税率(x%)支付,并且红利的税负是按照套利开始时的红利现值来计算的,那么税负不会影响无套利条件。这里假定投资损失产生的税负抵扣会在交割日收到。表 5.1 给出了股票和期货多头相匹配的现金流情况,它是以表 3.1 为基础的。

将现金流都按照税后无风险利率 r(1–x) 贴现并且使结果等于 0,也就是没有套利利润,得到 S–D–(F–(F–S)x–Dx)/(1+r–rx)=0。重新整理得到 F=(S–D)(1+r),这和先前的结果一样。注意到尽管对不同的套利者而言税率 x 是不一样的,但是他们仍然会对一个共同的无套利价格达成一致。

表 5.1　期货和股票多头的现金流(含税负)

	时间		
	0	T	T 时刻的税收
期货(多头)	0	S_T–F	$-(S_T-F)x$
股票(多头)	–S	S_T	$-(S_T-S)x$
红利	D	–	–Dx
现金流差异	S–D	–F	(F–S)x+Dx

不过,如果假设条件改变,那么税负将会影响无套利条件。比如在美国,1986 年前期货合约的所有损益都是按照长期税率来课税的,而持有不足六个月的股票的损益是按照比长期税率高的短期税率来课税的。因此,尽管在套利交易中期货合约部分的总损益和股票现货部分的总损益数量是相等的,但是它们的净损益却不同(Schwarz、Hill 和 Schneeweis,1986,第 105~106 页)。因此,尽管套利交易者的总损益可能为 0,但是由于期货和股票的损益有不同的税率,套利的净利润可能有正有负,这也会改变交易者的无套利条件。类似地,如果交易者的交易成本可以抵税,那么无套利条件也会改变。

指数成分股红利的税负也是一个问题。虽然收到红利的一方可能会被课税，但是卖空股票(因此必须对买方支付或制造红利)可能并不会得到等价的支付，也就是不能抵税。即便可以抵税，收到红利方与支付红利方的税负支付时间也可能不同。在这种情形下红利的现值就会不同，它将依赖于是支付红利还是支付红利，因此无套利条件变成了一个无套利区间：$(S-D_P) \times (1+r) \le F \le (S-D_R) \times (1+r)$，其中 D_R 是收到红利的现值，D_P 是卖空股票而支付红利的现值，只有当 $D_P > D_R$ 时这个区间才存在。

5.4.1 纳税时间选择权

和税率存在差异一样，纳税时间也可能会有差异。在美国和英国，投资股票有所谓"纳税时间选择权"，而投资期货则没有。在逐日盯市制度下，股指期货合约的资本利得和损失会在当天实现，投资者无法自主选择纳税时间，也就是无法在不同纳税年份之间调节资本利得和损失。但是对股票，资本利得和损失只有在卖出股票时才确认，而这可以由投资者直接控制。要使股票的纳税时间选择权有价值，那么临界的纳税者必须不能免税(比如不能是养老基金)，并且必须可以持有股票到下一个纳税期(比如不能是套利者或者做市商)，因此是否存在有价值的纳税时间选择权就是一个实证问题。

美国。Cornell 和 French(1983a, 1983b)在他们的无套利条件中对于期货和股票考虑了不同的收入和资本利得税，并且包含了纳税时间选择权，以及随机利率。他们发现在无套利条件中考虑到纳税时间选择权(以及随机利率和不同的收入与资本利得税率)后，1982 年标准·普尔 500 指数期货的无套利价格与实际价格贴近了很多。不过，Cornell(1985a)后来的研究发现，标准·普尔 500 的定价偏差消失了，他认为是由于纳税时间选择权变得不重要了。

如果纳税时间选择权是有价值的，那么其价值会随着指数波动率的上升而增加。既然纳税时间选择权会增进现货价值(相对于期货)，那么现货波动率的上升会导致期货变得低估(相对于忽略了纳税时间选择权的理论期货价格)，也就是定价偏差和现货波动率之间有负相关关系，这与 4.3 节的发现一致。

英国。使用 1986~1990 年金融时报 100 的小时数据，Yadav 和 Pope(1994)发现定价偏差和现货波动率(用金融时报 100 看涨期权价格的隐含波动率来衡量)之间存在正相关关系。因此在英国市场，纳税时间选择权似乎并没有价值。

5.5 红利确定

金融时报 100 期货最长期限为 12 个月,但是绝大部分的成交量都发生在合约存续期的最后四个月。由于距到期日时间较短,剩余红利的不确定性很小。比如在英国,除息日和红利支付日的平均间隔时间为 53 天,而红利一般在除息日前几个星期宣布,见 Yadav 和 Pope(1994)。Yadav 和 Pope(1990)研究了在指数套利期间,指数成分股红利是已知的假设。他们发现,红利 50% 的变动只会引起金融时报 100 指数期货无套利价格 0.3% 的变化。Yadav 和 Pope(1994)检查了红利大小和红利支付时间这两个红利风险不同来源的影响。红利按照上一年红利加上 0% 或者 20% 来估计,这对期货定价偏差比率造成的差异一般低于 0.1%。他们还发现,如果红利支付时间相差 8 个星期,对定价偏差比率造成的平均差异只有 0.01%。因此,期货的无套利价格对于计算中使用到的红利估计是高度不敏感的,因此红利确定性的假设没有问题。如果有必要考虑不确定的红利,那么 Cornell 和 French(1983b)推导了一个相应的无套利条件。对于像 DAX 这样的全收益指数,无需考虑红利大小和时间不确定的风险,见 Bühler 和 Kempf(1995)。

5.6 没有交易成本

现实当中,套利者必然要负担交易成本,表 5.2 给出了一些市场股指期货套利的双向交易成本估计。

表 5.2   股指期货套利的双向交易成本

作者	股指期货	双向交易成本 [‡‡]
Billingsley 和 Chance(1988)	美国期货	1%
Robertson(1990)	金融时报 100 指数	机构 1.85% 做市商 0.90%
Yau、Schneeweis 和 Yung(1990)	恒生指数	1.96%
Liffe 和 LTOM(1991)和 Liffe(1991)	金融时报欧洲股票价格 100 指数	1.67%[1] 2.42%[2]
Chung、Kang 和 Rhee(1994b)	日经 St.Av.(大阪)	机构 2.7% 经纪商 0.8%

[†] 按照股票价值的比例。[‡] 如果期货持有到期并且按 EDSP 结算,那么买卖价差只支付一次。
[1] 买股票卖期货。[2] 卖股票买期货。

可以修改无套利条件，来涵盖存在交易成本的情形，见 Modest 和 Sundaresan(1983)以及 Klemkosky 和 Lee(1991)。此时无套利条件不再是等式，而是一个无套利区间，现货和期货价格在此区间内运动将不会产生指数套利机会。这个区间是：$[(S-D)-(C_{SL}+C_{FN})] \geqslant F/(1+r) \geqslant [(S-D)-(C_{SN}+C_{FL})]$；其中 C_{SL} 是做多现货指数，也就是买入指数成分股的交易成本，C_{FN} 是做空期货也就是卖出期货的交易成本，C_{SN} 是做空现货指数，也就是卖空指数成分股的交易成本，C_{FL} 是做多期货也就是买入期货的交易成本。这些交易成本用它们在套利开始时的现值来表示。做空的交易成本很可能与做多的交易成本不相等，也就是 $C_{SL} \neq C_{SN}$ 及 $C_{FN} \neq C_{FL}$。有些交易成本会随交易者类型而有所不同，无套利区间所用到的交易成本是对于边际交易者而言的，这些交易者通常是标的指数成分股票的做市商。

如果期货价格高估了(扣除交易成本后)，那么套利者会卖出期货买入股票，从而消除价格高估现象。因此，无套利区间的上界包含卖出期货买入股票的交易成本，而下界则涉及买入期货卖空股票的交易成本。如果交易成本为0，那么无套利条件退化到先前的无套利等式。图 5.1 说明了这种无套利区间。只要期货价格落在该区间之内，那么就不存在套利机会。

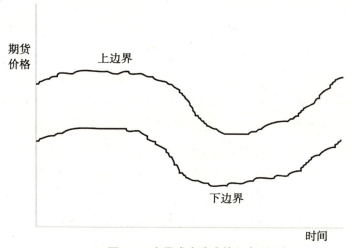

图 5.1　交易成本造成的无套利区间

Sofianos(1993)分析了1990年上半年的1,442笔标准·普尔500指数套利交易。他发现,在期货价格高估时,预期的套利利润为-20.2个指数基点,而在期货价格低估时,预期的套利利润为21.1个指数基点。预期利润41.3的指数基点差异意味着无套利区间并非对称的,因为期货价格低估程度要更大才会引发套利。这种非对称性可能是由于卖空股票要承担更高的交易成本和风险。

交易成本的存在可以解释许多股指期货交易的特点。首先,如果交易指数股票篮子不需要可观的交易成本,那么提前平仓或者延迟平仓套利头寸就没有多少价值。其次,如果股指期货需要实物交割,比如大阪50指数期货,那么就避免了在交割日结清套利组合的交易成本,见Stoll(1987)。

5.6.1 交易成本风险

在许多国家,套利交易有相当一部分成本在开始套利时是未知的,这增加了套利的风险。产生这个风险,是因为在交割日结清现货头寸时股票买卖价差和经纪商的佣金是随着指数股票篮子价值而变动的。另外,也许还有按指数价值一定比例变动的交易税,比如英国的套利者在交割日购买指数股票篮子必须支付0.5%的印花税。不过,在这种情形下,可以改变通常采用的现货与期货1比1的比例来消除交易成本风险。Adams和Van Deventer(1992)建议当套利者购买股票卖出期货时,每卖出一份期货,套利者应该买入$1/(1-p)$张指数股票篮子,其中p是在交割日必须支付的交易成本占指数股票篮子价值的比例。当卖出股票买入期货时,每买入一张期货,套利者应该卖出入$1/(1+p)$份指数股票篮子,这就消除了套利中的交易成本风险。在这种情形下,无套利区间可以重新表述为$[(S-D+C_1)/(1+p)] \geq F/(1+r) \geq [(S-D-C_2)/(1+p)]$;其中$C_1$是套利开始时买入指数股票篮子、卖出期货的固定交易成本,而C_2是套利开始时卖出指数股票篮子、买入期货的固定交易成本。在上述公式中假设在交割日结束期货头寸时不产生交易成本,而结清现货头寸的所有成本与指数价值成比例。

举例:Archie Rice管理的Dagenham基金准备对金融时报100进行套利。9月份该指数的当前值为3,700点,而金融时报100指数期货12月份合约的价格为3,539指数点。9~12月之间指数成分股红利的现值为1,400英镑,该期间的无风险利率为2%。可以计算,期货的无套利价格为36,312英镑。因此,如果忽略交易成本,期货低估了922英镑。假设当日卖出指数股票篮子并购买期货的交易成本(C_2)为400英镑,而在12月份交割日购买指数股票篮子的交易成本为当时股票篮子价值的 0.7%。12 月份期货合约平仓时没有交易成本,结清现货头寸也没有固定的交易成本。风险在于,现在到 12 月份之间金融时报 100 指数每上升 100 个指数点,交易成本就会上升 17.50 英镑。

为了消除交易成本风险,Archie Rice 使用的比例为 $1/(1+p)$,其中 $p=0.007$,忽略不可无限分割的问题,需要卖出 0.993049 份指数股票篮子,买入一张 12 月份的金融时报 100 期货。他在交割日的套利利润如下:

股票空头	$(S(1+r)-S_T)/(1+p)=$	$-0.993049S_T+£37,478$
红利	$-D(1+r)/(1+p)=$	$-£1,418$
期货多头	$S_T-F=$	$S_T-£35,390$
交易成本	$-C_2(1+r)/(1+p)-pS_T/(1+p)=$	$-£405-0.00696S_T$

涉及 S_T(交割日的现货价格)的项互相抵消,因此交割日总的套利利润为 265 英镑。该利润不依赖于 S_T,因此是无风险的。

5.6.2 替代策略的价格平衡机制

到目前为止我们都把套利看做是促进价格平衡的机制。这个过程产生的成本包括买卖标的股票和买卖无风险资产的两组双向交易成本,以及获得期货头寸的成本。Elton、Gruber 和 Rentzler(1984)及 Stoll 和 Whaley(1993,第 109~111 页)发现了其他三种可以使得现货和期货价格相一致的途径——互换策略、交易最便宜品种的策略和国库券替代策略(Kawaller[1991]也发现了类似的机制)。尽管所有投资者都可以参与套利,但是这三种替代策略,正如我们要解释的,只对一部分投资者适用。

1. 互换策略。首先,投资者如果拥有价格高估的股票多头头寸,那么他可以卖出股票并买入价格相对较低的股指期货,这是一种互换或者股票替换(这类投资者被称为替换者,见 Gammill 和 Marsh,1988)。由于只需要卖一次股票、买一次期货,因此该过程产生的交易成本比套利要低,这里假设投资者无论如何会在交割日结清其股票多头头寸,或者愿意对期货多头头寸展期直到他们想卖出股票组合。当然,投资者必须为了某些原因而愿意投资于市场指数。只要卖出已有股票组合、买入股指期货(还包括展期成本,如果有的话)的交易成本超过期货偏离无套利价格的程度,那么该策略就可以获利。

举例: Lex Luthor 只有一个股票组合,该组合对应于 10 张金融时报 100 指数期货。他准备持有这些股票到明年。远月合约剩余期限内的无风险利率为5%,而该期间组合红利的现值为 8,570 英镑。股票组合当前价值为 480,000 英镑,因而远月合约的无套利价格为(48,000−857)1.05=49,500 英镑。当前远月合约的市场价格只有 49,000 英镑。Lex 以 480,000 英镑卖出其股票组合,按每张 49,000 英镑的价格买入 10 份金融时报 100 指数期货。不算交易成本,那么在交割日,相对于继续持有股票组合而言,互换策略多获得的利润为 10[(S−D)×(1+r)−F]=5,000 英镑。由于原本打算继续持有股票组合,因此这个利润并不依赖于交割日的指数价值,是无风险的。在交割日,他又买入 10 张交割日在年底的股指期货合约,因为他原本打算在年底卖出其股票组合。互换策略的额外交易成本就是买入 10 张股指期货(2 次)的交易成本,只有在这个交易成本低于 5,000 英镑的情况下互换策略才有吸引力(注意,这与卖出股票组合的成本没有关系)。

2. 交易最便宜品种的策略。其次,投资者如果决定要建立市场指数的敞口头寸,他们必须在使用股票还是期货之间进行选择,见 Kawaller(1987)。可以推断,他们会选择最便宜的品种,因而他们的交易对于市场的累积影响将会改变股票和期货之间的相对价格,使之更符合无套利条件。类似地,那些准备结束市场指数敞口头寸的投资者也可以这样做,他们可以在另一种资产(期货或者股票)上建立相反头寸,就和直接结清其初始头寸一样。仍然可以推断,他们会选择对自己最有利的替代品种,这会使价格向无套利条件恢复。当然该过程还是要负担交易成本,但这只涉及购买(卖出)期货或者标的股票的成本。在这种策略下,期货价格偏离无套利条件的程度,不应该超过替代策略(也就是交易期货或者标的股票)与原策略的交易成本之差。

举例: Leonard H. McCoy 持有一个股票组合,该组合对应于 20 张金融时报 100 指数期货,他决定卖出该组合。数据和 Lex Luthor 的例子相同,也就是 S=48,000 英镑,D=857 英镑,r=5%,期货的无套利价格为 49,500 英镑。此处仅有的差异在于实际期货合约的价格为 50,000 英镑。他没有按照 960,000 英镑的总价值卖出股票组合,而是建立了 20 张金融时报 100 期货合约的空头头寸。不算交易成本,在交割日卖出股票多产生的利润(相对于立即卖出股票组合可获得的利润而言)为 20[F−(S−D)×(1+r)]=30,000 英镑。该利润与交割日股票组合的价值无关,只在卖出 20 张股指期货的时候才产生额外的交易成本。

Miller(1993)曾经从交易最便宜品种策略和交易成本差异的角度,解释了

日本的外资经纪商是如何从股指期货交易中获利的。日本的投资者购买一个
股票指数篮子的交易成本是东京证券交易所(TSE)会员的 30~50 倍,但两者
交易股指期货的交易成本都很小,这就产生了"佣金套利"的机会。外资经纪商
以价格 A 购买指数的一篮子股票,再向日本投资者按价格 D(与此等价的无套
利现货价格为 B)卖出等量的期货,而 B>A,于是外资经纪商在每张合约上赚
取的利润为 B–A。正是交易成本差异使得外资经纪商可以对高估的股指期货
价格进行套利。日本投资者也愿意进行这种交易,因为 B 要低于直接购买指
数股票篮子的花费 C。因此,希望购买股票组合的投资者额可以使用股指期
货,每个指数股票篮子节省的资金为 C–B。

3. 国库券替代策略。如果交易者希望持有国库券多头头寸,那么可以通过
直接购买国库券,或者通过买入指数股票篮子并同时卖出对应的股指期
货——合成国库券来实现。如果无套利条件成立,那么该组合是无风险的,组
合收益率应该等于无风险利率。不过,如果股指期货价格高估了,那么该策略
的收益率将高于无风险利率。除了交易者拥有初始资金,从而无须借钱来为套
利融资外,该策略与套利非常类似。

于是,无套利条件可以用四个替代交易策略来检验:套利、互换、交易最便
宜品种和国库券替代。假设不考虑交易成本时无套利条件是正确的,那么在一
个竞争性的市场中,交易成本就对无套利条件偏离程度设置了一个上限和下
限。对无套利条件最弱的检验是使用套利交易成本边界。由于这个策略能产生
无风险利润,并且所有人都能参与,它应该总是满足的。国库券替代非常类似
于套利,除了不需要借入初始资金。互换策略由于交易成本较低,以此来检验
无套利条件要求较高。不过,只有拥有高估资产的投资者才能执行该策略,因
此要依赖这类投资者进行足够多的交易,才能使得指数股票篮子和股指期货
的相对价格趋于一致。最后,对期货偏离没有交易成本时无套利价格的程度,
交易最便宜品种的策略给出了一个最窄的区间,因为该策略相关的交易成本
是买入(卖出)期货和买入(卖出)标的股票的交易成本之差。只要有足够多的
投资者要投资于市场指数,那么交易最便宜品种的策略可以有效地使价格恢
复到满足无套利条件。

Neal(1995)分析了 1989 年 1~3 月份纽约证券交易所(NYSE)的 837 笔套
利交易。如果存在单一的无套利区间,那么一旦定价偏差超过了阈值就会引发
套利交易,从而使定价偏差回复到 0。然而,Neal 发现引发套利交易后定价偏

差的分布范围仍然很宽。这也许是由于交易时滞对定价偏差的大小有一个随机的影响,提前平仓期权的价值的变动,以及潜在套利者们具有不同的交易成本而造成他们有不同的无套利区间。

Arago、Corredor 和 Santamaria(2003)研究了 1996~1997 年 Ibex 35 指数的日收盘价格。1997 年 1 月 Ibex 35 指数期货的交易成本有一个明显的下降。正如所预期的,现货和期货价格的相关性上升了,这两个市场的波动率溢出也是如此。一系列可能的其他解释(小规模交易的减少降低了噪音交易者的影响力,成交量的增加减少了价格缺乏时效的问题,以及亚洲金融危机在变量之间引发了相关度较大的变动)也就被排除了。这就使得最后只剩下了一个很窄的无套利区间。

5.6.3 差异化交易成本和阈值效应

Pope 和 Yadav(1992)认为可以把潜在的套利者分为几类,每一类都有不同水平的套利交易成本。每个类别的套利者只有有限资金可用于套利交易(也许是由于自己设置的头寸限制)。在这种情况下,套利"服务"的供应量就是一个阶梯函数,当定价偏差足以覆盖一类新的套利者的交易成本时,套利交易量就会有一个大幅的增加。这样一种按照递增的交易成本而排列的潜在套利者,被 Conrardy(1993)称为"队列"(the queue)。

美国。Yadav、Pope 和 Paudyal(1994)使用 1987 年 3 月份的标准·普尔 500数据来检查套利阈值。对于按照每 15 分钟、30 分钟和 60 分钟抽样的价格,他们的结论是阈值的确存在,并且这些阈值都比较小(比如 0.1%~0.3%),期货价格高估的情况下的绝对阈值要比低估情况下低(也许是由于期货价格低估套利时有卖空股票的成本的原因)。

Martens、Kofman 和 Vorst(1995)也检查了标准·普尔 500 期货定价偏差中类似的阈值效应。他们使用的是 1993 年中 7 个月的 1 分钟对数收益率数据,发现每个月都有 4 个阈值。借助 ECM 方法,他们发现有证据表明,当定价偏差接近于 0 时,定价偏差的均值回复会弱一些,也就是低于最小的正阈值,但是高于最小的负阈值。这与在此范围内缺乏套利也是相符的,较弱的均值回复也许是由于价格缺乏时效,就如 Miller、Muthuswamy 和 Whaley(1994)所提出的。

Dwyer、Locke 和 Yu(1996)使用了 1982~1990 年标准·普尔 500 的每分钟定价偏差,来检查由于套利活动的交易成本差异而引起的阈值效应。借助阈值

ECM 方法,他们发现在大约 0.13% 交易成本处发现有阈值效应。他们认为这与考虑了提前平仓期权收益的套利者所使用的阈值是相一致的。

　　英国。Pope 和 Yadav(1992)使用 1986~1988 年的金融时报 100 小时数据来检验了其阈值模型,发现大约有二三个阶梯(或者交易成本阈值)存在,范围从 0.1%~1.6%。因此他们接受了套利供应量是一个阶梯函数的假设。Yadav 和 Pope(1992c)的结果也支撑了这个结论,4.2.1 节对此进行过讨论。

5.6.4 交易所交易基金

　　由于提供了一个以较低的交易成本交易一揽子股票的方法,Park 和 Switzer(1995b)考察了 1990 年 3 月 9 日 TIPs 引入后产生的影响,见 2.11 节。他们发现 1990 年 3 月份以后 TSE 35 指数期货的交易量上升了,而 TSE 35 成分股的交易量却没有增加。期货和 TSE 35 成分股的交易量是用 TSE 300 成分股交易量(扣除 TSE 35 成分股)来平减调整的。这表明 TIPs 引入后,期货套利中更多地使用 TIPs 而不是成分股。对每日比例定价偏差进行的 GARCH 分析发现,比例定价偏差在 TIPs 引入后减小了,这再一次支持了 TIPs 会促进套利的观点。

　　20 世纪 90 年代早期 ETFs 的出现使交易标的篮子的股票变得更加快捷、便宜和方便。Switzer、Varson 和 Zghidi(2000)研究了 1990~1996 年间标准·普尔 500 期货和 Spiders(基于标准·普尔指数的 ETF)之间的套利。他们发现,1993 年 1 月 29 日 Spiders 的出现,使得定价偏差的程度有了一个较小的但是显著的下降。

　　1999 年 3 月 10 日,基于纳斯达克 100 指数的 ETF (成为 QQQ 或者 Qubes)开始交易。使用 1998~1999 年的交易数据,Kuron 和 Lasser(2002)发现 Qubes 引入后无套利边界被突破的程度和频率都下降了,这些套利机会消失的速度也比以前(比如小于两分钟)快了许多。这个结论并不能用价格波动或者期货交易量的改变来解释。

5.7 不考虑初始保证金

　　无套利条件的推导可以更加一般化,亦包含需要交纳初始保证金的情况。

如果保证金按照无风险利率赚取利息,那么推导出来的无套利条件不会改变。这在第三章 Lawrence Garfield 和 Scarlet O'Hara 进行套利交易的例子中已经阐述过。对于金融时报 100 指数期货,清算所会员可以选择存放很宽范围的金融资产来满足其初始保证金责任,而利息是由清算所支付给超过 5 万英镑的现金存款账户。在英国,私人投资者的经纪商一般并不对其保证金账户支付利息。不过,零售客户不大可能成为套利者。

5.8 不考虑连续复利

3.3 节中讨论的各种无套利条件的表示方法都考虑了复利增长,但是没有考虑连续复利。可以修正这些无套利条件表述方法,以考虑连续复利。如何修正将在本章的附录 A 有探讨,我们将表明引入连续复利将导出更加复杂的无套利条件。

真实世界的利率都是离散而不是连续报价的,因此,尽管使用连续复利的无套利条件在学术文献中是很平常的,但是在本书中我们使用 $F=(S-D)\times(1+r)$。

5.9 不考虑指数权重

第三章使用的套利论证是基于如下思想,持有与指数权重相同的指数成分股组合,那么该组合的价格必定在交割日收敛到股指期货的价格。这一点适用于按市值加权的指数,也适用于按股价平均的指数,但是不适用于等权重的指数。因此,尽管可以对市值加权指数,比如金融时报 100 和标准·普尔 500,或者股价加权指数,比如日经 225、道·琼斯工业平均指数和 MMI 指数,来构建一个不变的指数复制组合,但是却无法对等权重指数比如 VLA 来构建这样的组合。对等权重指数,如果要完全跟踪该指数,那么构建的套利组合必须连续进行再平衡,因为任何单个股票价格的变动都需要交易所有成分股来恢复等权重。这个要求会导致很高的交易成本,因为再平衡套利组合就要求进行许多交易,而且还会由于指数和再平衡前的套利组合有短暂的不匹配而导致跟踪风险。这也许可以解释为什么股指期货只曾经在一只等权重算术平均指数——VLA 上交易过。

5.10 不考虑算术平均指数

几何平均指数也无法构建不变的复制指数的组合。几何平均指数有一个特性,当组合中股票价格上升时它们会低估涨幅,而在股票价格下跌时会高估绝对跌幅,见 1.4.3.1 节。因此,无法用不变的股票组合来复制几何平均指数的变动。尽管绝大多数股指期货的标的指数都是算术平均指数(比如标准·普尔 500 指数、纽约证券交易所综合指数和金融时报 100 指数),但 1982~1988 年,几何平均指数 VLCI 期货曾经在堪萨斯交易所交易。从 1988 年 3 月 9 日开始,这个期货被价值线算术平均指数所代替,该指数是与 VLCI 指数所对应的算术平均版本。

Modest 和 Sundaresan(1983)曾经表明,几何平均指数的期货和算术平均指数的期货,其无套利条件是不相同的。如果没有交易成本,他们推导出了一个不等式 $F \leqslant (S-D) \times (1+r)$。因此,只能用这个条件来论证期货是高估的,而无法判断其是否低估,见图 5.2。这使得交易者很难识别几何平均指数期货价格低估时能否套利,这可能也导致了几何平均的 VLCI 期货被其算术平均指数期货替代。

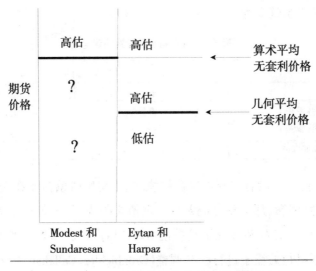

图 5.2　几何平均指数期货的无套利价格

Eytan 和 Harpaz(1986)对几何平均指数推导了一个同时涵盖低估和高估情形的无套利条件。如果算术平均指数期货的无套利条件可以写为 $F=Se^{(\pi-w)h}$（见本章附录 A），那么相对应的几何平均指数的无套利条件为 $F=Se^{(\pi-w+r)h}$，其中 π 是连续复利利率，ω 是连续红利收益率，h 是剩余年数。几何平均指数期货的无套利条件包含一个额外的项（γ），γ 是指数成分股瞬时收益率的方差均值（$\overline{\sigma^2}$）与指数瞬时收益率的方差（σ_e^2）之差的一半，也就是 $\gamma=(\overline{\sigma^2}-\sigma_e^2)/2$。$\gamma$ 必须是非负的，因而几何平均指数期货的无套利价格要低于对应的算术平均指数期货。图 5.2 阐明了这一点。尽管对于几何平均指数的期货也有了一个精确的无套利价格，但是它需要计算，这可能比较困难，而且也给套利带来了风险。

5.11 不考虑价格指数

几乎所有主要股指期货所基于的都是价格指数，因而是忽略了红利支付的。不过，Ibovespa 和 DAX 指数都是全收益指数，它们假设红利都立即再投资于相应的公司股票，因而会增加该公司在指数中的权重。只要套利者将收到的红利再投资，那么股票篮子和指数的价值将在交割日趋同。基于这种立即再投资的策略，可以为全收益指数推导出一个简单的无套利条件。该策略假设指数计算中红利的税率（1–x）%由套利者支付。令红利再投资在到期的总价值为 $D^{\ddagger}$，那么表格 3.1 就变为：

表 5.3   做多期货和股票的现金流

	时间	
	0	T
期货（多头）	0	$S_T+xD^{\ddagger}-F$
股票（多头）	–S	$S_T+xD^{\ddagger}$
现金流差异	S	–F

其中 S_T 代表在没有红利再投资的情况下，初始股票篮子在交割日的价值。要消除无风险利润，那么现金流差异的现值必须为零，也就是 $S=F/(1+r)$，因而全收益指数的无套利条件就是简单的 $S=F/(1+r)$，这和先前的无套利条件相同，但是不用对指数篮子进行红利调整（Grünbichler、Callahan，1994）。如果期货价格低估了，那么这个无套利条件不仅意味着可以卖空一篮子指数成分股，还暗含着一个稍有不同的套利策略。套利者要支付红利给股票买方，扣除假设的

套利者税负$(1-x)$%，也就是在 0 时刻，要支付 xD，这里 D 是指数股票篮子红利的现值。套利者在 0 时刻还要卖空这么多金额的股票，也就是，套利者在 0 时刻收到 xD，在交割日支付 $D^{\ddagger}$。

如果套利者支付的红利税率与指数计算中使用的税率有差异，那么无套利条件中又会出现红利。比如，如果指数计算中假设的是$(1-x)$%的红利税率，而套利者支付的是$(1-y)$%，那么上述无套利条件就要改写为 $F=S(1+r)+(x-y)D^{\ddagger}$。由于 $D^{\ddagger}$ 依赖于红利再投资能取得的收益率，因此它并不确定，因此该策略并非是无风险的，也不适合于套利。如果套利者只把 x% 的股票红利用于再投资，其余部分投资于无风险利率，那么无风险的无套利条件为 $F=(S+(x-y)D)\times(1+r)$。注意到该无套利条件只涉及 D，而不是 $D^{\ddagger}$。当期货价格低估时，假设套利者收到股票购买者支付的红利金额$(1-y)$%的税负。

举例：Shiremoor 基金的经理 Hannibal Lecter 博士，决定对 PAX 指数期货进行套利交易。PAX 是算术平均市值加权的全收益指数，它仅包含两只股票——Eltham 和 Feltham。1995 年 12 月 28 日 PAX 指数为 100 点，Eltham 和 Feltham 的价格和发行量分别为 100 便士和 4,000 万股，以及 200 便士和 3,000 万股。PAX 指数期货的乘数为 100 英镑，并且自从前一次调整权重以反映红利的影响后，两家公司都还没有宣布要派发红利。因此，2005 年 12 月 28 日的指数权重为：Eltham $(40\times100)/(40\times100+30\times200)=0.4$；Feltham $(30\times200)/(40\times100+30\times200)=0.6$；而指数篮子的价值为 $100\times100=10,000$ 英镑。Hannibal 按每张 10,100 英镑的价格卖出了 10 张 2006 年 3 月份的 PAX 期货合约，同时买入了 10 个指数股票篮子：$(0.4\times10,000$ 英镑$)/100$ 便士$=4,000$ 股 Eltham，$(0.6\times10,000$ 英镑$)/200$ 便士$=3,000$ 股 Feltham。PAX 合约的交割日为 2006 年 3 月 16 日。

2006 年 1 月 Eltham 宣布将每股派发 5 便士红利，支付日为 2006 年 3 月 1 日，股票将在 1 月 5 日除息。2006 年 2 月 Feltham 宣布将每股派发 15 便士红利，支付日为 2006 年 4 月 1 日，股票将在 2 月 9 日除息。PAX 指数的计算规则假定红利现值（扣除 36% 的红利税）将在股票除息日进行再投资。Hannibal 对于 Eltham 和 Feltham 公司的红利可以免税。在此期间的日无风险利率是 0.026%（按日进行复利）。

1 月 5 日 Eltham 股票红利扣税后的现值为 0.64 $(4,000\times5$ 便士$/1.00026^{55})=$

126.18 英镑。由于这一天 Eltham 的股价为 126 便士,因此指数股票篮子便又加入了 100 股 Eltham 股票。1 月 5 日,Hannibal 不但购买了 100 股 Eltham 股票,他还将由于免税而得到的红利税进行投资,按照无风险利率投资 70 天,每个指数篮子将在交割日得到 $70.98\times1.00026^{70}=72.28$ 英镑。2 月 9 日 Feltham 股票红利扣税后的现值为 0.64(3,000×15 便士/1.00026^{51})=284.21 英镑。该日 Feltham 股价为 284 便士,因而指数篮子中 Feltham 股票数量增加了 100 股。2 月 9 日 Hannibal 每指数篮子投资了 100 股。他还将免缴的红利税部分按照无风险利率投资 35 天,每个指数篮子将在交割日产生 $159.87\times1.00026^{35}=161.33$ 英镑。

在交割日 Eltham 股价为 130 便士,Feltham 股价为 300 便士。因此 PAX 指数的价值为(4,100×130 便士+3,100×300 便士)/100 英镑=(5,330 英镑+9,300 英镑)/100 英镑=146.3 点。Hannibal 在每张合约上的套利利润为:

每个指数股票篮子的总利润(£14,630–£10,000)	£4,630.00
投资于股票的资金利息(£10,000×1.00026^{78})	–£204.80
每张期货合约损失(£10,100 –£14,630)	–£4,530.00
交割日免税部分价值(£72.28+£161.33)	£233.61
交割日每张合约的套利利润	£128.81

这个套利利润可以用无套利公式来进行检验。由于 F=(S–0.36D)×(1+r),则 12 月 28 日每张合约的套利利润为 0.36D +F/(1+r) –S。D 值为 $200/1.00026^{63}+450/1.00026^{94}=635.89$ 英镑,因而 12 月 28 日每张合约的套利利润为 $0.36\times635.89+10,100/1.00026^{78}-10,000=126.22$ 英镑。该利润在交割日的价值为 $126.22\times1.00026^{78}=128.81$ 英镑。

5.12 不考虑当前价格

很多市场的指数是用每个成分股的最新成交价格来计算的。不过,这可能并非是股票即刻交易可以成交的价格。显而易见,套利者关心的是他现在可以交易的价格,而不是历史价格。如果指数是按照缺乏时效的价格来计算的,那么很可能期货价格看上去违反了无套利条件,但是如果用当前价格来计算指数的话,却仍在无套利条件范围内。这个问题在实证检验无套利条件时相当重要,许多研究者曾努力对其影响进行处理。即使指数是按照中间报价来计算的，在计算和发布指数时以及做市商调整其报价前，还是可能存在短暂的滞后。因此，英国的定价偏差可能部分是由这样的滞后造成的。当然也有可能是交易滞后的问题，这将作为同步交易假设的一部分在 5.15 节进行讨论。

5.13 不考虑卖空

当 $F<(S-D)\times(1+r)$ 时套利需要卖空指数中的所有成分股。英国允许在股价下跌后进行卖空，英格兰银行（1988）。这里需要在卖空股票和借股票之间进行区分。在英国任何交易者都可以卖出他们当前并不拥有的股票，不过他们需要在几天后将股票还给买主。为履行其责任，卖空者可以用现金买入股票来交割，并同时在一个新的结算期限上卖空股票（称为"反转现金并更新"策略 [reverse cash and new]，伦敦股票交易所，1994b），或者直接借入股票，来实现空头头寸的滚动操作。否则，卖空者可能无法在预定日期交还股票（伦敦股票交易所，1994b）。由于反转现金并更新的方法会产生可观的交易成本，如果投资者要长时间持有空头头寸，那么只有靠借入股票的方式来实现。

许多国家不允许卖空（挪威 [Bradbery，1992]，新加坡 [伦敦股票交易所，1994b]，80 年代中期之前的澳大利亚 [Bowers 和 Twite，1985]，1991 年 8 月之前的瑞典以及 1996 年 9 月 30 日之前的马来西亚），在中国香港地区还曾经是一项犯罪行为（Yau、Schneeweis 和 Yung，1990）。在芬兰，直到 1995 年 5 月 22 日之前，还没有关于卖空的制度框架，因而在此之前实际操作中都无法卖空（Puttonen，1993b）。在德国，银行被禁止向客户出借股票以卖空，这使得卖空较为困难（Grünbichler、Callahan，1994）。

在美国，股票只有在最新价格是上涨（报升）的情况下才能被卖空。而一个指数中的所有成分股不大可能都满足这一条件，特别是包含成分股数量较多的指数，比如标准·普尔 500、VLA 以及纽约证券交易所综合指数等。对于这些指数，通常不大可能对其进行卖空。不过，如果套利者已经持有了那些无法被卖空的成分股，就可以用卖掉部分或者全部已经持有的多头头寸来代替卖空股票，这就将需要卖空股票的套利交易的参与者限制为那些已经持有许多指数成分股的投资者，比如大型做市商或者机构投资者。如果标的资产无法卖空或者套利者并不持有可供卖出的股票，那么在期货价格相对低估的情形下套利就变得不可能,而其无套利条件变为 $F \leq (S-D) \times (1+r)$。某些套利者可能只准备卖空一部分指数成分股,尽管这可以克服诸如美国市场提价交易规则的限制,但是套利组合的表现就无法保证完全复制指数,因而套利就不再是无风险的。

在美国,可以通过提交价格敏感指令来克服提价交易规则的限制,以实现卖空。不过,这些指令的执行时间较长。因此,定价偏差必须要足够大才能弥补执行风险,Sofianos(1993)对 1990 年上半年标准·普尔 500 的 1,442 对指数套利交易的研究发现确实存在这种情况。对价格敏感的卖出指令,预期的套利利润为 38.3 个指数基点,而所有套利交易的平均预期利润为损失 5.6 个指数基点,也就是低了 43.9 个指数基点。

1987 年股灾后,纽约证券交易所在 1990 年 8 月 1 日修改了规则 80a。当道·琼斯工业平均股价指数下跌(上涨)超过 50 点时,指数套利交易就要受到限制,只有在最新的价格变动是上涨(下跌)时才能卖出(买入)股票(不光是卖空)。这个规则事实上是在市场大幅波动时切断了现货市场和期货市场的联系。Miller(1992)的报告指出,当规则 80a 起作用的时候,套利交易量会下降超过 1/3。1991 年一份纽约证券交易所的报告,曾被 Santoni 和 Liu(1993)引用,发现当规则 80a 被触发的时候,套利指令的执行时间就从 1.5 分钟增加到了 30 分钟,这使得套利交易的执行风险大大增加了。不过,没有证据表明这个因素会导致现货和期货价格之间脱离联系。更多有关规则 80a 修改后的运行情况的实证证据将在 11.3.3 节进行探讨。

1994 年 7 月 18 日前,英国有一种股票交易账户的系统,每个账户都会持续两个(偶尔三个)星期。一个账户期间的交易都会在同一天结算:账户结束后的第二个星期一。这意味着在一个股票交易账户的任何期限卖空股票都不需要借入股票。因此,在股票交易账户中对价格低估的期货进行套利(这需要卖空股票)是可行的,因为它对通常情况下无法卖空的投资者包含了一个交割日。这为检验存在卖空困难时候的套利效果提供了一种可能。

Pope 和 Yadav(1994)考察了 1986~1990 年金融时报 100 指数的每小时数据。他们对包含交割日的股票交易账户中的近月合约、同期的次近月合约、前一股票交易账户的近月合约的平均定价偏差进行了比较。他们发现,包含合约交割日的股票交易账户总的比例定价偏差明显要比不包含交割日的大很多。这个结果强烈支持了一个假设,在包含交割日的股票交易账户中,近月合约的低估情况(也就是负的定价偏差)减少了。这意味着,卖空困难就会容许更大的价格低估存在,从而导致无套利边界扩大了。Pope 和 Yadav(1994)还对在期限为三个星期的股票交易账户开始时进行卖空比其他时候更有吸引力的假设进行了考察,他们发现期限为三个星期的股票交易账户的头五天的平均定价偏差显著要比其他时候大。这与在此期间更容易对低估的期货进行套利的观点是相符的,因而会增加平均的定价偏差。1994 年 7 月 18 日,英国清算方式改成了 T+10 的滚动清算,1995 年 6 月 26 日,对机构投资者的清算时间缩短到 T+5,在 2001 年 2 月 5 日又缩短到 T+3;由于无法借入股票,在英国卖空变得更为困难了,这应该会导致平均定价偏差的下降。

对只有大投资者才能借入股票的问题,一个可行的方法是,投资者可以在 OTC 市场建立"差价合约"(contract for differences)空头头寸,以作为卖空指数篮子的替代,见 2.10 节。可以利用期权和债券来复制卖空股票的头寸,这可以通过卖出一个看涨期权,买入一个看跌期权,这两个期权需要有相同的标的股票、相同的到期日和相同的行权价,并借入等于行权价现值的资金来实现。这些交易会产生一个等于当前股价的现金流入,在到期日这需要支付等于那时股票市场价的现金。这个结果假设交易者可以按无风险利率借入资金,所涉及的期权要合理定价并且所考虑股票有流动性良好的看跌和看涨期权市场(Euronext-Liffe 并不交易所有金融时报 100 指数的成分股)。这个复制卖空头寸的方法会产生两笔交易期权的交易成本和一笔借入资金的成本。

1994 年 1 月,香港股票交易所的会员被允许对恒生指数 33 只成分股中的 17 只进行卖空;1996 年 3 月则将卖空股票范围扩大到了交易所上市的所有股票,并且废除了提价交易规则。Fung 和 Draper(1999)发现,对卖空限制的逐渐消除降低了定价偏差,并且加速了市场调整时间,特别是价格低估的时候,并且,套利机会大大消失了。

5.14 不考虑卖空所得

无套利条件的推导过程假设所有卖空股票的收入都可以立即交给卖主,但是实际中并非如此。一些(比如一半)卖空收入可能会被延迟支付,直到卖主完成了他一方的交易,并且交割了相关股票。涉及购买股票的套利不会受影响,因而无套利条件 $F \geq (S-D) \times (1+r)$ 仍然满足。不过,涉及卖空股票的套利交

易(也就是当 F<[S-D]×[1+r]时)要发生改变,Brenner、Subrahmanyam 和 Uno
(1990a)。如果只有比例为 f 的卖空所得被立即支付,余下的在期货合约交割
日支付,那么涉及卖空股票的套利的现金流终值减少到 S(1+rf)-D(1+r),并且
无套利条件变成了无套利区间 S(1+rf)-D(1+r)≤F≤(S-D)(1+r)。这个区间
的宽度为 Sr(1-f),因此它会随着现货价格上涨而变宽,如图 5.3 所示。

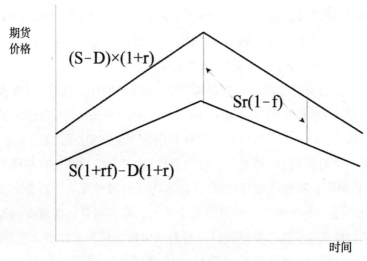

图 5.3   延迟支付卖空所得的无套利区间

举例:金融时报 100 指数的当前数值为 4,400 点,而 1 张 6 个月后交割的
金融时报 100 指数期货的当前价格为 44,150 英镑。指数中成分股在未来 6 个
月内的红利的现值为 1,000 英镑,未来 6 个月的无风险利率为 5%,因此该期
货的无套利价格为(S-D)×(1+r)=(4,400×10-1,000)×1.05=45,150 英镑,所以
期货目前低估 1,000 英镑。Lee Winters、Corbridge 基金的经理,正考虑进行指
数套利,但是她发现卖空股票后最初只能收到一半的卖空所得,也就是 f=0.5,
这种情况下她的无套利期货价格为 S (1+rf)-D (1+r)=(4,400×10×1.025)-(1,000×
1.05)=44,050 英镑。由于当前期货价格要比它高出 100 英镑,因此对 Lee 来说
不存在套利机会,尽管当前期货价格要比无套利价格低 1,000 英镑。

美国。Modest 和 Sundaresan(1983)考察了 1982 年标准·普尔 500 指数期货
的数据,他们对卖空所得比例变动(可使用 0、50% 或 100%)的影响进行了研
究。他们发现,如果套利者无法收到超过一半的卖空所得,那么就不存在套利

机会;如果他们可以立即收到所有卖空所得,那么存在套利机会。这个结果意味着在无套利条件中考虑延迟支付卖空所得可能更为恰当。

5.15 同步交易

前面曾经假设,套利机会出现时可以立刻对股指期货和对应的股票篮子同时进行交易。该假设可能无法成立,有两个原因:交易时滞(trading lag)和交易无法进行(trading impossibility)。

5.15.1 交易时滞

交易 100 只以上成分股的股票篮子可能需要花费点时间（也就是存在交易时滞）,而在这段时间内股票价格可能会偏离开启套利交易以及建立期货头寸时的价格,也就是存在执行风险(execution risk)。Daigler(1993a,第 195 页)和 Daigler(1993b,第 110 页)指出,一些经纪商提供以保证价格获得股票组合的服务,从而可消除执行风险,代价是付出更高的佣金。Vila(1993)认为执行风险使得指数套利是有风险的,这会降低此类套利的金额。当股票市场欠缺流动性时,执行风险将上升,因而指数套利活动在流动性欠缺时异常低落。Vila(1993)还指出,一旦套利变得有风险,那么 1 比 1 构建的现货和期货套利头寸将不再是最恰当的套利策略。此时套利就变得等同于风险套期保值（见第 9 章）,期货头寸价值要比现货头寸稍微小一点。

在建立套利头寸时,套利者也许会故意先建立一条腿,也就是分两次进入套利,见 BoBS(3.41 和 3.65 节,1995)。如果预期被推迟建立的另一条腿的短期价格会发生有利变动时可以这样做, 不过这种交易与投机无异。Sofianos(1993)对建立标准·普尔 500 指数套利头寸时,现货和期货头寸在不同时间提交订单的差异进行了研究。使用 1990 年上半年的 1,442 个头寸的数据,他发现 63% 的订单是同时(也就是在同一分钟内)提交的。这些套利头寸中有 22%建立期货头寸的订单要比建立现货头寸的早提交, 剩下 15% 的套利头寸则情况相反。分两次进入套利头寸的整体盈利大致为 0。

Neal(1995)发现,在 1989 年的前三个月,纽约证券交易所 81% 的套利交易都是同时提交订单的,有 16% 的情形是先建立期货头寸,有 3% 的情形是先建立股票头寸。Neal(1995)认为,期货头寸可能更早建立,因为期货价格比现货价格的波动性更大(见 12.1.1 节),因而套利者对锁定期货价格更为重视。

5.15.2 交易无法进行

可能无法同时在现货和期货市场建立套利头寸的另一个原因在于,可能两个市场中只有一个开市交易。在这种情况下无套利价格是不确定的,因此套利交易无法进行。一个相关联的问题是,许多实证研究都使用收盘价,如果现货市场和期货市场收盘时间不同,那么现货市场和期货市场的收盘价就无法直接比较,并且这两者也不必服从无套利条件。最后,有可能现货市场或期货市场要受制于价格限制或停板制度,这也使得套利交易无法进行(见 11.3 节)。

5.16 不考虑交割价格风险

由于股指期货都采用现金交割,无风险套利要求,如果对股票建立了多头(空头)头寸,那么必须在交割日按照对应股指期货的交割价把股票卖出(买回), 此交割价就是第 3 章中 Annie Hall、Lawrence Garfield、Montgomery Brewster 和 Scarlet O'Hara 的例子中的 z。只要这等于套利所用期货的交割价,那么套利利润就与最终卖出(买回)股票的具体价格无关。因此,套利活动会在决定交割价格的短短几分钟内,不管多少价格,将非常大量的股票卖出或者买回,这被认为会对股票市场造成潜在的不稳定。如果有其他金融工具也在同一时间到期的话,那么这个影响将会放大。例如,1987 年前,美国每年都会有 4次"三重巫时刻"。标准·普尔 500 指数期货、标准·普尔 500 指数期权、标准·普尔 500 指数期货的期权以及一些个股期权会在这些时刻同时到期。由于被认为会增加市场波动性,1987 年 6 月对到期时间进行了调整,以避免这种三重巫时刻,Stoll 和 Whaley (1991), 见 12.4.2 节对三重巫时刻和到期日波动性的进一步探讨。

对金融时报 100,套利者无法保证他们能够按照期货交割价格来交易指数股票篮子,这是因为其 EDSP 是 20 分钟指数平均价。对 ISEQ 期货这个问题更加明显。ISEQ 的 EDSP 是用指数 7 个价格的简单平均来计算的,这 7 个价格是:倒数第二个交易日的四个价格和最后一个交易日 10 点 30 分、12 点30 分和下午 4 点 30 分的价格。因此,EDSP 是两天价格的平均,这会使得交割价格存在相当大的风险,除非套利者在每个对应时刻将其 1/7 的指数篮子平仓。对于其他股指期货也存在类似问题。

实践当中，至少在英国，交割风险是比较小的。首先，正如 3.6 节报告的，Yadav 和 Pope（1994）发现，他们的模拟套利头寸中有 97% 的都是提前平仓的，因而绝大多数情况下不存在交割风险。其次，Yadav 和 Pope（1994）估计出，上午 11 点到中午 12 点之间的金融时报 100 指数 10 分钟间隔的方差为 0.05%，这非常小。最后，任何没有提前平仓又想避免交割风险的套利者，可以付款给做市商以按照 EDSP 来结清头寸（Yadav、Pope，1994）。

5.17 不考虑指数调整

在套利交易存续期间，指数计算方法有可能发生改变，比如指数成分股本身进行了调整，指数计算机理发生了改变，或者指数计算中的成分股权重被修改了。金融时报 100 指数成分股有稳定不断的删减和增补。比如，在 1987、1988 和 1989 三年间，金融时报 100 指数成分股发生了 34 次调整（Robertson，1990）。在 1973~1983 年的 11 年间，标准·普尔 500 指数成分股发生了 228 次变动（Harris、Gurel，1986），不过在 1980~1989 年的 10 年间，日经 225 指数的成分股只发生了 8 次变动。在 1929~1988 年的 70 年间，道·琼斯工业平均指数仅发生了 37 次变动（Beneish、Gardner，1995）。

有时指数计算的细节会发生微小的变动。如果在套利交易存续期内指数的定义发生了变动，那么必须对股票组合（多头或空头）及时调整以反映新定义的指数。否则，套利就不再是无风险的。

举例：考虑一个指数，它包含一百家英国大型上市公司。在 7 月 1 日，该股指期货的价格有相当多的高估，Cramlington 基金的经理 Mary Poppins，卖出了 1 张股指期货，并花费 60,000 英镑，按计算指数的相同比例购买了一篮子的该指数成分股。如果指数计算方法直到交割日都不改变，Mary 在交割日之前就无须做任何事情。不过，三个月后英国政府将电话业进行了私有化，新上市公司英国电信将被纳入指数，权重为 0.10。与此同时，权重为 0.005 的 Metal Bashers 有限公司被剔除出指数，以保持指数成分股个数为 100。因此，其他 99 个成分股的平均权重从原来的 1.005% 下降到了 0.909%。为了保持套利无风险，Mary 需要立刻卖掉她持有的 Metal Bashers 有限公司股票，买入英国电信股票直到占她组合比重的 10%，并卖出部分她持有的其他 99 只股票，以将这些股票在其组合中的平均权重降低至 0.909%。

DAX 指数是全收益指数,它假设红利被再投资于公司股票,因而会增加指数中该公司的权重,这需要在每次红利发放后对套利组合进行再平衡。另外,每年 9 月份合约到期后,所有 DAX 指数成分股权重会重新分配,以消除前一年所有红利发放的影响,这需要对套利组合进行一次比较大的再平衡。

5.18 资产完美可分

为了使所构建套利交易中的期货数量正好与指数股票篮子相抵消,必须可以持有分数数量的股票或期货,而这是不可能的。如果每个期货合约的名义本金都比较小,并且套利交易总价值非常大,那么这个不可分割问题会小很多。

举例: Sarah J Connor 是 Cullercoats 银行的职员,他正考虑对大型 VL 指数期货或者小型 VL 指数期货进行套利交易。VL 指数的大型期货目前价格为 65,000 英镑,而按照定义,VL 指数的小型期货价格是大型 VL 价格的 1/5,也就是 13,000 英镑。1 张大型 VL 期货合约对应股票篮子的当前价值为 60,000 英镑,对小型 VL 就是 12,000 英镑。VL 指数中有 1,000 家公司,每个公司的当前股价都是 2.75 英镑。Sarah J Connor 可以进行套利交易的单笔价值最多是 10,500 英镑或 500 万英镑。对 Sarah J Connor 而言有 4 种套利可能组合,包括:(a)大型 VL 指数和 500 万英镑;(b)大型 VL 指数和 105,000 英镑;(c)小型 VL 指数和 500 万英镑;(d)小型 VL 指数和 105,000 英镑。表 5.4 对此进行了总结。

表 5.4 的最后一行表明了在套利交易中,由于不可分割性而造成的期货和股票价值不平衡的程度。可以看到,这些不平衡性都相当小,在实践当中资产的不可分割性也不是什么大问题,不过这的确意味着完全无风险的套利交易是不可能的,交易整数股(比如 100 股)股票的交易成本可能比交易零股的成本要低。在上面的例子中没有考虑这个问题,但在对包含很多股票的指数进行套利时,这会增加其成本。多伦多 35 指数使用修正的市值权重,以使为构建套利组合所需要的每个公司的股票数量都要舍入到最近的百位数。由于不再需要交易零股,这降低了对该指数进行套利的成本。最初要求实物交割的大阪 50 指数期货,通常如同其标的资产一样,包含指数中 50 个公司中每一个的 1,000 股股票(Millers,1992)。这方便了股指期货进行实物交割,但是使得每张合约价值达到约 250,000 英镑。

表 5.4　资产不可分影响的例子

	a	b	c	d
合意的合约数量	83.3	1.75	416.7	8.7
实际交易合约数量	83	1	416	8
每张合约合意的总股票数量	1,810.90	21.8	1,815.30	34.9
实际交易的每张合约股票数量	1,811	22	1,815	35
由于舍入误差而少花费(千英镑)	20	45	8	9
套利不平衡(英镑)	250	500	750	250

5.19 不考虑冲击效应

这个假设是,资产价格不会受单笔套利交易的影响。主要股指期货市场和标的指数成分股的市场通常都是具有高度流动性的,因此,除了极大的套利交易外,几乎不会导致价格的不利变动。Harris、Sofianos 和 Shapiro(1994)估计出,1989 和 1990 年纽约证券交易所的指数套利程序化交易对股价的影响仅为0.03%。不过,加总的套利活动必须要足够大,以便使股票价格和基于这些股票的股指期货的价格形成某个均衡关系。鉴于其他假设,套利是无风险的,不需要资金,因而可以任意规模。所以,这一要求应该满足。

5.20 不考虑股票交割滞后

由于清算滞后,股票购买者通常收到短期的无息贷款。在某些市场,比如英国或者法国,这段时间可能总计要达到 3 到 4 个星期。这笔延迟的现金流会改变涉及购买股票的套利交易的净现值,可以把用于现货价格的无风险利率从 r 减小到 rg,以表示清算滞后的影响,而购买股票卖出期货的无套利边界变为 $F \leqslant [S(1+rg)-D(1+r)]$。如果在收到卖空股票的收入时也存在延迟(见 5.14节),假设 $f \leqslant g$,完整的无套利边界变为$[S(1+rf)-D(1+r)] \leqslant F \leqslant [S(1+rg)-D(1+r)]$。上边界和下边界的差异为 $Sr(g-f)$,因此无套利边界的宽度将随着 S 增加而增大。注意到该套利边界位于以 $F=(S-D)\times(1+r)$ 计算的无套利价格的下方,距离为 $Sr(1-g)$,见图 5.4。Liffe(1991)提供了一个计算机电子表格,用于计算金融时报欧洲股票价格 100 的无套利期货价格,它可以方便地考虑清算滞后的影响,Yadav 和 Pope（1992a,1994）、Pope 和 Yadav（1994）则在计算金融时报100 无套利价格时考虑了清算滞后。

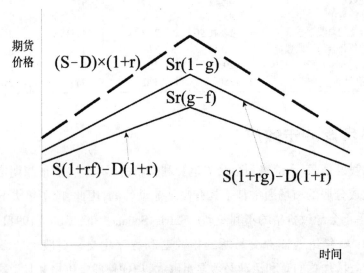

图 5.4   清算滞后和卖空收入滞后

5.21 清仓时收到资本收益或损失

第 3 章对无套利条件的推导过程依赖于股票头寸上的资本收益或损失在清仓时支付的假设（期货头寸上的利润或损失的支付用逐日盯市来处理）。这个假设对股票多头头寸来说通常可以满足,但是对空头头寸来说,其潜在损失是无限的,因此如果指数出现飙升,那么卖空者可能需要在交割日前投入额外资金。比如在英国,借入股票的做市商必须立即按所借入股票的市场价值(加上大约5%的保证金)支付给安排股票借贷的中介。借入股票的价值将每天重新估价,并且对资金做出调整,以使得所出借股票的价值和已经支付的资金相等(伦敦股票交易所,1994a)。因此在英国,当出现损失或利润时,借入方要支付损失,也会收到利润。必须对该现金流(股票实际支付的变动保证金)进行融资(或投资),从而改变套利交易的净现值。

5.22 不考虑违约风险

如果某人交易期货合约时担心对方不能履行合约,那他们将要求一个违约风险溢价(Bailey、Ng,1991)。如果该交易者准备建立多头头寸,那么这会降低合约价格,而如果交易者要的是空头头寸,这会提升其价格。因此,正如交易成本的存在会使无套利的买价和卖价之间产生缺口,违约风险也是类似的。如果 Ψ 是违约溢价,那么无套利条件变成一个无套利边界:$(S-D)(1+r)-\Psi \leqslant F \leqslant (S-D)(1+r)+\Psi$。仅有的几个违约事件中, 有一个发生在 1994 年 10 月 5 日,由于客户无法偿还对清算所的 213 亿卢布的债务,莫斯科交易委员会宣布破产。交易委员会为莫斯科中央股票交易所承担清算,后者进行外汇期货的交易。另一起违约事件发生在 1983 年,在所有会员都对棕榈油合约违约后,吉隆坡清算所宣布破产 (Gemmill,1994)。尽管期货市场的监管体系总体上能阻止违约事件发生,但是违约概率仍然在很低的(并且变动的)程度上存在着。对在信誉良好、监管完善的交易所交易的期货而言,在无套利条件中忽略违约溢价几乎没有什么影响。

5.23 股票和合约乘数使用相同货币

合约乘数必须与标的股票使用同一种货币,否则,套利就会带来少量的汇率风险,见 11.11 节。

5.24 表决权及其他权利的价值为零

持有股指期货的多头头寸可以使交易者参与指数中股票价格的变动。不过,他或她并没拥有任何股票,因而也不会收到红利,也不能参与投票表决。没有红利的影响已经在无套利条件中反映出来, 但是缺少表决权的影响并没加以考虑。如果交易者只拥有小比例有表决权的股票,那么失去表决权的损失可能无足轻重;但是随着交易者持有公司股份上升, 表决权就会开始变得有价值。由于股票指数中包含的都是比较大的公司(并且公司越小权重越低),忽略表决权的价值并不会有重要影响,不过 VLA 指数也许是个例外,它是由 1,700 家公司等权重构成的指数。持有股票还会得到各种好处,比如得到年报和账目的复印本,可以按一定费用借出股票给那些希望卖空的人,参加年度股东大会并且发言、提出动议的权利,公司产品的股东折扣等。这些权利的价值都没有包含在无套利条件内。

5.25 不良投资

通过购买股指期货,套利者可以间接地投资于指数中的所有成分股。机构投资者(比如养老基金、投资信托和保险公司)的客户(或潜在客户)也许对指数中的某些成分股在道德层面上有所反对。这类客户有可能对通过股指期货间接持有这些股票并不在意(Martin,1988;Luskin,1987,第343~344页)。股指期货这种可能的好处(尽管可能很小)在无套利条件中被忽略了。

5.26 不考虑贮存成本

除了融资成本,这已经包含在无套利条件中,还需要假设标的资产(也就是构成指数的股票)可以无成本地贮存,并且贮存时没有折旧。尽管这对于许多商品期货(比如比如牲畜或冰冻浓缩橙汁)来说可能是很严格的假设,但是对股票而言是很合理的假设。因此,没有必要在无套利条件中包含这类持有成本。

5.27 指数独立性

期货价格的无套利条件的推导过程假设指数值是给定的。Hemler 和 Longstaff(1991)放宽了这个假设,他们构建了一个一般均衡模型,其中指数、指数收益的波动率、股指期货的价格和(随机的)无风险利率都是同时被决定的。这个连续时间模型发现,股指期货的价格依赖于指数收益的波动率,以及现货价格、红利收益率、无风险利率和剩余期限。该一般均衡模型的含义之一在于,由于无法确定远期价格和期货价格关系的方向,而在随机利率基础上加入市场波动率来做额外解释,见 5.3 节的讨论。

Hemler 和 Longstaff 用他们的一般均衡模型导出了许多与无套利条件不同的实证预测。他们用 1983~1987 年纽约证券交易所综合指数的月数据,对这些预测进行了检验。他们拟合了一个回归方程 $L_t=\alpha+\beta r_t+\gamma V_t+\varepsilon_t$,其中 $L_t=\ln[(F_t+D)/S_t]$,V_t 是指数波动率,r_t 是无风险利率,α、β_t、γ 是参数,ε_t 是扰动项。无套利

模型预测 $\alpha=\gamma=0,\beta=\tau$(这里 τ 是合约的期限,以年为单位来衡量),但是一般均衡模型预测 $\beta>\gamma,\beta>0,\beta>\tau,\gamma\neq0$ 并且 $\alpha\neq0$。他们的实证研究结果大部分支持一般均衡模型的预测而不是无套利模型的预测。因此,α 和 γ 显著不等于0,而 $\beta>\tau$。在股指期货定价方程中加入股票市场波动率可能是为了对无套利价格会有明显的定价偏差进行说明,特别是当市场易变时,此时一般均衡模型不会暗示有定价偏差。为了检验这种可能性,Hemler 和 Longstaff 对两种模型都计算了 1986 年 1 月~1987 年 11 月的定价偏差,并对结果进行了比较。当包含1987 年 10 月份的数据时,一般均衡模型产生的定价偏差较小,这与考虑市场波动率的需要是相符的。不过,当去掉 1987 年 10 月份的观测值时,结论发生了改变,这意味着,除了在高度波动的期间,无套利模型还是更好一些。

Gay 和 Jung(1999)对 KOSPI 指数日数据的研究以及 Brailsford 和 Cusack(1997)对个股期货的研究都使用了 Hemler 和 Longstaff 的模型。在这两个研究中,Hemler 和 Longstaff 模型都显示了合理的解释能力,不过并不优于持有成本模型。

5.28 结论

在对构成无套利条件基础的假设进行考察的过程中发现,这些假设对绝大多数现有的股指期货都是令人信服的,或者说对这些假设的偏离在实证上几乎没有什么后果。对其余假设,则存在将无套利条件一般化的可能性。因此可以得出结论,没有任何无效假设不能用更一般的无套利条件来进行放宽。不过,尽管无套利条件的假设可能对绝大多数现有股指期货是合理的,但是对其他期货未必如此,比如还未上市的股指期货。

附录 A:连续复利的无套利条件

假设将 100 英镑按 10%的年利率进行投资。如果利率是按年复合的,那么年末可以得到 110 英镑;而如果利率是连续复合的,那么结果是 $100e^{0.10}=110.52$ 英镑。如果 η 是年无风险利率,r 是现在到交割日的无风险利率,h 是剩余年数,连续复合的年利率为 π,那么 $\pi=\ln(1+\eta)$ 或者 $\pi=\ln(1+r)/h$。无套利条件变为 F=(S-D)e^{πh},其中 S 是现货价格,D 是红利现值。Hull(2005)曾提出这样一个公式,为保持一致性,必须在计算红利流的现值时也进行连续复合。于是

$$D=\sum_{i=0}^{T}(d_i{}^+e^{-\pi(i/365)})$$

其中 $d_i{}^+$ 代表 i 日收到的红利。

A5.1 红利终值

一些作者,比如 Brennan 和 Schwarz(1990),Brenner、Subrahmanyam 和 Uno (1989a,1989b,1990b),Chan 和 Chung (1993),Chance (1991),CBOT(1990), Cornell (1985a),Cornell 和 French (1983a),Chung、Kang 和 Rhee(1994b),Lim (1992a,1992b)以及 Stoll 和 Whaley(1993),使用的是红利流在 T 时刻而不是 0 时刻的价值,也就是 $D^*=De^{\pi h}$。这种情况下无套利条件变为 $F=Se^{\pi h}-D^*$。

举例:这里将使用第 3 章的 Gordon Gekko 的例子来说明该无套利条件。在 1 月 1 日对应于 1 单位 Bull 指数的股票现货价格为 50,000 英镑, 在 6 月 30 日前持有这些股票所能收到的红利在这一天的的现值为 971.40 英镑。从 1 月 1 日到 6 月 30 日这 6 个月的无风险利率为 4.897%, 而年无风险利率为 10.034%。因此,连续复合的年无风险利率(π)为 $\pi=\ln(1+\eta)=\ln(1+0.10034)=$ 0.095619 (或者 $\pi=\ln(1+r)/h=\ln(1.04897)/0.5=0.095619$),$D^*=De^{\pi h}=971.40\times$ 1.0489708=1,018.97 英镑。由于 $e^{\pi h}=e^{0.095619/2}=1.0489708$, 无套利期货价格为 F= $Se^{\pi h}-D^*=50,000\times1.0489708-1018.97=51,430$ 英镑。如果用公式(S-D)(1+r) 也能得到同样的结果。

A5.2 连续红利

许多作者使用另一种方法来指定无套利条件,比如 Bailey(1989)、Bhatt 和 Cakici(1990),Billingsley 和 Chance(1988),Cakici 和 Chatterjee(1991),Canina 和 Figlewski(1995),CBOT(1990),Cornell 和 French(1983a),Daigler(1993a,第 181 页,1993b,第 94 页),Dwyer、Locke 和 Yu(1996),Hull(2005),Johnson 和 Giaccotto (1995),MacKinlay 和 Ramaswamy (1988),Stoll 和 Whaley(1990b, 1993),Strong(1994),Tang(1990),Tse(1995),Vaidyanathan 和 Krehbiel(1992), Watsham(1992)以及 Yau、Schneeweis 和 Yung(1990)。他们假设红利按连续速

率 ω 支付,其中 ω=ln(S/(S-D))/h。这使得无套利条件变为 $F=Se^{(\pi-\omega)h}$,其中使用了连续复合的红利率,并且它被表示为现货价格(S_t)的复合增长率,这暗示红利被再投资于股票组合而不是无风险利率,Stoll 和 Whaley(1993,第 107 页)。这会引起对不正确的红利收益率数字的使用,红利收益率假设将红利再投资于股票组合,而不是无风险资产。

举例:使用 Gordon Gekko 例子的数据,连续红利收益率为 ω=ln(S/(S-D))/h=ln(50,000/(50,000-971.40))/0.5=0.039238。因此无套利条件为 $F=Se^{(\pi-\omega)h}=50,000e^{(0.095619-0.039238)/2}=51,430$ 英镑。这个期货和现货价格的无套利条件被 Stoll 和 Whaley(1990b)转换成对数收益率的无套利条件。由于 $F=Se^{(\pi-\omega)h}$,那么 $\ln(S_t/S_{t-u})=\ln(F_t/F_{t-\mu})+(\pi-\omega)\mu$,其中 μ 是对收益率进行计算的时间间隔(以年计)。尽管用变动率表示的无套利条件在识别套利机会时不是非常有用,但是它代表了在无套利的市场上现货和期货收益率之间联系的有趣内涵。

举例:使用 Gordon Gekko 例子的数据,如果现货价格在下个月上涨了 2%,期货无套利价格的上涨为 $\ln(1.02)=\ln(F_t/F_{t-u})+(0.095619-0.039238)/12$,因而 $\ln(F_t/F_{t-u})=1.51041\%$,因此 $F_t=1.0151041×51,430=52,207$ 英镑。因此,过去一个月,现货的对数收益率(不包括红利)加上连续复合红利收益率,等于期货对数收益率加上连续复利,也就是 1.98026% +0.32696% =1.51041% + 0.79681%。

A5.3 年红利收益率

Cornell 和 French(1983b)以及 Leuthold、Junkus 和 Cordier(1989)定义了使用 τ 的无套利条件,τ 是对应于 1 张期货的股票所支付的每年红利值。这些红利假设在期货存续期内连续支付,因此,$\tau=\pi De^{\pi h}/(e^{\pi h}-1)$,于是无套利条件变为 $F=Se^{\pi h}-(\tau/\pi)×(e^{\pi h}-1)$。

举例:对 Gordon Gekko 的数字,$\tau=\pi De^{\pi h}/(e^{\pi h}-1)=[(0.09562)×(971.40)×(1.0489708)]/(1.0489708-1)=1,989.61$ 英镑,因此 $F=Se^{\pi h}-(\tau/\pi)×(e^{\pi h}-1)=50,000×1.0489708-(1,989.61/0.09562)×(1.0489708-1)=51,430$ 英镑。

A5.4 连续复合年红利收益率

Duffie(1989)将年红利收益率表示为连续复合的红利收益率(θ),因而 θ=τ/S,无套利期货价格为 $F=S(e^{\pi h}-\theta(e^{\pi h}-1)/\pi)$(该方程可以重写为 $F=S[e^{\pi h}(1-\theta/$

π)+θ/π]),Cornell 和 French(1983b))。

举例：使用 Gordon Gekko 的数据，连续复合红利收益率为 $\theta=\tau/S=$ 1,989.61/50,000=0.0398004，因此无套利期货价格为 $F=S(e^{\tau h}-\theta(e^{\tau h}-1)/\pi)=$ 50,000{1.0489708-0.0398004×(1.0489708-1)/0.095619}=51,430 英镑。

尽管上述所有无套利条件都会导致同样的无套利期货价格，比如 51,430 英镑，他们却使用了广泛的利率和红利收益率。使用过的利率有 φ=0.800%,r= 4.897%,η=10.034% 以及 π=9.562%；而使用过的红利术语有 D=971.40,d= 2.0380%,ψ=3.8486%,ω=3.9238%,θ=3.9800% 以及 τ=1,989.61。很明显，这极可能造成混淆。进行连续复合会导致更加复杂的无套利条件,尽管利息和红利的连续支付比按照固定间隔支付是更不实际的假设。

第6章
基差、价差和风险溢价

引 言

本章将考察期货的各种价格关系。首先研究当前期货和现货价格之差(基差),接下来分析两个期货合约当前价格之差(价差),最后将考察当前期货价格与预期的交割日现货价格的关系(风险溢价)。

6.1 基差

基差可以定义为期货的当前价格减去标的资产的现货价格,也就是,基差≡F−S(有些时候也会按照相反的方式来定义,也就是基差≡S−F)。按照第3章推导的无套利条件,基差由两个符号相反的因子来决定。F=(S−D)(1+r)可以被重写为F−S=Sr−D(1+r),因此基差等于两部分之差:Sr 和 D(1+r)。接下来考察这两个决定基差的因子。

1. Sr 由于保证金的资金利息损失忽略不计,那么期货合约没有任何持有成本,因此期货价格要比现货价格高出 Sr,也就是将 S 资金投资于股票市场而放弃的利息。

2. D(1+r) 持有指数成分股有权获得红利,因此使得现货价格要高于期货价格,高出部分包括红利的现值(D)及其利息(Dr)。

由于 Sr 和 D(1+r)都是非负的,股票指数的基差可能为正也可能为负,这取决于 D(1+r)和 Sr 的相对大小。对于不同的期限,D 和 r 的值可能不同,从而导致某些期限的基差是正的,某些期限的基差则是负的。

按照资产定价理论,预期的市场指数收益率(资本利得加上红利)应该超过无风险利率,而一般情况下无风险利率要超过市场指数的红利收益率(d)。如果实际情形如此,并且可以很容易地进行实证检验,那么重新表述的无套利条件 F=S(1+r−d)就表明,股票指数的基差是正的,也就是 F>S,见Figlewski(1984b)。

举例:Hawkeye Peirce 希望把未到期的金融时报 100 合约的基差分解为两部分:红利效应[D(1+r)]和放弃利息的效应(Sr)。目前金融时报 100 指数值为4,500,而对应于一张金融时报 100 指数期货的股票的红利现值,对 6 月份合约为 1,000 英镑,对 9 月份合约为 1,500 英镑,对 12 月份合约为 2,500 英镑。3 月份合约由于交易量非常小,不作考虑。期货剩余期限内的无风险利率,对于 6 月份合约为 3%,对于 9 月份合约为 6%,对于 12 月份合约为 9%。Hawkeye 对每种情形进行了计算,如下表所示。在这个例子中,放弃的利息超过了红利,因此每个合约基差都是正的。

表 6.1   基差的组成部分

交割月	Sr	D(1+r)	基差
6 月份	£1,350	£1,030	£320
9 月份	£2,700	£1,590	£1,110
12 月份	£4,050	£2,725	£1,325

6.2 基差投机

投资者也许对期货或者现货价格水平的未来变动没有什么看法,但是对期货和现货相对价格(也就是基差)的变动有自己的判断,那么这些投资者可以选择对基差变动进行投机。基差的多头头寸,定义为 F−S(较为晦涩的说法是"做空基差"),可以通过卖空对应的指数股票篮子并购买股指期货来建立。由于无套利条件成立时,F−S=Sr−D(1+r),基差的变动可能由 S、D 或者 r 的变动引起。将该方程对每个变量进行偏微分,给出:

$$\partial(F-S)/\partial S \quad = r \quad\quad\quad\quad\quad\quad\quad > 0$$

$$\partial(F-S)/\partial D \quad = -(1+r) \quad\quad\quad\quad\quad < 0$$

$$\partial(F-S)/\partial r \quad = S-D-(1+r)\times(\partial D/\partial r) \quad > 0$$

上述推导暗含了 $\partial S/\partial D=0$ 的假设,这与 Miller-Modigliani(1961)关于股价不受股利分配政策影响的结论是一致的。这些偏微分对于交易的意义在于,如果预期现货价格或者无风险利率将上升,那么 F-S 会变大(也就是基差减弱了),并且如果 F>S,那么基差将扩大。如果预期红利将增加,那么 F-S 会变小(也就是基差变强了),并且如果 F>S,那么基差将收窄。注意到,某只股票的除息对股指期货价格不会造成影响,因为 S 和 D 会降低同样数额(红利的现值)。不过,当指数中的某只股票除息时基差将会减弱,因为期货价格不受影响,而现货价格降低了,见 Schwarz(1991)。期货剩余期限越长,那么年利率或者红利收益率的一定变动对基差产生的影响越大。

举例: Dunston 基金的经理 Bash Brannigan 认为股票红利将会增加,因而股指期货的无套利价格(F)与指数股票现货价格(S)之差将会减小,也就是基差会缩小。在 7 月 4 日金融时报 100 指数值为 4,400,到 3 月底的无风险利率(r)为 8%,指数成分股红利的现值(D)为 1,500 英镑。3 月份股指期货合约的价格等于无套利价格 $(4,400\times10-1,500)\times1.08=45,900$ 英镑,因此基差为 45,900-44,000=1,900 英镑(或者 190 个指数点)。Bash Brannigan 不清楚未来现货或者期货价格的走势。如果红利现值上升到 2,500 英镑,与此同时指数值下降了 x 点,则期货的无套利价格变为 $[(4,400-x)\times10-2,500]\times1.08=44,820-10.8x$,基差变为 $44,820-10.8x-44,000+10x=44,820-0.8x$,基差降低了 $1,900-(820-0.8x)=1,080+0.8x$。只要指数不会意外上升超过 1,080/0.8=1,350 指数点(31%),这是一个极不可能发生的事件,那么 Bash Brannigan 对基差的投机交易将会获利。因此他卖出了 10 张股指期货,同时买入 10 张指数股票篮子。当 D 的估计值变动到 2,500 英镑,指数降低到 4,000(也就是 x=9.1%),他平掉了期货和股票头寸。在股票多头头寸上他产生了 40,000 英镑的损失,但是由期货空头头寸产生的 54,000 英镑的利润足够抵消该损失。因此总的来说他投资的总利润为 10(1,080+0.8×400)=14,000 英镑。

基差投机有利可图主要是源自决定现货或期货价格的一个或多个变量的变动。不过,即使这三个变量(S、D 和 r)都没有偏离它们在无套利期货价格中内含的预期值,基差投机也有可能获得少量的利润。这是由于结束基差投机头寸时投机者在期货头寸上获得的利润,可能会超过等待期货合约交割可得到的利润(假设遵循无套利条件)。因此,投机者可获得少量利润,其值等于基差投机结束之时到期货交割日之间所赚得的利息在基差投机结束日的现值。该

利润可以表示为 $\Delta(F-S)=r_2\Delta F/(1+r_2)$，其中 $\Delta(F-S)$ 是从基差投机开始到结束的基差变动，ΔF 是到基差投机结束时的期货价格变动，r_2 是基差投机结束日到期货交割日之间的无风险利率。如果现货价格不变，那么该等式可简化为 $\Delta(F-S)=\Delta F=r_2(D_1(1+r_1)-S_1r_1)$，其中 S_1 是基差投机开始时的现货价格，D_1 是持有股票头寸期间收到指数股票篮子红利的现值，r_1 是同一期间的无风险利率。ΔF 可能是正的或者负的，这取决于 $D_1(1+r_1)$ 和 S_1r_1 的相对大小。按照前面的论证，ΔF 更可能是正的。当 $D_1(1+r_1)>S_1r_1$ 时，投机者应该"卖空基差"，也就是卖空股票买入期货，当 $D_1(1+r_1)<S_1r_1$ 时，投机者应该"做多基差"，也就是买入股票卖出期货。

举例：Han Solo 管理着 OPM 控股公司，1 月 4 日他买入了 10 张金融时报 100 指数 9 月份的期货合约，价格是 $4,310\times10=43,100$ 英镑，这时指数为 4,300 点。与此同时他卖空了 10 个股票指数篮子，也就是他做多基差。到 3 月 4 日，他结束了期货和现货头寸，指数还是在 4,300 点，而 9 月份的期货合约价格上涨到了 43,336 英镑。1 月 4 日到 3 月 4 日之间股票指数篮子将收到的红利的现值是 1,088.24 英镑，而 3 月 4 日到交割日的红利现值为 1,282.05 英镑。1 月 4 日到 3 月 4 日之间的无风险利率为 2%，3 月 4 日到 9 月份交割日的无风险利率为 4%。在任何时刻期货都按照无套利条件来定价。因此 1 月 4 日：$F=(4,300\times10-1,088.24-1,282.05)\times1.02\times1.04=43,100$ 英镑，而 3 月 4 日：$F=(4,300\times10-1,282.05\times1.02)\times1.04=43,360$ 英镑。尽管无套利价格内含的对于 S、D 和 r 的初始预期都已经满足，Han 还是在 3 月 4 日获得了少量的利润。

期货利润 $100(4,336-4,310)$	2,600
股票 $100(4,300-4,300)$	0
支付红利 $10\times1,088.24\times1.02$	−11,100
卖空股票收入的利息 $10\times43,000\times0.02$	8,600
利润	100

或者，也可以按照用期货头寸的利润在 3 月 4 日到交割日期间的利息来计算总利润，也就是 $r_2\Delta F/(1+r_2)=100(4,336-4,310)\times0.04/1.04=100$ 英镑。当起初市场对 S、D 和 r 的预期都实现时，基差投机的利润通常都不足以覆盖双向的交易成本。

上述分析假设基差只受 S、D 和 r 的影响。但是，如果推导无套利条件的假设不满足的话,其他因素也可能会改变基差。比如,交易成本的存在意味着基差会在一个合适的无套利区间中变动,而定价偏差和税负变动也可能影响基差。参见第 5 章对推导无套利条件所基于假设的讨论。

6.3 基差和期限

随交割日的临近可预知基差的绝对大小。当交割日临近,r(期货剩余期限内的无风险利率)会趋向于 0,D(应付红利的现值)也是如此,因而基差会趋向于 0,无论它是正的还是负的。在交割日 F=S,因为立刻就要交割的期货等价于现货,因此基差为 0。图 6.1 表示了这种收敛过程。

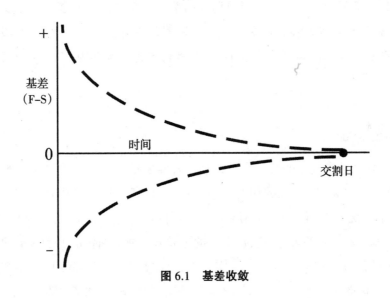

图 6.1　基差收敛

使用 1985~1991 年的标准·普尔 500 和 MMI 指数的日数据,Beaulieu (1988) 发现基差的方差随着到期日临近而下降。Low、Muthuswamy、Sakar 和 Terry(2002)检查了 1986~1996 年日经 225 指数每周的对数基差,发现基差随着交割日的临近是以一种线性的方式下降。

举例:使用表 2.6 中金融时报 100 指数期货在 2004 年 4 月份的数字:

表 6.2   金融时报 100 期货 6 月份合约的基差值(F-S)

日期	开盘基差	收盘基差
04 年 4 月 13 日	+34.3	+7.2
04 年 4 月 14 日	−13.3	+9.1
04 年 4 月 15 日	+3.6	+2.5

该表中的基差都是正的(除了 4 月 14 日的开盘基差外)。

基差在到期日收敛到 0,这表明基差变动会表现出正的一阶自相关。不过,由于基差收敛是由于红利和利息的变动造成的,因此一阶自相关性仅仅在基差的隔夜变动中才会存在,此时红利和利息发生了变动,见 Miller、Muthuswamy和 Whaley(1994)。

Helmer 和 Longstaff(1991)发展了一个一般均衡模型来为股指期货定价,在该模型中期货价格依赖于股票市场波动率,见 5.27 节。该模型的含义之一是,由于假设市场波动率和无风险利率会随时间恢复到平均水平,因此没法对基差变动给出明确的表述。事实上,在期货合约的存续期内,基差的符号可能会改变好几次。

6.4 基差风险

基差风险是指基差的数值变动,也就是(F-S)的变动。基差(F-S)、期货价格(F)和现货价格(S)波动的相对大小,对某些期货使用者来说具有相当重要的意义,比如对套期保值者,见第 9 章对套利保值的讨论。两个数(F 和 S)之差的方差 σ^2_{F-S},等于 F 的方差 σ^2_F,加上 S 的方差 σ^2_S,减去两倍的 F 和 S 的协方差 $2\sigma^2_{F,S}$,也就是 $\sigma^2_{F-S}=\sigma^2_F+\sigma^2_S-2\sigma^2_{F,S}$。实际上,基差是两个证券的组合,一个是多头,另一个是空头。如果基差风险 σ^2_{F-S},比现货风险 σ^2_S 和期货风险 σ^2_F 都要小,那么现货和期货价格之间必定存在很大的正相关。比如,如果期货和现货价格具有相同的方差,也就是 $\sigma^2_F=\sigma^2_S=\sigma^2$,并且现货和期货价格的相关系数为 0.8(也就是 $\sigma^2_{F,S}=0.8\sigma^2$),那么基差的方差只有现货或者期货价格方差的 40%,也就是 $\sigma^2_{F-S}=0.4\sigma^2$。这说明了一个一般性质,基差风险一般比现货或者期货单独的风险要小得多。套利通过把现货和期货价格限制在无套利区间内,使得这两个价格的相关性增加了,这一点 Lien(1992a)正式地证明过。

随着交割日临近,基差收敛到 0。因此,随着交割日临近,可以很合理地预期基差风险会下降到 0, 正如图 6.2 所表示的。

Castelino 和 Francis(1982)对 Samuelson(1965)考虑过的情形证明了这个结果,关于 Samuelson 模型的细节见 Sutcliffe(1993)第 8 章附录 A。直观地理解,随着交割日临近,期货慢慢地变成了现货。越靠近交割日,新的信息对现货和期货价格的影响方向越可能一致（因而减小了基差风险）。Low、Muthuswamy、Sakar 和 Terry(2002)对日经 225 指数基差和期限的关系进行了一项实证研究,发现基差对数的方差随着交割日临近以线性方式下降。

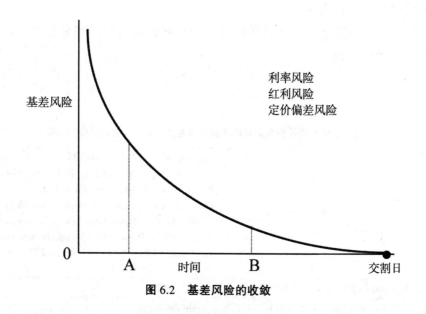

图 6.2　基差风险的收敛

6.5 现货和期货价格的协整关系

有大量的研究考察了股指现货和期货价格的积分阶数, 以及如果它们具有相同的积分阶数,它们是否是协整的。有很多理由可以预期现货和期货价格的积分阶数是 1,也就是 I(1),并且它们是协整的。

带有漂移项的随机游走过程对绝大多数证券价格是一个合理的模型。这符合有效市场的概念,也就是当前价格(P_t)反映了所有可得到的信息。由于类似通货膨胀的因素,每一期价格都会上涨 θ。新信息(ε_t)是随机的,当出现新信息时价格会立即进行调整。在这种情况下,价格服从带有漂移项的随机游走过程($P_t=P_{t-1}+\theta+\varepsilon_t$)。随机游走的一阶差分($P_t-P_{t-1}=\theta+\varepsilon_t$)是平稳的,因此价格的积分阶数为 1(或者 I(1))。由于无套利条件将现货价格和期货价格相关联,因此现货价格和期货价格的走势长期来看会趋于一致。所以,可以选择现货价格和期货价格的一个线性组合,使得这个组合是平稳的(也就是 $E[F_t - \alpha S_t]=0$,其中 α 是现货价格的权重),并且现货和期货价格是协整的。基差会随着合约期限而变动,r 和 D 会随着交割日临近而下降,因此现货和期货价格的关系会随着每张合约的剩余期限减小而轻微变动。如果无套利条件成立,协整系数(α)为 $\alpha=(1+r)(1-d)$,其中 $d=D/S_t$。α 变动对现货和期货价格水平波动的影响很小,并且会产生每隔几个月重复的循环。因此,长期来说 α 的数值会收敛到接近于 1。

以下研究者发现了股票指数的现货价格和期货价格的积分阶数都是 1,并且它们是协整的:

表 6.3　发现现货价格和期货价格积分阶数为 1 并且两者是协整的研究

标准·普尔 500 期货和指数	Alizadeh 和 Nomikos (2004),Chiang(2003),Chu、Hsieh 和 Tse (1999),Darrat 和 Rahman(1999),Dwyer、Locke 和 Yu(1996),Ghosh(1993a,1993b),Hogan、Kroner 和 Sultan(1997),Koutmos 和 Tucker (1996),Lien 和 Luo (1993c),Martens、Kofman 和 Vorst (1995),Mercer (1997),Pizzi、Economopoulos 和 O'Neill (1998),Sarno 和 Valente(2000),Wahab 和 Lashgari(1993)
标准·普尔 500 期货和道·琼斯工业平均指数	Ghosh(1993b)
标准·普尔 500 期货和纽约证券交易所综合指数	Ghosh(1993b)
纽约证券交易所综合指数期货和指数	Lien 和 Luo(1993c)
MMI 指数期货和指数	Lien 和 Luo(1993c)
道·琼斯工业平均指数期货和指数	Tse(1999b)
IPC 指数期货和现货	Zhong、Darrat 和 Otero(2004)
日经(SGX)指数期货和指数	Chiang(2003),Choudhry(2003),Chou、Denis 和 Lee (1996),Ghosh 和 Clayton (1996),Lien 和 Tse (2000b),Tse(1995)
日经(大阪和 SGX)指数期货和指数	Covrig、Ding 和 Low(2004),Frino 和 West(2003)
日经指数期货(大阪和 SGX)	Shyy 和 Shen(1997)
日经 500 指数和日经 225 指数期货	Choudhry(1997)

表 6.3（续）

日经 300 指数期货和指数、AOI 指数和 SPI 指数期货	Sim 和 Zurbruegg（1999）
恒生指数期货和指数	Choudhry（1997,2003）,Raj（1995）,So 和 Tse（2004）,Fung 和 Jiang（1999）
KOSPI200 指数期货和指数	Sim 和 Zurbruegg（2001b）
台湾（MSCI 和台湾证券交易所）指数期货和指数	Roope 和 Zurbruegg（2002）,Wang 和 Low（2003）
台湾 MSCI 指数和台湾证券交易所指数期货	Hsieh（2004）,Chou 和 Lee（2002）
AOI 指数和 SPI 指数期货	Bhar(2001),Brailsford、Corrigan 和 Heaney（2001）,Choudhry（1997,2003）,Eldridge、Peat 和 Stevenson（2003）,Yang（2003）,Yeh 和 Gannon（2000）
AOI 指数、SPI 指数期货和 SPI 指数期货成交量	Hodgson、Masih 和 Masih（2005）
11 只澳大利亚股票和个股期货	Lien 和 Yang（2003,2004）
Forty 指数期货和指数	Raj（1995）
金融时报 100 指数期货和指数	Alizadeh 和 Nomikos（2004）,Antoniou 和 Garrett（1989,1992）,Antoniou 和 Holmes（1995a）,Brooks、Henry 和 Persand（2002）,Brooks、Rew 和 Ritson（2001）,Choudhry（2003）,Frino 和 McKenzie（2002a）,Ghosh 和 Clayton（1996）,Holmes（1996b）,Sarno 和 Valente（2000）,Wahab 和 Lashgari（1993）
DAX30 指数期货和指数	Booth、So 和 Tse（1999）,Choudhry（2003）,Ghosh 和 Clayton（1996）
CAC40 指数期货和指数	Chiang（2003）,Ghosh 和 Clayton（1996）,Green 和 Joujon（2000）,Shyy、Vijayraghavan 和 Scott-Quinn（1996）
CAC40 指数期货和指数股票篮子的中间报价	Shyy、Vijayraghavan 和 Scott-Quinn（1996）
FOX 指数期货和指数	Booth、Martikainen 和 Puttonen(1993),Martikainen、Perttunen 和 Puttonen(1995a),Martikainen 和 Puttonen（1994b）,Puttonen（1993b）
Ibex35 指数期货和指数	Lafuente 和 Novales（2003）
MIB30 指数和指数期货	Pattarin 和 Ferretti（2003）
金融时报 ASE-20 指数期货和指数	Alexakis、Kavussanos 和 Visvikis（2002）,Floros 和 Viougas（2004）
JSE 工业 25 指数期货和指数	Beelders 和 Massey(2002),Choudhry(2003)
JSE 全股指期货和指数	Beelders 和 Massey(2002)
JSE 黄金股指数期货和指数	Beelders 和 Massey(2002)

Kim、Szakmary 和 Schwarz(1999)发现标准·普尔 500、MMI 和纽约证券交易所综合指数期货之间不存在协整关系,他们也没有发现标准·普尔 500、MMI 和纽约证券交易所综合指数之间存在协整关系。Booth、Martikainen 和 Puttonen(1993)发现标准·普尔 500 指数的现货或期货,和 FOX 指数的现货或期货之间不存在协整关系。他们还相当令人意外地发现,标准·普尔 500 指数的期货和现货之间缺乏协整关系。Lim(1996)还考察了日经 225 指数在 1989~1999 年当中 20 天的 5 分钟收益率,发现现货和期货缺乏协整关系,这个负面结果也许是由于使用了 5 分钟的收益率。Lin、Chen 和 Hwang(2003)考查了台湾证券交易所指数期货及其对应指数在 1999~2000 年的 5 分钟收益率。尽管该序列整体上是协整的,但是如果只关注价格在无套利区间内的变动,那么它们并非协整。因此,期货和现货价格只有在定价偏差超过交易成本阈值时才会具有协整关系。

Arshanapalli 和 Doukas(1997)使用每分钟的交易数据,研究了 1987 年 10 月份每天的标准·普尔 500 指数和指数期货的协整关系。他们发现这两个序列每天都存在协整,除了 10 月 16 日星期五和 10 月 19 日星期一。10 月 16 日星期五那天不存在协整表明,1987 年股灾是在星期五发源于美国的。

使用 1985~1998 年的每日收盘数据,Bilson、Brailsford 和 Evans (2005)发现标准·普尔 500 指数期货和 SPI 指数期货, 以及 SPI 指数期货和金融时报 100 指数期货之间存在协整关系。不过,标准·普尔 500 指数期货和金融时报 100 指数期货之间并不存在显著的协整关系。

如果现货价格和期货价格是协整的,并且各自都是 I(1),那么 Granger 表示定理要求要么现货价格领先于期货价格,要么期货价格领先于现货价格,或者两者同步,见 Cuthbertson、Hall 和 Taylor(1992,第 133~134 页)。这是因为,如果现货价格和期货价格要恢复到它们之间的长期关系, 那么必须要对短期的偏离进行纠正。因此可以预期,研究股票指数和股指期货的领先–滞后关系除了完全暂时性的关系外,还会发现一些其他东西。

6.6 信息、调整速度和价格发现

第 3 章对市场指数的现货和期货价格关系推导了一个无套利方程。在一个动态环境中,这个无套利条件所基于的相关信息是连续变动的,从而导致无套利的现货和期货价格发生连续变动。期货市场的一个重要作用在于"价格发现",也就是期货市场对于新信息的反应比现货市场要快。

6.6.1 价格发现

期货市场的产生将会吸引没有交易过现货的投资者来交易期货,见 Cox (1976)。比如,投资者也许会被期货的高流动性、低交易成本、很容易卖空、较低的保证金和快速执行等优点所吸引。这些新投资者持有的对未来交割日现货价格的预期的信息,会在期货价格上反映出来。这个额外信息对于现货市场的交易者是有用的。因此,引入期货会增加现货价格中包含的信息。

Grossman(1977)构建了一个不同的模型,其中包含信息灵通的交易者和不具有信息优势的交易者。现货价格只是部分地反映了信息灵通的交易者所掌握的信息,因为现货价格还受到随机扰动的影响。

在这种情形下,期货市场会将更多的信息优势者所掌握的信息传递给不掌握信息的投资者。这个结果与 Cox 是相同的,也就是,期货市场的引入会增加现货价格所反映出来的信息含量。

Green(1986)认为,如果没有股指期货市场,那么没有股票多头头寸的投资者将无法揭示他们知晓的关于股票收益率的坏消息,因为卖空股票较为困难。而如果有股指期货市场,这些投资者就可以卖出期货来获得空头头寸,从而将其知晓的坏消息包含在了期货价格中。

Covey 和 Bessler(1995)认为对可贮存的资产,比如股票,其期货市场的产生并不会改善价格发现机制,因为这并不会提供新的信息。不过,对无法贮存的资产,其期货市场会揭示一些现货价格中不包含的关于未来供需状况的信息。

Cooper 和 Mello(1990)给出了一个模型,认为股指期货市场的引入会导致股票价格包含的信息含量变少而不是变多。他们认为,股指期货市场的产生会将并非基于特定公司信息的交易量转移出股票市场,从而使得剩余的股票交易比以往更加基于特定信息。这将使股票做市商扩大他们的买卖价差,以在面对信息优势交易者时保护自己。由于这会增加交易成本,在股票市场上利用特定公司信息来获利的利润就会降低,从而导致特定公司信息收集量的下降,以及股票市场交易量的减少。因而,股票价格反映的信息会比股指期货引进前少。该论证忽略了许多会导致相反结果的因素,比如,指数套利会可观地增加股票的非内幕交易量,股票持有者(比如做市商)会用股指期货来对冲某些风险,股指期货还可以通过建立空头头寸来反映某些不利信息(一般性的)。

由于大量的信息已经包含在股票价格里,而且具有信息优势而又没有购买股票的投资者,也几乎不会有人去交易股指期货,因此股票价格可以反映的信息增加可能是很小的。还有一个问题就是期货市场价格反映了市场指数,而股票交易者交易的是单个股票(Miller,1990a)。因此,期货价格反映的主要是市场层面的信息,也就是系统性(或市场面)因素,而每个股票价格反映的是其公司的特定信息。最后,引入股指期货对于股票价格信息含量的影响是一个实证范畴。

美国。Froot 和 Perold(1995)表明,标准·普尔 500 指数 15 分钟收益率的一阶序列相关系数从 1983 年的+0.35,下降到了 1987 年的-0.05。他们认为这种下降是由于股票价格更迅速地反映了市场层面的信息的缘故。由于从 1982 年开始交易标准·普尔 500 指数期货,因此该效应可以归因于期货市场的价格发现功能。

Fleming、Kirby 和 Ostdiek(1998)分析了标准·普尔 500 指数期货、美国长期国债期货和美国短期国债期货在 1983~1995 年间的日数据。使用 GMM 方法,他们发现这三种期货的波动性变动具有很强的正相关性,这表明新信息在一天内就会在这三个市场上反映出来。

Chu、Hsieh 和 Tse(1999)分析了 1993 年标准·普尔 500 指数及其期货和标准·普尔存托凭证的交易数据。他们发现期货市场扮演了主要的价格发现角色,存托凭证市场对价格发现的贡献次之,而现货市场对价格发现的贡献最少。

Hasbrouck(2003)使用 2000 年中三个月的交易数据来考察标准·普尔 500 期货、标准·普尔 500 小型期货和标准·普尔存托凭证(SPDRs)的相对价格发现功能。他发现大约有 90%的价格发现可归功于小型期货,标准·普尔 500 期货和 SPDRs 大约各归功 5%。对于纳斯达克 100 指数,对应的价格发现贡献度也是类似的。标准·普尔中盘 400 指数期货没有小型合约,因此其价格发现的贡献度被标准·普尔中盘 400 期货和标准·普尔中盘 400 交易所交易基金基本平分。小型合约都是价值较小的电子盘交易的合约,这或许可以解释其优势。Hasbrouck 还考察了 SPDRs 和 9 个行业指数的交易所交易基金的相对价格发现功能,发现行业基金仅对价格发现有适度贡献。

Tse(1999b)分析了 1997~1998 年道·琼斯工业平均指数的 1 分钟收益率。他发现道·琼斯工业平均指数期货对价格发现的贡献度为 88%,而指数仅为 12%。

Chou 和 Chung(2004)考虑了标准·普尔 500 小型期货、纳斯达克 100 小型期货、道·琼斯工业平均指数期货及它们对应的 ETF 来检验 ETF 交易十进制化对价格发现的效果。使用 2000~2001 年的 5 分钟收益率,他们发现十进制化导致了 ETF 价差的减小。相对于 ETF,期货合约对价格发现的贡献度,在十进制化前后的变动分别为:标准·普尔 500 指数 93%到 95%,纳斯达克 100 指数88%到 81%,道·琼斯工业平均指数 82%到 75%。纳斯达克 100 和道·琼斯工业平均指数的 ETF 对信息贡献度的增加, 可归因于由于十进制化带来的交易成本价格减少。

Kurov 和 Lasser(2004)研究了标准·普尔 500、纳斯达克 100 期货及它们的小型期货在 2001 年 86 天中的 1 秒钟交易数据。小型期货的信息贡献度对标准·普尔 500 是 99%,对纳斯达克 100 是 97%。他们还发现,小型期货价格对大的场内交易的反应比场内价格要早 15~20 秒, 这主要是因为自营交易员使用交易池旁的电子交易终端来交易小型期货。这表明,尽管小型期货主导了价格发现,但是交易所场内机构对标准合约的交易仍然是市场上信息的重要来源。

Ates 和 Wang(2005)使用 1997~2001 年 5 秒钟间隔的数据来考察标准·普尔 500 期货和标准·普尔 500 小型期货在价格发现过程的相对重要性。到2000 年为止,电子交易的小型期货的信息贡献度是 88%,而场内交易的标准·普尔 500 期货的信息贡献度只有 12%。对 1999~2001 年数据的类似分析也发现, 到 2000 年为止电子交易的纳斯达克 100 小型期货的信息贡献度大约为93%,而场内交易的标准纳斯达克 100 期货的信息贡献度只有 7%。当把分析范围扩大到包含标的指数时,发现标准·普尔 500 指数的信息贡献度约为 5%,而纳斯达克 100 指数的信息贡献度只有 4%。时间序列回归分析表明,标准·普尔 500 和纳斯达克 100 小型期货的信息贡献度会随它们市场交易份额增加而增加,也会随它们相对于标准合约买卖价差的减小而增加。其支持了这样的观点,小型期货之所以有较大的信息贡献度,是因为它们的电子化交易可以使其流动性更强、交易成本更低。

日本。Craig、Dravid 和 Richardson(1995)研究了在日本非交易时段,CME交易的日经 225 期货对日经指数相关信息的反映程度。使用 1991~1992 年的数据, 他们发现 CME 的日经指数期货捕获了很多日经指数的隔夜收益率信息。他们没有发现证据可以表明纽约证券交易所会传染到 CME 的日经指数期货。当一个市场的定价错误传递到另一个市场就会产生传染效应。

　　Covrig、Ding 和 Low(2004)比较了日经 225 现货市场、大阪的国内期货市场和新加坡的外国期货市场的价格发现功能。使用 2000 年 3 个月份的报价数据,他们发现 21%的价格发现是由现货市场来实现的,46%由国内期货市场实现,33%由国外的期货市场实现。

　　中国香港地区。So 和 Tse(2004)使用了 1999~2002 年的交易数据,来比较恒生指数、恒生指数期货和香港政府在 1998 年秋季为应对指数暴跌而成立的恒生指数跟踪基金三者之间对于价格发现的相对贡献度。他们发现价格发现有 75%~80%是由期货市场实现,20%~25%是由现货市场实现, 跟踪基金并没有贡献。

　　中国台湾地区。Roope 和 Zurbruegg(2002)考察了新加坡的台湾 MSCI 期货、台湾的 Taifex 期货及它们的标的指数在 1999 年 4 个月份的交易数据。通过分析信息贡献度,他们得出了新加坡的台湾 MSCI 期货主导了价格发现机制的结论。Hsieh(2004)再次考察了这个问题,他使用 1998~2001 年的交易数据,分析了 Taifex 期货交易监管规则的 5 次变化所带来的信息贡献度的变化。每一次的监管规则变化都使得台湾的期货交易更具吸引力, 后 4 次规则改变则提升了 Taifex 期货的价格发现功能。价格发现机制最大的一次提升发生在将交易税减半并且将头寸限制增加一倍之后。尽管台湾 MSCI 期货在早期主导了价格发现机制,但是到 2001 年 Taifex 期货的信息贡献度有稍许增加。

　　澳大利亚。Frino、Harris、McInish 和 Tomas(2004)考察了 1997 年 5 个月份中自营交易商和非自营交易商在交易 AOI 期货中对价格发现的相对贡献。他们通过观察指令流发现,自营交易商对价格发现贡献了 73%,与自营无关的交易贡献度为 27%。自营交易商的价格发现是基于其他人发出的期货指令流所包含的信息。这个结果与 Fong 和 Zurbruegg (2003) 的结果相反,Fong 和 Zurbruegg(2003)发现在 1997~1998 年,只因交易商仅对价格发现贡献了大约 1/3。

　　英国。Holmes 和 Tomsett(2004)分析了 1992~1996 年金融时报 100 期货的日数据,他们的结论是,混合分布假设与期货成交量很大部分是由拥有信息的交易者而非噪音交易者驱动的观点是一致的。这支持了可在期货市场捕获信息的观点,因而期货市场是价格发现的重要机制。

　　德国。So、Booth 和 Loistl(1997)使用了 1992~1994 年 DAX 30 期货、期权和指数本身的 5 分钟收益率数据。他们发现现货、期货和期权的 5 分钟、15 分钟收益率对市场面信息的反应不同。不过,30 分钟收益率却表现出相同的波动率过程,表明新信息要反映到全部三个市场大约需要 30 分钟。

Booth、So 和 Tse(1999)研究了 1992~1994 年 DAX 30 期货、期权和 DAX 30 指数的交易数据。他们发现 50%的价格发现是由指数实现的,48%是由期货实现,仅有 2%是由指数期权实现的。

6.6.2 领先和滞后

和研究信息贡献度一样,有大量研究关注期货和现货市场的领先和滞后关系。如果股指期货市场对新信息的反应要先于现货市场,那么期货价格会领先于现货价格。由于期货更加易于交易,股指期货可能比现货市场更快地反映新信息(也就是,它们是股价变动的一个先行指标)。有很多理由可以期望股指期货价格会调整得比现货价格也就是市场指数更快。

首先,当接收到新信息时,交易者可以选择在期货还是现货市场来利用这个信息。如果信息仅仅影响少数几个公司的股票价格(非系统性信息),交易者很可能选择买卖单个股票(或者他们的期权),而不是交易股指期货,因为指数的变动将比受影响公司的股价变动小得多。不过,对关于整体经济的信息(系统性信息),交易者会选择使用期货市场而不是单个公司股票,以利用该信息。这是因为交易期货的好处在于高流动性,低交易成本,容易获得空头头寸,低保证金和快速执行(通常借助电子交易)。因此,期货价格将对全局性的或者市场层面的信息首先反应,而一些公司的特定信息则对指数或者期货价格几乎没有影响。不过,当新信息引发了一些公司价格的波动,从而导致指数波动时,现货价格就会领先期货价格。

这个结论有一个例外,如果期货价格相对于现货是高估的,那么面对市场面的利好信息也许最好是购买股票而不是期货。当定价偏差超出了购买指数股票篮子而非期货所带来的交易成本增加时,这种情况就会发生。当期货价格低估而又面临利空消息时也可以得出类似的结论。因此,尽管一般情况下期货价格有领先于现货价格的倾向,但并非总是如此,即使对市场面的信息。

其次,即使交易者选择大部分在现货市场上交易,现货市场仍然很可能对新信息的反应存在一个延迟。如果新信息是利好,交易者会立即抬升期货的价格,比如随后的交易应该完全反映该新信息。如果现货价格(也就是指数)要完全反应,而指数由实际价格而非报价数据计算,那么必须每个指数成分股(比如 500、1,700 只股票)都有交易,然后指数必须重新计算。这意味着指数(现货价格)会由于成分股价格缺乏时效而对新信息的反应有一些延迟。在英国,1997 年 10 月 20 日之前金融时报 100 指数都是基于 SEAQ 的报价数据而非实际交易价格来计算的,因而指数很可能更精确地反映了股票市场的当前状况。

最后,由于卖空股票可能比较困难,比如在美国有提价交易规则,坏消息也许就会首先在期货市场上反映,随后再在股票市场上反映。

指数和期货会因为各自对指数股票篮子的定价时间的不同而有所差异,从中也可能得到一些额外信息。股票指数代表的是市场预期未来成分股所能带来现金流的现值,而 T 时刻交割的期货合约的当前价格反映的是市场在 T 时刻对未来现金流现值的估计。因此,现货价格中不包含的,而在期货价格中包含的额外信息,就是从现在到 T 时刻持有指数的现金流的价值,见 Carlton (1984)。

6.6.3 领先 – 滞后关系的实证研究

这里将回顾大量关于现货价格和期货价格之间领先–滞后关系的实证研究结果,以考察对期货价格通常领先于现货价格的理论预言是否能得到支撑,并且考察如果预言成立,那么现货价格需要多久才能赶上期货价格。

美国。Kawaller、Koch 和 Koch(1987,1988)用 1984~1985 年的交易数据检查了标准·普尔 500 指数的现货和期货价格之间的领先–滞后关系。他们发现,总体上这两个价格的走势相当一致,不过,也有一些证据表明,股指期货的价格会领先现货价格(标准·普尔 500 指数)大概 20~45 分钟。

Kawaller、Koch 和 Koch(1993)使用了 1986 年最后一个季度标准·普尔 500 期货的分钟数据。他们认为,现货和期货市场的领先–滞后关系会随时间而改变。比如,在没有定价偏差的时候,市场上只有套期保值者和投机者在交易,但当出现定价偏差,套利者就会进入市场来调整期货和/或现货价格的走势并消除定价偏差。他们使用了似不相关回归估计(SURE)来对分钟价格变动数据拟合四个方程——每个都对应 Geweke 的四个反馈衡量。对每一天都如此重复计算,因而每天都可给出四个 Geweke 反馈衡量。他们发现在现货和期货之间存在很强的同期联系,而且也发现期货价格会对现货价格有所领先。他们接着将每日反馈衡量对三个日波动率指标(日振幅、基差每分钟变动的日方差、每天的股指期货套利机会出现的频率)、两个日现货成交量指标、一个时间趋势变量和一个星期日数的虚拟变量来做回归,他们发现日振幅对 Geweke 反馈衡量有明显正的效应。因此,价格波动增大会强化期货和现货价格之间的联系,而大的价格变动也不会破坏这些市场之间的价格联系。

Herbst、McCormack 和 West(1987)通过对每 10 秒钟价格变动的分析,考察了标准·普尔 500 和 VLCI 指数的现货和期货市场的领先–滞后关系。他们发现,对每个指数,期货市场都会领先现货市场几分钟,并且在现货和期货收益率之间存在很强的同期联系。对于标准·普尔 500 指数,期货的领先时间大约为 0~8 分钟,平均为 0.7 分钟。对于 VLCI 指数,期货的领先时间为 0~16 分钟,平均为 0.9 分钟。

Furbush(1989)研究了标准·普尔 500 指数在 1987 年 10 月份的每 5 分钟的现货和期货价格变动。他将现货价格变动对前 5 分钟的期货价格变动做回归,发现两者之间存在高度显著的正相关关系。

Kutner 和 Sweeney(1991)研究了 1987 年 8 月份和 12 月份标准·普尔 500 的分钟数据。经过对现货和期货价格序列进行预白化处理后,他们检查了这些序列之间的 Granger 因果关系(见 7.4 节对 Granger 因果检验的讨论),发现期货价格领先现货价格大约 20 分钟。

Stoll 和 Whaley(1990b,1993,114~116 页)分析了 1982~1987 年标准·普尔 500 和 MMI 指数期货和指数现货每 5 分钟的收益率(相对价格的对数)数据。他们对股票价格数据和指数拟合了一个自回归滑动平均(ARMA)模型,以消除买卖价差反弹(如果没有新的信息,证券交易价格会在买价和卖价之间波动,这取决于交易发起者是买家还是卖家)及非频繁交易(或缺乏时效性的价格)的影响。因此,任何期货价格对现货价格的领先,或者归因于新信息首先在期货市场上反映出来(也就是价格发现),或者归因于指数在记录和发布上的滞后。他们发现,尽管其主要联系是同期的,但是标准·普尔 500 和 MMI 期货的收益率要领先标的指数大约 5 分钟,这可以归因于股指期货的价格发现作用。

Cheung 和 Ng(1990)分析了 1983~1987 年标准·普尔 500 每 15 分钟的收益率。他们考虑到了指数计算中缺乏时效价格的影响(通过包含一阶滑动平均过程),并且使用了 GARCH(1,1)模型来控制误差项方差的自相关问题。他们发现,期货收益率领先现货收益率至少 15 分钟,尽管现货和期货收益率之间只有很强的同期相关性。

Chan、Chan 和 Karolyi(1991)对 1984~1989 年的标准·普尔 500 拟合了一

个二元 GARCH 模型。使用每 5 分钟计算的收益率,他们发现期货收益率领先现货收益率大约 5 分钟。

Fleming、Ostdiek 和 Whaley(1996)检查了现货、期货和期权市场上的领先-滞后关系。他们认为,由于交易标准·普尔 500 指数股票篮子的交易成本大约是交易对应指数期权的 5 倍,并且比进行类似股指期货交易大约要高 30 倍,因此拥有市场面信息的交易者会选择期货或期权市场而不是现货市场。他们使用了 1988~1991 年标准·普尔 500 指数、标准·普尔 100 指数、标准·普尔 500 期货和标准·普尔 100 期权的 5 分钟对数收益率数据。标准·普尔 100 期权价格隐含的指数收益率用中间报价和前一天的隐含波动率来计算。为消除由于缺乏时效的价格而导致标准·普尔 500 和标准·普尔 100 指数表现出的伪自相关,在每一天都用 ARMA 过程来拟合现货收益率。标准·普尔 500 期货收益率就是简单地用交易价格来计算的对数收益率。他们发现,期货价格都要领先指数(消除其自相关影响)最多 20 分钟,并且现货和期货价格的同期联系强度会随时间而增加。他们还发现期货和期权价格之间存在很强的同期联系。尽管对期货价格领先于期权价格和期权价格领先于期货价格都有一些证据,但是期货领先期权是更强的关系。

Wahab 和 Lashgari(1993)研究了 1988~1992 年标准·普尔 500 的日数据。他们使用误差校正机制(ECM)的框架,发现现货和期货收益率之间具有双向的因果关系。

Ghosh(1993a)使用 ECM 方法分析了 1988 年标准·普尔 500 的 15 分钟收益率,发现期货价格要领先现货价格 15 分钟。

Mercer(1997)应用 ECM 方法对 1987 年股灾和 1988 年中 5 天的 1 分钟收益率进行了研究。他的结论是,在模型中加入误差校正项是有益处的,标准·普尔 500 期货要领先于现货。

De Jong 和 Nijman(1997)发展了一种用不规则间隔的数据来计算协方差的方法,以避免非交易偏差。他们将此方法运用于 1993 年最后三个月的标准·普尔 500 数据。他们发现,期货要领先现货 11 分钟,而现货也要领先期货 2 分钟。

Pizzi、Economopoulos 和 O'Neill(1998)使用了 1987 年标准·普尔 500 的 1 分钟收益率,发现期货市场领先现货市场 20 分钟,而现货市场也要领先期货市场 3 或 4 分钟,两者有双向的因果关系。

Chatrath、Christie-David、Dhanda 和 Koch（2002）分析了 1993~1996 年标准·普尔 500 的 15 分钟收益率，以研究什么情况下期货会领先于现货。当指数上涨、波动率很高、市场不在开盘价或者收盘价位时，期货的领先程度是最高的，而现货市场对期货市场的领先关系在相反情况下最为明显。研究者们认为，这些发现主要是由于非商业性交易商会在上升的市场中选择交易期货，而在下跌的市场中选择交易股票。

对 MMI 的每个变动，Finnerty 和 Park（1987）将 S_t/S_{t-1} 的自然对数对稍前一些的 F_t/F_{t-1} 的自然对数进行回归，其中 S_t 是 t 时刻的指数现货价格，F_t 是 t 时刻 MMI 期货的价格。这项研究中的期货价格变动要先于现货价格变动大约 1 分钟，尽管这引起了一些质疑，见 Gordon、Moriarty 和 Tosini（1987）及 Herbst 和 Maberly（1987）。Finnerty 和 Park 的结论是，期货价格要领先现货市场大约 1 分钟，不过这种效应比较微弱。

Laatsch 和 Schwarz（1988）的研究也支撑了这些结论。他们使用分钟数据来拟合一个决定 MMI 现货和期货价格的联立方程模型，运用了 1984~1986 年的近月和次近月期货合约数据，他们发现了明显的证据表明期货价格要领先现货价格 1 分钟。他们还对 24 小时的滞后期进行了检验，发现没有明显的领先–滞后关系。

Schwarz 和 Laatsch（1991）对 1985~1988 年 MMI 数据也运用了联立方程模型。他们研究了 1 周、1 天、5 分钟和 1 分钟这几个期限上的价格变动，结论是现货和期货价格的关系随时间而变化。最初，现货市场会领先期货市场，但是在数据末端，期货市场会领先现货。

Swinnerton、Curcio 和 Bennett（1988）使用 1986 年 MMI 的交易数据，发现期货价格前 5 分钟的变动对指数现货后 5 分钟的变动有一些预测作用。

Chan（1992）考察 1984~1985 年和 1987 年两个时段上 MMI 中 20 个成分股的交易数据，他还使用了同一期间 MMI 期货的交易数据。对 5 分钟间隔的现货和期货收益率，他发现期货收益率要领先现货收益率最多 15 分钟，同时两者存在很强的同期联系。Chan 随后对这个结果的各种解释进行了检验。如果对缺乏时效的价格进行调整，那么会减少但不会消除期货价格的领先特点，而股票卖空限制也无法作为一个解释。市场面的信息似乎是期货价格领先现货价格的一个原因。最后，没有证据表明领先–滞后关系是受到了期货和现货市场相对交易强度的影响。

Ng(1987)使用标准·普尔500和VLCI指数的近月合约的日数据(1981~1986年)来检验现货和期货价格之间的Granger因果关系。她发现,两个指数的期货都要领先现货价格1天,她只考虑了这一个滞后期限。现货和期货价格之间也存在很强的同期联系。不过,现货价格当前变动和期货价格的滞后变动之间的相关性较低。

如果新的信息导致期货价格变动先于现货价格,那么基差变动也会先于期货价格。Zeckhauser和Niederhoffer(1983a)标准·普尔500和VLCI指数的基差变动及随后1天和3天的现货价格变动之间的秩相关系数。他们发现两个指数的基差变动和随后的现货价格变动之间存在正相关关系。这表明期货价格的上涨(下跌)会领先现货价格的上涨(下跌)1~3天。Zeckhauser和Niederhoffer(1983b)还发现VLCI的基差可用来预测随后3天的现货价格变动。

Kim、Szakmary和Schwarz(1999)研究了1986~1991年标准·普尔500、MMI和MYSE综合指数及期货的5分钟收益率。他们的结论是,标准·普尔500期货要领先其他两种期货5分钟,而MMI指数要领先其他两种指数大约5分钟。

Brooks、Garrett和Hinich(1999)使用了考虑到非线性和非平稳性的Hinich检验,来考察标准·普尔500(1983~1993)和金融时报100(1985~1993)的日收益率。他们没有发现标准·普尔500有领先–滞后关系,仅在1992年有很短的时间金融时报100期货价格领先于现货价格。他们的结论是,以前绝大多数对领先–滞后关系的研究,如果假设数据是线性和平稳的,那么都是有偏误的。

Chou和Chung(2004)考察了2000~2001年标准·普尔500小型期货、纳斯达克100小型期货、道·琼斯工业平均指数期货及他们对应的ETF的5分钟收益率。他们发现对每一个指数,期货价格都要领先现货价格30分钟。

加拿大。Beaulieu、Ebrahim和Morgan(2003)分析了1991年3个月的TSE 35指数15分钟收益率(对缺失值进行了调整),这一期间TSE 35指数ETF(TIPS)减小了最小报价变动。TIPS价格变动单位的减小导致其有效价差和报价价差急剧降低。在价格变动单位减小之前,TSE 35期货要领先TSE 35指数15分钟,指数和ETF之间则没有领先–滞后关系,而降低了价格变动单位后,期货收益率领先指数30分钟,而ETF则领先指数15~45分钟。这表明了交易成本在决定领先–滞后关系中的重要性。

墨西哥。Zhong、Darrat和Otero(2004)考察了1999~2002年IPC指数的日数据。通过使用EC-GARCH模型,他们发现期货收益率要领先现货收益率。

日本。Lim(1992a,1992b)研究了 1988 和 1989 年中 20 天的日经 225(SGX)数据。对 5 分钟价格变动,他没有发现期货价格领先现货价格,或者现货价格领先期货价格的互相关性。对绝大部分观测值,日经期货既在日本也在新加坡交易,日本市场的交易量要远大于 SGX 的交易量。因此,SGX 的价格可能不会对指数产生可观测的效果。

Vila 和 Bacha(1995)使用了 1986~1992 年日经 225 的日开盘价和收盘价。现货是在东京交易,新加坡和大阪的期货市场与现货市场是同步交易的,而芝加哥的期货市场是在东京闭市后才开市。新加坡和大阪的隔夜期货收益率要领先于第二天现货市场的收益率,而芝加哥的期货收益率要领先与第二天的现货收益率,不过这种效应较弱。这些结果表明,期货市场要领先现货市场几个小时。

Hiraki、Maberly 和 Takezawa(1995)使用了 1988~1991 年大阪交易的日经 225 期货的交易数据。1990 年 10 月 2 日之前,期货都比现货交易时间要多 15 分钟,而此之后(到 1992 年 2 月 7 日),期货要比现货交易早 10 分钟结束。在现货市场闭市后、期货市场闭市前出现的信息,应该会在这个日末时段反映在期货收益率和第二天的现货市场收益率中。Hiraki、Maberly 和 Takezawa(1995)发现未预期到的日末时段期货收益率会对第二天的现货收益率有正相关效应,而未预期到的日末时段期货收益率的方差也对第二天的现货收益率的条件方差有正相关效应。这些结果符合信息一般同时融入现货和期货市场的观点。不过,他们也发现日末时段的期货收益率对随后两天的现货收益率都有正相关效应,这表明期货价格要领先现货价格好几天。

Tse(1995)分析了 1988~1993 年在 SGX 交易的日经 225 期货与其标的指数的日数据。使用 ECM 方法,他发现现货价格会受到之前两天现货和期货价格的影响,而期货价格却不受之前现货和期货价格的影响。对期货价格领先现货价格的这个发现并不能用缺乏时效的价格来解释,因为领先关系长达两天。

Iihara、Kato 和 Tokunaga(1996)使用了 1989~1991 年在大阪交易的日经 225 期货和其标的指数的 5 分钟对数收益率。他们发现期货收益率要领先现货收益率最多 20 分钟,而现货收益率领先期货收益率最多 5 分钟。在现货和期货收益率之间存在很强的同期关系。

Chung、Kang 和 Rhee(1994a)分析了 1988~1991 年大阪日经 225 期货和其指数的 5 分钟收益率。为了消除数据中缺乏时效的价格和买卖价差反弹的影响,他们仅对现货和期货收益率的新息项进行了分析。他们发现现货和期货收益率存在很强的同期联系,期货收益率领先现货收益率最多 20 分钟,而现货收益率领先期货收益率最多 15 分钟。期货收益率领先的相关系数要大于现货收益率领先的相关系数。

较高的现货成交量有助于减弱预白化后仍残余的缺乏时效价格的效应,因而会减小期货收益率领先现货收益率的程度。或者,高的现货成交量可能会加重日本股票交易系统的负担, 导致交易时滞并增加期货收益率领先现货收益率的程度。Chung、Kang 和 Rhee 发现只有在现货成交量较高时才发生现货收益率领先期货收益率,这支撑了缺乏时效价格效应的观点。当现货交易量比期货交易量相对较高时,现货收益率要领先期货收益率 5 分钟,并且期货领先现货收益率的程度要比现货交易量较低时弱一些。因此,现货交易量和现货相对期货的交易量,可以影响领先-滞后关系。

影响所有股票涨跌的宏观面信息可能会被首先用来进行期货交易, 从而导致期货收益率领先现货收益率, 而特定公司的信息会倾向于导致现货收益率领先期货收益率。Chung、Kang 和 Rhee 衡量了日经成分股价格一天中同向变动的程度,如果程度很高则意味着出现了宏观面信息。他们发现,预期的期货会在出现宏观信息时更强地领先于现货的效应很轻微。

他们还检验了卖空股票的成本是否会造成期货领先于现货。因为只有在出现坏信息时才会卖空,因而他们的假设是当出现坏消息时,期货领先现货程度会更强。当现货日收益率很高时可认定出现了好消息,而当现货日收益率很低时可认为出现了坏消息。他们的研究结果并不支持这个假设。最后,在考察的数据期间期货保证金出现了三次上调,更高的保证金会降低期货市场的使用程度,不过并没有明显证据能证明这一点。

Shyy 和 Shen(1997)使用了 1994 年中两个月的交易数据。他们发现大阪和新加坡的日经 225 期货存在双向的因果关系,领先和滞后都有几分钟。

Covrig、Ding 和 Low(2004)使用了 2000 年的日经 225 报价数据,发现现货市场、大阪期货市场和新加坡期货市场存在双向的 Granger 因果关系。

Frino 和 West(2003)研究了 1998 年中 30 天的大阪和新加坡日经 225 期货及标的指数的 1 分钟收益率。考虑了缺乏时效价格的效应,他们发现存在很强的同期效应,而且新加坡期货要领先大阪期货最多 5 分钟,而期货又领先指数最多 3 分钟。新加坡期货之所以领先大阪,被解释为其交易成本较低。

Sim 和 Zurbruegg(1999)考察了 1997 年日经 300 期货的 10 分钟收益率,发现现货和期货市场之间存在双向因果关系。

中国香港地区。Tang、Mak 和 Choi(1992)使用恒生指数的日收盘价,发现期货要领先于现货。不过,Ho、Fang 和 Woo(1992)用 1991 年中 17 天的分钟收益率进行的研究却发现恒生指数不存在 3 分钟以内的领先–滞后关系。

Raj(1995)使用了 1992~1993 年的恒生指数日数据。使用 ECM 方法,他发现现货和期货收益率之间存在双向的因果关系,也就是期货收益率领先于现货收益率,现货收益率也领先期货收益率。

Fung 和 Jiang(1999)考察了 1994 年 1 月和 1996 年 3 月放宽卖空限制,对恒生指数领先–滞后关系的影响。使用 1993~1996 年的交易数据,他们发现在放宽卖空限制前期货要领先现货 25 分钟,而在放宽卖空限制后其领先时间降低到了 10 分钟。类似地,香火领先期货的时间也在放宽卖空限制后由原来的 20 分钟降低到了仅仅 5 分钟。Jiang、Fung 和 Cheng(2001)研究了同样的问题,发现放宽任何卖空限制前期货要领先现货 15 分钟,放宽限制后领先时间降低到了 9 分钟,不过期货和现货的同期相关性增强了。在所有研究时段,现货都要领先期货 3 分钟。

Chiang 和 Fong(2001)分析了 1994 年恒生指数的 5 分钟数据。消除了指数的序列相关性后,他们发现存在双向因果关系,期货领先现货最多 15 分钟,而现货领先期货最多 5 分钟。他们还检查了每一个指数成分股和期货的领先–滞后关系,发现公司越大,期货领先现货的程度越小。

韩国。Min 和 Najand(1999)研究了 1996 年中 5 个月的 KOSPI 200 指数的 10 分钟收益率。他们发现期货领先现货最多达 30 分钟,也发现现货领先期货最多达 20 分钟。

中国台湾地区。2000 年 5 月份,包括台湾股票交易所加权指数期货在内的 Taifex 交易的期货交易税率都降低了一半。MSCI 台湾股票指数的期货也在新加坡交易。Chou 和 Lee(2002)使用 1999~2000 年的交易数据分析了这两个期货合约的领先–滞后关系的变化情况。他们发现,在交易税下降前后,两个期货之间都存在双向的 Granger 因果关系,领先和滞后时间为 4~5 分钟,新加坡是更为主导的市场。不过,在 Taifex 降低税率之后,Taifex 期货的规模和重要性相对于 SGX 期货都上升了,这主要归功于 Taifex 交易成本的下降。

澳大利亚。Twite(1991)研究了 1983~1988 年澳大利亚 AOI 指数的日收盘价,他发现,尽管现货和期货收益率之间最强的相关性是同步的,但是也有证据表明期货收益率领先现货收益率1天。

Hodgson、Kendig 和 Tahir(1993)使用了 1992 年 AOI 的 15 分钟数据。他们发现有两张合约的期货收益率领先现货收益率最多 13 分钟,而第三张合约的现货收益率领先期货收益率 15 分钟,他们的结论是领先-滞后关系并不稳定。

Frino 和 West(1999)考察了 1992~1997 年 AOI 和 SPI 期货的交易数据。消除了指数中的缺乏时效价格和买卖价差反弹效应后,他们发现同期相关性是最主要的,另外,期货要领先现货 20~25 分钟,而现货领先期货为 5 分钟。他们还发现,到 1997 年后,期货领先时间缩短到了 15 分钟,而现货对期货的领先性消失了,这可能是由于 1995 年 7 月份对股票印花税减半造成的。

Sim 和 Zurbruegg(1999)考察了 1997 年 SPI 期货和 AOI 指数的 10 分钟收益率,发现现货要领先于期货市场。

在 1990 年 9 月 3 日和 1990 年 10 月 1 日,绝大多数 AOI 的股票交易都从场内转移到了电子平台上。Brailsford、Frino、Hodgson 和 West(1999)使用 1989~1992 年 AOI 和对应期货合约的 5 分钟收益率来检验领先-滞后关系的变化情况。他们发现在交易转移到电子平台前,期货要领先现货 25 分钟,现货领先期货 15 分钟。不过,当交易转移到电子平台后,同期相关性变强了,期货收益率对现货收益率的 5~10 分钟的滞后效应也变强了,而更长滞后期的影响减弱了。因此,引入电子交易后这两个市场的互动时间间隔缩短了。

Frino、Walter 和 West(2000)使用了 1995~1996 年 AOI 和 SPI 期货的 1 分钟收益率。在消除了 AOI 指数中的缺乏时效价格和买卖价差反弹效应后,他们发现期货要领先现货 18 分钟,而现货领先期货 4 分钟。在主要宏观信息发布后的 30 分钟内,期货对现货的领先在前 6 分钟内会有所增强,这与期货市场会被用来对宏观信息获利是一致的。在特定公司的重要信息发布后的 30 分钟内,现货和期货市场的领先-滞后关系改变了,尽管期货仍然符合推理而对现货保持较弱的领先。

In 和 Lim(2003)对 1988~2001 年 AOI 和 SPI 期货的日数据进行了小波分析。他们发现存在双向的 Granger 因果关系,在两个方向上的领先-滞后时间可以延伸到 256 天。

Eldridge、Peat 和 Stevenson(2003)考察了 1995~1996 年 AOI 和 SPI 期货的 5 分钟收益率。当把现货和期货收益率进行变换,以消除收益率水平和波动率的自相关性后,期货和现货间的领先–滞后关系消失了。变换后的收益率数据也没有表现出明显的非线性 Granger 因果关系。研究者们的结论是,当恰当地考虑了缺乏时效的价格等类似效应后,并不存在 5 分钟或者更长时间的领先和滞后。

Chng 和 Gannon(2003)考察了 SPI 期货收益率的波动性与 SPI 期货期权收益率的波动性之间的领先–滞后关系。使用 1994 年的半小时数据,他们发现期权的波动性要领先于期货的波动性。

Hodgson、Masih 和 Masih(2005)研究了 1992~1993 年 AOI 和 SPI 收益率与 SPI 成交量的 15 分钟数据。他们发现,熊市中现货收益率、期货收益率和期货成交量之间并没有长期的领先–滞后关系;而在牛市中,长期来看股票收益率要领先于期货收益率和期货成交量。短期来看,无论在熊市还是牛市中,期货收益率要领先现货收益率,而期货成交量则是外因。他们的总体结论是,考虑到任何期货成交量的影响后,期货收益率无论在熊市还是牛市都要领先于现货收益率。

新西兰。Raj(1995)分析了 1992~1993 年 Forty 指数的日数据。借助 ECM 框架,他发现期货收益率要领先现货收益率最多 2 天。Forty 指数期货是电子化交易,股票自从 1991 年 6 月以后在新西兰也是电子化交易。

英国。Wahab 和 Lashgari(1993)研究了 1988~1992 年金融时报 100 的日数据,借助 ECM 框架,他们发现现货和期货收益率之间存在双向的因果关系。

Theobald 和 Yallup(1993)分析了 1984~1991 年金融时报 100 的数据。他们将现货日收益率对当前、之前和之后数天的期货收益率进行了回归,发现存在很强的同期相关性,而且期货收益率要领先现货收益率 1 天。

Abhyankar(1995)分析了 1986~1990 年金融时报 100 的 1 小时收益率。他们使用广义矩方法,将现货收益率的新息项对期货收益率的领先和滞后新息项做回归。他们发现现货和期货收益率之间存在很强的同期相关性,并且期货收益率要领先现货收益率 1 小时。使用新息项应该消除了缺乏时效价格和买卖价差反弹效应,因此这些不大可能成为期货价格领先的原因。Abhyankar 随后分析了这个结果对于交易成本变动、好消息或坏消息(收益率大小)、现货成交量和现货波动性的敏感性。在"大爆炸"后期现货交易成本降低了,期货领先于现货的程度降低与此有关。因此,交易期货的成交较低也许是期货价格领先的一个原因。当出现坏消息时,期货领先现货程度比出现一般消息时更不显著,而当出现好消息时则没有任何领先。这表明,尽管卖空限制可能是期货领先于现货的部分原因,但是其影响并不大,期货领先程度对于现货成交量的变动并不敏感。他们对现货和期货收益率拟合了一个 AR(2)EGARCH(1,1)模型,以得到波动率估计的时间序列,发现在波动率较高和较低的时段,期货市场收益率都要领先于现货市场收益率。

Abhyankar(1998)研究了 1992 年金融时报 100 的四个近月合约的 5 分钟收益率。现货和期货收益率用 AR(n)EGARCH(1,1)模型来过滤,以消除非平稳性,他们发现期货要领先现货 5~15 分钟。他然后在线性回归中对残差进行了 Baek 和 Brock 检验(由 Hiemstra 和 Jones 修正),发现除了期货对现货有线性因果关系外,还存在非线性的双向因果关系。

Ap Gwilym 和 Buckle(2001)研究了 1993~1996 年金融时报 100 的 1 小时收益率。在消除了缺乏时效价格的效应后,他们发现存在很强的同期相关性,并且期货要领先现货 1 小时,而且,在期货和美式期权市场存在双向相关性,领先和滞后时间为 1 小时。

Frino 和 McKenzie(2003)使用 1999 年中 5 个月的金融时报 100 的 5 分钟数据,这段时间金融时报 100 期货交易转向了 CONNECT 电子交易系统,从而现货和期货都变成了电子化交易。CONNECT 减弱了期货领先现货的程度,并加强了同期相关性。这个结果令人困惑,因为 CONNECT 增进了使用期货市场来获利的吸引力,而这应该增强期货领先现货的程度才对。

德国。早期的研究分析的都是股票和期货都不在电子系统交易的情况。不过,随着电子交易的期货交易所在上世纪 90 年代成立(比如 DTB、OM、OMLX、Soffex、ÖTOB、Meff RV、SOM、NZFOE、BDP、韩国股票交易所、IDEM),越来越多的期货是用电子系统交易,而标的股票还是在场内交易。Grünbichler、Longstaff 和 Schwartz(1994)认为,如果期货交易是电子化的而股票交易不是,那么期货领先现货市场的时间会延长,这是因为电子化交易会进一步降低交易成本并且加快期货交易的执行。另外,信息灵通的交易者可能更愿意借助电子化系统来匿名交易。

Grünbichler、Longstaff 和 Schwartz 研究了 DAX 指数期货和 DAX 指数的领先滞后关系,DAX 指数期货是电子化交易的,而 DAX 指数的成分股是在场内交易的。

他们使用 1990~1991 年的 5 分钟收益率。为了消除缺乏时效价格和买卖价差反弹效应,他们用 AR(3)过程来拟合指数收益率,然后将所得现货收益率的新息项对期货收益率(滞后阶数为+5~−5)进行回归。他们发现期货收益率领先现货收益率 15 分钟,同时也有一些较弱的证据表明现货收益率领先期货收益率 5 分钟。现货和期货收益率之间还存在很强的同期相关性。在美国,期货和股票都是在场内交易,期货收益率领先现货收益率要小于 5 分钟。Grünbichler、Longstaff 和 Schwartz 认为德国的领先时间更长是与电子化交易加速了期货市场的价格发现过程有关的。

Kempt 和 Korn(1998)使用了 1995~1996 年 DAX 30 的 1 分钟收益率。在控制了缺乏时效价格的效应后,他们发现期货对现货的领先要远强于现货对于期货的领先,在每种情况下领先时间都是几分钟。

法国。 Green 和 Joujon(2000)使用 ECM 框架来分析 1989~1993 年 CAC 40 的日数据。他们把数据分成三个时段,发现在大一个时段现货收益率要领先于期货收益率,第二个时段存在双向的因果关系,而最后一个时段期货领先于现货。由于 CAC 40 期货是在 1988 年 8 月引入的,这些结果也许是由于市场对于如何使用股指期货有一个学习过程。

Shyy、Vijayraghavan 和 Scott-Quinn (1996)研究了 1994 年 8 月份 CAC 40 的 1 分钟数据。他们分析了 CAC 40 期货交易和 CAC 40 指数之间的领先-滞后关系,发现期货要领先现货 3~5 分钟。不过,这个结果也许是因为在计算指数时使用了缺乏时效的价格。为了减少缺乏时效价格的问题,他们转而使用 CAC 40 期货和指数 40 个成分股的的中间报价。此时,因果关系的方向发生了改变,发现现货价格领先期货价格 3 分钟。巴黎证券交易所的交易是电子化的,而法国国际期货及期权交易所(Matif)是公开喊价的,他们暗示这也许会使得现货市场报价对信息的反应比期货报价更快,后者要依赖于交易池的观测员。

瑞典。 瑞典的股票和股指期货都是电子化交易。Niemeyer(1994)分析了 1991~1993 年 OMX 指数的交易数据。为了控制买卖价差反弹和缺乏时效价格效应,除了公开发布的 OMX 指数,他还使用了以中间报价计算的 OMX 指数,前者是基于最后交易价格来计算的。OMX 期货交易清淡,1991 年 12 月~1992 年 7 月间的 5 分钟数据中,差不多有 3/4 都没有期货交易。由于 OMX 期权交易更为活跃,Miemeyer 还分析了用 OMX 看跌和看涨期权合成的期货的价格。使用 5 分钟、10 分钟和 15 分钟收益率,他发现在某些时段,现货收益率领先于期货收益率最多达 60 分钟,而在另一些时段,期货收益率也领先现货收益率差不多时间,在现货和期货收益率之间也存在很强的同期相关性。

芬兰。Puttonen(1993b)考察了 1988~1990 年 FOX 指数和 FOX 指数期货(使用中间报价价格)收益率的领先-滞后关系。使用日数据和 ECM 方法,他发现现货收益率可以用前两天的期货收益率来解释,而现货收益率却不能用来预测期货收益率,也就是说期货价格领先现货价格 2 天。他还研究了这个结果对于成交量变化和卖空限制的敏感性,发现对于现货和期货成交量水平的变动并不敏感,有一些迹象表明期货的领先性在现货波动性很高时会减弱。在芬兰,实务当中无法卖空,因而坏消息应该会加强期货的领先性,事实也正是如此。

Östermark 和 Hernesniemi(1995)的研究使用了 1988~1991 年 FOX 期货和 FOX 指数的日开盘价、收盘价和最低价数据,发现期货价格领先于指数现货。

Martikainen、Perttunen 和 Puttonen(1995a)研究了自 1988 年 5 月份后的两年间,FOX 指数、FOX 指数期货和 FOX 指数的 22 个成分股的日收盘价。使用 Granger 因果检验,他们发现股指期货和股票指数的收益率都要领先于单个股票的收益率 3 天,股指期货可以比股票指数更好地对单个股票收益率进行预测。由于 FOX 指数的许多成分股成交清淡,因而股指期货和股票指数收益率领先于指数成分股的发现也许是由于缺乏时效的价格造成的。为了检验这种可能性,他们按照有股票成交的天数的比例,把 22 只股票分成四个等权重的组合,四个组合没有股票成交的天数的比例从 22%~1% 不等。对这四个组合重复进行 Granger 因果检验,发现这四个组合之间几乎没有差别。因此,价格缺乏时效似乎并不是股指期货和股票指数收益率领先于成分股收益率的重要原因。

Östermark、Martikainen 和 Aaltonen(1995)分析了 1988~1991 年 FOX 指数的日数据,发现期货收益率要领先现货收益率 2 天。

Hietala、Jokivuolle 和 Koskinen(2000)使用了 1988~1994 年 FOX 指数的日数据,在此期间无法进行股票卖空。他们发现期货要领先现货 1 天。

瑞士。Braund 和 Gibson-Asner(1998)考察了 1991~1993 年 SMI 和 SMI 期货的交易数据,发现期货收益率要领先现货收益率大约 20 分钟。

荷兰。De Jong 和 Donders(1997)使用 1992~1993 年的交易数据研究了阿姆斯特丹 EOE 股票指数(AEX)以及该指数的期货和期权。他们发现,期货要领先指数和指数期权 5~10 分钟,而指数和指数期权并没有系统性的领先性。

希腊。Alexakis、Kavussanos 和 Visvikis(2002)分析了 1999~2001 年 FTSE-ASE-20 和 FTSE-ASE 中盘 40 指数的日收益率,发现期货收益率要领先现货收

益率 1 到 2 天。

结论。有明显证据表明,股指期货的价格要比现货价格领先几分钟,但几乎没有什么证据显示这种滞后期会长达 1 天。这种滞后可能与缺乏套利机会是相符的,如果这种套利机会的缺乏是由于交易者考虑到现在可以交易的指数成分股的价格已经包含了市场面信息的事实,从而选择期货市场来利用信息,并且他对期货价格造成的影响由于不超过交易成本而不会使价格落到无套利边界之外的话。另外,指数计算的响应延迟,也就是缺乏时效的价格,可能造成期货价格领先于指数。1997 年 10 月份之前英国市场的滞后期可能要短一些,因为那时计算指数时使用的是报价数据。

前面报告的许多研究的注意力集中于领先和滞后关系,并有低估现货和期货价格之间同期相关性的倾向。前面总结的实证证据表明,这种同期相关性要比领先或滞后关系强的多。因此,现货和期货市场对信息到达的反应绝大多数时候都是同时做出的。

关于哪种统计过程更适合用来估计同期和领先-滞后关系,还存在争论,这些方法包括向量自回归(VAR)、联立方程模型(SEM)、误差纠正机制(ECM)等等(Koch,1993;Chan、Chung,1995)。最近,有一些作者认为在检验中应该考虑非线性和非平稳的关系。

6.6.4 国家 / 地区之间的领先 – 滞后关系

世界各地都有股指期货交易,比如美国、欧洲和远东。如果一个市场有主导地位,那么这个市场的收益率会领先于其他市场的收益率,从而使其他跟随市场的收益率变得可预测。

美国和加拿大。Racine 和 Ackert(2000)研究了 1988~1993 年标准·普尔 500、纽约证券交易所综合指数、多伦多 35 指数的期货和指数现货的日数据。他们使用 M-GARCH 模型,其中包含周末效应和法定假日效应的虚拟变量,发现多伦多 35 和两个美国期货之间的同期期货收益率波动性的相关系数为 0.66。尽管他们没有研究波动性之间的领先-滞后关系,但这些结果已经表明了在美国和加拿大期货市场之间存在非常强的同期相关性,至少在一天的频率上是如此。

美国、日本和英国。Becker、Finnerty 和 Tucker(1993)对此问题进行了研究,他们使用的是 1983~1989 年的标准·普尔 500(芝加哥)、金融时报 100(伦敦)和日经 225 指数(新加坡)的指数期货开盘价和收盘价数据。除了伦敦收盘时和芝加哥开盘时两个市场有短暂时间同时交易外，这些期货市场都没有同时交易。如果在日本市场交易时有新信息出现，那么这会在日经 225 的收盘价中反映出来，并且在伦敦开盘后也会反映在金融时报 100 价格中，随后再在芝加哥开盘后反映在标准·普尔 500 价格中。因此，每个正在交易的市场的收益率都可能会领先其他正闭市的市场的收益率，这正是 Becker、Finnerty 和 Tucker 所发现的，例外的是日经 225 并不领先金融时报 100。他们接着考虑一个市场在交易时的收益率是否会领先其他市场在交易时的收益率。他们发现，标准·普尔 500 交易时的收益率与随后日经 225 交易时的收益率有显著的负相关性。不过，这种关系在经济上并不显著。伦敦的收益率并不受之前日经收益率的影响，而芝加哥的收益率则与之前的日经收益率有正相关性，不过在经济上都不显著。因而，市场的半强有效性仍然成立。

Booth、Chowdhury 和 Martikainen（1996）分析了 1988~1991 年标准·普尔 500、日经 225 和金融时报 100 期货的日数据。他们发现标准·普尔 500 的收益率要领先于日经 225 和金融时报 100，并且存在一个引发这三个市场波动的共同因素。

Booth、Chowdhury、Martikainen 和 Tse（1997）研究了 1988~1994 年标准·普尔 500、日经 225 和金融时报 100 期货的日数据，来检查是否存在热浪（某个国家市场持续波动，但是并没有传导到其他国家）或者流星雨现象（某个国家市场持续波动，接着其他国家也开始波动）。他们发现美国和英国之间存在双向的跨市场波动率溢出（流星雨），而日本市场不受其他两个市场的影响（热浪）。

美国和日本。 Aggarwal 和 Park（1994）研究了日经 225（SGX）和标准·普尔 500 之间的领先-滞后关系。使用 1987~1989 年的日开盘价和收盘价，他们证实了 Becker、Finnerty 和 Tucker（1993）的研究结果。这两个市场开市时的收益率之间不存在明显的领先-滞后关系，但是每个市场交易时的收益率都会领先另一个闭市市场的收益率。

Pan 和 Hsueh（1998）研究了 1989~1993 年标准·普尔 500 和日经 225 期货的日数据，发现日本市场收益率要领先美国市场收益率，同时美国市场的波动性对日本市场有一个负溢出的效应，反过来也是如此（注意到 Board、Sandmann 和 Sutcliffe[2001]反对在条件方差方程中包含非虚拟变量的变量，见 12.1.2 节）。

Fung、Leung 和 Xu（2001）研究了在大阪和芝加哥的都有交易的日经 225 期货 1991~2000 年的日数据。他们发现，两个市场的收益率、收益率的波动性都存在双向的领先-滞后关系。这与影响日经 225 期货定价的信息主要在交易时间出现，而且价格发现过程也主要在大阪完成的预期结果相矛盾。也有可能这种双向的领先-滞后关系是由于影响日经 225 的美国方面的信息造成的，这一点可以找到支撑，因为标准·普尔 500 期货收益率对芝加哥日经 225 期货的影响是日经 225 对标准·普尔 500 期货影响的两倍。

美国和中国香港地区。Gannon 和 Choi（1998）分析了 1993~1994 年恒生期货和指数的 15 分钟收益率，发现期货波动性要领先于现货的波动性。另外，标准·普尔 500 收益率的波动性对随后的恒生期货收益率的波动性有正相关影响。

Gannon 和 Au-Yeung（2004）研究了 1994~2001 年的恒生指数、期货及标准·普尔 500 期货的日数据。他们拟合了一个 GARCH（1，1）模型，在条件方差方程中包含了一个相对于标准·普尔 500 期货波动性的标准·普尔 500 指数波动性的衡量指标（注意到 Board、Sandmann 和 Sutcliffe［2001］反对在条件方差方程中包含非虚拟变量，见 12.1.2 节）。只有当使用标准·普尔 500 的无条件波动率时才会对恒生指数产生溢出效应。

Gannon（2005）使用了 1993~1994 年恒生指数和期货的 15 分钟收益率。标准·普尔 500 期货的波动性只对恒生指数期货的成交量有明显影响，不过将这个因素考虑进来后，明显降低了其他变量对恒生现货和期货收益率影响的显著性。

美国和澳大利亚。使用 1992~1993 年 15 分钟数据，Hodgson（1994）发现标准·普尔 500 指数前一天的日收益率对 AOI 期货的价格有显著的正向影响，而且这种影响主要集中在悉尼开盘交易时段，这与市场有效性是一致的。

Fong 和 Martens（2002）考察了 1994~1998 年标准·普尔 500 期货的 5 分钟收益率和在隔夜 SYCOM 市场交易的 SPI 期货的同步收益率。他们发现，标准·普尔 500 期货收益率要领先 SPI 收益率最多达 10 分钟，同期相关系数为 0.32（由于这些观测数据都是在美国交易时间产生的，因此美国市场应该有所领先）。不过，使用相同期间的收盘价计算的美国和澳大利亚日收益率的相关系数却近乎为 0；如果使用同步价格，那么日相关系数上升到大约 55%。

美国、澳大利亚和英国。Bilson、Brailsford 和 Evans(2005)研究了 1985~
1998 年标准·普尔 500、SPI 和金融时报 100 期货的日收盘价。他们发现这三个
地方的定价偏差存在双向的溢出效应,这表明这些市场都是相互联系的。

美国和英国。Gannon(1995)只考察了金融时报 100 和标准·普尔 500 期货
波动率之间的同期相关性。他用两种不同的方法对 1992~1993 年的 15 分钟同
步收益率数据进行了分析。首先,他对金融时报 100 和标准·普尔 500 期货收
益率分别拟合了 GARCH(1,1)模型,在条件方差方程中加入另一期货的波动
率(用期货价格的平方变动的对数来衡量)作为变量(注意到 Board、Sandmann
和 Sutcliffe[2001]反对在条件方差方程中包含非虚拟变量,见 12.1.2 节)。他发
现每种期货的波动率都对其他期货的波动率有正向影响, 也就是两个市场会
同时波动。接着,他拟合了一个包含 ECM 的回归方程来解释每种期货的波动
率。他发现金融时报 100 期货波动率对标准·普尔 500 期货有反向影响,而标
准·普尔 500 期货的波动率对金融时报 100 期货却没有影响,因而这两种方法
给出的结果互相矛盾。

Kofman 和 Martens (1997) 考察了 1993 年金融时报 100 和标准·普尔 500
期货的 1 分钟收益率。标准·普尔 500 收益率要比金融时报 100 收益率领先几
分钟,而标准·普尔 500 波动率要比金融时报 100 的波动率领先 1~7 分钟。

Wu、Li 和 Zhang(2005)研究了 1995 年金融时报 100 和标准·普尔 500 期
货在同时交易的 1 小时 40 分钟内的每笔数据。在消除了收益率的日内效应
后,他们对 5 分钟收益率拟合了一个二元 MA(1)-GARCH(1,1)模型,其中考
虑到了非对称的波动率效应。他们发现,收益率之间不存在领先-滞后关系,但
是在波动率之间存在双向的溢出效应,他们的结论是,两个市场的收益率不存
在"热浪"效应,但是波动率之间存在"流星雨"效应。

美国、英国、芬兰和世界。Martikainen 和 Puttonen(1992)考察了英国、美国
和世界(取金融时报世界精算指数)股票市场收益率,以及芬兰 FOX 指数和
FOX 指数期货收益率之间的相关性。他们使用了 1988~1990 年的日数据,发现
FOX 指数期货的收益率与美国股票市场当前和滞后的收益率有显著的正相关
关系。对于美国(当赫尔辛基股票交易所收盘时美国差不多正好开盘)和世界
指数,FOX 指数期货收益率却只与美国和世界指数的滞后收益率有显著正相
关。芬兰股票的收益率与英国、美国和世界市场股票当前和滞后收益率不存在
显著的相关性。这些结果表明,(考虑到不同市场交易时间的不同),外国股票

市场的信息会在几个小时内在芬兰股指期货市场上反映出来，但是并不会影响标的指数的现货市场。这证明芬兰期货市场是半强有效的，但芬兰股票市场不是。

美国和芬兰。Booth、Martikainen 和 Puttonen（1993）考察了 1988~1990 年 FOX 现货和期货价格与标准·普尔 500 现货和期货收盘价之间的联系。使用 ECM 方法，他们发现标准·普尔 500 现货和期货收益率要领先 FOX 期货收益率 1 天，标准·普尔 500 和 FOX 期货收益率要领先 FOX 指数收益率 1 天。这表明美国市场要领先芬兰市场，FOX 期货领先 FOX 指数，而标准·普尔 500 现货和期货之间则不存在领先–滞后关系。

日本和澳大利亚。Sim 和 Zurbruegg（1999）考察了 1997 年日经 300 期货和现货、AOI 和 SPI 期货的 10 分钟收益率数据。他们发现，日经 300 现货和期货收益率要领先 AOI 和 SPI 收益率，日本现货和期货市场还存在对 SPI 期货的波动率溢出效应。

英国、德国和法国。Antoniou、Pescetto 和 Violaris（2003）使用了 1990~1998 年金融时报 100、DAX–100 和 CAC–40 指数现货和期货市场的日数据。他们发现，英国、法国的现货和期货市场收益率都存在双向的领先–滞后关系，而德国的期货收益率要领先于现货收益率。在其他许多国家/地区的期货和现货市场的收益率之间也存在领先–滞后关系，这些收益率的领先和滞后现象并不能形成可以获利的交易策略。对收益率的波动率，他们发现德国和法国市场的现货和期货之间存在双向的领先–滞后关系，而在英国期货波动率要领先于现货波动率。另外，在许多其他国家/地区的现货和期货波动率之间也存在领先–滞后关系。如果去掉模型中的跨国界效应，那么这种模型定式错误会得出不同的模型系数估计和价格领先关系的不同结论，这表明了考虑跨国界效应的重要性。

芬兰和世界。Martikainen 和 Puttonen（1994b）研究了 1988~1990 年 FOX 指数、FOX 指数期货和金融时报世界精算指数（以美元计）的日收盘价。使用 SURE 回归，他们发现世界指数前一天的收益率对 FOX 期货收益率有正向影响，前一天的期货收益率对现货收益率有正向影响，而两天前的世界指数收益率则不产生影响。因此，世界性的消息会在两天之内，通过期货市场来影响芬兰股票市场。

6.7 基差和 1987 年 10 月股灾

有大量非正式的证据表明,1987 年 10 月的股票市场崩溃,是期货市场首先崩盘,然后又拖累了现货市场。基差(期货价格减去现货价格)比平时要大,而且在美国 10 月 19 日的基差变为负的 (也就是期货价格要比指数低很多)。不过,大量对 1987 年美国和英国股灾的实证研究发现,期货市场并没有拖累现货市场。

美国。Bassett、France 和 Pliska(1989)使用分钟数据,研究了 1987 年 10 月 19 日星期一的 MMI 基差。他们发现,在交易的前一个半小时内出现的许多大的负基差, 是由于在计算指数时使用了 10 月 16 日星期五的缺乏时效的价格造成的。因此,在价格快速变动的时候,期货价格会领先现货价格 5 到 10 分钟,这导致了大的负基差。

Harris(1989a)及 Moriarty、Gordon、Kuserk 和 Wang(1990)研究了股灾时标准·普尔 500 的基差,也发现如果考虑到缺乏时效的价格因素后,大的负基差数量大大减少了,并且期货价格要领先现货价格几分钟(即使考虑到缺乏时效价格的效应)。股灾期间基差的扩大,超出和高于缺乏时效价格效应所能解释的部分,要归因于股票交易的限制和延迟。

这些结果已经被 Kleidon 和 Whaley(1992)及 Kleidon(1992)更广泛的研究所证实。如果期货市场造成了现货市场的下跌,那么指数成分股外的股票(比如非标准·普尔 500 的股票)受到的影响应该小得多。被广泛接受的是,直到 1987 年 10 月 19 日星期一上午 11 点左右,大的负基差都是由于许多股票延迟开盘也就是没有交易造成的。这可以用来解释后来出现的大的负基差,此时几乎所有的股票都已开盘交易。他们考察了标准·普尔 500 现货和期货市场在 1987 年股灾时脱节的两个不同解释。第一个是 Blume、MacKinlay 和 Terker (1989)的观点,他们认为现货市场特别是标准·普尔 500 指数成分股,在面对非常大的交易量时受困于流动性不足,导致了各自股价的过度下跌(见 12.4.2 节关于此项研究的进一步讨论)。另一个解释是,非标准·普尔 500 成分股的价格比指数成分股下跌得更快是由于它们对信息的反应较慢,这可能是由于纽约证券交易所指令传输系统过载而造成现货交易的指令下达、执行有较长延迟,而这对非标准·普尔 500 指数成分股更为严重。当交易最终成功执行时,它们并不完全反映当时的信息。因此价格缺乏时效性,并非由于交易是在一段时间前发生的(不交易),而是因为价格是基于过时的信息。使用 1987 年 10 月 1 日~15 日的 5 分钟收益率,他们得出结论,1987 年 10 月 19 日上午 11 点后的负基差主要是由缺乏时效的价格造成的,特别是与处理现货交易过程中的物理延迟有关,而与流动性不足无关。

Jones、Nachtmann 和 Phillips-Patrick (1993) 研究了 1987 年 10 月和 1989 年股灾期间的标准·普尔 500 和非标准·普尔 500 股票的 1 分钟收益率。他们使用标准·普尔 500 中 20 只公用事业股票构成的组合和 20 只非标准·普尔 500 成分股的公用事业股票构成的组合的收益率。在两次股灾期间,当市场高度紧张时,这两个组合的收益率是协整的。这表明在此期间,标准·普尔 500 股票和其他纽约证券交易所股票价格之间的联系没有断裂。

Arshanapalli 和 Doukas(1994)使用了 1987 年 10 月标准·普尔 500 的 5 分钟收益率。他们通过将当前收益率对四个滞后的现货收益率进行回归,并在后续分析使用回归残差,来对现货收益率进行调整以减轻缺乏时效价格的影响。他们发现,现货收益率在 1987 年 10 月份每天(除了 10 月 20 日星期一)都服从 ARCH 过程,而期货收益率在该月的每天都服从 ARCH 过程。他们随后检验了标准·普尔 500 现货和期货收益率是否服从同一个 ARCH 过程,比如,现货收益率的条件方差是否是期货收益率条件方差的线性变换。他们发现并非如此,这段期间现货和期货的 ARCH 效应并非是由同一个因素引起的。这意味着由于涉及现货和期货的 ARCH 效应,因而基差也牵涉到两个 ARCH 过程,并且由于两个 ARCH 并不能相互抵消,因而风险最小化的避险比率(见第九章)是随时间变化的。

Wang 和 Yau(1994)研究了标准·普尔 500 现货和期货在 1987 年 10 月 14 日~1987 年 10 月 23 日的 5 分钟数据。由于 1987 年股灾期间许多股票存在的严重的无交易问题,他们使用有交易股票的价格重新构建了标准·普尔 500 指数。他们发现,经过一次差分后期货价格和现货价格都平稳了,因而检验了这些价格序列之间的协整性。他们发现,10 月 14 日、16 日和 22 日协整关系成立,而 10 月 15 日、19 日、20 日、21 日和 23 日协整关系不成立。他们的结论是,在 10 月 14 日、16 日和 22 日,指数套利活动很充分,从而可以维持现货和期货价格之间的联系,但是在所研究的其他日子里并非如此,这些结果通过对数据拟合 Garbade 和 Silber(1983a)模型得到了证实。

英国。Antoniou 和 Garrett(1993)分析了金融时报 100 现货和期货在 1987 年 10 月 19 日星期一、10 月 20 日星期二的 1 分钟数据。考虑到缺乏时效价格的问题,他们对指数数据拟合了卡尔曼滤波,结果对指数的调整都比较小。他们发现,这两天现货和期货价格是协整的,因而可应用 ECM 方法。Antoniou 和 Garrett 认为,由于星期一的协整向量并非基差,因而现货和期货市场的套利关系被割裂了。而在星期二这个关系得到了恢复。他们对每一天的现货和期货价格变动拟合了 GARCH(1,1)回归,其中包含一个 ECM。结果显示,在星期一,前几分钟的指数变动对当前期货价格变动有很强的正向影响,同时前 10 分钟的期货价格变动对当前现货价格变动也有正向影响。因此,期货领先现货,现货也领先期货。在星期二,这种模式改变了。前 1 分钟的期货价格变动对现货价格变动有很小的正向影响,而现货价格的过往变动对当前期货价格没有任何影响,因此期货领先现货。

6.8 价格波动率的领先–滞后关系

像价格水平的领先–滞后关系一样, 价格波动率也可能存在领先–滞后关系。

美国。Kawaller、Koch 和 Koch(1990)对期货和现货价格波动率之间是否存在领先–滞后关系进行了研究。他们使用了标准·普尔 500 在 1984~1986 年的交易数据, 以每分钟价格变动的方差的自然对数来作为波动率衡量,用 Granger 因果检验来考察期货波动率是否领先现货波动率,或者相反,他们没有发现系统性的模式。

Cheung 和 Ng(1990)使用了 4 年的标准·普尔 500 的 15 分钟收益率。考虑了缺乏时效价格和 GARCH 效应后, 他们发现期货收益率的波动率要领先现货收益率的波动率 15 分钟,也有一些证据表明现货波动率要领先期货波动率 15 分钟。

Chan、Chan 和 Karolyi(1991)使用二元 GARCH 模型,来研究 1984~1989 年标准·普尔 500 现货和期货的 5 分钟收益率之间的关系。他们发现两个市场的波动率之间有很强的联系, 任何一个市场上的信息都可以用来预测随后在现货和期货市场产生的波动率。

Lee 和 Linn(1994)使用 1983~1987 年标准·普尔 500 的 10 分钟对数收益

率来研究波动率的领先-滞后关系。波动率是用对数收益率对其中位数的绝对偏离来衡量。Granger 因果检验清晰表明,期货波动率领先现货波动率,而有些时候现货波动率也会领先期货波动率。

Koutmos 和 Tucker(1996)分析了 1984~1993 年标准·普尔 500 现货和期货的日数据。他们对期货和现货收益率拟合了一个包含 ECM 的二元 EGARCH 模型,其中的误差校正项就是简单的滞后负基差,也就是$(S_{t-1}-F_{t-1})$。ECM 在解释现货和期货收益率中起到了显著作用,而波动率存在很强的持续性。他们所关注的是现货和期货市场的波动率溢出效应。前一天的期货波动率对今天的现货波动率有显著的正向影响,并且这种波动率溢出是不对称的,因为期货市场的坏消息对现货市场波动率的增加要比期货市场的好消息多出 60%。这种非对称性可以用杠杆效应来解释:当股价下跌时,由于公司债务不变,因此资产负债率上升,也就是杠杆加大了,这使得股票收益率变得更有风险,从而增强了由坏消息引起的波动率上升。而如果是好消息,那么由好消息带来的波动率上升会被由于杠杆下降而带来的波动率下降所抵消。前一天的现货波动率对今天的期货波动率没有任何影响,因此,期货波动率要领先现货波动率 1 天。

Chatrath、Christie-David、Dhanda 和 Koch(2002)使用了 1993~1996 年标准·普尔 500 的 15 分钟收益率。通过二元 GARCH 模型,他们发现在现货和期货之间有很强的双向波动率溢出效应,滞后时间为 15 分钟。

Tse(1999b)对 1996~1997 年道·琼斯工业平均指数的 1 分钟收益率拟合了一个二元 EGARCH(1,1)模型。他们发现期货波动率要领先现货波动率大约 3 分钟,而几乎没有证据表明现货波动率领先于期货波动率。

Darrat、Rahman 和 Zhong(2002)考察了 1987~1997 年的标准·普尔 500 的月度数据。在考虑了工业生产、风险溢价、期限结构、通货膨胀和预算赤字的波动的影响后,他们发现,现货波动率要领先期货波动率,而期货波动率并不领先现货波动率。

墨西哥。Zhong、Darrat 和 Otero(2004)考察了 1999~2002 年 IPC 指数的日数据。他们使用 EC-GARCH 模型,发现期货收益率的波动率要领先现货波动率,反之也成立。

日本。Iihara、Kato 和 Tokunaga(1996)分析了在大阪交易的日经 225 期货及其标的指数在 1989~1991 年的 5 分钟对数收益率。他们对此数据拟合了一个二元 GARCH(1,1)模型,结论是期货收益率的方差要领先现货收益率方差

5 分钟。

韩国。Min 和 Najand(1999)研究了 KOSPI 200 指数在 1996 年中 5 个月的 10 分钟收益率,发现现货和期货波动率之间的双向 Granger 因果关系较为有限。

澳大利亚。Brailsford、Frino、Hodgson 和 West(1999)研究了 1989~1992 年 AOI 和 SPI 期货的 5 分钟收益率,发现波动率之间不存在领先或滞后。

英国。Abhyankar(1995)对 1986~1990 年的金融时报 100 指数及其期货的 1 小时收益率拟合了一个 EGARCH 模型,然后对估计出的每小时条件波动率进行领先–滞后关系的检验。结果没有发现有系统性的模式。对好消息和坏消息,以及对现货高交易量和低交易量的时段分别进行分析,也没有发现明显的模式。

Frino 和 McKenzie(2003)使用了金融时报 100 在 1999 年中 5 个月的 5 分钟收益率,发现期货波动率要领先现货波动率 10~20 分钟。

德国。Grünbichler、Longstaff 和 Schwartz(1994)使用了 1990~1991 年 DAX 的 5 分钟收益率。在对现货收益率拟合了一个 AR(3)过程后,将偏差的平方再对期货收益率的平方做回归(滞后阶数从+5~-5)。他们发现,期货波动率要领先现货波动率 20 分钟,而没有现象表明现货波动率会领先期货波动率。

西班牙。Lafuente(2002)考察了 1993~1996 年 Ibex 的 1 小时数据。他拟合了一个带 GARCH 扰动的二元 ECM 模型,发现期货收益率要领先现货收益率,而现货和期货波动率之间存在双向的因果关系。

芬兰。Martikainen 和 Puttonen(1994a)对 1988~1990 年的 FOX 指数期货的日收益率拟合了一个 GARCH(1,1)模型,然后他们将此模型得出的残差平方的一阶滞后值作为解释变量,放入对 FOX 指数日收益率所作的 GARCH(1,1)模型的条件波动率方程中。他们发现,这一项对现货波动率有显著的正向影响。因此,现货波动率可以用前一天的期货市场收益率的新息项来预测。

希腊。Alexakis、Kavussanos 和 Visvikis(2002)使用了 1999~2001 年 FTSE-ASE-20 和 FTSE-ASE 中盘 40 指数和期货的日数据,发现期货收益率的波动率要领先于现货收益率的波动率。

总结。结果比较繁杂。最有力的发现是期货波动率要领先现货波动率,但也有较弱的证据表明,现货波动率偶尔要领先期货波动率,也就是会有双向的因果关系。Koutmos 和 Tucker(1996)发现标准·普尔 500 对好消息和坏消息有不对称的波动率效应,而 Abhyankar(1995)发现在英国并没有这种不对称性。

6.9 价差交易

价差交易涉及同时购买一种期货并卖出另一种期货两个交易，每个交易都称为价差交易的一条"腿"（leg）。价差可用来对两个期货的相对价格变动进行投机。期货的价差也称为骑墙（straddle），尽管对于可交易期权来说，骑墙代表的是另外一层含义。价差交易可以分为同品种价差和跨品种价差。同品种价差涉及同一期货的不同合约，比如卖出 Liffe 的金融时报 100 指数在 2004 年 12 月份的期货，并买入 2005 年 3 月份的期货，这也称为时间价差、水平价差、跨月价差、跨交割日价差或者日历价差。跨品种价差可以细分为：（a）跨市场价差，价差中两个期货分别在不同交易所交易，比如 Euronext–Liffe 和 CME；（b）价差由同一交易所交易的不同期货组成，比如都在 Euronext–Liffe 交易的金融时报 100 指数期货和长期国债期货。

价差具有许多吸引投资者的特点（Schwager，1984，492~493 页）。尽管单个期货头寸可能是高风险的，但如果同时持有相似资产的多头和空头头寸，那么由于这两个头寸的利润之间具有很强的负相关性，绝大多数风险会互相抵消，因此价差通常比持有单一期货合约的风险要小。由于较低的风险，因此许多期货交易所对价差交易要求的保证金比单一头寸交易要少。2004 年 8 月金融时报 100 指数期货同品种价差交易的初始保证金为 35 英镑，而 2004 年 4 月单一（投机）头寸的初始保证金要 1500 英镑。这是由于预期的价差交易日损失要小得多，因为多头和空头的期货合约变动保证金可能会互相抵消。某些交易者，比如那些对未来现货和期货价格的相对变动而非价格水平有看法的人，希望用价差交易来获得比单个期货头寸更优的风险–收益业绩。

6.10 同品种价差

对于希望拥有低风险期货头寸的投资者，同品种价差交易也许颇具吸引力。

举例。Harry Palmer 是 Earley 基金的经理，他在 9 月 5 日执行了金融时报 100 指数期货的同品种价差交易。同品种价差的两条腿是，以 60,500 英镑的价格卖出 9 月份合约，以 61,650 英镑的价格买入 3 月份期货，价差为 1,150 英镑。第二天，价差扩大到了 2,125 英镑，Harry 结清了他的同品种价差交易头寸,具体是按 59,900 英镑的价格买入 9 月份合约,按 62,025 英镑的价格卖出 3 月份合约。结果得到的利润为 2,125−1,150=975 英镑,初始保证金仅为 100 英镑(利润计算忽略了交易成本)。

下面将考察同品种价差交易利润的决定因素。令 F_F 为远月合约的当前价格,F_N 为近月合约的当前价格,定义价差为 $\pi=F_F-F_N$。假设每个期货合约都按照无套利条件来定价,也就是 $F=(S-D)\times(1+r)$。近月合约价格为 $F_N=(S-D_N)\times(1+r_N)$,远月合约价格为 $F_F=(S-D_F)\times(1+r_F)$,其中 D 和 r 的下标 N 代表近月合约的红利和无风险利率,下标 F 代表远月合约。令 $(1+r_F)\equiv(1+r_N)\times(1+r')$,$D_F\equiv D_N+d'$,那么 $F_F=(S-D_N-d')\times(1+r_N)\times(1+r')$。因此,同品种价差的无套利条件,可以用价差来表示:$\pi=(1+r_N)\times[(S-D_N-d')r'-d'(1+r')]$。对该方程每个变量求偏导数就可以得到各变量变动对基差(π)的边际影响。假设交易者持有远月合约的多头头寸和近月合约的空头头寸,也就是牛市价差(如果交易者持有近月约的多头头寸和远月合约的空头头寸,也就是熊市价差,那么结果相反)。

$$\partial\pi/\partial S = (1+r_N)r' > 0$$
$$\partial\pi/\partial D_N = -(1+r_N)r' < 0$$
$$\partial\pi/\partial d' = (1+r_N)\times(1+2r') < 0$$
$$\partial\pi/\partial r' = (1+r_N)\times(S-D_N-2d')-(1+2r')\times(1+r_N)\times(\partial d'/\partial r')>0 \quad 其中\,\partial d'/\partial r'<0$$
$$\partial\pi/\partial r_N = (S-D_F)r'-d'(1+r')-r'(1+r_N)\times(\partial D_N/\partial r_N)$$

指数现货价格(S)的上涨将带来 π 的增加,而红利(无论对近月还是远月合约)的增加将减少 π。如果近月合约交割后、远月合约交割前这段期间的无风险利率(r')上升,那么会增加 π。r_N 上升对 π 的影响方向则并不确定,如果 $r'>d'/[S-D_F-d'-(1+r_N)\times(\partial D_N/\partial r_N)]$,那么 π 增加,如果 $r'<d'/[S-D_F-d'-(1+r_N)\times(\partial D_N/\partial r_N)]$,那么 π 减小。

上述分析用于交易的意义在于:(a)如果预期现货价格上升,那么买入远月合约并卖出近月合约;(b)如果预期近月合约交割后的指数红利将增加,或者近月合约的红利将增加,那么卖出远月合约并买入近月合约;(c)如果预期近月合约和远月合约交割期之间的无风险利率将上升,那么买入远月合约并卖出近月合约;(d)r_N 变动的影响要依赖于 r'。

6.10.1 正向和反向市场

由于同品种价差是关于同一种期货的不同交割月合约的相对价格，因此分析不同交割月合约的价格特征对价差交易者来说是有意义的。在正向市场情况下，对不同交割月合约来说，交割月越远的合约的当前价格会越高。图 6.3 表明了这一点。由于无风险利率大于红利收益率，因此交割月越远，算术平均指数期货的无套利价格越高（这对于几何平均指数不成立，见 Thomas，1995）。

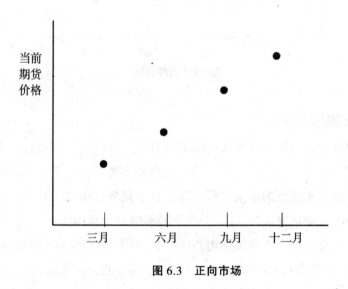

图 6.3 正向市场

反向市场情况下，情况正好相反，也就是交割月越远的合约，其当前价格越低，图 6.4 表明了这一点。

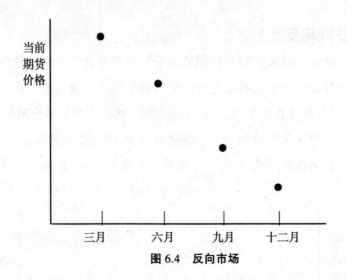

图 6.4　反向市场

6.10.2 蝶式价差

同品种价差有一种特殊形式叫蝶式价差,它由两个价差组成,一个是牛市价差,另一个是熊市价差。当中间月合约的价格与近月和远月合约的价格不一致,而交易者又无法预测未来它们之间的价格调整会由中间月合约还是近月和远月合约的变动来完成时,这样一个价差策略是很有用的。

举例。金融时报 100 指数期货的价格是,3 月合约 60,000 英镑,6 月合约 62,500 英镑,9 月合约 63,000 英镑。Elswick 基金的经理 Sam Spade 注意到 6 月合约的价格比 3 月和 9 月合约相对要高,如图 6.5 所示。但是他无法确定未来 6 月份合约价格会下降还是 3 月和 9 月价格会上升,于是他决定进行蝶式价差交易。任何对 6 月合约高估的价格的修正都会使得 6 月和 3 月期货合约的价差(F_J-F_M)下降,9 月和 6 月期货合约的价差(F_S-F_J)上升。于是 Sam 建立了 3 月和 6 月合约的熊市价差,以及 6 月和 9 月合约的牛市价差,也就是买入一张 3 月合约,卖出一张 6 月合约,并且买入 1 张 9 月合约,卖出一张 6 月合约。假设期货价格变动到了,3 月合约 60,500 英镑,6 月合约 61,500 英镑,9 月合约 62,500 英镑。于是 Sam 在 6 月-3 月熊市价差交易上的利润为 1,500 英镑,在 9 月-6 月牛市价差交易上的利润为 500 英镑,交易的总利润为 2,000 英镑。

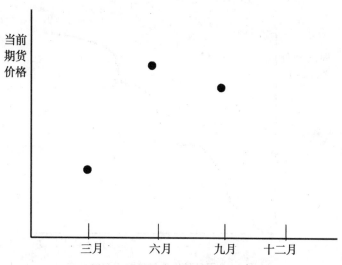

图 6.5　蝶式价差–中间月合约相对较高

6.10.3 波动性与同品种价差交易的期限长度

价差中两个合约交割日偏离越多,那么其价格运动的相关性就越弱,而价差的波动性也会增加,Samuelson(1965)、Castelino 和 Vora(1984)证明了这个结果,图 6.6 也表明了这点。

6.11 跨品种价差

这类价差主要吸引那些对两种不同期货的相对价格运动有自己的看法,而又无法预测单个期货价格运动的交易者。这些交易者也许可以预测标的资产现货的相对价格变动、指数成分股红利的现值,或者相关的无风险利率。下面将分析跨品种价差交易利润的决定因素。令 F_L 为建立多头头寸的股指期货的价格,F_S 为建立空头头寸的股指期货的价格,于是跨品种价差为:$F_L-F_S=(S_L-D_L)\times(1+r_L)-(S_S-D_S)\times(1+r_S)$。如果两个合约的交割日相同,也就是 $r_L=r_S$,价差变为 $F_L-F_S=(S_L-D_L-S_S+D_S)\times(1+r)$。现货相对价格变动、红利现值和无风险利率对价差交易的影响,可以通过该方程分别对 (S_L-S_S)、D_L、D_S 和 r 求偏导数得到:

$$\partial(F_L-F_S)/\partial(S_L-S_S) \quad =(1+r)>0$$

$$\partial(F_L-F_S)/\partial D_L \quad =-(1+r)<0$$

$$\partial(F_L-F_S)/\partial D_S \quad =(1+r)>0$$

$$\partial(F_L-F_S)/\partial r \quad =S_L-S_S-D_L+D_S-r(\partial D_L/\partial r-\partial D_S/\partial r)$$

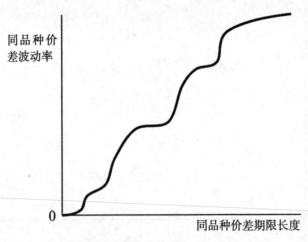

图 6.6　同品种价差和价差期限的长度

　　现货价格之差上升,或者空头头寸期货的现货资产红利增加的影响是(假设 $F_L>F_S$),那么标的资产价格之差将扩大。如果多头头寸期货的现货资产红利增加(假设 $F_L>F_S$),那么标的资产价格之差将缩小。无风险利率变动的影响方向则取决于相对系数大小。

6.12　价差比

　　目前为止的讨论都隐含价差中的多头和空头头寸都包含相同数量合约的假设,然而并不一定需要如此,有些情况下在价差的两条腿中包含不同数量的合约可能更好。价差的两条腿中合约数量之比称为"价差比"(用 ρ 来表示),这在目前为止的讨论中一直是 1。将价差比定义为 ρ ≡(空头部分的合约数量)/(多头部分的合约数量)=N_s/N_l。

　　价差比不为 1 的一个明显例子就是跨品种价差。由于价差的两条腿涉及不同期货,因而合约的大小和价格都是不同的,此时如果在每条腿都买入和卖出相同数量的合约可能会导致价差不平衡。因此,即使两条腿的相对价格不变,价差交易者也会由于期货价格变动而发生损益。为了避免这个问题,交易者必须在每种期货上买入和卖出不同数量的合约,使得两条腿的价值相等。于是,价差比(ρ)就等于多头头寸期货的价格(F_l),除以空头头寸期货的价格(F_s),也就是 $\rho=F_l/F_s$(这是因为要求多头和空头头寸价值相等 $N_lF_l=N_sF_s$,因而

$\rho = N_s/N_l = F_l/F_s$)。

举例。Lois Lane 是 Fenham 基金的经理,她对于打算交易的商品期货价格总体水平变动并没有看法,但是对其相对价格变动有一些预期,她认为 kryptonite 期货将会相对于 phlogiston 期货上涨。她打算建立一个价差头寸,买入 kryptonite 期货(12 个月后交割的合约,当前价格为每吨 50,000 英镑)并卖出 phlogiston 期货(12 个月后交割的合约,当前价格为每千磅 10,000 英镑)。Lois 正考虑两种替代策略:(a)对每种商品都买卖相同数量的合约,比如 10 张合约,价差比为 1;(b) 对每种商品都买卖相同价值的合约,比如 10 张 kryptonite 和 50 张 phlogiston,价差比为 5。如果两种商品的期货价格都下跌了 10%,那么第一种策略导致 Lois 损失 $10 \times (50,000 \times 0.10 - 10,000 \times 0.10) = 40,000$ 英镑,而后一种策略产生利润为 0,因为它不受总体价格水平变动的影响,$[10 \times 50,000 \times 0.10 - 50 \times 10,000 \times 0.10 = 0]$。Lois 只有在相对价格发生变动的时候才会在第二种策略上发生损益。

这个例子假设对市场整体价格水平变动,kryptonite 和 phlogiston 期货价格会变动相同比例的金额,实际也许并非如此。比如,当市场指数上涨了 10%,kryptonite 期货价格可能上涨 20%(也就是比率为 2),而 phlogiston 期货也许只上涨 5%(也就是比率为 0.5)(关于市场指数变动和资产价格变动关系模型的讨论,可以参见 Sutcliffe[1997]6.18 节和 9.6 节)。可以调整价差比,以考虑对于市场价格水平变动而形成的不同价格反应。令 $\mu = \beta_l/\beta_s$,其中 β_l 和 β_s 是相对于市场指数变动,多头和空头头寸变动的比率,于是调整后的价差比为 $\rho = \mu F_l/F_s$,或者 $F_l\beta_l/F_s\beta_s$。事实上,μ 衡量的是多头头寸(kryptonite)价格的变动,除以空头头寸(phlogiston)价格的变动。如何衡量期货市场对市场组合收益率变动的反应的问题将在 6.18 节深入讨论。

举例。继续前面 Lois Lane 的例子,假设她仍然认为 kryptonite 期货价格相对于 phlogiston 期货要上涨(忽略任何市场价格变动对它们相对价格的影响),而且她对整体价格变动没有看法。由于总体价格 10% 的上涨会导致 kryptonite 期货价格上涨 20%,而 phlogiston 期货仅上涨 5%,因此要保证 Lois 不受 kryptonite 和 phlogiston 期货价格对总体价格水平变动有不同反应的影响,价差比应该为 20,也就是 $50 \times 2/10 \times 0.5 = 20$。如果总体价格水平下跌 10%,那么 kryptonite 期货价格下跌 20%,phlogiston 期货下跌 5%。Lois 在 kryptonite 期货的多头头寸上损失为 $10 \times 50,000 \times 0.20 = 100,000$ 英镑,在 phlogiston 期货的空头头

寸上盈利为 200×10,000×0.05=100,000 英镑。因此,她的头寸不会受整体价格
变动的影响,而只受 kryptonite 和 phlogiston 期货相对价格变动超过由整体价
格变动造成部分的影响。

上述讨论表明,跨品种价差交易需要对价差比进行选择,而价差比的选择
要取决于价差交易的目的。比如,价差比可以是 1、合约价值之比、合约对总体
市场价格反应调整后的价值之比,或者由某些其他因素决定。

如果交易者关心逐日盯市对于价差交易(同品种或者跨品种)的影响,他
可以考虑跟踪价差(跟踪风险和跟踪操作将在 9.10 节详细讨论)。跟踪一个期
货头寸意味着要每天对头寸进行缩减,也就是对初始头寸乘以 1/(1+r),其中 r
是剩余期限内的无风险利率。如果价差中的两个期货有相同的交割日,就将它
们都乘以 1/(1+r),价差比不受跟踪操作的影响。对于同品种价差交易,交割日
是不同的,对每个头寸进行跟踪操作会导致价差比改变(Kawaller,1997)。

6.13 合成股指期货

3.2 节已经阐述了如何用现货和债券来复制一个期货合约。两个股指期货
的加权价差,也就是价差比不等于 1 的价差,可以用来构造一种新的合成股指
期货。两个股指期货,其中一个指数的成分股是另一个指数成分股的子集,那
么其跨品种价差就代表在一个指数中而不在另一个指数中的股票的期货合约。

举例。Annie Oakley 是 Gosforth 基金的经理,他打算构建一个美国小型公
司的股指期货。标准·普尔 500 指数,覆盖了在纽约证券交易所上市的 500 家
最大的公司中的绝大多数,其市值大概占到了纽约证券交易所所有股票市值
的 80%(这个例子中假设标准·普尔 500 指数覆盖的只是纽约证券交易所上市
的大公司,尽管事实上标准·普尔 500 指数也包含一些场外交易的股票)。纽约
证券交易所综合指数则覆盖了在纽约证交易所上市的所有股票(大约 1,700
只美国股票和 400 只海外股票)。标准·普尔 500 指数期货当前的价值为
1,200×250=300,000 美元,而纽约证券交易所综合指数期货的价值为 7,000×
50=350,000 美元。Annie Oakley 买入了 15 张纽约证券交易所综合指数合约,
卖出了 14 张标准·普尔 500 合约,两个合约交割日相同,价差比为 14/15=
0.933。这些交易的净效应是建立了一个价值 1,050,000 美元的合成指数期货
多头头寸,该期货包含的是在纽约证券交易所上市的并非标准·普尔 500 指数

成分股的小型(和海外)股票。事实上,每张纽约证券交易所综合指数期货合约花费的 350,000 美元包含了两部分:(a)280,000 美元的标准·普尔 500 指数;(b)70,000 美元的 1,200 家小型美国公司和 400 家海外公司。因此,15 张纽约证券交易所综合指数合约对应 15×280,000=4,200,000 美元的标准·普尔 500 指数期货,这与卖出 14 张标准·普尔 500 指数期货(也就是价值 14×300,000=4,200,000 美元)正好抵消。于是剩下了 15×70,000=1,050,000 美元的净多头头寸,这是一个在纽约证券交易所上市的小型美国公司(和海外公司)的合成指数期货。

在上面的例子中,使用的权重是对每份纽约证券交易所合约,对应 0.933 张标准·普尔 500 合约。该比率的一般值为 pF_l/F_s,其中 F_s 是 1 张标准·普尔 500 指数期货的当前价格,也就是 300,000 美元,F_l 是 1 张纽约证券交易所综合指数期货的当前价格,也就是 350,000 美元,p 是标准·普尔 500 指数成份股市值占所有纽约证券交易所上市公司市值的比例,也就是 0.80。

在英国,可以用金融时报 100 和金融时报中盘 250 期货的多头(空头)头寸来构造英国最大的 350 个股票的合成期货。由于这两个指数的成份股没有重合,因此无法构建这两个指数中任何一个的成份股子集的合成期货。

6.14 关于价差的实证研究

来自 CFTC(1995)的数据表明,在美国股指期货只有 1% 的未平仓量是价差交易,而对金融时报 100 这个数字可能更低。因此,价差交易对股指期货的重要性甚微,这也许可以解释为什么对股指期货价差的定价仅有少量的实证研究。

美国。Billingsley 和 Chance(1988)通过对单个期货使用无套利条件,然后对各成份期货合约的无套利条件相减,从而得出了同品种价差的无套利条件。他们使用了 1982~1986 年标准·普尔 500 指数期货的周数据,发现在考虑了 1% 的交易成本后,同品种价差的无套利条件可以满足。他们还考察了同期限的标准·普尔 500 和纽约证券交易所指数期货的跨品种价差,数据为 1983~1986 年的周数据。他们发现,在考虑了交易成本后,跨品种价差的无套利条件也满足。因此,股指期货的相对价格在考虑了交易成本后,似乎符合无套利条件。

澳大利亚。Twite(1998)使用澳大利亚 AOI 研究了同品种价差的无套利条件,发现存在一些超过交易成本的定价偏差。

英国。Yadav 和 Pope(1992d)研究了 1986~1990 年金融时报 100 期货近月和中月合约的小时数据。当价差足够达到覆盖估计的交易成本时,就建立模拟的价差套利交易。在中月合约相对近月合约高估时,就卖出一张中月合约并买入一张近月合约。当今月合约交割时,买入指数股票篮子并持有到中月合约交割。如果初始定价偏差是中月合约相对低估,那么这个套利过程中的多头和空头头寸就反向建立。他们发现存在套利利润,不过提前交割几乎没有更多好处,因此风险价差套利并不具有吸引力。如果在交割日前放宽卖空限制对结果有很大影响,而纳税时间选择权则没有价值。最后,他们发现价差的定价偏差是均值回复的。这些结果与 Yadav 和 Pope 关于现货和期货价格之间定价偏差的研究是一致的。

Butterworth 和 Holmes(2002)考察了 1994~1996 年金融时报 100 和金融时报中盘 250 期货的日数据。他们研究了这两个期货之间进行跨品种价差交易的获利性,在考虑了交易成本后,发现他们的交易策略并不能获利。

6.15 风险溢价

期货市场一个存在很久的问题是,期货收益率是否包含了承受风险的溢价,也就是当前期货价格和预期的标的资产在交割日的价格之间是什么关系,见 Kamara(1984),Leuthold、Junkus 和 Cordier(1989,108~113 页)及 Teweles 和 Jones(1987, 109~116 页和 308~324 页)。至于风险溢价,其他品种的期货和股指期货之间的差别相当大,因而其他期货的结果对股指期货并没有太多意义。

6.16 预期现货价格

由于在交割日(T 时刻)期货合约的价格(F_T)必须等于现货价格(S_T),也就是 $F_T=S_T$,这暗示在当前(t 时刻)期货价格(F_t)和交割日的现货价格(S_T)之间有一定的关系。假设买卖期货没有交易成本,并且也没有风险厌恶或偏好,那么在竞争性市场上,T 时刻交割的期货合约的当前价格应该等于当前对 T 时刻现货价格的预期,也就是 $F_t=E[S_T]$。如果 $F_t<E[S_T]$,那么交易者可以立即买入期货合约并持有到期,平均来说他将获得 $E[S_T]-F_t$ 的利润。类似地,如果 Ft>E

[S_T]，交易者可以立即卖出期货合约并持有到期，他将预期获得 $F_t-E[S_T]$ 的利润。这个结果对当前的基差值有一定意义。本章前一部分已经表明，基差的决定因素是 S_tR_F 和 $D(1+R_F)$，而不是对交割日现货价格的预期。不过，如果风险中性的投资者无法从对股票市场的投机中获利（并且假设无套利条件成立），那么要求 $E[S_T]=F_t=(S_t-D)\times(1+R_F)$，因而 $F_t-S_t=E[S_T]-S_t$。于是，当前的基差就等于现货价格在交割日的预期上涨金额。

6.17 现货升水、现货溢价和现货贴水

尽管现货升水（backwardation）、现货溢价（normal backwardation）和现货贴水（contango）是与商品期货特别相关的术语，但它们也可用于股指期货。这些术语是由 Keynes（1923，1930）定义的，也被 Hicks（1946，138 页）使用过。当 $S_t>F_t$ 时称为现货升水，也就是基差为负；当 $F_t>S_t$ 时称为现货贴水，也就是基差为正。当期望的交割日（T 时刻）现货价格大于当前（t 时刻）期货价格，称为现货溢价，也就是 $E[S_T]>F_t$，因此当现货溢价时就违背了前面 $F_t=E[S_T]$ 的条件。图 6.7 表示了 Keynes 对于现货升水和现货溢价的定义。

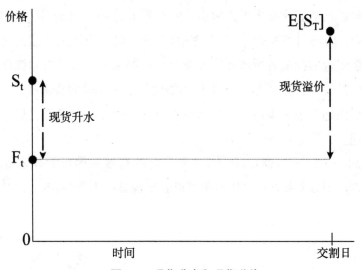

图 6.7　现货升水和现货溢价

现货升水和现货贴水都可以用当前市场价格来计算，但是现货溢价需要使用交割日价格的期望值，这无法直接观测。后来的其他研究者并没有按照 Keynes 的定义来使用现货贴水、现货升水和现货溢价这些术语，这造成了一些

混淆。

6.18 股指期货的风险溢价

这一节的目的是要用资本市场理论来获得股指期货风险溢价的一个表达式。对风险溢价的存在有三种不同的观点。Keynes（1930）、Hicks（1946）和Houthakker（1968）的观点是，期货市场正常情况下应该是现货溢价，也就是 $F_t<E[S_T]$，这可以通过放宽前面的风险中性假设来解释。如果不存在交割日现货价格会高于当前期货合约价格的预期，那么愿意持有期货合约空头头寸的投资者（比如要对冲标的实物资产风险的生产商）数量就会超过愿意持有多头头寸的投资者（比如愿意承担生产商价格风险的投机者）数量。为了增加多头头寸的需求，持有多头期货合约必须要有一定的预期利润，也就是风险溢价 $E[S_T]-F_t$。

Telser（1960）认为，总的来说投机者并不需要为承担风险而要求补偿。他把投机者分为职业投机者和业余投机者两类。业余投机者是喜好风险的赌徒，因而不需要为承担风险要求补偿。事实上，他们是亏钱的。整体上，业余投机者的损失可以抵消职业投机者为承担风险而要求的补偿，因此不存在风险溢价。

最后，Dusak（1973）指出，与考虑整体风险相反，应该把注意力集中在持有广泛分散组合的投机者所增加的风险上来。如果期货合约的系统性风险（贝塔）为 0，那么并不增加风险，于是也不需要为承担风险而要求补偿。该方法将在本节后面部分进一步讨论。任何期货市场是否存在风险溢价最终都是一个实证问题。

Kipnis 和 Tsang（1984a）认为，在期货合约存续期内现货和期货的价格关系都可以用图 6.8 来表示。从该图可以看出现货贴水为 (F_t-S_t)，而现货溢价为

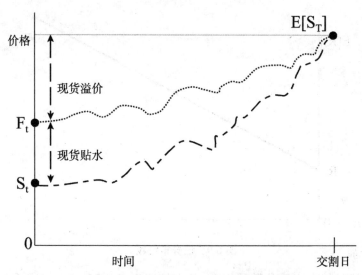

图 6.8　现货价格和期货价格的正常关系

$(E[S_T]-F_t)$，它代表风险溢价，也就是为交易者承担交割日现货价格波动风险而补偿的利润。

关于股票市场风险溢价有相当多的文献，这些将被用来分析股指期货的风险溢价，并且推导出股指期货风险溢价的表达式。资本资产定价模型（CAPM），见 Sharpe（1970），将持有资产的总风险划分为两部分：系统性（或市场）风险和非系统性（或非市场）风险。系统性风险与市场整体价格运动相关，而非系统性风险是由仅影响一个或几个资产而非整个市场的事件所引起。CAPM 的一个重要观点就是证券市场线。

在一些假设之下，证券市场线要求资产的系统性风险和其预期收益率之间是一种线性关系。这种线性关系可以表示为 $E[R_i]=R_F+\{E[R_M]-R_F\}\beta_i$，其中 $E[R_i]$ 是资产的预期收益率，$E[R_M]$ 是市场组合（通常用股票市场指数来代替）的预期收益率，R_F 是无风险利率。第 i 个资产的系统性风险可用 $\beta_i^2\sigma_M^2$ 来衡量，其中 σ_M^2 表示市场组合收益率的方差。因此，给定市场组合的风险（σ_M^2），系统性风险就由 β_i 系数来决定，它衡量了资产收益率与市场组合收益率相关联的程度，也就是 $\beta_i=Cov(R_i,R_M)/Var(R_M)$。$\beta_i$ 就等于 R_i 和 R_M 的相关系数乘以 R_M 的标准差，再除以 R_i 的标准差。图 6.9 给出了证券市场线（SML）。

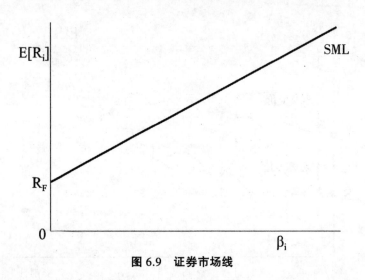

图 6.9   证券市场线

可以通过持有广泛分散的组合,从而按照定义,其各部分的非系统性风险会相互抵消,以此来回避非系统性风险。因此,对承担资产的非系统性风险不会有额外收益来给予补偿,在由分散化投资的投资者主导的市场上,所面临的唯一风险就是系统性风险,可以用贝塔来衡量。

证券市场线一般可以用收益率来表述,但是正如 2.5 节所讨论的,要表述期货的收益率会有一些问题。不过,可以回避对期货收益率的定义,因为证券市场线可以按 Black(1976)和 Duffie(1989)所建议的过程来用价格水平表述,该过程包含在 Sutcliffe(1993)第 7 章附录7.B 中。Black 得到的结果是 $E[F_{t+1}-F_t]=(E[R_M]-R_F)\beta_i^*$,其中 β_i^* 是 $Cov([F_{t+1}-F_t], R_M)$,而 Duffie 得到的是 $E[F_T-F_t]=(E[E_T]-F_t^M)\beta_\zeta$,其中 $\beta_\zeta=Cov(E_T, F_T)/Var(E_T)$,$E_T$ 是最终总财富,F_t^M 是最终总财富的期货合约在 t 时刻的价格。

证券市场线可以按照 Dusak(1973)来重新表述。她指出,既然在达到均衡状态时,期货和现货价格可以用无套利条件联系起来,那么可以用现货或者期货价格来考察风险溢价的存在性。忽略红利,她将证券市场线用现货价格来重新表述为:$\{E[S_{t+1}]-S_t(1+R_F)\}/S_t=(E[R_M]-R_F)\beta_i$,其中 β_i 是期货标的资产(也就是指数篮子)相对于市场组合的贝塔值。如果将红利现值 D 包含进来,那么上式为:

$$\{E[S_{t+1}]-(S_t-D)\times(1+R_F)\}/S_t=(E[R_M]-R_F)\beta_i$$

然后她通过无套利条件来代入期货价格。由于 $F_t=S_t(1+R_F)$(包含红利的话变为 $F_t=(S_t-D)\times(1+R_F)$),并且在交割日 $S_T=F_T$,她导出:

$$(E[F_{t+1}]-F_t)/S_t=(E[R_M]-R_F)\beta_i$$

如果包含红利并不会改变该方程（Figlewski 和 Kon[1982]隐含假设 $\beta_i=$ 1）。注意到无风险利率 R_F 并没有作为一个独立项出现在上面的方程中，这是因为交易期货合约没有投入资金。

她还论证了 $(E[R_M]-R_F)\beta_i$ 就是每单位标的资产的风险溢价，这也可以用现货价格来衡量，为 $\{E[S_{t+1}]-S_t(1+R_F)\}/S_t$，或者用期货价格来衡量，为 $(E[F_{t+1}]-F_t)/S_t$。Dusak 在其实证研究中选择使用期货价格，并用近似的超额收益 $(E[F_{t+1}]-F_t)/F_t$ 来替代 $(E[F_{t+1}]-F_t)/S_t$，这样可以避免收集现货价格。Stoll 和 Whaley（1993，66~67 页）推导了上述方程的一个不同版本，他们在期货收益率的定义中将 F_t 而不是 S_t 作为分母，也就是 $(E[F_{t+1}]-F_t)/F_t=(E[R_M]-R_F)\beta_s$。这种情况下资产的贝塔（$\beta_i$）和期货的贝塔（$\beta_S$）就有所差异。

Dusak 的结果是就今天（t 时刻）的期货价格和明天（t+1 时刻）的期货价格而言的，而风险溢价一般是以预期交割日价格（S_T）来讨论的。她的结果也可以重新表述，来涵盖从现在（t）到交割日（T）的时间期限来计算收益率的情形：
$(E[S_T]-F_t)/S_t=(E[R_M]-R_F)\beta_i$。

这个结果意味着如果对股票组合进行完全套期保值，那么得到的是无风险收益率。考虑一个由一张股指期货空头和对应于一张股指期货的股票篮子的多头构成的组合。如果在第三章推导无套利条件的假设成立，那么这个组合从现在（t 时刻）到交割日（T 时刻）的预期收益率为 $E[R_p]=\{E[S_T]-S_t+D(1+R_F)\}/S_t-(E[S_T]-F_t)/S_t$。注意到该组合的投资额为 S_t，意味着期货头寸没有花费额外资金，可将该方程重写以消除 $E[S_T]$，得到 $E[R_p]=\{F_t-S_t+D(1+R_F)\}/S_t$。如果 t 时刻无套利条件成立，也就是 $F_t=(S_t-D)\times(1+R_F)$，那么组合的预期收益率就等于无风险利率，也就是 $E[R_p]=R_F$，见 Grant（1982b）。这个结果并不令人奇怪，因为组合已经完全套期保值了，也就是无风险的（见第九章对套期保值的讨论）。指数股票篮子的预期收益率为 $E[R_I]=\{E[S_T]-S_t+D(1+R_F)\}/S_t$，因而 $E[R_p]=E[R_I]-(E[S_T]-F_t)/S_t=R_F$。也就是，完全套期保值的指数股票篮子的收益率等于指数篮子的收益率，减去期货的收益率，从而等于无风险利率。

Dusak 的结论可以重写为 $E[S_T]=S_t(E[R_M]-R_F)\beta_i+F_t$。只要 $\beta_i>0$，那么 $E[S_t]>F_t$，股指期货是现货溢价状态，风险溢价为 $S_t(E[R_M]-R_F)\beta_i$。如果 β_i 等于 1，那么 $E[R_M]-R_F=(E[S_T]-F_t)/S_t$，每个指数股票篮子的现货溢价（或风险溢价）等于市场超额收益。

如果无套利条件成立,那么理论上,指数股票篮子对市场组合的贝塔值,与股指期货对市场指数的贝塔值(β_F)之间并无差别,也就是$\beta_i=\beta_F$。不过,在实际中这两者可能不同,因此提炼β_i和β_F的差异会有所帮助。

举例:1月1日金融时报100指数为5,600点,而金融时报100期货9月份合约的无套利价格为57,000英镑。到9月份交割之前的无风险利率为6%,而这段期间的市场预期收益率为10%。Vicki Vale是Heaton基金的经理,她估计出这段期间的β_i为0.9,她希望知道这些数字后面隐含的金融时报100指数在9月底的预期值是多少。该预期值为$E[S_T]=5,600\times10\times0.9\times(0.10-0.04)+57,000=60,024$英镑。

上述理论分析得出的结论,可以通过对历史数据拟合方程$S_T=\alpha+\beta_1S_t(R_M-R_F)\beta_i+\beta_2F_t+\varepsilon_t$来进行检验。使用$S_T$和$R_M$的实际值而不是预期值,假设了这些预期值是无偏的,并且平均来说实际值等于预期值,需要对$\alpha=0$和$\beta_1=\beta_2=1$的假设进行检验。Brooks(1994)对澳大利亚AOI期货的月度数据拟合了方程$S_T=\alpha+\beta_2F_t+\varepsilon$,发现正如预期,$\alpha=0$,$\beta_2=1$。他还继续发现$\beta_2$随时间而改变。Buckle、Clare和Thomas(1994)使用了标准·普尔500和金融时报100期货的月度数据,发现期货收益率随时间改变。通过拟合GARCHM(1,1)模型发现,期货收益率的变动是由于风险波动,也就是风险溢价随时间变动造成的。

6.19 结论

如果投资者持有期货和标的股票相互对冲的头寸,那么他们可以对总的红利、无风险利率或者指数进行低风险投机。与理论预期相符,实证研究发现期货价格要领先指数现货几分钟。同品种价差提供了对红利变动、无风险利率变动进行低风险投机的方法,而跨品种价差可以对不同指数间的相对红利和指数值进行低风险投机。价差可以用来构造合成股指期货。资本市场理论表明,对股指期货也存在风险溢价,它大致等于股票市场的风险溢价。

7

Chapter

第7章

期限、价格波动率和成交量

引 言

　　本章考察衡量某个特定期货合约短期(比如1天)交易活动的三个指标之间的两两关系。这三个指标是价格波动率、期货合约的期限，也就是合约在交割日前的剩余时间，以及期货合约的成交量。对这三对关系(见图7.1)中的每一对，将先对其本质进行理论推断，然后考察对这些理论进行检验的实证研究。

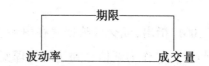

图 7.1　期限、波动率和成交量之间的两两关系

7.1 指标计算

　　为了检验所考察的理论,有必要先对期限、成交量和价格波动率的计算方法进行定义。期限和成交量的定义相对较为直接。

　　需要指出的是,期限指标对于任一时刻交易的不同合约是有差异的,比如2004年5月1日金融时报100指数期货有4个不同合约在交易:2004年6月、2004年9月、2004年12月和2005年3月。而对于2004年5月1日的价格波动率和成交量指标,则可以对这一天所有在外交易的合约进行定义;如果要分析这两者与期限之间的关系,必须将成交量和波动率数据分成各具有相同期限的子集。这意味着要为每种时间间隔(比如天),将数据分拆成与单个在外交易的期货合约相关的数据。

7.1.1 期限

如果使用日数据,那么期货合约的期限就是交割日前剩余的自然天数。也可以使用剩余的交易天数,但一般研究者并不用这个。使用自然日而非交易日可能是由于利息是按照自然日累积的,并且在非交易时段也有信息出现(尽管可能比交易时间出现的频率要低一些)。如果可以获得更短时间间隔（比如1小时)的交易数据,那么也可以用距交割日的小时数来作为剩余期限。

7.1.2 成交量

成交量一般用在指定时间间隔(比如天)内交易的总合约数量来衡量。其他一些在实证研究中使用的成交量的衡量指标包括:(a) 交易的合约价值(Telser、Higinbotham,1977);(b)未平仓量(Grammatikos、Saunders,1986);(c)未平仓量乘以价格(Telser、Higinbotham,1977);(d)所有交割月合约的交易数量,而不仅是正在使用其价格的那个交割月的交易量,比如 Cornell(1981)、Martell和 Wolf(1987)。

Holmes 和 Rougier(2001)指出,成交量数据存在由转仓造成的周期性的尖峰。这意味着,如果要将成交量作为新信息到达的代理变量,那就会受到这些转仓周期的误导。为了处理这个问题,Holmes 和 Rougier 用未平仓量导出了一个转仓上限。使用 1996~2000 年的标准·普尔 500 期货数据,他们表明,在扣除估计出的转仓量之后,成交量序列不再有明显的尖峰。

7.1.3 价格波动率

衡量价格波动率要麻烦得多,大约有超过 20 种不同的计算方法。这些方法可以划分为使用历史数据计算的方法，以及对现在到交割日期间波动率进行预测的方法。波动率预测值可以用隐含波动率来估计,隐含波动率是期货合约的期权价格所隐含的期货价格变动百分比的瞬时方差。

任何特定研究中对历史价格波动率的定义要依赖于可以得到的观测值的频率(比如交易数据、收盘价等)和要计算波动率的时间长度(比如天、月等),一般都采用日价格之比的自然对数的方差来作为波动率。这种方法的优点在于,随着价格变动,价格之比的对数的方差要比其他方差更加平稳。许多研究使用日收盘价,但这个数据会由于日价格限制效应而有所欠缺。记录下来的数据可能会由于价格限制而成为非均衡价格,从而导致方差的低估。

如果只能得到日数据,那么历史波动率估计将依赖于少量的观测值。比如,如果要估计每天的波动率,那么样本长度就是 1。为克服这个问题,Parkinson(1980)设计了一个价格变动(ΔX)方差的估计量,使用的是 $t-1$ 时刻到 t 时刻之间的最高价和最低价,表示为 $\mathrm{Var}\{\Delta X\}=0.361(X_{high}-X_{low})^2$。Parkinson 建议,由于价格的自然对数更像正态分布,因此他的公式更适用于 $\ln F_t$ 而不是 F_t。他的期货价格变动对数(也就是对数收益率)的方差估计量为 $\mathrm{Var}\{\ln\Delta F_t\}=0.361(\ln F_{high}-\ln F_{low})^2$。

Garman 和 Klass(1980)发展了 Parkinson 的工作,他们在估计方差时考虑了一个额外的信息——收盘价。由于可得到的信息只有最高价、最低价和收盘价,他们推导出了一个 $\mathrm{Var}\{\ln\Delta F_t\}$ 的最小方差无偏估计量,这个估计量要比 Parkinson 的估计量更有效。这个新估计量的公式为 $\mathrm{Var}\{\ln\Delta F_t\}=0.511(\ln F_{high}-\ln F_{low})^2-0.019[(\ln F_t-\ln F_{t-1})\times(\ln F_{high}+\ln F_{low}-2\ln F_t)-2(\ln F_{high}-\ln F_t)\times(\ln F_{low}-\ln F_t)]-0.383(\ln F_t-\ln F_{t-1})^2$。在效率损失最低的情况下,Garman 和 Klass 估计量可以近似为 $\mathrm{Var}\{\ln\Delta F_t\}=0.5(\ln F_{high}-\ln F_{low})^2-0.39(\ln F_t-\ln F_{t-1})^2$,这就是 Parkinson 估计量和"经典"估计量的加权平均。Garman 和 Klass 将 $\mathrm{Var}\{\ln\Delta F_t\}$ 的经典估计量定义为 $[\ln\Delta F_t]^2$,这等价于应用公式 $\sum(x_i-\bar{x})^2/n$,其中 $x=\ln\Delta F_t$,$\bar{x}$(也就是 $\ln\Delta F_t$ 的均值)=0,n=1。

Parkinson 以及 Garman 和 Klass 对波动率的估计量曾被下面要考察的许多实证研究所使用,比如 Grammatikos 和 Saunders(1986)、Chamberlain(1989)、Board 和 Sutcliffe(1990)以及 Serletis(1992a)。它们所依赖的假设是,期货价格的对数服从随机游走,并且期货价格是连续产生并记录的。由于期货价格并不是连续产生(也就是两笔交易之间存在时间间隔),价格运动是以离散步幅(也就是价格变动单位)变动的,因此这些估计量存在向下偏差。Garman 和 Klass 给出了一个修正因子的表格,来对他们的估计量向上修正,该修正因子需要知道每个时间段的交易笔数。当每个时间段(比如 1 天)的交易笔数为 500 时,他们的估计量大约比真实方差低估了 11%。随着每个时间段交易笔数的减少,低估程度会逐渐增加,比如,如果每个时间段的交易仅 10 笔,那么低估幅度达到约 49%。

　　Beckers(1983)使用 208 个美国股票在 7.25 年(1973~1980)里的日数据，来检验 Parkinson 估计量与经典估计量的效果，由于 Garman 和 Klass 估计量是这两者的加权平均，从而也检验了 Garman 和 Klass 估计量的效果。他们发现，这两个估计量之间的关系随不同股票和时间迁移而不稳定，这暗示 Garman 和 Klass 估计量使用的固定权重可能在实践中并不是最优的。Beckers 表明，用 Parkinson 估计量和经典估计量的历史值、当前值的线性组合可以产生一个更优的对当前和未来 $[\ln\Delta F_t]^2$ 的估计，然后可将经典估计量的估计值用于 Garman 和 Klass 估计量的计算。不过，这些针对股票的成果是否能应用于股指期货合约仍然存在争议。

　　Wiggins（1992）使用 1982~1989 年的标准·普尔 500 期货数据，对 Parkinson、Garman 和 Klass 估计量的效果进行了研究。选择标准普尔 500 期货来进行研究，是因为这些期货成交活跃，并且价格变动单位较小（相对于每日价格波动而言），因此价格连续变动的假设近似成立（当期货市场开市时）。他的结论是，这两个估计量几乎没有向下的偏差，并且对未来较短时间波动率的预测要比经典估计量有效得多。

　　许多近期的研究使用了各种 GARCH 模型来估计方差。Speight、McMillan 和 ap Gwilym(2000)研究了 1992~1995 年金融时报 100 期货的 5 分钟数据，以考察 GARCH 模型的适用性。他们发现，波动率不仅包含短暂的 ARCH 效应（持续大约半天），还包含长期 ARCH 效应。对于频率为半天或者更长时间的数据，标准 GARCH 模型是合适的，但是不适用于更短频率的数据，因为这时短暂 ARCH 效应变得很重要。

7.2 价格波动率和期限

　　知道波动率和期限之间有负相关（或者正相关）关系，具有许多重要意义。保证金水平是期货价格波动率的正相关函数。因此，如果波动率随交割日临近而上升，那么也会随交割日临近而要求增加保证金。因而，随着波动率增加，交易者为追加保证金所需要准备的现金也需增加，见 11.2 节。交易所则可能希望随着波动率改变而调整所有的每日价格限制。另外，这对套期保值也有意义。如果期货价格波动率随交割日临近而上升，这意味着现货和期货价格之间的相关性降低了。因此,套期保值策略必须进行调整,见第 9 章。如果交易者是风险厌恶的,那随着波动率上升,风险溢价水平也要趋于增加。最后,由于波动率是决定期权价格的一个因素,因此对期权价格波动率决定因素的理解会有助于对期货期权进行定价。

7.2.1 理论

Samuelson(1965)认为,随着期货合约交割日的临近,其价格波动率会增加,即波动率是距交割日时间(或者期限)的负相关函数。图 7.2 展示了波动率和时间之间的正相关关系。

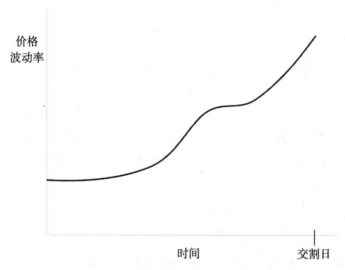

图 7.2　价格波动率和时间之间的正相关关系

这张图也可以以水平轴来表示剩余期限,来展示波动率和期限之间的负相关关系。

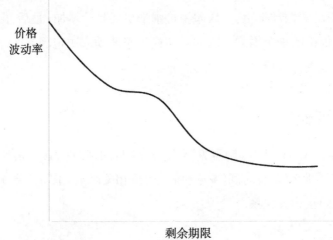

价格
波动率

剩余期限

图 7.3   价格波动率和期限之间的负相关关系

这个结果背后的直觉理解是,如果离交割日还有一大段时间,那么还有很多机会可以让新信息来影响最后交割日价格,因此任何单个信息相对来说都是不重要的。相反,如果很快就要交割,那么几乎没有时间等待更多信息的出现,因此已经出现的信息相对来讲就更为重要。对于波动率和期限之间的这种直观论证最早由 Hooker(1901)提出。Sutcliffe(1993)在第 8 章的附录 8.A 给出了一个例子,来阐述 Samuelson 的假设。不过,Samuelson 的论证并非最终证明,它依赖于当前期货价格是交割日现货的无偏估计,以及现货价格服从一阶自回归过程的假设,见 Kamara(1982)、Ball 和 Torous(1986)。Rutledge(1976)给出了一个反例(见 Sutcliffe,1993,第 8 章的附录 8.B),其中期货价格波动率随交割日临近而降低。因此,波动率和期限之间的关系是一个实证研究的范畴,Anderson 和 Danthine(1983)。

解释期货价格波动率变动的另一种理论是"状态变量"假设,见 Anderson 和 Danthine(1983)。该理论认为,当标的资产需求和供给水平的大量不确定性消除的时候,期货价格波动率会相对较高。这个理论与 Samuelson 的假设相矛盾。比如,在近月合约交割日,任何不确定性的消除都会影响到所有在外交易的合约,那么在这种情形下,任何特定合约的波动率都会由于近月合约快到期而呈现出周期性,见 Bessembinder、Coughenour、Seguin 和 Smoller(1995b)。

Bessembinder、Coughenour、Seguin 和 Smoller(1995b)认为,Samuelson 的结

果必须假设现货价格和基差（定义为 F–S）之间是负相关，见 Sutcliffe（1997）第
9 章附录。当前期货价格是交割日现货价格无偏估计的假设则是不必要的。

　　Hemler 和 Longstaff（1991）使用一般均衡模型来推导期货价格的定价方
程，见 5.27 节。如果他们的模型是正确的，那么期货收益率的方差可能随交割
日临近而增加或者减小。如果指数变动和利率变动的协方差，以及指数变动和
股票交易收益率的波动率为 0，那么期货价格变动的波动率会随交割日临近
而下降，也就是与 Samuelson 的假设相反。

　　Hong（2000）发展了一个一般均衡模型，它表明，如果交易者之间的信息不
对称性较小，那么 Samuelson 的假设成立，反之，如果这种信息不对称很强，那
么 Samuelson 的假设不一定成立。

7.2.2 实证研究

　　由于期限和价格波动率之间的关系无法从理论上解决，下面将总结一下
对股指期货这两个指标之间关系的实证研究结果。

　　美国。Park 和 Sears（1985）使用了纽约证券交易所综合指数和标准·普尔
500 指数的期货合约和看涨期权的日收盘价，数据期间是 1983 年 1~6 月。这
项研究的一个重要特点在于，它使用了每个指数在外交易合约的看涨期权的
日价格，来计算其隐含的每个在外交易合约未来价格波动率的市场估计。购买
期货合约的看涨期权，就给与购买者在特定时间内（或时间末）以预定价格（执
行价或行权价）获得期货合约多头头寸的权利。在 Black（1976）发展的期货期
权定价模型中，期货价格变动百分比的方差是一项参数。如果持有成本（红利
和利息）仅依赖于时间，那么期货价格的波动率和标的资产的波动率是一样
的。因此，也可以使用指数看涨期权的隐含波动率。只要知道期权的市场价格，
就可以解方程来获得方差的隐含估计。这是一种对方差的事前估计，它反映了
市场预期，而其他许多研究则使用基于历史价格变动的事后估计。

　　Park 和 Sears 使用每张期货合约的数据，用回归方法（考虑了自相关）来拟
合方程 $V_t^{1/2}=\alpha+\beta M_t+\mu_t$，其中 V_t 是隐含方差，M_t 是距交割日天数。估计的方程
为：

　　　纽约证券交易所综合指数　　$V_t^{1/2}=0.0401+0.0021M_t$,　　$n=307, \overline{R}^2=0.24$
　　　　　　　　　　　　　　　　　（35.5）*（9.9）*

标准·普尔 500 指数 $V_t^{1/2}=0.0451+0.0012M_t,$ $n=285,\bar{R}^2=0.05$

                                          $(27.0)^*$ $(3.9)^*$

括号中的数值是 t 值,* 号表示在 1%水平下显著。这些结果表明期限和波动率有显著的正相关关系,这与 Samuelson 的负相关关系的假设相矛盾。这些使用隐含波动率而得到的相反结果可能是由于所使用的期权定价模型的形式所造成的,或者它们揭示了在衡量价格波动率时事前估计和事后估计的差异。

Park 和 Sears 将此结果与那些用不同的日价格波动率估计得到的结果进行了比较。这个不同的方法是将 t 日和交割日(T)之间的日价格之比的对数的标准差转换为对应的月数据,也就是 $[Var\{\ln(F_t/F_{t-1})\}365/12]^{1/2}$,其中 $t=1\cdots T$。于是,第 i 日的方差估计可以用当时到交割日之间每天的价格之比来计算。当距交割日不足 30 天时,不再进一步计算日波动率估计。Park 和 Sears 没有像之前的研究者那样计算不重叠期间序列(比如天)上的波动率,而是计算剩余期限内的波动率。对这两个指数,他们都发现基于期权价格的日波动率和实际日价格之比有显著的正相关性。这表明,使用波动率的不同估计,期限和波动率之间的正相关关系仍然存在,这第二种波动率衡量的结果也与 Samuelson 假设相矛盾。

Han 和 Misra(1990)使用了 1987~1988 年标准·普尔 500 指数的日数据,他们从指数期权的收盘价得到了每天的隐含波动率估计。由于任一时刻最多有 7 个期限的品种在外交易,因此观测值总数超过了 2,000 个。他们去掉了交割日前 6 天的观测值,因为这正好是 1987 年 10 月股票市场崩盘期间。他们将每日隐含标准差(σ_t)对剩余天数(M_t)进行回归,也就是,$\sigma_t=\alpha+\beta M_t+\varepsilon_t$。回归结果在表 7.1 给出,其中 * 号表示在 1%的水平下显著。

他们的结论是,与 Samuelson 假设相反,波动率是期限的正相关函数,特别是在 1987 年 10 月股市崩盘之后。

表 7.1　Han 和 Misra 的贝塔估计

期货合约		β	t 统计量
1987 年 9 月		0.02824	0.24
1987 年 12 月	崩盘前	−0.08026	−3.64*
	崩盘后	0.48314	4.56*
1988 年 3 月		0.67239	3.55*
1988 年 6 月		0.32511	6.33*
1988 年 9 月		0.23004	4.05*

Sherrick、Irwin 和 Forster(1992)使用标准·普尔 500 期货期权的价格来计算标准·普尔 500 期货价格的隐含波动率。使用 1984 年 1 月到 1988 年 9 月的交易数据，他们用下面的回归方程对 10 个期货合约分别进行了估计：$V_t^{1/2}=\alpha+\beta M_t+\varphi F_t+\varepsilon_t$，其中 $V_t^{1/2}$ 是期货价格在 t 时刻的隐含标准差，M_t 是剩余天数，F_t 是 t 时刻的期货价格，ε_t 是误差项。该方程的变量中包含了期货价格水平，目的是对方差可能随期货价格上涨而上升进行控制。所有的回归结果都发现，β 是正的，而且高度显著，这与 Samuelson 假设矛盾。他们在估计过程中考虑了参数（α、β 和 φ）发生体制变换的可能性，发现在到期前 50 天左右每个合约都有这样的变换情况发生。对每个合约，β 估计值都会随交割日临近而显著增大，也就是说波动率会在交割日前 50 天左右以更快的速度下降。

Yang 和 Brorsen(1993)研究了 1983~1988 年标准·普尔 500 期货、纽约证券交易所综合指数期货和价值线期货近月合约的日对数收益率。他们对这些期货的收益率拟合了一个 GARCH(1,1)模型，在条件方差方程的变量中包含了剩余天数。结果发现，对于每种期货，剩余天数的系数都是显著为负的，这支持了 Samuelson 的假设。

Houthakker(1994)研究了标准·普尔 500 和纽约证券交易所综合指数期货每日对数价格变动的标准差，时间为自期货上市至 90 年代早期。他们计算了每个合约（也就是近月、中月和远月）的标准差，并对结果进行了比较。Houthakker 故意在变量中包含了剩余期限，理由是 Samuelson 假设部分地依赖这类技术因素的影响。他发现，较近月合约的波动率没有明显变动，这并不支持 Samuelson 假设。

Kawaller、Koch 和 Peterson（1994）分析了 1988 年最后三个月标准·普尔 500 期货的每分钟收益率。他们没有发现期限和期货收益率的日波动率之间存在任何关系,期限和每日平均隐含波动率之间也是如此。

Bessembinder 和 Seguin(1992)研究了一个不同但又相关的问题——期货期限的缩短是否会导致现货波动率上升? 使用 1978~1989 年标准·普尔 500 的日数据,他们发现不存在这类期限效应。

Galloway 和 Kolb(1996)考察了标准·普尔 500(1982~1992)、MMI(1985~1992)和纽约证券交易所综合指数(1982~1992)的数据。他们用每日结算价的月度方差来估计波动率,发现 MMI 指数支持 Samuelson 的假设,而其他两个期货不存在期限效应。

Akin(2003)使用了标准·普尔 500 期货(1982~2000)、标准·普尔 500 中盘期货(1992~2000)和日经 225 期货(1990~2000)的日数据。通过在 GARCH 模型的条件方差方程中包含期限变量,她对期限是否会影响波动率进行了检验。结果发现,这三个期货都不存在期限效应。

日本。Chen、Duan 和 Hung (1999) 用 1988~1996 年日经 225 的日数据对 Samuelson 假设进行了检验。与假设相反,他们发现期货波动率随交割日临近而降低。他们还发现,由于波动率随期限增加而增加,那么风险最小套期保值比率和套期保值有效性将随期限增加而降低。

澳大利亚。Twite(1990b)研究了 1983~1986 年澳大利亚 AOI 的日收盘价。他用两种方法来计算期货价格的日波动率(V_t):日收益率的绝对值和日收益率的平方。现货和期货收益率按照日价格之比的自然对数来计算。他拟合了一个回归方程(以一阶差分来表示),形式为 $(\ln V_t - \ln V_{t-1}) = \beta_1(M_t - M_{t-1}) + \beta_2(\ln W_t - \ln W_{t-1}) + \varepsilon_t$,其中 W_t 是指数收益率的日方差,计算方法与 Vt 一样,M_t 是期限。Twite 发现,对两种波动率计算方法,β_1 都是显著为正的,即期限对期货波动率有正向影响,这与 Samuelson 的假设相反。当他把数据分成两个子时段,他发现 β_1 只有在第一个子时段是显著为正的,也就是期限效应在时间上并不稳定。他还发现,正如预期那样,现货波动率对期货波动率有很强的正向影响。

英国。Chamberlain(1989)使用了 1985~1986 年到期的金融时报 100 指数期货合约的最高价和最低价的日数据。他们将波动率定义为日收盘价自然对数的方差,$Var(\ln \Delta F_t)$,并用 Parkinson 的方程进行估计。与之前的许多研究不同,Chamberlain 没有将每个品种不同合约的观测值合并在一起。对所有单个合约,他拟合了回归方程:$V_t = \alpha + \beta(\ln M_t) + \mu_t$,其中 V_t 是 t 日的方差估计,M_t 代表期限,也就是合约交割日之前剩余的天数。尽管 α 的值(这代表现货市场波

动率的估计）预期是正的，但是总体上他们与 0 并没有显著差异。按照
Samuelson 的假设，β 的值应该是负的，不过 Chamberlain 的数据表明并非如此。

他所研究的两个金融时报 100 指数期货合约的估计方程为：

1985 年 3 月合约 　　　$V_t=0.7077+0.4061\ln M_t$ 　　　$R^2=0.015, n=82$

　　　　　　　　　　　（1.23）　（1.09）

1985 年 6 月合约 　　　$V_t=1.9252-0.7895\ln M_t$ 　　　$R^2=0.225, n=100$

　　　　　　　　　　　（7.97）*　（-5.33）*

括号中的数字是 t 统计量，* 号表示在 1% 水平下显著。上述方程表明金融
时报 100 指数期货的结果是混杂的。1985 年 6 月合约的结果与 α 为正、β 为
负的预期是一致的，但是 1985 年 3 月合约的这两个对应数字则表明两者并无
关系。

Board 和 Sutcliffe（1990）研究了 1984~1989 年金融时报 100 指数的交易数
据。他们用 6 种不同的方法来计算日波动率：$Var(\ln\Delta F_t)$ 的 Garman-Klass 估
计、$F_{high}-F_{low}$、$|\ln(F_t/F_{t-1})|$、$(F_t-F_{t-1})^2$、$[\ln(F_t/F_{t-1})]^2$ 和 $|F_t-F_{t-1}|$。他们对数据期间到
期的 20 个期货合约的数据分别进行了分析。7.3 节将进行讨论的这项研究发
现，波动率和成交量之间存在正相关关系，两者之间的因果关系研究将在 7.4
节讨论，他们发现在某些情况下，无法排除成交量变动会引起波动率变动的可
能性。这表明在研究波动率-期限关系的时候，必须考虑成交量变动对价格波
动率的影响。这可以用波动率的自然对数对期限（M_t）、周末效应虚拟变量（D_t）
和表示信息到达率的代理变量（Φ_t）进行回归来实现，也就是 $\ln V_t=\beta_4+\beta_5 M_t+$
$\beta_6 D_t+\beta_7\Phi_t+\varepsilon_t$。他们在回归方程中使用了两个表示信息到达速度的代理变量：
现货波动率和期货成交量，也检验了省略信息到达代理变量的效果。只有当按
照 Garman 和 Klass 方法或者日振幅来计算波动率时，才发现期限对波动率有
负向影响。对于其他波动率衡量方法，在用成交量作为信息到达率的代理变量
时，发现并不支持 Samuelson 假设。不过，当用现货波动率作为代理变量时，有
证据表明存在期限效应。信息到达率的代理变量对各种计算方法的波动率都
有正向影响，这与预期相符，特别是当用现货波动率作为代理变量时。周末效
应虚拟变量会增加波动率，这与预期相一致。

上述结果表明，用现货波动率作为代理变量比用成交量作为代理变量能更清
晰地揭示期限效应。如果在方程中省略信息代理变量，那么对所有波动率衡量方
法，显著为负的期限效应的数目都会增加，特别是对 Garman 和 Klass 方法以及日

振幅方法。这意味着,在解释波动率时,将信息到达率代理变量包含进来,会影响期限变量系数的估计值。当按照不同时段,对包含信息(期货或者现货波动率)代理变量的回归方程进行分析时,发现有证据表明,1987 年 10 月股票市场崩盘后到期的合约,整体上其期限对波动率的效应要更弱一些,这与 Han 和 Misra(1990)的结果是一致的。当去掉信息代理变量时,崩盘前和崩盘后结果的差异消失了。Bessembinder、Coughenour、Seguin 和 Smoller(1995b)认为,如果 Samuelson 假设成立, 那么现货价格和基差之间必定有负相关关系。Bessembinder、Coughenour、Seguin 和 Smoller(1995a)发现,对标准·普尔 500,现货价格和基差之间没有联系, 其中基差是无风险利率减去持有标的资产的净收益率,比如对股指期货而言,其净收益率就是红利收益率。对一个常数红利流,当股票价格上涨,红利收益率就会下降,因而对股票指数,其现货价格和净收益之间是负相关关系。长期来看,股票价格会上涨,而红利收益率完全保持为一个常数,从而在现货价格和净收益之间几乎不存在相关性。相反,对实物资产,则现货价格和净收益之间更可能有正相关关系,而这可能是由产量和商业周期引起的。因此,他们预言农产品期货和原油期货(以及小范围的贵金属期货)的波动率会随交割日临近而上升,这与 Samuelson 假设一致,但是对金融期货这一点不成立。与 Samuelson 假设的一致性,是由于现货价格和和持有现货资产的净收益之间有正相关关系。

使用 1982~1991 年的日数据,Bessembinder、Coughenour、Seguin 和 Smoller(1995b)发现对原油和 5 个农产品期货,Samuelson 假设可得到强有力的支持。对 3 种贵金属,Samuelson 假设也可得到有限的支持,但是对两种金融期货(标准·普尔 500 和国债期货),期货波动率和期限之间没有关系。这些结果与用现货–基差相关性得出的预言结果是一致的。

7.2.3 小结

Park 和 Sears、Sherrick、Irwin 和 Forster、Han 和 Misra (都使用隐含波动率)与 Twite(使用历史收盘价来估计波动率)都发现了与 Samuelson 假设相反的证据。Houthakker、Kawaller、Koch 和 Peterson 也发现无法支持 Samuelson 假设。Chamberlain(使用简化的 Garman 和 Klass 方法)发现可以有限支持 Samuelson 假设。Board 和 Sutcliffe 发现了可以支持股指期货中 Samuelson 假设的证据,但只有当以最高价和最低价来计算波动率时才会如此。最后,Yang 和 Brorsen 的研究支持了 Samuelson 假设，但是 Bessembinder、Coughenour、Seguin 和 Smoller 没有发现支持 Samuelson 假设的证据。这些结果可能会被诟病，原因在于其只施加了线性关系，并且省略了一些相关变量(比如投机活动程度和头寸集中度等)。

由于对其他资产特别是非金融资产的波动率–期限关系的研究发现，有大量证据支持 Samuelson 假设（即使不采用最高价和最低价方法来计算波动率），这意味着股指期货的波动率–期限关系可能存在某些差异。Houthakker 认为，Samuelson 假设不适用于金融期货，Bessembinder、Coughenour、Seguin 和 Smoller 也持有相同的观点。现有证据并不能明确支持股指期货的 Samuelson 假设，并且使用隐含波动率的研究都表明，波动率会随着交割日临近而下降——与 Samuelson 假设相违背。

7.3 价格波动率和成交量

7.3.1 理论

有大量关于资本市场的理论模型，可用来预言成交量和波动率之间的关系。最主要的理论是"混合分布假设"(mixture of distributions hypothesis)和"序贯信息到达"(sequential information arrival)模型。这些理论预言日成交量和波动率之间存在正相关关系，如图 7.4 所示。

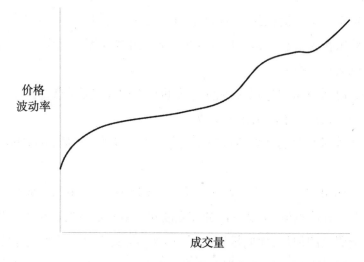

价格
波动率

成交量

图 7.4 价格波动率和成交量之间的正相关关系

混合分布假设。该假设的基础在于将相等间隔的日历时间上发生的价格变动,与等量信息到达的间隔时间(称为"事件"时间)上发生的价格变动区分开来。它依赖的思想是,时间流逝本身不会造成价格变动,只有信息到达才会引起期货价格变动。由于无法直接观测信息的到达,可以用信息到达激发的交易量的观测值来作为替代。因此它假设,期货价格在事件时间上以常速度变动,而不是在日历时间上按常速度变动。按 Clark(1973)的话来讲,期货价格是一种从属随机过程,其中的主导过程(也称为混合或条件变量)就是信息到达。混合分布假设对按照等日历时间计算的价格变动分布的意义在 Sutcliffe (1997)第 8 章有介绍。接下来考察对成交量和波动率之间关系的预测。有三篇重要的论文对期货价格应用了混合分布假设,下面将依次考察。

a.Clark(1973)。他假设,给定信息到达过程,随后的价格变动和成交量将是各自独立分布的,并且每个变量对一系列的信息到达都是独立同分布的。他还假设每个时间段上到达的信息数量都是不同的。如果信息在日历时间上按照常速度到达,那么使用日历时间和事件时间的方法是相同的。

Harris(1987)给出了该模型的一些含义:

1. 如果信息到达数量足够多,那么使用中心极限定理,可认为(在给定信息到达数量上的)价格变动和(在给定信息到达数量上的)成交量的分布是正态的(当从属随机过程和主导过程都被假设为服从正态或者对数正态分布时,混合分布假设有时也称为"混合正态假设")。

2. 对给定数量的信息到达,波动率和成交量之间的相关性为 0。比如,如果用交易笔数来作为信息到达的代理变量,那么用交易数据计算的波动率和成交量之间应该是零相关。

3. 给定时间间隔,波动率和成交量之间有正相关关系。这是因为在时间段内两者都是信息到达率的正相关函数。

4. 按照等时间间隔计算的价格变动分布具有尖峰态,见 Sutcliffe(1997)第 8 章。

b.Tauchen 和 Pitts(1983)。他们发展了一个模型,其中平均日成交量和日价格变动方差是日信息流、交易者的分歧程度和交易者数量的正相关函数。对于交易者数量固定的情形,他们推导出了一个结果,其中日价格变动平方的方差和日成交量都是主要变量或者混合变量方差的正相关函数,并且预期该关系中会有一个异方差的扰动项。他们的模型可以看做是 Clark(1973)的扩展。

c.Epps 和 Epps(1976)。他们对一条信息发布后,均衡资产价格的决定过程给出了一个理论模型。成交量和绝对价格变动都被假设为是交易者分歧数量的正相关函数。假设新的均衡价格是瞬间确立的,他们推导出一个两笔交易之间价格变动的表达式。在此基础上又推导出两笔交易之间对数价格变动方差(也就是 $Var[\log(P_i/P_{i-1})]$)与每笔交易成交量(Vol_i)的关系,也就是,$Var[\log(P_i/P_{i-1})]=BVol_i^\beta$。因此,由于每笔成交量和价格波动率都是交易者分歧数量的正相关函数,可以预言这两者之间也是正相关关系。正如 Clark(1973)所认为的,这也意味着固定时间间隔的成交量和波动率之间也存在正相关关系。

序贯信息到达。Copeland(1976)发展了一个模型,探讨单个信息到达对价格和成交量的影响。其模型中的关键假设在于,某个交易者在某一个时刻接受了信息,每个接收者都会根据该信息在其他人知道前进行交易。因此,Copeland合理假定,市场会出现一系列短暂的均衡,直到每个交易者都知道该信息为止。如果该信息增加了某些交易者对资产多头头寸的需求,并减少了其他交易者对多头头寸的需求,那么价格调整路径将依赖于乐观的交易者和悲观的交易者接收到该信息的顺序。因此,市场的动态反应过程并不确定,这取决于乐观的交易者和悲观的交易者接收到该信息的实际顺序。

使用计算机模拟,Copeland 表明,以绝对价格变动衡量的价格波动率的绝对值与成交量之间存在正相关关系。他还论证了成交量是交易者数量的对数的正相关函数,也是信息强度对数(也就是交易者需求曲线的斜率大小)的正相关函数。另外,Copeland 认为,如果信息被所有交易者同时接收,那么成交量和绝对价格变动之间是负相关的。因此,是序贯的信息到达而不是同时到达导致了对成交量和波动率之间正相关关系的预测。

Clark 版本的混合分布假设和序贯信息到达模型对价格波动率和成交量之间的正相关关系提供了互补的理论论证。正如 Karpoff(1987)指出的,这些关于成交量和波动率之间关系的模型都假设价格上涨和下跌有一种对称效应。尽管由于卖空限制,对股票来说该假设是有疑问的,但是对期货合约来说这是可以接受的。

7.3.2 证据

有大量对股指期货的波动率–成交量关系的研究。

美国。Kawaller、Koch 和 Koch(1990)使用了 1984~1986 年标准·普尔 500

指数期货的交易数据。对于分钟数据,他们计算了每天价格变动方差的自然对数。使用联立方程模型,他们将这种计算方式的波动率对其自身滞后值、标准·普尔500指数现货波动率的滞后值、三个成交量衡量指标、一个期限变量和星期效应虚拟变量进行回归。他们发现,正如预测,标准·普尔500期货合约的日成交量对期货的波动率有显著的正向影响。他们发现不存在期限效应,但是该发现并不与Samuelson假设矛盾,因为该检验是用交易数据来进行的。他们还发现不存在星期效应。

Locke和Sayers(1993)考察了1990年四月份标准·普尔500期货每分钟的对数收益率。通过假设每分钟的预期收益率为0,他们用每分钟收益率的平方来衡量方差。他们将这些波动率估计量对信息到达代理变量(成交量、交易笔数、价格变动次数或者订单不平衡性)和12个自变量的滞后值进行回归,以考虑ARCH效应。他们发现,信息到达的代理变量(包括成交量)对波动率有显著的正向影响,并且存在ARCH效应,也就是还残留部分未被解释的持续方差。

Kawaller、Koch和Peterson(1994)分析了1988年最后三个月标准·普尔500期货的每分钟收益率。他们发现,期货的日成交量对每分钟收益率的波动率有显著的正向影响,但是对日平均隐含波动率却没有影响。因此,对历史波动率的结果与理论预期是相符的。由于理论考虑的是当前的波动率,而非现在到期权到期日的预测波动率,因此并不奇怪期货成交量与隐含波动率无关。

Kocagil和Shachmurove(1998)考察了1982~1995年标准·普尔500期货的日数据。正如预期,成交量和波动率之间存在显著的正相关关系,而成交量和收益率之间没有关系。他们还发现,价格波动率和成交量之间存在双向的领先–滞后关系,但是收益率和成交量之间没有领先–滞后关系。

Wang和Yau(2000)研究了1990~1994年标准·普尔500期货的日数据。他们发现,同期的成交量对价格波动率有很强的正向影响,而前一天的成交量却只有很小的负向影响。

Daigler和Wiley(1999)使用了1986~1988年MMI期货的日数据,并用三种方法计算了日波动率。他们可以识别出四类交易者的日成交量,这使得他们发现成交量和波动率之间最强的正相关关系是由公众所造成的。这个结果与不知情交易者(公众)无法区分流动性交易和内幕交易是相符的。

Irwin和Yoshimaru(1999)考察了1988~1989年标准·普尔500和纽约证券交易所综合指数期货的日数据。由期货基金进行的标准·普尔500每日净(多头-空头)交易会减小标准·普尔 500 期货的波动率(用 Parkinson 估计量来计算),不过期货基金的总交易头寸(多头+空头)不造成任何影响。对于纽约证券交易所综合指数期货,由期货基金进行的交易对其波动率不产生影响,研究者的结论是标准·普尔 500 的结果是偶然性造成的,成交量不会影响波动率。

Kawaller、Koch 和 Peterson (2001)检查了每个季度标准·普尔 500 期货的近月合约和次近月合约的交易池进行调换的影响,一般这会导致次近月合约成交量激增,而近月合约的成交量则下降。使用 1983~1998 年的日数据,他们发现成交量和期货价格波动率之间有正相关关系。在控制了这种正相关关系后,他们发现由交易池调换而带来的成交量变化会导致次近月合约的波动率下降,近月合约的波动率上升,也就是成交量和波动率之间呈负相关。这可能是由于(知情)做市商仍留在原来的交易池,但将其交易量从一个合约转换到了另一个合约。因此,这种负相关性是由于次近月合约的知情交易者增多而近月合约的知情交易者减少造成的。

Wang(2002)考察了 1993~2000 年标准·普尔 500 期货的周数据,发现成交量和期货价格波动率之间存在很强的正相关性。当他按交易者类型来分解交易需求(多头未平仓量减去空头未平仓量)后,发现对不同类型的交易者,未预期到的交易需求对价格波动率的影响是不一样的。对大的投机者,这是负向影响,对大的套期保值者,这是正向影响,而对小规模交易者,这不会产生影响。大的投机者是最知情的交易者,因此他们的交易会减少波动率,而大的套期保值者是不知情的,其交易会增加波动率。

Pan、Liu 和 Roth (2003)研究了 1993~2000 年标准·普尔 500 期货的日数据。他们发现,依赖于使用何种波动率衡量方法以及所考察的是多头还是空头头寸,波动率有时候会对每周未平仓量有正向影响。

日本。Bailey(1989)分析了日经 225 和大阪 50 的现货价格绝对变动和期货成交量之间的相关性。使用 1986~1987 年日经日数据,和 1986 年 6~10 月大阪 50 的日数据,他发现对这两个指数,都有正相关性存在的证据。

使用在大阪和新加坡交易的日经 225 的数据,Vila 和 Bacha(1994)将每个交易所的期货日成交量对一系列变量进行回归,变量中包括在同一交易所交易的期货价格的日波动率。价格日波动率是按照日最高价和最低价来估计的。正如预期,无论在新加坡交易所还是在大阪交易的期货,价格波动率都对成交量有显著的正向影响。

澳大利亚。Gannon(1995)使用 1992 年 SPI 期货的 15 分钟收益率数据,以两种不同方法对 SPI 期货成交量和波动率之间的关系进行了研究。第一种方法是,他使用 GARCH(1,1)模型,在条件方差方程中加入当前期货成交量,来估计同期期货成交量对期货波动率的影响(注意到 Board、Sandmann 和 Sutcliffe[2001]反对在条件方差方程中包含成交量,见 12.1.2 节)。第二种方法是,他对期货波动率拟合了一个包含 ECM 的回归方程,波动率用期货价格变动平方的对数来衡量。这两种分析都发现,期货成交量和波动率之间存在很强的正相关性。

Ragunathan 和 Peker(1997)考察了 1992~1994 年 SPI 期货的日数据,发现出人意料(不可预期的)的成交量对期货波动率有正向影响。

英国。Board 和 Sutcliffe(1990)所使用的数据已经在 7.2.2 有过描述。他们将期限和周末效应虚拟变量保持恒定,对 20 个合约中的每一个都使用 Pearson 偏相关系数,来考察成交量和波动率(用 6 种不同方法衡量)在日内的共变程度。他们发现,平均来看这两个变量之间存在少许正相关性(除了以 Garman 和 Klass 方法计算波动率的情形),并且这种正相关性在 20 个合约中有超过半数都是显著的。相对于其他波动率衡量方法,Garman 和 Klass 方法计算的波动率与成交量之间的相关性要低一些,不过总体上仍然为正。因此,即使在消除了期限效应和周末效应后,波动率和成交量之间有正相关性的假设也可得到支持。

Ap Gwilym、McMillan 和 Speight(1999)研究了 1992~1999 年金融时报 100 期货的 5 分钟数据。考虑了宏观经济信息发布的影响后,他们发现成交量和波动率之间存在很强的同期相关性,同时也发现两者之间有 60 分钟的双向领先–滞后关系。

西班牙。Illueca 和 Lafuente(2003c)分析了 1993~1996 年 Ibex 35 期货的每小时数据。他们发现,尽管未预期到的成交量和总成交量都伴随着期货波动率的上升,但是预期到的成交量没有这种影响,这与理论预期是相符的。另外,期货成交量(总的、预期到的以及未预期到的)对期货收益率没有任何影响,也就是说对成交量的响应是对称的。

芬兰。Karpoff(1987,1988)发现,由于卖空股票比买入股票的成本要高得多,股票成交量和收益率之间有正相关性。不过,由于买、卖期货的成本之间不存在非对称性,可以预期股指期货不会存在这种关系。Östermark、Martikainen

和 Aaltonen(1995)考察了 FOX 期货和现货的成交量与期货收益率的关系,正如预期,没有发现两者存在显著联系。

7.3.3 小结

这些结果明确证实了成交量和价格波动率之间存在正相关性的理论预测。

7.4 价格波动率和成交量的"因果关系"

7.4.1 理论

有大量研究曾对成交量和波动率之间是否存在"因果"联系进行检验。有些理论性的论文认为波动率和成交量的变动都是由新的(私有)信息的到达所造成的,因此成交量和波动率之间没有因果联系。图 7.5 说明了这一点,成交量和波动率都是由新信息到达而引起的。

图 7.5　新信息驱动成交量和波动率

所谓因果联系就是 Granger 因果关系,它所基于的思想是,如果加入变量 X 的历史值可以改进仅用变量 Y 的历史值来对 Y 的当前值做出的预测,而 Y 的历史值却无法改进仅用变量 X 的历史值来对 X 的当前值做出的预测,那么 X"导致"Y,在特殊意义上说,X 领先于 Y。存在五种可能性:(ⅰ)X"导致"Y,但 Y 不能"导致"X;(ⅱ)Y"导致"X,但 X 不能"导致"Y;(ⅲ)X"导致"Y,并且 Y "导致"X;(ⅳ)X 不能"导致"Y,Y 也不能"导致"X;(ⅴ)X 和 Y 同期相关(只能用 Sims 检验)。对"因果关系"存在性的检验有两种主要方法,Granger 检验和 Sims 检验,他们对所关注变量之间的领先和滞后性进行检查。

7.4.2 证据

仅有的对股指期货因果关系的研究是 Merrick(1987)给出的,他使用的是 1982~ 1986 年标准・普尔 500 和纽约证券交易所综合指数的期货和现货的日数据。他只使用了近月合约的数据,并且去掉了交割月的数据,因为较远月的合约和

处于交割月的近月合约成交量都比较小。最终标准·普尔 500 剩下了 526 个观测值,纽约证券交易所综合指数剩下了 479 个观测值。期货价格的波动率用日价格之比的对数绝对值的平方根,再乘以 252 来衡量,也就是$[252(|\ln(F_t/F_{t-1})|)]^{1/2}$。成交量以近月合约每天交易的期货合约数的对数来衡量。Merrick 还考察了期货价格相对于无套利价格的偏离,也就是 $At=|F_a-F_t|$,其中 F_a 是实际观测到的期货价格,F_t 是用 $F_t=(S-D)\times(1+r)$ 计算的无套利期货价格,不过使用的是连续复利。

他使用下面的一般方程来检验因果关系:

$$Y=a+bt+ct^2+\sum_{i=1}^{4}d_iy_{t-i}+\sum_{i=0}^{2}e_ix_{t-i}+\sum_{i=0}^{2}f_iZ_{t-i}+\mu_t$$

其中 t 是时间变量,Z 是另一个可能"导致"Y 或被 Y"导致"的变量,μ_t 是扰动项,a、b、c、d_i、e_i 和 f_i 都是待估计的系数。该方程可以用于检验变量 X 是否会"导致"Y(在给定 Z 的情况下,如果回归中包含 Z 的话),也可用于检验变量 Z 是否会"导致"Y(在给定 X 的情况下,如果回归中包含 X 的话)。但方程中包含变量 Z 时,Merrick 称其为条件因果关系的检验,而如果方程中包含 X(和 Z)的当前值时,Merrick 称其为瞬时因果关系。方程中包含了线性和平方的时间趋势,以控制成交量的上升趋势。

他对两个指数都分别进行了方程中包含与不包含 X 和 Z 的当前值的下述检验:

1. 波动率是由 A,或成交量,或给定成交量下的 A,或给定 A 下的成交量所"导致"的。

2. A 是由成交量,或波动率,或给定波动率下的成交量,或给定成交量下的波动率所"导致"的。

3. 成交量是由 A,或波动率,或给定波动率下的 A,或给定 A 下的波动率所"导致"的。

他发现两个指数成交量的对数都是由波动率,而不是对无套利条件的偏离所"导致"的。对两个指数,A_t 的值都是由波动率而非成交量所"导致"的。有证据表明,纽约证券交易所综合指数的成交量"导致"了波动率,但标准·普尔 500 没有这种情况。不过,对瞬时因果关系的检验揭示了,在波动率与成交量、A_t 之间存在很强的同期相关性。这项研究发现,对标准·普尔 500 和纽约证券交易所综合指数,其成交量都会"导致"波动率,波动率会"导致"套利机会,并且纽约证券交易所综合指数而非标准·普尔 500 的成交量会"导致"波动率。

7.4.3 小结

尽管 Merrick（1987）发现股指期货存在较强的因果关系，对其他期货品种的广泛研究却没有发现成交量和波动率之间存在任何方向的因果关系。因果关系的不存在，与波动率和成交量都是由信息到达引起的观点是相符的。

7.5 成交量和期限

7.5.1 理论

如果价格波动率会随交割日临近而增加，并且价格波动率会随成交量增加而增加，那么就意味着成交量会随交割日临近而增加。图 7.6 说明了这一点。

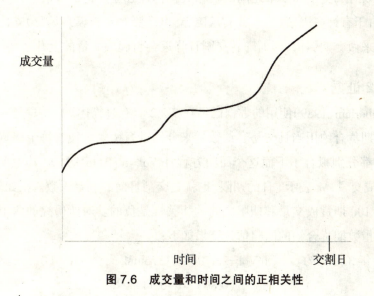

图 7.6　成交量和时间之间的正相关性

也可以将此重新表示为成交量和期限之间的负相关关系。

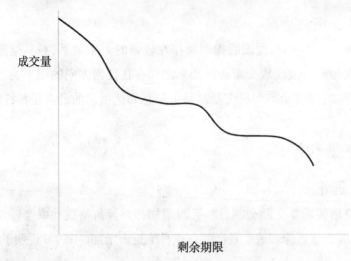

图 7.7　成交量和期限之间的负相关性

也可以对成交量和期限之间的负相关性构建独立的论证方法。11.8 节将会探讨,由于有许多因素(比如红利风险、利率风险和定价偏差风险)支持使用短期合约来做套期保值,因而随着交割日临近会引起成交量的上升。

7.5.2 证据

Chamberlain(1989)使用的数据已经在 7.2.2 节有过描述。成交量是对每个在外交易期货合约用当日交易合约数量来分别进行衡量。他对每个期货合约的观测值都分别拟合了下面这个回归方程:$\ln\mathrm{Vol}_t = \alpha + \beta(\ln\mathrm{M}_t) + \mu_t$,其中 Vol_t 表示 t 日的成交量,M_t 表示 t 日的期限,也就是交割日前的剩余天数。正如预期,金融时报 100 期货成交量和期限之间的相关性是负的。对所研究的两个金融时报 100 指数期货合约的回归估计结果如下:

1985 年 3 月合约　　$\ln\mathrm{Vol}_t = 2.4704 - 0.1376\ln\mathrm{M}_t$　　　$R^2 = 0.011, n = 82$
　　　　　　　　　　(0.86)　(−0.94)

1985 年 6 月合约　　$\ln\mathrm{Vol}_t = 3.2970 - 0.8183\ln\mathrm{M}_t$　　　$R^2 = 0.282, n = 100$
　　　　　　　　　　(15.34)*　(−6.20)*

括号中的数字是 t 统计量,* 号表示在 1%水平下显著。

Board 和 Sutcliffe(1990)所使用的数据也在 7.2.2 节有过描述。他们将日成交量的自然对数对期限(M_t)、周末效应虚拟变量(D_t)和表示信息到达率的代理变量(Φ_t)进行回归,也就是 $\ln Vol_t = \beta_0 + \beta_1 M_t + \beta_2 D_t + \beta_3 \Phi_t + \varepsilon_t$。他们所使用的信息到达代理变量是期货和现货的日波动率,波动率分别用六种不同方法来计算。他们发现了有力证据,表明期限对成交量有负向影响,也就是成交量随交割日临近而上升。也有一些证据显示,信息到达率(用期货或者现货的波动率来作为替代)对成交量有正向影响,特别是当用日振幅来衡量波动率时。周末效应对成交量没有影响。对所有现货和期货波动率的计算方法,这些结论都是相同的。

7.6 结论

对各种股指期货数据的检验,揭示了成交量和期限之间有很强的负相关性,也就是绝大多数交易都是集中在近月合约上。对股指期货的两篇实证研究证实了这个发现。

第8章

市场效率

引　言

　　本章的目的在于检验期货的定价效率。Jensen(1978)对于市场效率有如下定义:"一个市场如果无法靠基于信息集θ_t的交易来获得经济利润,那么这个市场对于信息集θ_t是有效的。"因此,效率是相对于某个特定信息集来定义的,市场有可能对某个信息集有效而同时却对另一个信息集无效。这篇文章认为有三类不同的信息集:(a)所有历史价格(弱有效);(b)所有公开信息(半强有效);(c)所有公开和私有信息(强有效)。40多年研究的结果已经证实,在兴旺的股票交易所里交易活跃的股票具有较高的定价效率。与股票市场不同,期货市场是一个零和游戏(不考虑交易成本),因为一个交易者的利润代表另一个交易者的等额损失。因此,如果某个交易者可以利用一些信息来"打败市场",那么其他交易者总体上就会承受损失。本章在考察完股指期货的定价效率之后,还将讨论有关股指期货异常现象的经验证据。尽管没有令人信服的经济解释,但是这些异常现象确实违背了弱有效市场假设。

8.1 弱有效

　　Samuelson(1965)认为,即使标的资产的现货价格有很强的时间趋势(比如季节性)并因此可进行预测,但其期货价格变动的期望值仍然是 0,也就是期货价格不会有时间趋势。正如 Sutcliffe(1997,第 8 章)所表明的,这是因为在不存在风险厌恶、没有交易成本的情况下,竞争市场中 T 时刻交割的期货合约的当前价格应该等于当前对 T 时刻现货价格的预期值,也就是 $F_t=E[S_T]$,其中 F_t 代表 T 时刻交割的期货在 t 时刻的价格。第二天该期货价格为 $F_{t+1}=E[S_T]$。由于每天得到的并形成 $E[S_T]$ 的新信息在时间上并不相关(也没有理由期望存在任何这样的相关性),因而对 $0<j<i\leqslant T$,有 $E[F_i-F_j]=0$。Sutcliffe(1993)第 9 章的附录 A 中用一个例子来阐释了这个结果。如果投资者对风险厌恶,那么期货价格的预期变动就不再为 0,也就是会出现风险溢价,因而期货价格就会有可预测的趋势,不过这个趋势并不能用来获利,因为它被风险所抵消了。

Hemler 和 Longstaff(1991)使用一般均衡模型来推导股指期货的定价方程,其中期货价格依赖于股票市场收益的波动率,见 5.27 节。该模型所假设的股票市场波动率的变动过程,暗含了期货收益率(或价格变动)具有一阶自相关。因此,期货的预期收益可能会由于股票市场波动率的变动而变动,而这又会因为期货收益率的自相关而进行反馈。这种情形并不意味着市场无效,因为必要收益率会随风险水平而变动,见 Fama(1991)。

有许多方法可以检验历史价格是否能预测期货价格,比如交易策略、游程检验、谱分析和序列相关性分析。当检验市场的弱有效性时,一旦发现价格变动存在规律并且可以用来获利,那么除非能提供该规律的某些经济原理以表明使用该交易策略并无吸引力,否则就可以证明弱有效性不成立。不过,如果不能找到这种规律,也并不能证明市场就是弱有效的,可能确实存在可获利的交易策略,只是尚未被发现而已。

8.1.1 交易策略

检验期货市场弱有效性的一个方法是,考察是否有基于历史价格的交易策略可以用来获利。对这类交易策略的检验有一些特点,而这会带来一些困难:

(a)必须将交易策略的绩效与其他资金使用途径的收益进行比较。有一些实际的其他用途可供选择,包括买入并持有、跟踪某市场指数、随机选择和零利润。Leuthold(1976)认为,由于不需要投资,因此期货交易的恰当的业绩基准是零利润。

(b)交易不可避免会产生交易成本(包括买卖价差),当衡量交易策略和基准策略的绩效时必须要考虑到这点,而交易成本可能并非只是交易额或者交易量的一个简单比例。

(c)如果交易策略和基准策略所构建的组合风险并不相等,那么在比较它们的利润时必须考虑到这点。这时需要使用对风险定价的模型,比如 CAPM。因此,检验的零假设变为一个联合假设:历史价格不包含预测信息,并且用于考虑风险差异的模型是正确的。由于股指期货的贝塔值在 1 附近(见 Sutcliffe,1997,第 8 章),因此对持有分散组合的投资者来说,持有期货头寸与不持有期货头寸的风险是相同的。

如果风险溢价随时间改变,那么也许可以预测其大小,比如使用宏观经济变量。在这种情况下,投资者只有在预期风险溢价会变高时才投资市场,而相对于不允许高风险的基准策略来说,依赖预测模型的交易策略会产生很高的收益。不过,这些高收益的取得是由于承担了高风险,并非是比市场取得了更好的业绩。

Taylor(1983,1986)认为那种要么不持有风险资产,要么持有风险资产多头头寸(特定规模)的交易策略比买入并持有策略的风险更低,因为此时交易者持有风险期货头寸的时间更短一些。因此,如果交易策略可以产生更高的收益,那么它就是更优的选择。

(d)小规模交易可以按当前报价成交,但大宗期货合约的交易也许只能以吸引力稍差的价格成交,因此,任何交易策路的研究必须考虑到这类市场冲击成本的影响。

(e)通常的假设是每笔交易都会投入同样金额的资金,不过,由于期货合约的不可分割性,现实中也许不可能做到。

(f)比例交易成本、市场冲击成本和不可分割的问题随不同的绝对交易金额而不同,但是在基准策略中必须假设投资特定的资金额。因此,有必要对交易策略指定一定的投资量。这会使得策略变得复杂的多,因为不可能接受所有被策略识别出来的投资机会。投资者必须连续做出困难的决策,来拒绝只有最低限度吸引力的机会,以希望接下来会出现更有吸引力的投资机会。

(g)必须考虑到在接收历史股票或期货价格数据与执行后续交易之间存在的时间延迟,也就是交易时滞问题。比如,Daigler(1993a,1993b)发现,在考虑了交易时滞后,交易策略的利润消失了。

(h)使用交易数据而不是收盘价,将会改变许多交易策略的本质与绩效。

(i)盈利或损失只能表示为价格变动(也就是利润),或者收益率,而这两种衡量盈利或损失的方法都是有问题的(见 2.5 节)。

(j)对交易策略结果的参数显著性的统计检验,必须知道交易策略产生的利润或收益率的分布,而这通常并不知道,见 Cargill 和 Rausser(1975)。

(k)如果交易策略产生了显著为负的总收益,这表明颠倒交易策略中的多空决策将会导致显著为正的总收益,也可能导致显著为正的净收益。

(l)如果使用某个数据集来优化交易策略中的参数选择,那么就不能使用同一数据集来检验策略的绩效,必须留出一部分数据集来用作检验。如果使用同一个数据集来做交易策路的推导和检验,那么总可能会发现交易策略是(事后)可以获利的。

(m)交易策略通常是孤立地来检验,而现实中交易者可能要同时使用一批指标。

(n)交易策略是对整个数据期间来进行检验以提供买卖决策,但是交易者可能只在特定时段才依赖交易策略。

Sutcliffe(1997,225~228 页)描述了许多交易策略,包括滤波策略(filter rules)、价格通道策略(price channels)、有价格百分比带的移动平均策略(moving averages with percentage price band)和双移动平均穿越策略(double moving average crossovers)。另外,许多交易者设计了自己的交易策略。下面将考察交易策略的一些实证检验。

美国。Maberly(1986)考察了两年半时间的标准·普尔 500 指数期货的开盘价和收盘价。他分析了现货市场闭市时的价格变动,发现存在一个可以获利的交易策略。如果在现货非交易时间期货价格有大幅(最大 10%或 50%)下跌(上升),那么在下一个交易时段开始时买入(卖出)期货。如果根据周末的价格变动在下周一早盘进行交易,那么该策略可以获得最大的利润。不过,Maberly 没有考虑交易成本和风险,他也没有对该策略的利润是否显著为正进行任何检验。

Arditti、Ayaydin、Mattu 和 Rigsbee(1986)研究了 1982~1984 年的标准·普尔 500 指数,发现有一个简单的交易策略,可以在 60 次机会中只有 2 次不赚钱,该策略在 4.1.1 节有描述。

Brorsen 和 Lukac(1990)及 Lukac 和 Brorsen(1990)使用了 1982~1986 年标准·普尔 500 期货的日数据。他们对此数据检验了 23 种交易策略,扣除交易成本后,这些交易策略的平均月收益率为-1.2403%,而价格通道策略的收益率只有-2.0160%。因此,对股指期货应用交易策略并不能获利。

Trippi 和 DeSieno(1992)使用了一个由 6 个神经网络构成的系统,根据其预测结果来产生混合的交易策略。这些网络用 1986~1990 年标准·普尔 500 指数的历史数据来进行训练,用 1990~1991 年的数据来进行检验。考虑了交易成本后,混合交易策略可以产生可观的利润,并且业绩要超过随机交易策略。

Farrell 和 Olszewski(1993)使用 1982~1989 年标准·普尔 500 的日对数收益率来估计交易策略的参数,然后对 1989~1991 年的数据进行检验。他们提供的两个策略并没有战胜买入并持有策略,尽管有其他作者曾提出 3 种不同的策略,在扣除了交易成本后可以产生利润。Farrell 和 Olszewski 没有考虑风险,其结果与弱有效性是一致的。

Grudnitski 和 Osburn(1993)分析了 1982~1990 年标准·普尔 500 的月度数据。他们测试了一个神经网络,用四个输入值(货币供应的月增长,标准·普尔 500 指数的月度变动,上个月标准·普尔 500 的标准差以及标准·普尔 500 期货交易者的净保证金比例)来预测下个月标准·普尔 500 的平均值。在经过交易成本调整后,基于神经网络的策略并没有产生超过风险调整收益的利润。

Buckle、Clare 和 Thomas(1994)使用了 1983~1993 年标准·普尔 500 期货的月收益率数据。他们发现期货收益率可以用滞后的现货收益率、债券–股票收益比和利率期限结构来预测。不过,基于该预测模型的交易策略在扣除交易成本后,并不能成功获利。

Olszewski(1998)使用 1986~1993 年标准·普尔 500 期货的日数据,来考察动量交易策略(momentum trading)的获利性,其中使用 V 统计量来过滤交易信号。结果发现采用该策略会产生很大损失。

Karjalainen(1998)考察了遗传规划方法在预测标准·普尔 500 期货价格中的效果。他使用了 1983~1993 年的日数据,发现在考虑了交易成本后,该交易策略可以产生适度利润。他还认为如果允许承担更高一点的风险,那么该策略仍然是有利可图的。

Tsaih、Hsu 和 Lai(1998)混合使用专家系统和神经网络来预测标准·普尔 500 期货的价格变动方向。使用 1984~1993 年的日数据,他们发现,在考虑了交易成本后,该交易策略可以战胜买入并持有策略。

Wang(2000)对遗传规划预测标准·普尔 500 期货价格的效果进行了研究。使用 1983~1998 年的日数据,他发现该交易策略的净风险调整业绩在各年之间有所不同,而且总体上并不能战胜买入并持有策略。

Lin、Onochie 和 Wolf(1999)考察了 1988~1992 年标准·普尔 500、MMI、纽约证券交易所综合指数、价值线指数和小型价值线指数期货的日数据。他们的策略是每天将前一天的赢家(相对于这 5 种期货的等权重指数)卖掉,买入输家,也就是反向策略(contrarian strategy)。在扣除交易成本前,该策略可以在第二天产生显著的利润。

Simon 和 Wiggins(2001)使用了 3 个市场情绪指标——波动率指数、看跌-看涨期权成交量比及纽约证券交易所交易指数——来作为交易策略的一部分。对 1989~1999 年标准·普尔 500 期货的日数据,他们发现当指标显示市场高度恐慌时,买入策略的净风险调整收益为正。

Miffre(2001b)分析了 1982~1996 年标准·普尔 500 和纽约证券交易所综合指数期货的月度数据。她发现投资者应该在经济周期波谷时买入这些期货,而在经济周期波峰时卖出期货。不过,她并没有考虑交易成本,也没有对交易策略进行任何样本外检验。

Grant、Wolf 和 Yu(2005)研究了 1987~2002 年标准·普尔 500 期货的每分钟收益率。他们发现如果隔夜价格变动很大,那么在开盘后 1.5~4 个小时内会有明显的过度反应(星期一除外,此时价格是连续的)。不过,在考虑了交易成本后,毛利润大部分消失了,其结果与弱有效市场假设是一致的。

日本。Brenner、Subrahmanyam 和 Uno(1989a)考察了两种交易策略的获利情况。第一种交易策略是利用无套利条件的偏差来建立日经 225 和大阪 50 期货合约之间的跨品种价差头寸(价差在第 6 章讨论过)。其交易策略是在价格高估最多时卖出期货合约,如果两个合约都被低估,那么卖出低估程度最小的期货合约,并买入相等数量的另一期货合约(注意到这里是要求合约数量相等而不是头寸价值相等)。该交易策略在 95% 的跨品种价差交易中是获利的。

第二种策略不使用无套利条件,它依赖于两个比率:日经 225 和大阪指数的现货历史(之前 3 个月)价格之比(S_N/S_0),和这两个股指期货的当前价格之比(F_N/F_0)。当(S_N/S_0)>(F_N/F_0)时,该策略要求买入日经 225 期货并卖出大阪 50 指数期货,反之则反是。只有在这两个比率有显著差异时才建立头寸。该策略大约 75% 的情况下都是获利的(扣除交易成本后),因而要比第一种交易策略差一些。

Becker、Finnerty 和 Tucker(1993)发现标准·普尔 500 期货从开盘到收盘的收益率,与随后的日经 225 期货(在 SGX 交易)从开盘到收盘的收益率之间存在负相关关系。这暗示可能存在可获利的交易策略。他们考察了当前一交易时段的标准·普尔 500 期货下跌（上涨）超过 1.5% 时，开盘买入（卖出）日经 225 期货并在收盘卖出的策略。标准·普尔 500 期货下跌超过 1.5% 时，日经 225 期货平均上涨 0.191%，而标准·普尔 500 期货上涨超过 1.5% 时，日经 225 期货平均下跌 0.130%（在 10% 水平下显著）。他们的结论是执行该策略的利润都会被交易成本所抵消。

中国香港地区。Raj 和 Thurston（1996）对 1989~1993 年恒生期货的开盘价检验了两种交易策略。他们发现移动平均摆动（moving average oscillator）策略并不能比买入并持有策略产生更高的收益，但区域突破（range break out）策略能产生更高的收益。不过，由于没有考虑交易成本，并不清楚该策略是否能产生显著的净利润。

Li 和 Lam（2002）发展了他们自己的交易策略，并用 1987~1999 年恒生期货的日数据进行了检验。在考虑了交易成本后，该交易策略的收益要比买入并持有策略差很多。

Fung 和 Lam（2004）使用 1993~2000 年恒生期货的定价偏差来识别过度反应。在考虑了交易成本、交易时滞和风险之后，他们发现该交易策略是可以获利的。

澳大利亚。Yeh 和 Gannon（2000）使用了 1988~1996 年 SPI 和 AOI 的日数据。他们用 5 种不同的方法计算了风险最小化的避险比率，并计算了套期保值组合（扣除交易成本后）的利润或损失。他们发现，带有星期虚拟变量的二元 GARCH（1,1）模型明显是最赚钱的。

Fong 和 Martens（2002）考察了 1994~1998 年标准·普尔 500 期货的 5 分钟收益率，以及隔夜在 SYCOM 交易的 SPI 期货的同步收益率。如果 SPI 的隔夜收益率超过 1%（低于 -1%），那么在开盘时卖出（买入）SPI，并在 40 分钟后将头寸平仓。在考虑了本地交易成本后，该策略可以产生利润。

英国。Buckle、Clare 和 Thomas（1999）使用了 1984~1993 年金融时报 100 期货的月度收益率。他们发现，可以用滞后的现货和期货收益率以及一月份虚拟变量来预测期货收益率。不过，即使不考虑交易成本，该策略也无法产生利润。

Brooks、Rew 和 Ritson（2001）分析了 1996~1997 年金融时报 100 的 10 分钟收益率，发现期货要领先现货 10 分钟。他们于是用期货收益率来预测 10 分钟后的现货收益率。在考虑了交易成本后，该策略无法打败基准策略。

法国。Clare 和 Miffre(1995)使用了 1990~1993 年 CAC 40 期货的周数据，发现 CAC 40 期货收益率可以用 7 个变量的滞后值来解释：CAC 40 期货的收益率、法国股票市场指数和标准·普尔 500 指数、法国股票市场指数和标准·普尔 500 指数的市盈率，美国利率期限结构和法国股票市场的红利收益率。使用 12 个滚动的一步前向预测，他们发现，这个简单的交易策略要比持有 CAC 40 指数篮子或者 CAC 40 期货多头能产生更高的总利润。不过，由于他们没有考虑交易成本，因此并不清楚该交易策略能否在 12 个星期的检验期间产生净利润。不过，即使能产生净利润，这也可能是时变的风险溢价而不是市场无效性造成的。

德国。Clare 和 Miffre(1995)用 1991~1993 年的周数据，对 DAX 期货重复他们对 CAC 40 期货的分析。他们发现，DAX 期货收益率可以用 4 个变量的滞后值来解释：DAX 期货收益率、德国股票市场指数、标准·普尔 500 指数和德国利率期限结构。使用 12 个滚动的一步前向预测，该简单交易策略的业绩要差于 DAX 指数篮子和 DAX 期货，考虑交易成本则更强化了该交易策略无法获利的结论。

西班牙。Rubio(2004)考察了 1992~2000 年 Ibex 35 期货的日数据，他们检验了 3 个交易策略，但没有一个优于买入并持有策略。

结论。这些结果表明，考虑了交易成本和风险后，股指期货的交易策略可能有时会战胜简单基准，这意味着弱有效性不成立。也许这有些奇怪，因为交易策略对股票市场并不奏效。对许多研究都发现了交易策略有效的一部分解释是"发表偏倚"(publication bias)——与那些对已经被接受的正统说法进行证实的研究相比，反驳已被接受的看法的研究更可能被赞扬和发表。

8.1.2 期货基金

曾经有一些针对美国期货基金业绩的研究。期货基金是从投资者那里筹集资金，再集中起来投入到期货合约和一些生息证券中去。每个期货基金都有一个经理，其交易决策通常要依赖于(不公开的)交易策略。因此，对这些期货基金业绩的研究就代表对交易策略击败市场能力的一种间接检验。表 8.1 总结了一些这种类型的研究。

表 8.1　期货基金获利能力的实证研究

研究	期货基金	衡量标准	成本	结论
Brorsen & Irwin（1985）	20 Funds	RAR	TC	WE
Murphy（1986）	11 Funds	B&H	TC	WE
Elton、Gruber & Rentzler（1987）	85 Funds	ER	TC	WE
Elton、Gruber & Rentzler（1990）	91 Funds	ER	TC	WE
Irwin、Krukemyer & Zulauf（1993）	186 Funds	ER	TC1	WE
Irwin、Krukemyer & Zulauf（1993）	186 Funds	ER	TC2	WI
Edwards & Park（1996）	361 Funds	RAR	TC	WE

B&H=买入并持有，ER=超过无风险利率的收益率，RAR=风险调整收益率，TC=交易成本，TC1=零售投资者的交易成本，TC2=机构投资者的交易成本，WE=弱有效，WI=非弱有效。

表 8.1 的研究意味着在扣除交易成本后，期货基金使用的交易策略并不能带来更高的业绩。不过，期货基金还有一项额外的交易成本——基金经理的费用、激励支付和开支，这些很可能是比较可观的，而且规模不定，见 Irwin 和 Brorsen（1985）、Cornew（1988）。这类管理费用也许反映了被提取的基金所产生的超额利润，留下的则是无法超出市场的净业绩。这与 Irwin、Krukemyer 和 Zulauf（1993）的发现是一致的，机构投资者有能力商谈低得多的交易成本，因而可以从期货基金赚取超额收益。期货基金的这些结果与对投资于股票的基金（比如共同基金、投资信托和单位信托）的研究结果是相符的，后者也被发现无法战胜股票市场。

8.1.3 弱有效性的其他检验

除了交易策略，其他许多检验也被用来考察不同时间的期货价格或收益率之间是否存在相关性。这些检验，包括自相关性、游程检验和谱分析，被设计用来发现非随机行为。由于这些检验通常不考虑交易成本、交易时滞和价格冲击等因素，它们并非是对弱有效性的直接检验。另外，某些检验（比如自相关性）假设产生期货价格或收益率的过程是线性的，而事实也许并非如此，见 Taylor（1985）、Heaney（1990）和 Hsieh（1989）。不过，这些检验确实提供了不同的途径，并且具有一些优点。自相关系数的样本分布是已知的，游程检验也是如此，因而可以进行显著性检验。游程检验是非参数检验，不需要使用价格变动大小，只需要知道变动方向，因而对数据误差和分布假设都是不敏感的。谱分析则是频域而非时域上的非参数方法。

对股指期货的随机性质有许多研究，下面将对此进行总结。

美国。Zeckhauser 和 Niederhoffer(1983b)考察了 1982 年 3~6 月间 VLCI 期货的每半小时价格变动。他们对期货价格变动进行了游程检验,结论是不能拒绝价格变动之间的独立性,也就是说,他们的结果支持弱有效性。

Goldenberg(1988)研究了 1983~1984 年大约 400 天的标准·普尔 500 指数期货的交易数据(648,300 笔交易价格)。由于交易数据之间的时间间隔并不相等,他还分析了每分钟价格序列,去掉了大约 3/4 的交易数据。他对交易价格变动考虑了两个可选模型,这两个模型都导出了负自相关性。一个可能性是存在反射壁,这也许是由于买卖价差反弹或者限价指令集聚在某些特定价格水平上。另一个可能性是交易价格服从均值回复过程,价格偏离均值价格越远,它接下来恢复到均值的可能性就越大。Goldenberg 发现交易价格变动之间存在明显的负的一阶和二阶自相关性,他认为,这与限价指令造成的反射壁以及均值回复都是相一致的(买卖价差反弹没作为一种解释,是因为价格变动明显要比买卖价差大得多)。他接着考察了等时间间隔的数据,发现即使对于 1 分钟数据,随着差分间隔由 1 分钟增加到 10 分钟,反射壁消失了,并且也没有均值回复的证据。这些结果意味着交易价格的变动是非随机的,并且,由于并没有考虑交易成本和风险,并不清楚这些结果是否和弱有效性相违背。

Goldenberg(1989)还研究了 1983~1984 年标准·普尔 500 期货的交易数据。他构建了一个 10 秒钟间隔的价格变动序列以做分析。他发现存在显著负的一阶和二阶自相关性,而这些价格变动的最佳表示是一个 ARIMA 模型。

Cheung 和 Ng(1990)分析了 1983~1987 年标准·普尔 500 期货的 15 分钟收益率。他们发现,平均一阶自相关系数是 -0.03,这也许是因为买卖价差反弹会引起少量的负自相关。尽管研究者并没有考虑结果对市场有效性的含义,但是该结果还是与弱有效性是一致的。

Blank(1991a)使用混沌分析方法,研究了 1982~1987 年标准·普尔 500 期货的日数据。其基本过程是用线性方法消除数据中的线性关系,然后再检查非线性关系。他的结果暗示市场可以用确定性混沌来刻画,也就是在当前价格和滞后价格间存在着非线性关系。他也没考虑交易成本,因而对弱有效性也没有得出任何结论。

Lee 和 Huh(1991)用 100 天的日数据计算了 5 个技术指标来作为神经网络的输入变量,该方法用来预测标准·普尔 500 期货价格在第二天是上涨还是下跌。数据集将每天向前滚动并重复训练。使用 9 月份合约的数据,他们产生了 100 个预测值,通过 Henriksson–Merton 检验,发现它们具有预测效力。

Rao 和 Ma(1991)使用重标极差分析(rescaled range analysis)方法来比较了标准·普尔 500 现货价格和期货价格序列相关的程度。使用每天下午 3 点钟的价格，他们发现在 1978~1986 年现货价格存在显著的正相关，不过,1983~1986 年的期货价格却不存在相关性。使用每分钟价格,他们再次发现现货价格之间存在显著的正相关,而期货价格之间存在显著的负相关。他们随后使用日数据来考察 1983 年 4 月引入期货交易后现货价格的相关性。他们发现期货引入后现货价格的相关性增强了。Rao 和 Ma 假设该效应是由于期货交易改变了现货交易者的本质。特别是,它降低了现货交易者对新(宏观)信息同时反应的程度。

Fung、Lo 和 Peterson(1994)分析了 1987~1988 年中 12 天的标准·普尔 500 期货的每分钟对数收益率。使用 1 分钟到 12 分钟间隔数据计算的方差比(经过异方差调整),他们发现有证据表明期货收益率同时存在正自相关和负自相关。研究者还使用修正的重标极差分析和自回归分形求和移动平均方法来考察更长期间的相关性。不过,在一天之内,没有存在更长间隔相关性的证据。

Barkoulas、Labys 和 Onochie (1999) 对 1982~1993 年的标准·普尔 500 指数、纽约证券交易所综合指数和价值线指数期货的日数据,也拟合了一个自回归分形求和移动平均过程。对每个指数他们估计的参数都是 1,这意味这序列中不存在长期记忆。

Gao 和 Wang (1999) 分析了 1984~1993 年标准·普尔 500 期货的日收益率,以寻找非线性的相关性。他们发现了此类证据,并且 GARCH(1,1)模型要劣于门限自回归(TAR)和自回归波动率模型。他们没有发现存在确定性混沌的证据。

Crato 和 Ray(2000)研究了 1982~1997 年标准·普尔 500 期货的日数据,他们对收益率和收益率方差的长期记忆性进行了三种不同的检验。他们发现,收益率之间不存在相关性,但是收益率方差之间存在很强的相关性。

Fung、Mok 和 Lam(2000)使用了 1993~1996 年标准·普尔 500 和恒生指数期货的交易数据。他们发现,如果隔夜收益率比较高,那么开盘时会发生价格反转。在考虑了交易成本和交易时滞后,还是能产生少量利润,因而这违背了弱有效性。

Koutmos(2002)假设效用最大化交易者和正反馈交易者之间的互动会导

致期货收益率产生负的时变的自相关性。该预言被标准·普尔500、日经225、DAX和CAC 40期货的日数据所支持。因此,即便期货收益率确实存在负自相关,这仍是与弱有效性相一致的。

日本。Wang(2005)考察了1993~1994年日经225期货的5分钟收益率。使用马尔科夫链,他发现5分钟和10分钟间隔的收益率是非随机的,但是更长期间的收益率则不是。这突出了一个问题,就是预测效力会随着差分间隔长短而变动。一个市场也许在非常短的期间可被预测,但是对更长的期间则不行。这样的市场也许是弱有效的,即便对于较短期间也是如此,因为基于收益率预测的交易,其交易成本会吞噬任何毛利润。

中国香港地区。Mok、Lam和Li(2000)表明,如果收益率服从随机游走,那么日最高价和最低价更可能接近于开盘价或收盘价,而不是日中的某个时间。他们分析了1993~1996年标准·普尔500期货和1994~1996年恒生期货的交易数据,并将实际日最高价和最低价的出现时刻与理论出现时刻进行对比。对标准·普尔500期货,其每日最高价和最低价出现时刻的分布形状是较强的U型,这与随机游走给出的理论概率相符。对于恒生期货,每日最高价和最低价出现的时刻比理论预期更加呈现U型,这意味着市场可能并非弱有效。

澳大利亚。Heaney(1990)研究了1983~1987年SPI期货每日从收盘价到收盘价的收益率。使用自相关分析、游程检验和谱分析(假设是线性关系),他发现几乎没有非随机行为。不过,当使用并非假设线性的检验时,他发现存在非随机性。

Hodgson、Keef和Okunev(1993)分析了SPI期货的日收盘价。他们将期货价格变动对期货价格水平进行回归,发现存在较弱的均值回复。对于SPI指数现货也得到了类似的结论,尽管现货的均值回复程度要比期货价格稍微弱一些。考虑到交易成本和交易风险等因素,这种价格在时间上的相关性可能与弱有效性一致,也可能不一致。不过,期货的均值回复比现货更强的结论,与套利者对期货价格比现货价格影响更大的观点是相符的。

Brooks和Michaelides(1995)研究了期货绝对收益的d次方(也就是$|r|^d$)的可预测性。当d=1时,他们考察的是绝对收益率的相关性;当d=2时,他们考察的是收益率平方的相关性。使用1989~1994年SPI期货的日数据,他们发现,当d值处于1附近时,自相关性最强,也就是说,大的价格变动倾向于跟随大的价格变动,而小的价格变动倾向于跟随小的价格变动。这类ARCH效应并不

与市场有效性相违背。

Brooks 和 Lee(1997)研究了 1989~1994 年 SPI 期货的日数据。他们对各种合约拟合了许多种 ARCH(p)和 GARCH(p,q)模型,发现拟合度最好的共同模型是 ARCH(1)。

英国。Miffre(2001a)使用 1984~1999 年的月度数据来考察多因素模型对下个月金融时报 100 期货收益率的预测能力。考虑了风险溢价的时变性以及因素的敏感性,他们发现大部分金融时报 100 期货收益率的变动都可以得到解释。这个结论支持了弱有效性。

Ap Gwilym、Brooks、Clare 和 Thomas(1999)考察了 1992~1995 年金融时报 100 期货的 5 分钟收益率。他们唯一发现的非线性关系是 ARCH,而没有发现存在混沌的证据。

法国。Lee、Gleason 和 Mathur(2000)考察了 1988~1997 年 CAC 40 期货的日数据。他们使用了方差比检验、单位根检验和序列相关性检验,发现无法推翻弱有效性假设。

西班牙。Lee 和 Mathur (1999) 分析了 1992~1995 年 Ibex 35 期货的日数据。方差比检验、单位根检验和序列相关性检验的结果都与弱有效性相一致。

结论。上述检验中有些证据表明股指期货市场并非是弱有效的,这与理论预期不符。

8.2 半强有效

这一节考察是否能用所有公开可得信息来预测期货价格。如果市场是半强有效的,那么在任何特定类型的公开信息中都不会有预测信息,也包括所考虑期货的历史价格。因此,如果市场不会弱有效,那么它也不会是半强有效的。

8.2.1 计量经济模型

曾经有一些研究,将计量经济模型得到的现货价格预测与期货价格隐含的现货价格预测进行比较。由于计量经济模型使用的是公开信息,那么如果期货市场至少是半强有效的,这些模型就无法产生比期货市场预测更好(考虑交易成本)的预测。

美国。De Roon、Nijman 和 Veld(2000)使用 1986~1994 年标准·普尔 500 和

价值线指数的双周数据,来考察套期保值压力(空头套期保值需求和多头套期保值需求的不平衡)能否用来预测期货收益率。在控制了系统性风险后,他们发现这并没有预测能力。

8.2.2 事件研究

仅有三种股指期货被进行过事件研究。

美国。Ma、Dare 和 Donaldson(1990)考察了标准·普尔 500 和 VLCI 期货价格对新信息的过度反应和不足反应。他们使用的是 1982~1988 年近月合约的日收盘价,并定义收益率为价格变动的自然对数。他们没有收集市场对主要事件反应的数据,而是使用收益率来计算代理变量。其过程是,对收益率序列拟合 ARIMA 模型,并将 5% 水平下显著的残差对应日期作为事件发生日。对每个事件发生后的一段时间,他们计算了累积异常残差(CARs)。对于正向事件(对应于大的价格上涨),标准·普尔 500 的 CARs 在其后的 5 天中显著为正,意味着对最初的不足反应有一个延迟响应。对于负向事件,标准·普尔 500 和 VLCI 的 CARs 在其后的 5 天中都是显著为负的,也表明了最初反应不足。尽管这项研究发现对重要事件的反应可以进行一些预测,但是由于没有考虑交易成本,这并不表明半强有效性不成立。

Becker、Finnerty 和 Friedman(1995)研究了美国和英国的宏观经济信息发布对金融时报 100 和标准·普尔 500 期货收益率的影响。使用 1986~1990 年的数据,他们发现,美国发布消息当天,金融时报 100 的 30 分钟收益率的方差在消息发布后上升到了原来的 5.5 倍。他们还发现,美国发布消费者价格指数、生产者价格指数、货物贸易和非农就业人口的意外信息,会引起金融时报 100 收益率的反应。金融时报 100 期货收益率也对英国发布公共部门融资缺口、有形贸易和经常项目账户的意外信息做出反应。隔夜的标准·普尔 500 收益率会对美国发布生产者价格指数和货物贸易的意外信息作出反应,也会对金融时报 100 期货收益率做出响应,但是对英国发布意外信息并没有反应。这些结果总体上支持了金融时报 100 和标准·普尔 500 期货是半强有效的观点。

英国。Chalk(1993)研究了英国政府基准利率变动对金融时报 100 期货价格的影响。尽管一般预期利率上升会对股票价格造成负面影响,但是真正有影响的不是基准利率变动,而是发布结果中包含未预期到的变动。基准利率变动的发布信息中包含的"新信息"可以用在 Euronext-Liffe 交易的 3 个月英镑期

货的价格反应来衡量。如果 3 个月英镑期货价格上涨,那意味着利率有未预期
到的下降, 从而会引起金融时报 100 期货价格的下跌。Chalk 分析了 1984~
1993 年的日数据,在此期间基准利率共发生了 72 次调整,他在分析中将低于
3%的利率调整排除在外。他研究了相对于从上一次消息发布后 7 天到此次消
息发布前 5 天的平均日变动而言, 金融时报 100 期货从此次消息发布前 4 天
到发布后 6 天的价格变动情况。他发现,如果信息发布后 3 个月英镑期货价格
上涨,那么金融时报 100 期货价格也会在发布日上涨。如果 3 个月英镑期货价
格下跌,那么金融时报 100 期货价格也会在发布日下跌。这些结果与金融时报
100 和 3 个月英镑期货市场的半强有效性是相符的。

Buckle、ap Gwilym、Thomas 和 Woodhams(1998)分析了 1992~1993 年金融
时报 100 期货的 5 分钟收益率, 发现宏观经济信息的发布会导致成交量和价
格波动率的上升,这与半强有效性是相符的。

澳大利亚。Frino 和 Hill(2001)考察了 SPI 期货对澳大利亚 1995~1997 年
间 132 次例行宏观经济信息发布的反应。使用 10 秒钟间隔的数据,他们发现,
期货收益的波动率会在每次宣布前 10 秒钟到宣布后大约 4 分钟之间会上升。
每次宣布完后 1 分钟都会有较强的价格反应,不过有些是过度反应,这与半强
有效性相违背。每次宣布完后 4 分钟交易的数量和规模都会上升,而买卖报价
价差在宣布前 20 秒到宣布完后的 30 秒都会有所扩大。

结论。还有超过 50 个关于公开信息对其他期货品种价格影响的检验,它
们一般都是检查价格是否会对未预期到的价格敏感信息的发布在恰当的方向
上产生即刻反应。尽管大多数此类研究结果都是与半强有效性相符,但是还有
约 1/3 并不相符。仅有的几个关于股指期货的研究结果也倾向于支持半强有
效性。

8.2.3 交易者的预测能力

由于期货市场是一个零和游戏(忽略买卖价差、佣金和税负),任何获利的
交易都与一个亏损的交易相对应。这引发了一个问题,就是赢家和输家之间是
否存在某种系统性的差异。可以得到的数据只允许对几种不同的交易者类型
进行研究,比如,大的或小的未平仓量,商业交易者(commercial traders)或非商
业交易者(non-commercial traders),多头或空头,套期保值者、价差交易者或投
机者,频繁或不频繁的隔夜头寸持有者。相关的研究(没有一个是关于股指期

货的)发现,开仓量大的交易者扣除交易成本前可以获得明显的利润,这意味着大额交易者拥有更强的预测能力,或者,这些大投机者的获利是由于现货溢价。有四例使用开仓数据对该假设进行的研究,其中三例发现大的投机者拥有预测能力。不过,由于并不清楚这些大的交易者使用何种信息来预测价格,因而所检验市场的有效性程度也无法确定。但是,很可能大交易者是使用了公开信息(也可能有一些内幕信息)。因此,对商品期货的研究结果表明这些市场不是半强有效的,但是这一结论未必适用于股指期货市场。

8.2.4 套利机会

　　缺乏套利机会可以被看做是市场有效性的一项要求,因为当前价格应该完全反映所选择的信息集。不用预测未来价格变动,也不用资本投入,套利是用对应现货价格的公开数据、无风险利率和红利来产生瞬间(无风险)利润。不存在套利代表了一个联合假设,那就是现货市场和期货市场都是有效的,而存在套利机会则可能是由于现货市场无效、期货市场无效或者两个市场都无效所造成的。关于股指期货的这类研究已经在第4章讨论过,其结论是套利机会确实存在,但是随着时间推移这种机会正变得越来越少,套利空间也越来越小。出于同样考虑,也可以对同品种和跨品种价差或者基差的定价进行检验,以检查是否有某些信息集可以用来产生利润。如果确实如此,那么意味着所涉及的一个或多个市场是无效的。

8.2.5 风险中性和市场效率

　　对于市场效率的一些检验其实是对市场效率和无偏性的联合检验。假设风险中性并且没有交易成本,那么半强有效性就意味着 $S_T=F_t+\varepsilon_t$,其中 S_T 是 T 时刻的现货价格,F_t 是 T 时刻交割的期货的当前价格,ε_t 是均值为零的扰动项。如果拒绝这个将当前期货价格与交割日现货价格联系起来的方程,那么就意味着存在风险溢价,并非半强有效或者存在交易成本。

　　英国。Antoniou 和 Holmes(1995a)使用 1984~1993 年金融时报 100 期货的日数据,检验了方程 $S_T=F_t+\varepsilon_t$ 的恰当性。首先,如果该方程是恰当的,那么现货价格和期货价格必须是协整的。其次,如果该方程对长期是恰当的,那么该方程需要截距为 0($\alpha=0$),并且 F_t 的协整系数为 1($\beta=1$)。最后,如果该方程对短期是恰当的,那么误差必须在一个时间间隔内得到修正。

　　Antoniou 和 Holmes 使用了月度价格的对数,发现对剩余期限为 1、2、3、4、5 和 6 个月的情况,S_T 和 F_t 是协整的。第二个条件($\alpha=0$ 且 $\beta=1$)对剩余期限为 1、2、4 和 5 个月的情形成立,但是对剩余期限为 3 和 6 个月的情形不成立,之所以不成立是由于近月合约到期的影响,其剩余期限为 3 个月和 6 个月,也可能是由于存在风险溢价、市场无效或者存在交易成本的原因。为了考察方程在短期的恰当性,它们对四个通过长期恰当性检验的月份(1、2、4 和 5)包含了一个 ECM 项。对剩余期限为 1 个月和 2 个月的情形,误差修正项的系数为–1,并且 $\alpha=0$,$\beta=1$,这表明在短期方程是恰当的。对剩余期限为 4 个月和 5 个月的情形,误差修正项要大于–1,α 是正的,β 则小于 1,这意味着在短期方程并不恰当。这可能是由于存在风险溢价、市场无效或者存在交易成本的原因。

　　Antoniou 和 Holmes 还对 1 天、4 天和 20 天期间的日对数价格进行了方差边界检验,以提供另一种对上述方程的检验。如果这是恰当的,由于 F_t 和 ε_t 的协方差为 0,因而 $\mathrm{Var}(S_T)=\mathrm{Var}(F_t)+\mathrm{Var}(\varepsilon_t)$,并且由于 $\mathrm{Var}(\varepsilon_t)>0$,所以期货价格的方差必定小于现货价格的方差。只有当这两个方差都是有限的情形下该检验才是有效的,如果它们非平稳,那么检验无效,因此 Antoniou 和 Holmes 对检验进行了变换,他们对每个变量减去一个 S_T 的滞后值。对于剩余期限为 1 个月和 2 个月的情形,方差边界检验支持短期恰当性,而对 3、4 和 5 个月剩余期限的情形,则并非如此。

　　总的来看,Antoniou 和 Holmes 发现,对剩余期限为 1 个月和 2 个月的情形,半强有效性成立,并且没有风险溢价和交易成本。对更长剩余期限的情形,有证据表明存在风险溢价、市场无效或者存在交易成本。这些结果与只有剩余期限长于 2 个月时风险溢价才变得显著的的观点是一致的,并且也符合定价偏差的大小和频率都会随交割日临近而降低的事实(见 4.2.1 节)。

8.3 强有效

　　强有效性要求市场价格反映所有相关信息,包括公开的和私有的信息。强有效性是比弱有效性和半强有效性更严格的要求,它包含后两者做特例。因此,弱有效性和半强有效性的负面结果意味着期货市场的强有效性检验也会失败。也许这是为何对期货市场强有效性的研究如此之少的一个原因,而针对股指期货的研究则更是空白。

8.4 与时间相关的异常现象

尽管期货市场是弱有效的，但是期货价格仍然可能存在与时间相关的规律。许多研究都曾发现股票市场指数存在与时间相关的异常现象（比如周末效应、一月效应）。例如，Board 和 Sutcliffe（1988）曾发现金融时报全股票指数存在周末效应（周末的收益率比一周中其他日子的收益率更低）。不过，Samuelson（1965）表明，即使资产的现货价格是可以预测的，这类资产的期货合约价格的预期变动却为 0。因此，尽管指数存在稍许可预测性，比如周末效应（以及由于非同步交易效应而造成的可预测性），但并没有理由期望这会导致股指期货价格产生与时间相关的异常现象。在本章的余下部分将描述各种关于股指期货与时间相关的异常现象的研究。这些研究按照时间期间（日、星期、月、季、年）和研究对象（价格变动或者收益率的均值，价格变动或者收益率的波动率，成交量，基差以及跨品种价差）来进行划分。

8.4.1 周末效应

对股指期货的周末效应存在大量的研究。

收益率。研究的基本关注点在于检查周末是否会有异常低的收益率。关于期货市场周末效应的实证研究在表 8.2 进行了总结。

表 8.2　股指期货收益率周末效应的实证研究

研究	指数	收益率	月份数	周末	结论
cornell(1985b)	标普 500	R	27	FC-MO	NO
	标普 500	R	27	MO-MC	NO
Dyl 和 Maberly	标普 500	R	27	FC-MO	No
（1986a）	标普 500	ΔP	36	FC-MO	Yes
	标普 500	ΔP	36	MO-MC	No

表 8.2 （续）

研究	指数	收益率	月份数	周末	结论
Dyl 和 Maberly	标普 500	ΔP	36	FC-MC	No
（1986b）	标普 500	R	44	FC-MO	Yes
Junkus（1986）	标普 500	ΔP	44	FC-MO	Yes
	标普 500	R	24	FC-MC	No
	VLCI	R	24	FC-MC	No
Keim 和 Smirlock	NYSE	R	24	FC-MC	No
（1987,1989）	标普 500	ΔP	57	FC-MO	Yes
	标普 500	ΔP	57	MO-MC	No
	标普 500	ΔP	57	FC-MC	No
	VLCI	ΔP	57	FC-MO	No
	VLCI	ΔP	57	MO-MC	No
Maberly（1987）	VLCI	ΔP	57	FC-MC	No
	VLCI	R	46	FC-MO	Yes
Finnerty 和 Park	VLCI	R	46	MO-MC	No
（1988b）	MMI	R	24	FC-MO	No
	MMI	R	24	MO-MC	No
	MMI	R	24	FC-MC	No
Pieptea 和 Prisman	标普 500	R	39	FC-MC	No
（1988）	标普 500	R	52	FC-MO	Yes
Maberly、Spahr	标普 500	R	52	MO-MC	No
和 Herbst（1989）	标普 500	R	52	FC-MC	No
	VLCI	R	52	FC-MO	Yes
	VLCI	R	52	MO-MC	No
	VLCI	R	52	FC-MC	No
	标普 500	R	73	FC-MC	No
Cinar 和 Vu（1991）	VLCI	R	73	FC-MC	No
	标普 500	R	81	FC-MO	No
Najand 和 Yung（1994）	标普 500	R	81	MO-MC	No
	标普 500	R	81	FO-MC	No
	Value Line	R	120	FC-MC	Yes
Szakmary 和 Kiefer	标普 400	R	108	FC-MC	Yes
（2004）	Russell 2000	R	108	FC-MC	Yes
	标普 500	R	140	FC-MC	No
Kamara（1997）	TSE 300	ΔP	36	FC-MC	Yes
Chamberlain、Cheung 和					
Kwan（1989）	Nikkei-SGX	R	7	FC-MC	No
Bailey（1989）	Nikkei-SGX	R	7	FC-MO	No
	Osaka 50	R	5	FC-MC	No
	Osaka 50	R	5	FC-MO	No
Ziemba（1990）	Nikkei-SGX	R	24	未指定	No
	Osaka 50	R	16	未指定	Yes

表 8.2 （续）

研究	指数	收益率	月份数	周末	结论
Twite(1990b)	SPI	R	48	FC-MC	No
Heaney(1990)	SPI	R	57	FC-MC	No
Yadav 和 Pope(1992a)	FTSE 100	R	47	FC-MO	No
	FTSE 100	R	47	MO-MC	Yes
Martikainen 和 Puttonen(1996)	FOX	R	24	FC-MC	Yes
Lee 和 Mathur(1999)	Ibex 35	R	37	FC-MC	Yes

FC=星期五收盘价,MO=星期一开盘价,MC=星期一收盘价,R=收益率,ΔP=价格变动,No=没有周末效应,Yes=存在周末效应。

　　表 8.2 的结果是混杂的,并且许多研究都无法发现周末效应。这可能是由于任何周末效应都是微弱的,并且近些年逐渐消失了。对其他期货品种也有大量的研究,研究结果表明周末的收益率较低是期货市场的普遍特征。

　　法定假日在某些方面与周末类似,因为这些时段都可以预期市场会闭市一天左右。Fabozzi、Ma 和 Briley(1994)考察了 28 个美国期货合约(没有一个是股指期货) 收益率的法定假日效应。在所研究的期货中,16 个主要在美国交易,其余 12 个则在国际范围内交易。尽管美国假日可能对其国内期货比较重要,但它们可能对可以在其他国家继续交易的期货影响要小一些。对 16 个国内期货,发现在法定假日之前一天成交量会有所下降,而法定假日之后一天成交量则会增加。在考虑了异方差,并控制了其他可能的时间相关异常现象(一月效应、换月效应和星期效应)之后,发现法定假日前一日国内期货收益率会更高一些。这些结果与一种存货调整理论是相符的。交易者通常不愿意在法定假日前一日增加其开仓头寸,特别是空头头寸,因此成交量会下降,而价格会上升。在法定假日后,成交量会上升以弥补其早先的下降。这些效应只对国内期货适用,因为国际期货仍然可以在许多美国法定假日(比如总统日、阵亡将士纪念日、国庆日、劳工节、选举日和感恩节)进行交易。

　　对收益率周末效应的一些解释。尽管对期货或股票的周末效应没有完全满意的解释,但是对股指期货的周末效应仍然有一些启示。

　　1. Maberly(1986)、Dyl 和 Maberly(1986a,1988)认为周末出现较多的大的负向价格变动与坏消息通常在周末发布是一致的。不过,如果用负的价格变动来预测坏消息,然后又用坏消息来解释负的价格变动,会导致某种程度的循环。Yadav 和 Pope(1992a)没有在英国市场发现这种效应。

2. Phillips-Patrick 和 Schneeweis(1988)认为股指期货在周末出现负的收益率,可以用额外的利息损失来进行部分解释。T 时刻交割的股指期货合约在 t 时刻的均衡价格为 $F_t=(S-D)\times(1+r_t)$。为简便考虑,假设 S 和 D 在所考虑期间(j 天)不发生变动,方程中唯一随时间迁移而改变的变量为 F_t 和 r_t(t~T 的无风险收益率)。令 i 表示年无风险收益率,上述方程可以重写为 $F_t=(S-D)\times(1+i(T-t)/365)$,其中 $r_t=i(T-t)/365$,$F_{t+j}=(S-D)\times(1+i(T-t-j)/365)$。因此,经过 j 日,期货均衡价格将由于利率影响而下降 $F_{t+j}-F_t=-ij(S-D)/365$。在周末 j 等于 3,而隔夜 j 等于 1。因此,经过一个周末期货价格由于利率影响而发生的下跌,要比在星期二到星期五价格的隔夜变动大 3 倍,也就是 $(F_{t+3}-F_t)/(F_{t+1}-F_t)=3$。当控制了利率影响后,Yadav 和 Pope(1992a)还是发现英国市场存在周末异常现象。这可能是由于,英国的股票都在星期一除权,因而导致了指数在周末会有一个下跌。

收益率的方差。如果期货市场按日历时间运作,那么星期五收盘价到星期一收盘价的收益率的方差,就应该是一星期中其他日子收盘价到收盘价的收益率方差的 3 倍。对收盘价到开盘价计算的收益率,周末方差超过隔夜方差的程度将取决于市场每天开市的时间长度(x)。该比率为 $(72-x)/(24-x)\geq3$,市场开市时间越长,该比率就越大。表 8.3 总结了一些关于股指期货收益率在周末的方差与星期中其他日子的方差之比的实证研究。这些结果表明,股指期货方差的增加比日历时间假设所预期的增加 200% 要低得多。在其他期货品种上,也同样发现了周末方差只比平时方差稍高的这个结果。

表 8.3　股指期货方差周末效应的实证研究

研究	指数	收益率	月份数	周末	结论
Dyl 和 Maberly(1986a)	标普 500	ΔP	36	FC-MO	86%
Maberly(1987)	VLCI	R	46	FC-MO	75%
Finnerty 和 Park(1988b)	MMI	R	24	FC-MO	47%
Pieptea 和 Prisman(1988)	标普 500	R	39	FC-MC	−20%
Chamberlain、Cheung 和 Kwan(1988)	TSE 300	ΔP	36	FC-MC	8%
Bailey(1989)	Nikkei-SGX	R	7	FC-MC	1%
Bailey(1989)	Osaka 50	R	5	FC-MC	−57%
Lauterbach 和 Monroe(1989)	标普 500	R	9	FC-MC	25%
Ziemba(1990)	Nikkei SGX	R	24	未指定	−58%
Ziemba(1990)	Osaka 50	R	16	未指定	−35%
Heaney(1990)	SPI	R	57	FC-MC	23%
Ekman(1992)	标普 500	R	71	FC-MO	61%

FC=星期五收盘价,MO=星期一开盘价,MC=星期一收盘价,R=收益率,ΔP=价格变动。

收益率方差和信息到达。在一个有效的市场,价格将会响应信息到达而变动。因此,由于交易时间的信息(公开或私有)到达通常更多,开始时收益率(每小时)的方差预期将超过闭市时市场收益率的方差。这意味着,对于两地交易的期货,收益率的方差在标的资产交易时间是最大的,这不必与期货合约的交易时间相符(两地交易的合约在 11.11 节有进一步探讨)。在许多对美国、英国和日本市场的研究中,这一点已经得到了证实。

对标准·普尔 500,Becker、Finnerty 和 Tucker(1993)发现,收盘价–收盘价收益率的方差与收盘价–开盘价收益率方差之比为 6.4,而对金融时报 100 和日经 225,这一数字仅大约为 1.4。这意味着美国交易时间到达的价格敏感信息不光对美国股票价格,而且对英国和日本股票价格也有重要影响。不过,在英国和日本交易时间到达的价格敏感信息,对美国股票价格的影响要小得多。

Craig、Dravid 和 Richardson(1995)考察了 1991~1992 年在 CME 交易的日经 225 期货开盘价–收盘价收益率和收盘价–收盘价收益率。他们发现,市场闭市时的收益率要比开市时的收益率大 3.3 倍,这与绝大多数相关信息都是在日本交易时间而非美国交易时间到达是相符的。

Booth、Lee 和 Tse(1996)考察了 1990~1994 年在大阪、新加坡和芝加哥交易的日经 225 期货的开盘价和收盘价。他们发现,三个期货价格序列是协整的,必且具有单一的随机趋势。新加坡和大阪期货交易时间的方差(每小时)是差不多的,并且都要比它们共同的非交易时间的方差大得多。对芝加哥的期货,情况正好相反,交易时间的方差(每小时)要比非交易时间方差小得多。最后,新加坡和大阪市场闭市时的每小时方差与芝加哥市场开市时的每小时方差是相近的。这意味着日经 225 价格是由大阪和新加坡市场开市而芝加哥市场闭市时到达的单一信息(很可能是公开的)所驱动的。

基差。如果现货市场和期货市场都存在相似的周末效应,那么基差(也就是 F–S)可能不会有这种星期效应。有人曾就这个问题对美国和加拿大股指期货进行过研究,发现存在稍许的规律。

美国。Cornell(1985b)分析了标准·普尔 500 指数的基差(期货价格的对数减去现货价格的对数)变动。他发现,周末(星期五收盘价到星期一开盘价)的基差变动是正的,而对一周中的其他日子基差变动是负的。Dyl 和 Maberly(1986)发现 Cornell 的期货价格数据集存在许多错误,他们重复了 Cornell 对收益率星期效应的检验过程,得到的是不同的结果。不过,他们没有重复 Cornell

对基差的研究。Kamara(1997)考察了 1982~1993 年标准·普尔 500 的周末基差
(F-S),发现存在正向效应。

　　加拿大。Chamberlain、Cheung 和 Kwan(1988)研究了 TSE 300 指数期货以
收盘价-收盘价计算的基差(F-S)的日变动。像 Cornell 一样,他们发现在周末基
差会有正向变动,而对一周中的其他日子有负向变动。不过,基差的这些变动并
不显著有异于 0。

8.4.2　换年效应

　　对于股票,有研究发现十二月末和一月初前几天的收益率会有上升,这被
称为换年效应(turn-of-the-year effect),或者一月效应。

　　收益率。对股指期货的换年效应仅有一篇主要的研究,这就是 Keim 和
Smirlock(1987,1989)。这项研究对标准·普尔 500 和 VLCI 指数期货进行了分
析。他们定义换年期间是十二月的最后一个交易日和一月份的前四个交易日,
发现两个股指期货都没有明显的价格变动效应。

　　对于税务年度与日历年一致的国家,股票的换年效应有一种解释,那就是
节税抛售假设(tax loss selling hypothesis)。在十二月份,投资者将抛售当前价
格低于购买价格的资产,以实现纳税损失,这一损失可与该税务年度取得的其
他资本利得相抵消。如果需要,十二月份亏损出售的资产可以在一月份再买回
来。该策略可以有效地将亏损的纳税获益提前,而赢利的纳税时间保持不变。
美国经济复兴法(1981)改变了 1981 年 6 月 23 日后上市的期货合约的纳税方
式,以消除期货合约的节税抛售行为。因而,如果节税抛售行为造成了换年效
应,那么在 1981 年后该效应应该消失,这正是 Gay 和 Kim(1987)在美国商品
调查局价格指数期货上所发现的。

　　价差。有研究发现股票的规模效应(size effect)集中在换年期间。因而,如
果在换年期间持有基于小公司的股指期货和基于大公司的股指期货的跨品种
价差头寸,很可能赢利。

　　美国。Keim 和 Smirlock(1987,1989)研究了 VLCI 和标准·普尔 500 指数期
货之间价差(VLCI 价格减去标准·普尔 500 价格)的季节性。由于标准·普尔
500 包含的是大公司,而 VLCI 被认为代表的是小公司,该价差会受到期货价
格规模效应的季节性的影响。研究发现,以每日开盘价-收盘价计算的价差变
动存在正向的换年效应(十二月的最后一个交易日和一月份的前四个交易

日），也就是说，VLCI 期货的价格会相对于标准·普尔 500 期货上涨。

Clark 和 Ziemba(1987)针对价值线和标准·普尔 500 指数期货价差在换年期间的正向变动，给出了一个交易策略。他们建议在 12 月 15 日和 17 日之间建立标准·普尔 500 期货的空头头寸和匹配的价值线期货的多头头寸，并且在 1 月 15 日结束这些头寸。Ziemba(1994)纳入了另外四年的数据，以扩展 Clark 和 Ziemba(1987)的分析。新的研究结果强化了期货价格在换年期间有规模效应的早期发现。Hensel 和 Ziemba(2000)着将早期研究数据更新到了 1998 年，他们发现尽管在十二月下旬仍然存在规模效应，但是在一月份已经不再有此效应。Rendon 和 Ziemba(2005)更新了研究数据，以包含到 2000 年之间乘数为 500 的价值线期货，以及到 2005 年之间乘数为 100 的价值线期货。尽管价值线–标准·普尔 500 的价差交易仍然可以获利，但是在统计上这已经不再显著。显著性的丧失要归因于近几年价值线期货较低的流动性，这使得交易风险很大。Rendon 和 Ziemba(2005)还考察了 1993~2005 年 Russell 2000 和标准·普尔 500 期货的价差。该价差也能产生利润，如果在年底前三天平仓则更是如此，不过这些利润在统计上并不显著。

Szakmary 和 Kiefer(2004)发现在 1982~1993 年，价值线期货存在换年效应，但是 1993~2000 年的标准·普尔中盘 400 和 Russell 2000 期货则没有这一效应。

结论。美国市场的证据表明价差存在换年效应，也就是小公司的股指期货相对收益更高。

8.4.3 换月效应

一些针对股票的研究发现，上个月最后一天的收益率和本月上旬的收益率要比本月其余日子（不包括最后一天）的收益率更高。

收益率。有许多研究对股指期货的换月效应进行了考察。

美国。Keim 和 Smirlock(1987,1989)对标准·普尔 500 和 VLCI 指数期货进行了研究。他们定义换月期间为上个月的最后一天和当前月的前四个交易日，发现尽管有几个月（四月和十一月）存在显著不同的平均价格变动，但是这并非始终如一的规律。因此，他们的结论是价格变动不存在换月效应。

Cinar 和 Vu(1991)发现，1982~1988 年标准·普尔 500 和 VLCI 期货的日收益率在每个月的上旬都要更高一些。

Hensel、Sick 和 Ziemba(1994)将换月期间定义为上个月的最后一天和当前月的前四个交易日。使用 1982~1992 年的日对数收益率数据,他们发现标准·普尔 500 期货和价值线期货(他们将 VLCI 和 VLA 数据连结起来)都存在显著为正的换月效应。如果将数据分解开来,那么价值线期货的换月效应在一月、二月和三月是显著为正的。

Szakmary 和 Kiefer(2004)发现在 1993~2002 年,Russell 2000 期货存在换月效应,但是标准·普尔中盘 400 期货没有此效应。对 1982~1993 年的数据,价值线期货不存在换月效应。

日本。Ziemba(1990)发现有证据表明两个日本股票指数的期货——日经 225(在 SGX 交易)和大阪 50(在大阪证券交易所交易)存在换月效应。不过,期货的正向收益要比现货市场提前几天出现。对日经 225 期货,正向效应在换月之前的 5~8 天出现,而对大阪 50 期货,这一数字为 5~7 天。

芬兰。Martikainen、Perttunen 和 Puttonen(1995b)使用了 FOX 期货的日收益率,发现这些期货的收益率在换月之前的 2~3 天显著更高。他们认为,换月效应的这种预期与芬兰期货收益率对现货收益率有数天的领先是一致的。在引起芬兰期货这种换月效应的原因中,他们排除了到期效应和任何季度效应。

结论。有一些证据表明存在换月效应,但是在日本和芬兰市场,该效应比对应的股票市场要稍微提前出现。

价差。既然在换年期间会出现规模效应,那么换月期间也可能会有规模效应。Keim 和 Smirlock(1987,1989)研究了 VLCI 和标准·普尔 500 指数期货的价差,发现该价差没有明显的换月效应(定义为某月的最后一天以及下个月的前四天)。

8.4.4 月份效应

对于股票,曾有许多寻找股价在某个月份规律的研究。主要发现的股价异常现象是一月份收益率会更高——一月效应或者换年效应。对于期货价格,也有可能会存在季节特征(除了一月效应)。

收益率。Keim 和 Smirlock(1987,1989)考察了 1982~1986 年标准·普尔 500 和 VLCI 指数期货的日价格变动(以及这两个期货之间的价差)。在某些月份可以发现一些对平均值有刚好显著的偏离,但是总体来说并没有任何明显特征。

Cinar 和 Vu(1991)研究了 1982~1988 年标准·普尔 500 和 VLCI 的日数据,

发现两个期货都没有统计上显著的月份效应。

波动率。一年收割一次的农产品的收益波动率会随着月份而变动,并且期货价格波动率也有明显的季节特征。Galloway 和 Kolb(1996)使用 1982~1992 年三种美国股指期货(标准·普尔 500、MMI 和纽约证券交易所综合指数)的日数据,发现各月之间的波动率存在差异。

基差。由于红利具有季节性,按照无套利条件,现货和期货价格之差应该在一年中有所波动,见 CBOT(1990)。不过,对于股指期货并没有此类实证研究。

8.4.5 收益率的日内特征

使用交易数据,研究者们发现股票存在各种日内特征,比如收益率(除了星期一上午)、成交量和波动率,以及收益率的一阶自相关系数都呈现 U 型的日特征。对成交量(以及波动率和买卖价差)的这种日内特征有两种解释。第一种解释是,如果流动性交易者和知情交易者都对何时交易仔细斟酌,那么他们都会选择彼此在同一时间进行交易,以便他们的交易对价格冲击达到最小,见 Admati 和 Pfleiderer (1988)。高成交量的时段更可能发生在开盘和收盘时,因为不用择机交易的交易者会在这些时段增加成交量。

第二种解释是,在非交易时段持有优化组合与在开市时间的优化组合存在差异,因此,由于组合再平衡交易,开盘和收盘时的成交量会增加,见 Brock 和 Kleidon (1992)。这些对股票市场日内特征的解释对于期货市场也是适用的。有许多研究都对期货市场寻找过此类日特征。

美国。Lauterbach 和 Monroe(1989)使用了标准·普尔 500 指数期货在 1988 年中 9 个月的交易数据。数据时间相当短,但是对每分钟收益率(相对价格的自然对数,对观测值之间的空余时间进行调整,以将收益率转换成 1 分钟的基准)的分析发现,收益率在星期一上午前半个小时会上升,并且比一周中其他日子的升幅都要大。这个结果与股票市场的发现相反,股票市场通常星期一上午开盘时会有剧烈下降。

Ekman(1992)分析了 1983~1988 年标准·普尔 500 期货的交易数据,发现对数收益率在星期一上午是负的,这与一周中其他日子相反,也与 Lauterbach 和 Monroe(1989)的结果相反。

Andersen 和 Bollerslev 发现 1986~1989 年标准·普尔 500 期货的 5 分钟收

益率不存在任何日内特征。

澳大利亚。Aitken、Frino 和 Jarnecic(1997)考察了 1992~1994 年 SPI 期货的 10 分钟收益率,他们无法找到任何日内特征。

英国。Yadav 和 Pope（1992a）使用了金融时报 100 指数期货的每小时数据,并且对收益率进行了分析。他们发现,收益率在一天中逐步下降,股票交易账户的第一个星期一更是如此。这支持了 Lauterbach 和 Monroe(1989)的结论,在股票交易账户的第一个星期一的第一个小时的收益率显著为正。他们发现在下午 2 点到 3 点收益率会下降,此时正好是纽约证券交易所开盘时间。期货价格只有在市场闭市时才会上涨,而指数则只有在市场开市时才会上涨。

Buckle、ap Gwilym、Thomas 和 Woodhams(1998)研究了 1992~1993 年金融时报 100 的 5 分钟收益率,发现收益率不存在任何日内特征。

Abhyankar、Copeland 和 Wong(1999)分析了 1991~1993 年金融时报 100 期货的 5 分钟收益率,发现一天中的收益率没有任何特征(除了下午 2 点 30 分到 3 点会有少量下降)。Ap Gwilym、Buckle 和 Thomas(1999)也没有发现 1992~1993 年的金融时报 100 期货的 5 分钟收益率有任何日内特征,Lequeux 则无法发现 1987~1997 年金融时报 100 期货的 15 分钟收益率有任何特征。

结论。这项研究被划分为星期一上午的收益率是上升还是下降,除此以外收益率不存在其他一贯的特征。

8.4.6 波动率的日内特征

美国。Kawaller、Koch 和 Koch（1990）分析了标准·普尔 500 指数期货在 1984~1986 年各第 4 季度的交易数据,发现每天的期货价格波动率呈现 U 型特征。

Froot、Gammill 和 Perold(1990)研究了 1988 和 1989 年标准·普尔 500 指数期货每 15 分钟的收益率,发现波动率存在 U 型日特征,并且在开盘和收盘时有较高的方差。

Cheung 和 Ng(1990)分析了 1983~1987 年标准·普尔 500 期货的 15 分钟收益率。在控制了 GARCH(1,1)效应之后,发现日内收益率的方差显示出 U 型特征。

Chan、Chan 和 Karolyi(1991)发现,1984~1989 年标准·普尔 500 期货的 5 分钟收益率的方差在日内呈现出 U 型特征。

Ekman(1992)发现,标准·普尔500期货的15分钟对数收益率的波动率在日内呈现U型特征。

Park(1993)对1984~1986年MMI的30分钟收益率的波动率用两种不同的方法进行了计算:收益率的方差,以及Cho和Frees(1988)的估计量。在第一种计算方法下,期货和现货波动率在日内都有U型特征,但是用第二种方法则没有发现该特征。

Lee和Linn(1994)使用了1983~1987年标准·普尔500期货的10分钟对数收益率。他们发现日内的波动率呈现出U型特征。

Herbst和Maberly(1992)考察了在交易日内一小段时间的标准·普尔500期货收益率的方差。他们研究了下午4点(此时纽约证券交易所收盘)到4点15分(此时期货交易停止)的期货收益率,发现在一周中各天存在相当显著的差别,星期五方差最大,而星期三方差最小。他们认为信息流是星期的函数。

Chang、Jain和Locke(1995)分析了标准·普尔500期货的交易数据。现货市场要比期货市场早收盘15分钟。期货价格波动率(用Parkinson估计量计算)在纽约证券交易所最后15分钟交易时间要大于期货交易的最后15分钟(星期五除外)。当现货市场开市时期货价格的波动率是U型的。在现货市场收盘后的五分钟,期货波动率会下降,在随后5分钟会进一步下降,仅在期货交易的最后5分钟收益率会上升到一个非常高的水平。因此,全天来说,期货价格波动率呈现出W型特征。

Wang、Michalski、Jordan和Moriarty(1994)分析了1987年12月份、1988年6月份和1988年9月份的标准·普尔500期货合约的交易数据。在控制了信息到达(以短期国债期货的波动率和交易的滞后数量作为代理变量)效应、平均买卖价差和交易池中做市商的滞后数量后,他们发现,价格波动率呈现U型日特征。

Kawaller、Koch和Peterson(1994)分析了1988年最后三个月标准·普尔500的每分钟收益率。他们发现,40分钟间隔的标准差显示出U型日特征。在控制了滞后的现货收益率、有报价的期货和期权数量以及一个时间趋势后,期货波动率在日内会逐步上升,隐含波动率则没有表现出任何日内特征。

Chang、Pinegar和Schachter(1997)使用了1983~1990年标准·普尔500期货的日数据,发现波动率呈现出倒U型。

Kofman和Martens(1997)考察了1993年标准·普尔500期货的每分钟收

益率,发现波动率在日内是 U 型的。

Andersen 和 Bollerslev(1997)研究了 1986~1989 年标准·普尔 500 期货的 5 分钟收益率,发现收益率的波动率在现货市场开市时有 U 型特征,而在现货市场收盘后服从另一种 U 型特征。

Daigler(1997)考察了 1988~1989 年标准·普尔 500 和 MMI 期货的 1 分钟收益率,发现这些期货收益率的波动率在日内都是 U 型。

Tse(1999b)使用 1997~1999 年道·琼斯工业平均指数期货的 1 分钟收益率,发现日内波动率是 U 型的。

日本。Kim、Ko 和 Noh(2002)使用交易数据来研究 1993~1996 年的日经 225 期货,他们发现日内波动率是 U 型的。

Shiyun、Guan 和 Chang (1999) 使用马尔科夫链来研究 1993~1994 年日经 225 期货价格的日内波动率,发现是 U 型的。

Ding 和 Charoenwong(2003)研究了在 SGX 上市的三个交易清淡的期货品种——日经 300、道·琼斯泰国指数和 MSCI 香港指数,使用的是 1995~1999 年的报价和成交数据,他们发现价格波动率大体上呈现 U 型。

中国香港地区。Tang 和 Lui(2002)研究了 1994~1996 年恒生指数期货的 15 分钟数据。在每一天,现货和期货 15 分钟收益率的波动率呈现 L 型。

中国台湾地区。Huang(2002)分析了 1997~2000 年在 Taifex 和 SGX 交易的台湾股指期货的 15 分钟价格波动率。他们发现有三个 U 型,一个在开盘时,一个在收盘时,第三个在开盘和收盘之间的时段。

澳大利亚。Gannon(1994)研究了 SPI 期货在 1992 年 3 月之前三个月的 15 分钟对数收益率,没发现日内波动率(用对数收益率平方来计算)呈 U 型。

英国。Yadav 和 Pope(1992a)使用了金融时报 100 期货的小时数据。数据集中最高的和最低的十分位、四分位收益率个数表明,收益率的波动率可能在日内是 U 型的。

Abhyankar、Copeland 和 Wong(1999)分析了 1991~1993 年金融时报 100 期货的 5 分钟收益率。他们以绝对偏差的均值来衡量波动率,发现它在日内呈现 U 型特征。在下午 1 点 30 分波动率会出现向上的尖峰,此时正是纽约证券交易所开盘时间。期货和现货的波动率比值(期货/现货)在开盘时是 1.5 倍左右,在下午 1 点 30 分是 4.5 倍。该比值在收盘时会下降到大约 2.5 倍左右,因此在日内是倒 U 型的。

Kofman 和 Martens(1997)分析了 1993 年金融时报 100 期货的 1 分钟收益率,发现波动率在日内是 U 型的,在 11 点 30 分会出现尖峰,这对应于英国宏观经济信息的发布时间。

Buckle、ap Gwilym、Thomas 和 Woodhams(1998)研究了 1992~1993 年金融时报 100 期货的 5 分钟收益率,发现日内波动率是 U 型的。

Ap Gwilym、Buckle 和 Thomas(1999)考察了 1992~1993 年金融时报 100 期货的 5 分钟收益率,发现日内的波动率是 U 型的。对 1992~1999 年的数据,ap Gwilym、McMillan 和 Speight(1999)也得到了同样的结果。

Lequeux (1999) 分析了 1987~1997 年金融时报 100 期货的 15 分钟收益率,发现日内波动率是 U 型的,而峰度是倒 V 型的。

Tse(1999a)分析了 1995~1996 年金融时报 100 的 5 分钟收益率,发现每天的波动率都是 U 型的,在 1 点 30 分纽约证券交易所开市前会出现尖峰,美国信息会在此时发布。

如果假设期货收益率服从随机游走,那么日最高价和最低价在开盘和收盘时出现的机会要比在日中出现的机会大 4 倍。在对 1992~1995 年金融时报 100 期货的交易价格进行的分析中,Acar、Lequeux 和 Ritz(1996)发现,日最高价和最低价在开盘时出现的比例要比预期的高出大约 50%,这个发现与开盘时波动率更高的结论是相符的。

西班牙。Lafuente(2002)、Lafuente 和 Novales(2003)研究了 1993~1996 年 Ibex 35 期货的每小时收益率,发现波动率在日内是 U 型的。

结论。有广泛证据表明,在美国、日本和英国,期货收益率的波动率在日内呈现 U 型特征。

8.4.7 成交量的日内特征

日内交易次数或者交易量的关系,在许多市场都有过检验,比如美国(Chang、Pinegar 和 Schachter,1997,Ekman,1992,Taylor,2004b)、日本(Kim、Ko 和 Noh,2002;Vila 和 Sandmann,1995)、澳大利亚 (Gannon,1994)、中国台湾地区(Huang,2002)、英国(Abhyankar、Copeland 和 Wong,1999,ap Gwilym、Buckle 和 Thomas,1999,ap Gwilym、McMillan 和 Speight,1999,Buckle、ap Gwilym、Thomas 和 Woodhams,1998,Chng,2004a,Tse,1999)、荷兰(De Jong 和 Donders,1997)。每项研究都发现日内成交量或者交易次数具有 U 型特征。

8.4.8 自相关系数、均值回复、买卖价差等

美国。Ekman（1992）发现，标准·普尔 500 期货的 1 分钟对数收益率的负自相关程度从开盘时的–0.04 迅速上升到上午 11 点左右–0.12 的高峰，然后逐渐下降直到下午 2 点，回到其开盘时的水平。随后再次迅速上升直到收盘，收盘时大约为–0.13。Ekman 将其称为 S 型特征。

Wang、Moriarty、Michalski 和 Jordan（1990）研究了 1987 年 12 月份、1988 年 6 月份和 1988 年 9 月份的标准·普尔 500 期货合约的交易数据。他们用发生价格反转时绝对价格变动的均值来作为交易买卖价差，发现其呈现 U 型特征。

Wang、Michalski、Jordan 和 Moriarty（1994）分析了 1987 年 12 月份、1988 年 6 月份和 1988 年 9 月份的标准·普尔 500 期货合约的交易数据。他们发现在一天之中，交易池中做市商的数量、平均每笔交易的合约数量以及买卖价差（以及价格波动率）都呈现 U 型特征。他们还表明，在控制了一天中活跃做市商数量、价格波动率和交易规模的 U 型特征后，买卖价差的 U 型特征消失了。

Taylor（2004b）发现，2001~2002 年标准·普尔 500 期货在日内的定价偏差呈现 U 型特征。

日本。Kim、Ko 和 Noh（2002）考察了 1993~1996 年日经 225 期货的报价数据，他们发现日内的报价买卖价差是 U 型的。当他们把买卖价差分解成三个部分后，他们发现逆向信息成本是 L 型的，存货持有成本是倒 U 型的，而指令处理成本是平的。

Shiyun、Guan 和 Chang（1999）使用马尔科夫链来研究 1993~1994 年日经 225 期货的日内买卖价差，发现不存在 U 型特征。

Ding 和 Charoenwong（2003）研究了在 SGX 上市的三个交易清淡的期货品种——日经 300、道·琼斯泰国指数和 MSCI 香港指数，使用的是 1995~1999 年的报价和成交数据。他们发现，日内的报价买卖价差相当平，而在有交易的日子价差会收窄。报价修正次数在没有交易的日子也是平的，但是在有交易的日子呈现 U 型。

英国。Yadav 和 Pope（1992c）分析了标准·普尔 500 的 15 分钟数据和金融时报 100 的小时数据。他们发现定价偏差服从均值回复过程，并且均值回复强度在日内有所变动，在英国和美国，开盘和收盘时均值回复程度最强。他们还发现，星期一的均值回复效应要比其他时间更弱一些。

Buckle、ap Gwilym、Thomas 和 Woodhams（1998）研究了 1992~1993 年金融时报 100 期货的 15 分钟收益率,发现开盘时的价格反转程度要低一些。

Abhyankar、Copeland 和 Wong（1999）分析了 1991~1993 年金融时报 100 期货的 5 分钟收益率。他们发现,日内买卖价差呈现倒 U 型,向上的尖峰出现在下午 1 点 30 分,此时纽约证券交易所开盘。买卖价差的波动率在开盘时非常高。日内定价偏差呈现出 U 型特征,开盘和收盘时会有高估,而下午 3 点钟左右会有所低估。

Tse（1999a）分析了 1995~1996 年金融时报 100 的 5 分钟收益率,发现每天的买卖价差是倒 U 型的。

8.5 结论

尽管股票市场可以快速反映国内公开信息，但是关于有效性的证据表明期货市场稍有欠缺。虽然关于股指期货的实证研究少得多,但还是有许多证据表明弱有效性不成立。有许多证据证实股指期货价格存在与时间相关的异常现象,比如在周末价格会下跌,周末方差仅有少量增加,日内的价格波动率呈现 U 型特征。日内成交量、自相关系数和买卖价差也被证实具有 U 型特征。

第9章

套期保值

引 言

尽管套期保值是交易股指期货的主要原因（见Sutcliffe，1997，第3.3章节），但对于套期保值目的的争议却始终不断。根据以前的文献资料，本章列出了套期保值目的的其他观点，其中最主要的目的是风险最小化。另外，也关注了最新的观点，如套期保值可以视做由现货资产和期货资产构成的组合。并将简要介绍若干个风险最小化套期保值方案。在结束了对期货合约选择的讨论后，是有关衡量套期保值有效性的介绍。风险最小化套期保值比率将用CAPM的贝塔来解释。有时候必须使用一系列期货来给几个不同的现货头寸进行保值，这将形成更复杂的套期保值比率，我们对此也将介绍。我们将展示在保值决定中如何考虑盯市和红利支付所引起的风险。我们还将探讨这些问题：公司面临的风险是否应该对冲掉，应该是公司自己还是股东来对冲？最后，我们介绍估算风险最小化套期保值比率的其他方法所存在的问题，以及实证研究的概要。

9.1 套期保值的目的

套期保值，也称对冲(hedging)，这个词的来源目前不是很清楚，但是看上去似乎起源于用树篱在地产周围构建保护或者防御性障碍。现有三种关于套期保值本质和目的的观点：风险最小化、利润最大化和借助投资组合理论来形成一个满意的风险–回报均衡(Rutledge,1972)。下面我们将依次解释这三种观点。

9.1.1 风险最小化

这是关于对冲的传统观点。其认为如果某人受到一种风险的影响,想减小或者消除这一风险暴露,也就是对冲的目的是风险最小化。这可以通过其他的投资风险来抵偿或者中和最初的风险(而不是卖出初始的风险资产头寸平仓了结),对冲将现货价格风险转化为基差风险(也就是现货价格和期货价格不同步的风险)。在这种传统的对冲观点里,持有的最初资产和用来抵消最初资产风险的证券是等量级的。在这种情况下,避险比率(hedge ratio),也就是买卖的期货合约数量除以用以对冲风险的现货合约数量是一比一。在本章后面部分,我们将介绍将避险比率设定为 1 是不必需的限制条件,将降低对冲的有效性。然后,经典的对冲观点仍旧要求一比一的避险比率。

举例: Danny Zucco 管理的 Ashington 退休金在他的地产投资上获得了一次性 2,000 万英镑的支付。三个月后,这笔款项将被派发出。把 2,000 万英镑直接花在买卖股票上将带来不小的交易成本,Danny 决定将这笔钱借出三个月。然而,这将使得该退休金承受本应买入 2,000 万英镑股票的市场风险,为了消除这一风险,Danny 决定买入价值 2,000 万英镑的股指期货。

因为期货逐日盯市,依然存在少量风险,也就是买入 2,000 万英镑股票和借出 2,000 万英镑资金并卖出股指期货的回报的差异。股指期货价格的每日波动将产生变动保证金的支付,而现值一般来说不可能为 0。因此,仍然有一些风险并没有完全对冲掉,尽管说这种尾部风险(tail risk)可通过本章后面介绍到的尾部对冲(tail hedge)掉(而远期合约就不存在这种问题)。

举例: Sandy Olsson 持有一张人寿险保单,该险投资于一个高度分散化的英国股票组合。Sandy 将在 6 个月后退休,到时她的保单也将到期,她将根据其正股当时的正股市场价格一次性偿付。Sandy 希望规避她的一次性支付在现在和将来的可能不同, 于是她卖出金融时报 100 指数期货来对冲。如果股市下跌,她的小部分损失将在股指期货上的获益弥补;如果股市上升,她的大部分收益将在股指期货上的损失所冲消抵。如果套期保值是在期货上建立多头头寸(正如 Danny Zucco 的例子),这是一个多头套期保值;如果套期保值是在期货上建立空头头寸(正如 Sandy Olsson 的例子),这是一个空头套期保值。股指期货中的空头头寸可以被承销商、做市商、股票发行人和大宗股票交易员用做对冲股票和期权现货的多头仓位。这将降低他们的风险,从而减少他们的服务收费水平, 即佣金和买卖价差(Stoll 和 Whaley,1988a 和 1988b;Tosini 和 Moriarty,1982)。股指期货还可以被金融簿记建档者用于去除指数买卖量上的不同,或被场外市场交易员对冲他们的头寸。

当新增投资的风险能刚好冲抵初始风险时,就形成了完美对冲。但是这样的对冲非常难觅。例如,如果一个人想规避其拥有资产的价格波动风险,从而卖出该资产的期货合约,这并不能消除所有风险,归因于现货和期货价格并不同步的基差风险。随着交割日临近,基差风险理论上将下降至零(见第 6.4 章)。套期保值者可以使用最近月合同减低基差风险(也就是保值头寸风险)。尽管风险最小化是套期保值最主要的目标,但也有其他不同的观点,最极端的例子就是套期保值的目标是实现利润最大化。

9.1.2 利润最大化

Working(1953)认为套期保值(如长期的、短期的未来现货)可视做期货合同和相应的现货资产的价差。根据这一解释,套期保值的目的不是减小风险,而是在期货合约和现货价格的相对变动中获利(有关基差的投机见章节 6.2)。Houthakker(1968 年第 197 页)也表示同意这种看法,他认为"交易商对冲风险不是为了减小风险 (尽管这可能是一种附带的结果),而是以增加利润为目的"。现在更加流行的观点是套期保值是以减小风险和最大化利润为目的的。

9.1.3 组合观点

基于 Johnson (1960)和 Stein(1961)以前的工作,Ederington(1979)认为以组合的观点来看套期保值要比传统的一对一的风险最小化和 Working 的利润最大化的解释要强,而后两个观点可以视做组合观点的特例。在固定现货头寸的情形下的组合观点现在就会解释。尽管不一定是这样,但假定需要保值的现货头寸的大小是确定的。例如,需要保值的现货头寸是一个价值在当前不可知的股票组合(比如亲戚的遗嘱的确切内容只有在阅读后才能知道)。分析只限于一期,而不是多期。Howard 和 D'Antonio (1991)认为对于股票组合而言,保值的主要目的是对冲现有现货持仓,因此单期分析已经足够。

假设 X_s 和 x_f 分别是投资者持有的现货资产和期货合约数量(根据指数单位)。S_t 和 F_t 分别是在时间 t 时的现货资产和期货合约价格,D_{t+k}^* 是在时点 t+k

时收到的在期间 t 到 t+k 的的红利权利。时点 t+k 是对冲计划结束时间(即投资年期),可能不同于期货合约的交割日。在时点 t+k 时,由 X_s 单位的指数现货多头头寸和 x_f 单位的股指期货合约多头头寸构成的组合在期间 t 到 t+k 的利润 $P_{t+k}=X_s(S_{t+k}-S_t+D_{t+k}{}^*)+X_f(F_{t+k}-F_t)$(在时点 t 时投资于股票中的资金不要支付利息,也就是 X_sS_t 部分,这是因为假定了这些股票将被继续持有,同时忽略了变动保证金支付)。避险比率定义为 $b=-X_f/X_s$。该比率并不被限制在 0 到 1 区间,可以大于 1 或者小于 0。由于对冲通常是用一个看空头寸来平衡多头持仓,b 通常是正数(注意在时点的利润被定义为现货和期货持仓的合计。由于现货资产和用于对冲的期货价格之间的正相关性,避险比率通常是负的,即现货的多头持仓和期货的空头持仓)。减去后,得到

$$P_{t+k}=X_s[S_{t+k}-S_t+D_{t+k}{}^*-b(F_{t+k}-F_t)]$$

风险可以用利润在保值头寸在时点 t+k 的方差来衡量,$Var(P_{t+k})$。由于保值头寸未来价格估计的变动并不代表实际风险,在计算方差时需要考虑到利润可以预期的变化,也就是需要计算利润的条件方差,而不是非条件方差。随后,通过相应变量的预测值来计算方差和协方差的离差(这对避险比率的估计有影响,我们将在后文涉及)。由于 X_s 和 b 在保值期间保持不变,$Var(P_{t+k})=X_s{}^2[\sigma_{\Delta s}{}^2+b^2\sigma_{\Delta f}{}^2-2b\sigma_{\Delta s\Delta f}+\sigma_d{}^2+2\sigma_{\Delta sd}-2b\sigma_{\Delta fd}]$,其中 $\sigma_{\Delta s}{}^2$ 和 $\sigma_{\Delta f}{}^2$ 是现货和期货在 t 到 t+k 之间的价格变动的方差估计,$\sigma_{\Delta s\Delta f}$ 是它们的协方差,$\sigma_d{}^2$ 是 $D_{t+k}{}^*$ 的方差,$\sigma_{\Delta sd}$ 和 $\sigma_{\Delta fd}$ 分别是红利和现货以及期货价格的协方差。如果假定红利确定(不需要对冲红利风险),红利方差的表达就可以简化为 $Var(P_{t+k})=X_s{}^2[\sigma_{\Delta s}{}^2+b^2\sigma_{\Delta f}{}^2-2b\sigma_{\Delta s\Delta f}]$,因为 S_t 和 F_t 的值已知,该表达式可以用时点 t+k 的价格水平要重新表达,即 $Var(P_{t+k})=X_s{}^2[\sigma_s{}^2+b^2\sigma_f{}^2-2b\sigma_{sf}]=X_s{}^2(Var(bF_{t+k}-S_{t+k}))$,其中 $\sigma_s{}^2$ 和 $\sigma_f{}^2$ 在时点 t+k 现货以及期货价格的方差,σ_{sf} 是相应的协方差,而 $Var(bF_{t+k}-S_{t+k})$ 是基差在时点 t+k 的方差,只不过用避险比率 b 乘以了期货价格。

如果期货合约下的基础资产就是想要对冲的资产本身(例如组合的股票与相应的市场指数完全一致),且保值头寸一直持有到期,那么避险比率就是 1,$Var(bF_{t+k}-S_{t+k})$ 就是 0(也就是基差风险是 0),该套期保值是一个无风险套利(完美对冲)(Castelino,1992)。在这种情况下,持有多头(空头)仓位的套期保值者在交割时将会获得等于初始基差 (F_t-S_t) 一定的收益(损失)。许多套期保值将不会在到期前取消,因此也就会面临基差风险(也就是对 $bF_{t+k}-S_{t+k}$ 项的值是不确定的)。所以,保值使用基差风险来代替现货价格风险。假如无套利条件

在任何时候都适用(红利和利率已知),那么即使保值在期货交割日也没有结束,将不产生基差风险。这是因为基差永远是 $F-S=SR_F-D(1+R_F)$。

在给出保值头寸的盈利和风险的表达式后,对冲的决定就可以定义并解决组合选择的问题。马克维茨(Markowitz)的两资产组合问题可以表达为 Maximize $x_1E[R_1]+x_2E[R_2]-\lambda(x_1^2\sigma_1^2+x_2^2\sigma_2^2+2x_1x_2\sigma_{12})$,约束条件是 $x_1+x_2=1$,其中 $E[R_i]$ 是第 i 项资产的预期回报率,σ_i^2 是第 i 项资产的回报的方差,σ_{ij} 是资产 i 和 j 的回报的协方差,λ 是是风险厌恶参数,x_i 是投资于第 i 项资产的资金比例,参见 Levy 和 Sarnat(1984)。在套期保值中使用组合模型后,该模型与通常的表达不同,这是因为基础资产(X_s)是持仓是固定的。又因为没有预算限制,也就是 $x_1+x_2=1$。

套期保值的组合的可以表示为:

Maximize $X_s\{E[S_{t+k}-S_t+D_{t+k}^*]-bE[F_{t+k}-F_t]\}-\zeta X_s^2 var(bF_{t+k}-S_{t+k})$,s.t.$X_s$ 为常量。有效边界(也就是预期盈利和风险的可能组合,即对于每一个风险水平对应的最大盈利)可以通过对风险厌恶参数 ζ 一系列的值重复求解这个组合问题(这也是一个二项式规划问题)。其最终求得有效边界在图 9.1 中所列。因为套期保值者会有不同的风险厌恶水平,也就是不同的 ζ 值,他们会在有效边界上选择不同点和不同的避险比率。假如 ζ 等于零,利润最大化的点就是 C;当 ζ 无穷大时,就得到了风险最小化的点 M。任何不在边界上的点在套期保值上都是无效率的,例如 I 点,也就是说存在着更好的保值点。

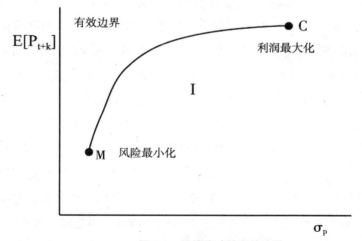

图 9.1　保值头寸的有效边界

当对现货资产套期保值,但是其具体头寸不确定时,可以推导出效用最大化的避险比率的表达式, 而该表达式是独立于风险厌恶参数的(Heifner, 1972), Kahl (1983)。该避险比率是 $b_{var}=(\mu_f\sigma_s^2-\mu_s\sigma_{fs})/(\mu_s\sigma_f^2-\mu_f\sigma_{fs})$, 其中 $\mu_f=E[S_{t+k}-S_t]$, $\mu_f=E[F_{t+k}-F_t]$, ζ 值仍然影响 X_s 和 X_f, 但是不影响比率 b_{var}。

9.2 风险最小化和组合方式

取决于交易者的风险厌恶系数, 以组合的方式来构建套期保值将使得一系列的对冲比例有效(也就是在图 9.1 中效率边界上的所有点)。根据 Anderson 和 Danthine (1980, 1981), Duffie (1989, 91~96 页) 以及 Leuthold、Junkus 和 Cordier(1989, 第 99 页)认为一个在均值-方差框架下进行效用最大化的交易者对于期货合约的需求可以分解为投机和保值两部分 (请参考 Sutcliffe, 1993 的第 7 章附录)。其中投机性需求是 $z=(E[F_{t+k}]-F_t)/2\zeta\sigma_f^2$, 其中 σ_f^2 是[F_{t+k}]的方差, 而套期保值需求是 $b=-cov(e_{t+k},F_{t+k})/\sigma_f^2$, 其中 $cov(e_{t+k},F_{t+k})$ 是交易者在时点 t+k 时除期货合约之外其他资产的终值(e_{t+k},F_{t+k})的协方差。在保值的文献中都极大地忽视了投机性需求, 而关注在图 9.1 的风险最小化的套期保值上。

Duffie(1989, 214~215 页)提出对冲是为了风险最小化的两点理由。第一, 难以估计预期可以得到投机收益; 其次, 考虑到现货状况, 投机买卖仓位取决于每位交易员各自的风险厌恶参数(ζ), 在交易员之间不同。但是风险最小化仓位却不需要受制于风险厌恶参数。Benninga、Eldor 和 Zilcha (1983, 1984)和 Lence(1995)给出了不需要交易者在使用风险最小化避险比率时显示出高度风险厌恶(也就是很高的 ζ 值)的理论解释。他们的研究假定当前期货价格是在交割日 T 时的现货价格的无偏估计。于是, $F_t=E[S_T]$, $F_{t+k}=E[S_T]$, 得出 $F_t=E[F_{t+k}]$ (该假定与在第 6.18 章介绍的风险溢价和现货溢价的概念相左) 考虑到无偏性的假设, 并且假定 F_{t+k} 和 ε_{t+k} 独立分布, 并且 $S_{t+k}=a+bF_{t+k}+\varepsilon_{t+k}$, 那么 $X_f E[F_{t+k}-F_t]=0$, 所以 $E[P_{t+k}]=X_s E[S_{t+k}-S_t+D_{t+k}^*]$。因此, 组合的预期收益与对冲决定无关。投资者只需要考虑风险最小化, 因为投机项没有出现在目标方程中。

风险最小化的 b 值(M 点)可以通过 $Var(P_{t+k})$ 对 b 求导后, 设定结果为 0 得出。这会得到 $\delta Var(P_{t+k})/\delta b=2bX_s^2\sigma_f^2-2\sigma_{fs}X_s^2=0$, 于是风险最小化的避险比率是 $b=\sigma_{fs}/\sigma_f^2$, 该值独立于风险厌恶系数值 ζ, Kahl (1983)。当避险比率不同于 b 时, 对冲仓位的风险将提高, 如图 9.2 所示。

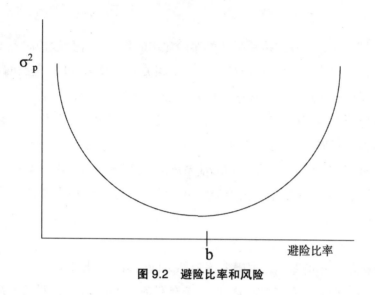

图 9.2　避险比率和风险

风险最小化的避险比率的表达式显示,除了当对冲在交割时中止,该比率只有在 $\sigma_{fs}=\sigma_f^2$ 时才为 1,而且在多数情况下,没有理由能够出现。因为 $\sigma_{fs}=\rho_{fs}\sigma_s\sigma_f$,其中 ρ_{fs} 是 S_{t+k} 和 F_{t+k} 的相关系数。风险最小化避险比率还可以表示为 $b=\rho_{fs}(\sigma_s/\sigma_f)$。b 的取值决定于现货和期货价格在投资期间的相近程度和在投资期间现货价格相对于期货价格的标准差。在风险最小化对冲中需要的期货合约是 $-X_s b$,也就是现货资产的单位数量与避险比率的乘积,负号表明空头头寸。把表达式中的 $Var(P_{t+k})$ 代换为 $b=\sigma_{fs}/\sigma_f^2$,得到了风险最小化对冲的利润的风险表达为 $Var(P_{t+k})=X_s^2\sigma_s^2(1-\rho_{fs}^2)$。因为 S_t 对 F_t 的最小二乘法回归(OLS)的斜率项就是 σ_{fs}/σ_f^2,所以回归提供了一个在实践中简单明朗的估计风险最小化避险比率的方法,我们将在本章后面部分加以介绍。

举例: Dolphin 公司想尽可能减少它的分散化股票组合(权重与金融时报 100 指数一致)在现在(7 月 2 日)到 9 月 5 日之间的风险。当前组合市值是 6,500 万英镑,7 月 2 日金融时报 100 指数的点位是 2,600。这意味着组合当前市值等于 65,000,000/(2,600×25)=1,000 指数单位,所谓的指数单位就是股指期货合约下的一揽子股票(即 $X_s=1,000$)。Dolphin 的财务总监,Max Bialystock,预期组合价值的千分之一(也就是一个指数点)和在 9 月 5 日九月金融时报 100 期货合约价格的相关系数是 0.8,当日的价格方差分别为 4,900 英镑和 10,000 英镑。风险最小化避险比率是 $b=\sigma_{fs}/\sigma_f^2=\rho_{fs}\sigma_s/\sigma_f=(0.8\times70)/100=0.56$。Max 应该建立 1,000×0.56=560 张金融时报 100 指数期货合约的空头头寸。

需要指出的是在确定风险最小的避险比率时用的是保值取消时点 t+k 时的方差和协方差,而开始保值时的风险并不相关。如果 σ_f^2 和 σ_{fs} 是常量,什么时候结束保值对于选择避险比率不重要。但是,由于基差风险一直存在并且在期货合约存续期内不停变动。萨缪尔森假说认为期货合同的价格的波动(σ_f^2)随着交割的临近而增加,参考第 7.2.1 章。Castelino 和 Francis(1982)给出了理论和实证证据认为随着交割的临近,基差风险降低(见第 6.4 章)。如果这是正确的,风险最小的避险比率取决于套期保值结束时的合约期限,而不是在保值开始时。当保值结束时的时间与交割日越接近,风险最小的避险比率就接近于1,Castelino(1992)。

对于风险最小的避险比率随着保值结束随着合约到期时间而变化的现象有多种解释。如果没有基差风险,同时无套利条件任何时间适用,风险最小的避险比率 $b=1/(1+r_{k,T})$,其中 $r_{k,T}$ 是从到期保值结束时间(k)到交割日(T)期间利率,Merrick(1988b)、Herbst、Kare 和 Marshall(1993)。假设在该期间的日利率(i)是常数,$b=1/(1+i)^{T-k}$,避险比率显然和在保值结束后的期货到期日(时间 T-k)相变化。当保值结束后和交割日(T-k)的时间间隔越短,风险最小的避险比率就接近于 1。

Lien(1992b)证明,如果现货和期货价格是协整的(cointegrated),并忽略任何到期日和利率效应,那么单期套保的风险最小的避险比率通常比多期的要小。因此,风险最小化避险比率并非独立于套保存续的时间长短,当套期保值的时间拉长时,比率也提高。这是由于协整假设意味着现货和期货价格差之间是自回归过程,其结果是期货和现货价格在时间上是相关的,而多期套期保值的风险(从而风险最小的避险比率)受到这些相关性的影响。在短期内,期货和现货价格可能走势分离,但从长期角度看,它们由套利关系所联系,故而高度相关。协整导致风险最小化避险比率在套保期限延长后趋向于 1(Geppert,1995)。

保值头寸盈利方差一般以价格变动而不是价格水平来表示,如果愿意的话,可以把风险最小化的避险比率用价格变动来表示,也就是 $b=\sigma_{\Delta s \Delta f}/\sigma_{\Delta f}^2$,其中 $\sigma_{\Delta s \Delta f}$ 是期货和现货在保值期间价格变动的协方差,$\sigma_{\Delta f}^2$ 是期货在保值期间价格变动的方差。使用在保值期间价格变动计算的避险比率与使用当套保结束时期货和现货价格水平得出的结果是等效的。因为期初现货和期货价格是确定的,所以 $\sigma_{\Delta s\Delta f}=\sigma_{sf}$, $\sigma_{\Delta f}^2=\sigma_f^2$。

套期保值问题还可用股票回报和和期货价格的比例变动来表示(Brown, 985),Chance(1991)和Duffie(1989,243页)。定义 $r=(S_{t+k}-S_t+D_{t+k}^*)/S_t$, $q=(F_{t+k}-F_t)/F_t$,可以发现风险最小化的避险比率 $b=(S_t/F_t)\times(\sigma_{qr}/\sigma_q^2)$,其中 σ_{qr} 是 q 和 r 的协方差,σ_q^2 是 q 的方差(如果期货回报定义为 $Q=[F_{t+k}-F_t]/S_t$,那么 $b=\sigma_{Qr}/\sigma_Q^2$,Figlewski,1984a,1985b)。假如使用对数回报,需要对现货和期货回报分布的假设,而风险最小化的避险比率的公式也变得格外复杂(Terry,2005)。

Chang.Chang 和 Fang(1996)给出了在上述不同假设下风险最小化的避险比率。他们假设现货和期货价格和基差出现了预期外的跃升,同时这些价格和基差跃升的频率随时间而改变,并且基差是均值回归的(mean-reverting),其结果是公式远比 $b=\sigma_{fs}/\sigma_f^2$ 复杂的多,在9.14节给出了实证研究中对于该避险比率一个简化版本的检验。

9.3 另类避险比率

不同于对冲的目标是最小化风险的假定,很多研究者使用了一系列运用预期回报的其他目标假设。

1. Howard 和 D´Antonio(1984,1987)(同时 Nelson 和 Collins,1985,Chen、Lee 和 Shrestha,2003)基于现货头寸是不变情况下的回报率(参考 Yau、Savanayana 和 Schneeweis,1992),得出了最小化风险的避险比率。他们的假设基础是交易者的目标是最大化 Sharpe 的回报变异比率(reward-to-variability ratio),Sharpe(1966)将其应用到由股票和期货构成的组合中,参考图9.3。该值定义为 $(P-C)/\sigma_p$,其中 p 是期间 t 到 t+k 保值组合的回报,因此 $P=(X_sS_tr+X_fF_tq)/X_sS_t$,c 是无风险利率,$\sigma_p$ 是 p 的方差。我们可以得到避险比率 $b^*=(S_t/F_t)\times(\sigma_r(\lambda-\rho_{pr}))/\sigma_q(1-\lambda\rho_{pr}))$。其中 $\lambda=q\sigma_r/\sigma_q(r-c)$,$\sigma_r^2$ 是 r 的方差,而 ρ_{pr} 是 r 和 p 的相关系数。这一较复杂的避险比率取决于 q、r 和 c 的预期值,和 σ_q、σ_r 和 ρ_{pr} 以及 S_t 和 F_t 的取值,但是它并不直接与协方差 σ_{qr} 有关。

2. Hammer(1988)得出了希望最大化保值组合预期回报与方差(p/σ_p^2)的比率的避险比率,并使用该比率于货币交易中。

3. Chang 和 Fang(1990)(可参考 Chang、Chang、Loo 和 Fang,1991)得出了在盯市和随机利率情形下效用最大化的避险比率。该输出方程需要估计 15

个参数,因此很难在实际中使用。

　　4. 对于套期保值组合的理论性方法本质上是具有两个目标(风险和收益)的目标规划。Sharda 和 Musser (1986)对此做了扩展,提出了一个含有 4 个目标的套期保值的目标规划模型:风险、交易费用、保证金支付和保证金的机会成本。

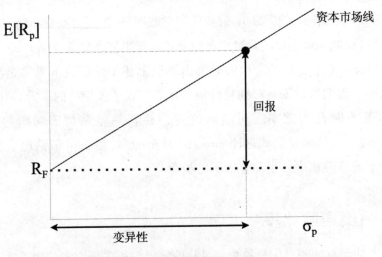

图 9.3　Sharpe 的回报变异比率

　　5. Wu、Sheu 和 Lee (1990)建议套期保值的目的是创建一个风险不大于容许水平的组合,并且设计了使用迭代方法来计算相应的避险比率。

　　6. Lien 和 Tse(1998,2002)(可参考 Chen、Lee 和 Shrestha,2003)使用低偏矩(Lower Partial Moment)来衡量风险。这基于低于某一目标回报的离差 n 次方后得到,而 n 取决于投资者的风险厌恶程度。

　　7. Hemler 和 Longstaff (1991)建议使用一般均衡模型来对股指期货定价,参考 5.27。在该模型中,股指期货的价格取决于股票市场回报的波动,于是即使风险最小化作为目标,避险比率也不同于在无套利条件下的结果。

　　8. Cheung、Kwan 和 Yip (1990)建议使用基尼均差(Mean Gini Difference)作为风险的度量。该测度也具备一阶和二阶随机占优 (First and Second Degree Stochastic Dominance)的特征,并且不需要依赖于正态分布和均值-方差方程的假设。Hodgson 和 Okunev(1992),Kolb 和 Okunev(1992,1993),Shalit(1995),Chen、Lee 和 Shrestha (2003)以及 Lien 和 Tse (2002)接着提出在计算避险比率时,使用扩展的基尼系数均值来测算风险。

9. Howard 和 D'Antonio（1994）发现套期保值牵涉到两类成本：对冲交易的固定交易成本，和当保值组合的风险降低后所引起的预期回报减小。假设不存在错误定价，忽略期货保证金，他们发现当风险下降的程度（回报的标准差减少的百分点）增加了，对冲的成本加速增加。他们发现快速上升的成本会导致到达风险最小化的保值之前，对冲就已经结束了。假设 CAPM 是合理的，那么直到风险回报均衡等于风险的市场价格之前，套期保值都可以实施。Howard 和 D'Antonio 能够定义一个对冲的回报大于成本的最优避险比率。当现货和期货回报相关性增加或者现货和市场组合回报的相关性降低时，最优避险比率也会增加。

这些另类避险比率说明当套期保值者不拘泥于风险最小化的思路时（用方差来测度风险），那么就有很多新可能。由于避险比率联系到风险和回报，计算风险的方法也很复杂，因此这些方法本身比简单的风险最小化要复杂得多。到目前为止，还没有一个另类避险比率获得市场的认可。

9.4 期货合约的选择和交叉套期保值

为了建立一个套期保值，交易商必须选择某一期货合约用于对冲初始风险，这一选择的目的通常是要选择的期货合约能使保值的头寸风险最小。如果想要对冲掉的风险现货有相应的期货合约，通常用这一期货来对冲。但是很多情况下想要消除风险的现货并不存在期货，于是套期保值者需要选择与现货价格相关性（正或负）最高的期货。这样的交叉对冲产生了交叉对冲风险，也就是期货的基础现货资产价格和需要对冲风险的现货资产价格并不同步变动。因为现货资产和用于套保的期货合约基础资产之间的差异，与基差风险类似，交叉对冲风险也并不在交割日趋近零。尽管交叉对冲带来基差（和红利）风险之外的其他风险，交叉对冲的风险最小化避险比率依旧表示为 $b=\sigma_{fs}/\sigma_f^2$，股票组合的构成通常并不完全对应与股指期货下的基础指数，有可能差异巨大。对冲股票组合通常采用交叉对冲，在这种情况下，交叉对冲风险也是股票组合的非系统风险。

在交叉对冲时，在需要套保的资产和用来对冲的期货合约下资产的度量单位或许不同。在这种情况下，避险比率的大小就变得任意，取决于所选用的度量现货资产（X_s）和期货合约（X_f）相对单位。这样尽管能产生异常的避险比率, 但是这并不会带来严重问题。

举例: Lorenzo St Du Bois 仅持有 Springtime 公司的股票, 股票当前市值为 1,000 万英镑, 他打算用金融时报 100 指数期货对冲从现在到 9 月 5 日持有股票的风险。将其持有的股票看做一单位 X_s, Lorenzo 估算出他股票持仓和 9 月期货合约在 9 月 5 日的相关系数是 0.75, 当天整股票仓位和金融时报 100 指数期货合约的价格的方差分别是 1,440 万英镑和 1 万英镑。于是, 风险最小化避险比率为 $b = \sigma_{fs}/\sigma_f^2 = \rho_{fs}\sigma_s/\sigma_f = (0.75 \times 12,000)/100 = 90$。因为 Lorenzo 仅仅持有一单位 Springtime 的股票, 他应该卖出 ($X_s b = 1 \times 90$) 90 张金融时报 100 指数 9 月期货合约, 当前金融时报 100 指数点位是 2,600, 相对应的名义现价是 $90 \times 2,600 \times 25 = 585$ 万英镑。

即使 Lorenzo 的股票投资单位定义不同, 仍可以得到一样的结论。当前股票持仓的现价对应于 $10,000,000/(2,600 \times 25) = 153.84615$ 张金融时报 100 指数期货合约 (也就是 $X_s = 153.84615$)。Lorenzo 对于其一单位持股 (即当前价是 $10,000,000/153.84615 = 65,000$ 英镑的股票) 是 6,084 英镑。于是, $b = \sigma_{fs}/\sigma_f^2 = \rho_{fs}\sigma_s/\sigma_f = (0.75 \times 78)/100 = 0.585$, 因此 Lorenzo 需要在金融时报 100 指数期货 9 月的期货上建立 $153.84615 \times 0.585 = 90$ 张合约的空仓。

定义 X_s (现货单位的数量) 的惯例是计算出需要保值头寸的总现价, 除以一个期货合约下资产的现价, 即 $10,000,000/(2,600 \times 25) = 153.84615$。$X_s$ 的值简单来说就是期货合约的数量。

套期保值者不仅需要选择保值需要的期货, 他还需要选择特定的交割日 (即到期日)。选择期货和交割日是相辅相成的, 并且从本质上讲每一张期货合约都与其他套保的期货合约相互竞争。因为基差风险随着到期日的临近而降低, 使用交割日紧接着套期保值计划结束的合约的对冲风险会最小, 或使用最近合约, 并且展期直至套期保值结束。当头寸被展期后, 最近合约的未平仓头寸被清算, 同时在远端合约上建立一个新的相同规模和方向的仓位。只要套保需要, 该过程可以一直重复下去。

举例 1: Leo Bloom 希望把 7 月 5 日到 9 月 5 日之间的英国股票组合风险对冲掉。由于只有一个基于英国股票的股指期货 (金融时报 100 指数期货), Leo 需要决定的就是使用哪个月份的的合约 (9 月、12 月或者 3 月)。因为 9 月合约很可能是流动性最强的, 并且在 9 月 5 日具有最少的基差风险, Leo 选择了建立一个 9 月金融时报 100 指数期货空头头寸。

举例 2：Franz Liebkind 希望把在 9 月 5 日到次年 4 月 5 日之间的美国股票组合风险对冲掉。有一些美国的股指期货可供选择（例如标普 500 指数、纽约证券交易所综合指数、主要市场指数和价值线算术平均指数）。因为套保一般要持续几个月，合约的选择并非一目了然（例如选择最近合约需要在 9 月合约上建立初始头寸，然后将特定日期上展期至 12 月、3 月和 6 月合约）。套期保值策略的选择也取决于套保头寸的预测风险和套保展期的交易成本。

Shalen（1989）曾考虑过套期保值的存续期问题。因为套期保值是期货交易的主要动机，交易量主要集中在最近月份合约，这意味着大部分的对冲使用的是最近月份合约。在本章前面部分谈到，假如没有红利或者利率风险，并且无套利条件在任何时间均适用，风险最小套期保值比率是 $1/(1+r_{k,T})$。到期日的选择就显得任意，当 T-k（对冲结束到期货合约交割的时间）降低时，避险比率上升。如果套期保值者随意选择所用合约的到期时间，在最近到期月的合约要比较远合约的交易量小点。

举例：Belsay 基金的经理 Hudson Hawk 在 10 月 1 日打算对冲其持仓为期一个月的风险，需要在在 12 月 31 日到期的最近合约和在第二年 6 月 30 日到期的较远合约中选择。利率水平是每年 10%（或者是每天 0.0261%），没有基差风险。对于 12 月的合约来说，风险最小化避险比率是 $1/1.000261^{61}=0.9842$；对于 6 月的合约来说，风险最小化避险比率是 $1/1.000261^{243}=0.9386$。如果 Hudson 选择使用 12 月而不是 6 月的合约，他必须多增加 4.9% 的交易量。

这个例子说明了由（T-k）减少所引起的避险比率的变动不足以解释最近到期月的合约与较远合约交易量不同的现象（Sutcliffe，1997，第 3 章）。因此，对最近合约的偏好主要原因是基差风险。

如果红利的不确定性是基差风险的唯一来源，由于红利风险随着交割临近而降低，所以套保者往往选择下一个到期的合约来展期。一些交易者有快速改变他们的套保的需求，这种灵活性赋予这些交易商非常短的套保期间，而这些交易商也倾向使用最近月份合约。如果唯一的基差风险是随机利率风险，那么风险将随着交割日的临近而降低。因此，套期保值者通常使用选择在他们的套期保值期限结束后就到期的合约，这将形成在最近合约上进行套保。有三个因素支持使用最近月份合约：对于套保期限较短的套保者来说，最小化风险避险比率越高，最近合约的红利和利率风险越低。一旦一个特定的、占主导地位的到期日形成后，这将会导致大家都想选择流动性好的交割月合约中不断增强。

一些具有长期承诺的套保者或许希望使用交割日在几年以后的股指期货来对冲,这将免去重复把仓位展期的烦琐(节省了交易成本),这也将消除当在交割日了结持仓并开新仓的价格风险。这种风险是由于所用的期货价格不同于无套利条件的价格,或者(对于实物交割的合约)有人垄断了市场。可是,市场上不存在较长存续期的股指期货合约。这可能是对长期套保的需求较低(意味着对于这类期货的市场流动性较低),也意味着交易成本上升和把合约向前展期的价格风险较低(Gardner,1989)。

9.5 测算套期保值的有效性

风险最小化套期保值的有效性指标(E)是用对冲造成盈利方差的降低来衡量的,也就是在没有套保的盈利方差[Var(U)]减去在有套保情况下的盈利方差 [Var(P)] 后, 与在没有套保的盈利方差 [Var(U)] 的比例来表示的(Ederington,1979)。于是,$E=[Var(U)-Var(P)]/Var(U)$,其中 $Var(U)=X_s^2\sigma_s^2$,$Var(P)=X_s^2[\sigma_s^2+b^2\sigma_f^2-2b\sigma_{fs}]$。由于 $b=\sigma_{fs}/\sigma_f^2$,可以得到 $E=\sigma_{fs}^2/\sigma_f^2\sigma_s^2$,于是 $E=\rho_{fs}^2$,也就是 S_{t+k} 和 F_{t+k} 相关系数的平方。这个相关系数的平方可以通过估计回归方程 $S_t=a+bF_t+\varepsilon_t$ 得到可决系数 R^2。在该回归方程中,在时点 t 的现货价格 S_t 由一个常数项(a),加上斜率系数(b)与在时点 t 的期货价格的乘积,外加干扰项(ε_t) 所决定。例如, 假设 Max Bialystock 对 ρ_{fs} 的估计是 0.8,E=0.64, 对于 Lorenzo St Du Bois 的 E 值估计就是 $0.75^2=0.5625$。需要指出的是回归方程 $(S_{t+k}-S_t)=a+b$ $(F_{t+k}-F_t)+\varepsilon_t$ 的 R^2 给出了对 E 值的其他定义, 也就是 $E=[Var(\Delta U)-Var(\Delta P)]/Var(\Delta U)$,其中 $Var(\Delta U)=X_s^2\sigma_{\Delta s}^2$,$Var(\Delta P)=X_s^2[\sigma_{\Delta s}^2+b^2\sigma_{\Delta f}^2-2b\sigma_{\Delta s\Delta f}]$。

Lindahl (1989,1990)指出 E 衡量的是风险的比例降低。于是,E 可以用做对比不同期货合约用于对冲持有某个现货头寸到特定时点的有效性。因为是使用不同的现货头寸和不同的期货合约,其他对比也许并不适合。可是这种对比往往在现实中存在,因此在解释中必须注意到这一点。

Lien (2005a)考察了被普遍使用的风险最小化套期保值有效性指标(E),他把最小二乘法(OLS)得出的避险比率的样本内效果与用其他方法得到的估计做了对比。他发现最小二乘法得到的避险比率的有效性指标(E)较优,这是因为该避险比率最小化了套保组合的无条件方差, 所以胜过了其他方法得到的避险比率。对样本外的数据来说,最小二乘法的有效性指标不见得好,但是也只发生在样本内数据很大而样本外的数据较小,或者当样本内外的数据有结构化变化的情形中。有效性指标(E)依赖于无条件方差,但正如我们所讲的,避险比率是通过最小化条件方差的情况下得到的。因此,E 不适合测量非双变量的最小二乘法避险比率的套保有效性,但是可以通过使用来自于使用正确识别的计量经济学模型得到的条件方差来重新定义 E。

有效性的衡量指标(E)只有对风险最小化的最小二乘法对冲有效。当引入其他目标后,有一系列其他的有效性指标可供选择,主要取决于用户的目标。Gjerde (1987)建议使用一个基于回报而不是方差的简单有效性测度。这一测度的事前版本是对与现货资产风险相同的套保组合的最大预期收益除以现货资产的预期回报。(Board 和 Sutcliffe, 1991)使用与之类似的一个测度。Howard 和 D'Antonio (1987)提出了一个不同的对冲有效性的指标,该指标符合他们套期保值者最大化本质上就是回报变异比率:$(p-c)/\sigma_p$ 的假设。他们的有效性指标就是 $(c+\Theta\sigma_r-r)/\sigma_r$,其中 c 是无风险利率,r 是现货预期回报,$\sigma_r$ 是现货回报的标准差,Θ 是在经典的标准差–回报空间中从无风险资产到保值头寸的直线斜率。Kuo 和 Chen (1995) 简化了 Howard 和 D'Antonio 指标, 而 Satyanarayan (1998)指出二阶条件不像先前想的那样具有约束性。Lien (1993a)把 Howard 和 D'Antonio 指标扩展到多重现货和期货资产的情形。

Hammer (1990)也提出了一个基于风险–回报比率的有效性比率,即 $E[Q]\sigma_r^2/E[r]\sigma_Q^2(C_p-2b)$,其中 C_p 是避险比率,其他项也相应得到定义。Chang 和 Fang (1990) (参考 Chang、Chang、Loo 和 Fang, 1991)也导出一个基于回报变异比率并适合他们自己的避险比率的有效性测度。

Hsin、Kuo 和 Lee (1994)研究出了一个在均值方差效用方程背景下效用最大化的套期保值者的对冲的有效性测度。他们的测度是套保组合的确定性等价的回报与现货头寸的确定性等价的回报的差,它可以在当现货头寸的超额回报为负的情况下使用。

Lindahl (1991) 认为使用现货资产回报的离差得到的有效性测度 (例如 Howard 和 D'Antonio, 1987)不适用于评介股票组合的套期保值。如果股票组合的套保是完美的,风险最小化避险比率是 1,套保组合没有任何风险,那根据 CAPM,意味着套保组合的回报率就应该是无风险利率。所以,对于完全对冲的股票组合的基准(b=1),Lindahl 建议使用无风险利率。她给出了由两部分构成的有效性测度：$E[\Omega_t]$ 和 $Var[\Omega_t]$，其中 Ω_t 是在期间 t 完全对冲的股票组合的回报与无风险利率的差。Ω_t 的均值和方差越小，套保效果越好。如果无风险利率是个常量，$Var[\Omega_t]$ 就是套保组合回报的方差；如果避险比率不为 1，则将无风险利率替换为无风险利率（R_F）和现货资产回报（R_s）的加权平均，也就是（$b\times R_F$）+（$1-b$）R_s。

Cheung、Kwan 和 Yip（1990）建议使用基尼均差（Mean Gini Difference），而不是均值和方差来度量有效性。基尼均差是 P_i 和 $g(P_i)$ 之间的协方差，其中 $g(P_i)$ 是 P_i 的概率密度方程，P_i 是对冲头寸中第 i 项资产的盈利概率分布。

目前所考察的有效性测度是使用特定期货合约对冲单个现货资产。但是，交易员可能同时持有由现货资产和期货合约构成的组合，两方面原因使期货合约的有效性指标失效：第一，因为现货资产不是同质的，期货合约的有效性就取决于欲对冲的现货的特性，这也引申出无限个有效性测度指标（针对于每个不同的现货）。第二，如果一系列不同的期货合约用于复合套保（参考第 9.8 章），如何在不同期货中分配风险降低的贡献度也很成问题。Lien（1990）建议对第一个问题可以通过考虑对现货资产的各种不同可能的权重组合（忽略将新的现货资产加入组合的可能性），然后计算出 E 的最大和最小值。对于第二个问题，Lien 建议考察期货对风险降低的边际贡献。在计算 E 时，使用除去考察中的期货合约外的其他所有期货来对组合进行保值并在计算出方差后，用该方差替代未套保组合的方差。当现货组合不止由一种资产组成，需要计算出 E 的最小和最大值。

如果现货期货之间的相关系数随时间变化，以前时期的有效性测度的是新套保头寸的有偏估计，Daigler（1993）。因为 $b=\sigma_{fs}/\sigma_f^2=\rho_{fs}\sigma_s/\sigma_f$，$E=\rho_{fs}^2$，于是偏差是 $E2-E1=(b_2^2-b_1^2)\times(\sigma_f^2/\sigma_s^2)$。该偏差可正可负，当 b 增加时偏差也提高。

Brailsford、Corrigan 和 Heaney（2001）使用相同的股价指数期货（SPI）的 1990~1999 年间的日交易数据，对比了三种有效性的测度指标。Howard 和 D'Antonio（1989）以及 Lindahl（1991）的标准差测度给出了对冲有效性不同的排序。这一结果并不出乎意料，因为该测度是基于不同的对冲目标的。

9.6 利用贝塔再解释避险比率

现在我们对风险最小化避险比率的分析将从基于协方差（譬如 σ_{fs} 和 σ_{is}）的框架转移到运用交易商更加熟悉 CAPM 中的贝塔值上来（其中贝塔根据市场组合来计算）（Merrick，1990，157~158 页）。比如交易商们知道他们股票组合的贝塔值，并希望运用股指期货来控制它（在第 10 章中详述）。在 CAPM 中，股票组合的预期收益率可以表示为：$E(r)=R_F+(E[R_M]-R_F)\beta$，其中 $r=(S_{t+k}-S_t+D_{t+k}{}^*)/S_t$，$\beta$ 是组合相当于市场组合的贝塔值，R_F 是无风险利率，R_m 是市场组合的回报。如果将期货的回报定义为 $Q=(F_{t+k}-F_t)/S_t$（而非我们在第 9.2 章中所表示的 $q=(F_{t+k}-F_t)/F_t$），那么 $E(Q)=(E[R_M]-R_F)\beta_F$，其中 β_F 股指期货相对于市场组合的贝塔值。该 β_F 的定义没有考虑到到期日效应。由于没有资金投资在期货合约中，无风险利率并没有在公式中独立出现。于是 $E(r)=R_F+E[Q]\beta/\beta_F$，对股票组合的风险最小化避险比率是 $b=\sigma_Q/\sigma_Q^2$，相当于 $b=\beta/\beta_F$。

当对股票组合进行对冲时，需要区分股指期货（I_t）下现货资产的价值和单位股票组合的（S_t）价格，这也在解释风险最小化避险比率 b。因为 $F_{t+k}\equiv I_{t+k}+F_{t+k}-I_{t+k}\equiv I_{t+k}+B_{t+k}$，其中 B_{t+k} 是在时点 $t+k$ 的基差，风险最小化避险比率可以表示为：$b=(\sigma_{is}+\sigma_{sb})/(\sigma_i^2+\sigma_b^2+2\sigma_{bi})$，其中 σ_{is}，σ_{sb} 和 σ_{bi} 分别是现货价格和指数、现货价格和基差以及指数和基差的协方差。σ_i^2 和 σ_b^2 是指数和基差的方差。如果套保结束时间与股指期货的交割日相同，就没有基差风险（尽管仍然存在交叉对冲风险），因此 $\sigma_{sb}=\sigma_{bi}=\sigma_b^2=0$。在这种情况下，$b=\sigma_{is}/\sigma_i^2$，而风险最小化避险比率可以用贝塔值来估计（Figlewski，1984a，1985b）。因此，当不存在基差风险，来自 CAPM 的组合贝塔值就等于风险最小化避险比率，对冲的目标是消除组合的系统化风险。如果指数和现货组合是一样的，就不存在基差风险，那么 $\sigma_{is}=\sigma_i^2$，$\beta=1$。

该项研究也可以从 β_w（期货合约相对于市场组合的贝塔值）的角度进行，β_w 在等式 $E[Q]=(E[r]-F_t)\beta_w$ 中得到定义（Watsham，1992）。如果愿意，也可以用 $q=(F_{t+k}-F_t)/F_t$ 来定义指数回报。在这种情况下，$E(q)=(E[R_M]-R_F)\beta_{Fq}$，那么 $E[r]=R_F+E[q]\beta/\beta_{Fq}$。于是股票组合的风险最小化避险比率是 $b=(S_t/F_t)\times(\sigma_{qr}/\sigma_q^2)=(S_t/F_t)\times(\beta/\beta_{Fq})$，（Kolb，1988，第九章附录，310~311 页），Peters（1986），Fabozzi 和 Peters（1989）。

对于股指期货相对于市场组合的贝塔值的实证研究文献不多。

美国：Edwards 和 Ma（1992,250~251 页）使用 1985 年 1 月~1989 年 3 月之间的日数据拟合了方程 $R_{Mt}=\alpha+\theta q_t+\epsilon_t$。他们使用了两种股指期货（标普 500 和纽约证券交易所合成指数）来计算 q_t，使用七个市场指数（DJIA，标普 500，NYSE Composite，AMEX，NASDAQ，VLA 以及 Wiltshire 5000）来计算 R_{Mt}。θ 的 14 个估计在 0.47 到 0.80 之间变动。由于估计方程可以重新调整为 $q_t=(R_{Mt}-\alpha)/\theta-\epsilon_t/\theta$，这意味 β_{Fq} 的估计值在 1.25 到 2.13 之间。

Bessembinder（1992）使用从 1982 年 5 月~1989 年 12 月之间标普 500 和 VLCI 指数期货的月度数据和 CRSP 加权平均的市场指数月度数据拟合了方程 $q_t=\alpha+\theta R_{Mt}+\epsilon_t$，估计的标普 500 期货的贝塔值是 1.005，而 VLCI 指数期货的贝塔值估计为 1.1。

英国：Antoniou 和 Holmes（1994）使用周数据拟合了方程 $q_t=\alpha+(R_{Mt}-R_F)\beta_{Fq}+\epsilon_t$，其中 q_t 代表金融时报 100 期货 7 天（周三至周三）的对数回报，R_{Mt} 是 FT-A 指数在 1985 年到 1990 年间每周除去红利后的对数回报。在股市大跌之前，$\alpha=0$，$\beta_{Fq}=1$；在大跌之后 $\alpha=0.002$（或者说每周超额回报是 0.2%），$\beta_{Fq}=1.1$。这也意味着金融时报 100 期货在大跌后的系统化风险增加了，同时也存有超额回报。鉴于通常情况下，β_{Fq} 的估计都不为 1，对此做出调整是值得的。

举例 1：GoGo 基金的股票组合市值是 2,924 万英镑，相较市场的贝塔值是 2.2。该基金想将现在到 4 月 5 日之间的组合风险规避掉。6 月金融时报 100 指数期货合约的贝塔值 $\beta_F=1.1$，金融时报 100 指数下股票在 1 月 4 日的现货价格是 2,720×25 =68,000 英镑，于是风险最小化避险比率是(2.2/1.1)=2，该基金应该卖出(29,240,000/68,000)×2=860 张期货合约。

举例 2：Itchen 公司现有股票组合的市值是 2,070 万英镑，相较市场的贝塔值是 1.3。Itchen 打算在 12 月 31 日之前把组合套保，风险最小化避险比率是 1.3。金融时报 100 指数下股票当前现货价格是 2,760×25=69,000 英镑，因此 Itchen 应该卖出(2,070,000/69,000)×1.3=39 张期货合约。

9.7 对冲多种风险头寸

一个交易商或许在一系列不同的现货资产（譬如不同股票上）上均持有风险头寸,希望使用同样的期货合约来对冲所有风险。如果目标是找到风险最小化避险比率,对于每样风险资产的套期保值可以分别计算,而需要的交易便是各个风险资产避险比率的汇总。该可加性的结果主要是基于避险比率取决于可以相加的协方差的事实。单位股票组合和期货合约价格之间的协方差(σ_{fs})可用各股与其期货价格之间的协方差来重新定义，即 $\sigma_{fs}=w_1\sigma_{1f}+w_2\sigma_{2f}+...+w_n\sigma_{nf}$,其中是各股市值权重(加总为 1),$\sigma_{if}$ 是股票 i 当前单位价值和在 t+k 日期货合约价格的协方差。因此，对于股票组合风险最小化避险比率可以调整为 $b=w_1\sigma_{1f}/\sigma_f^2+w_2\sigma_{2f}/\sigma_f^2+...+w_n\sigma_{nf}/\sigma_f^2=\Sigma b_i w_i$,其中 b_i 是第 i 项现货资产的风险最小化避险比率，这表明组合的风险最小化避险比率是各股风险最小化避险比率的加权平均。

举例: Solent 公司有若干个全部控股的子公司。每个子公司都投资了 5~10 只其他公司的股票。Luke Skywalker 是 Solent 的财务总监,打算将这些股票从现在到 9 月 5 日之间的投资风险规避掉，在当前指数是 2,667 时每一股票组合单位相当于股票市值,是 2,667×25=66,675 英镑(也就是 S_t=66,675 英镑)。在 9 月 5 日金融时报 100 指数 9 月合约价格和每一股票组合单位的协方差估计在下表中列出。在 9 月 5 日金融时报 100 九月合约价格的方差是 5,000 英镑。每一子公司持有的股票组合现价以及 σ_{fs} 的值在表 9.1 中列出。该表也列出了计算用的权重(w_i),风险最小化避险比率(b_i)和汇总后的避险比率($\Sigma b_i w$)。

表 9.1　Solent 子公司股票组合数据

子公司	组合当前价格	σ_{fs}	w_i	b_i	$b_i w_i$
Romsey	1,000 万英镑	6,000 英镑	0.1	1.2	0.12
Hamble	2,000 万英镑	5,000 英镑	0.2	1.0	0.20
Hythe	3,000 万英镑	4,000 英镑	0.3	0.8	0.24
Eastleigh	4,000 万英镑	3,000 英镑	0.4	0.6	0.24
合计	1 亿英镑	–	1.0	–	0.80

所以，汇总后的避险比率是 0.8,需要的套期保值是卖出(100,000,000/66,675)×0.8=1,200 张合约。

9.8 复合对冲

目前为止,单一现货资产的风险可以使用单一期货来规避,但是我们并非需要限制套期保值这样展开(Anderson、Danthine,1980,1981)。譬如,由美国股票构成的组合可以应用若干个不同股指期货例如标普 500、NYSE、MMI 和 VLA 指数等构成的组合来规避风险。运用这样的复合对冲有低风险的好处（Marshall，1989，214~216 页）。假设股票组合使用两种期货合约（用 v 和 w 来表示）来对冲风险，这两种风险最小化避险比率是 $b_v=-X_v/X_s=(\sigma_{sv}\sigma_w^2-\sigma_{sw}\sigma_{vw})/(\sigma_v^2\sigma_w^2-\sigma_{vw}^2)$ 和 $b_w=-X_w/X_s=(\sigma_{sw}\sigma_v^2-\sigma_{sv}\sigma_{vw})/(\sigma_v^2\sigma_w^2-\sigma_{vw}^2)$，其中 b_v 是期货 v 与期货 w 一起使用时的风险最小化避险比率；σ_{vw}、σ_{sv} 和 σ_{sw} 分别是时点 t+k 时期货 v 和 w、期货 v 和现货价格以及期货 w 和现货价格的协方差。期货 v 在时点 t+k 时的方差是 σ_v^2，相应期货 w 的方差是 σ_w^2。对于期货 w 也同样定义。需要指出的是在时点 t+k 时，两只期货的协方差在双方的避险比率中出现，并且当该协方差为零时，整个公式就变成了常见的单一期货的避险比率。当使用若干期货合约来对冲单一现货风险时，显而易见其避险比率的公式变得复杂，它们类似使用的多元回归方程中的系数：$S_{t+k}=a+b_vF_{v,(t+k)}+b_wF_{w,(t+k)}+\varepsilon_{t+k}$。

举例：Benwell 基金的经理 Jean Brodie 希望使用标普 500 或（和）NYSE 合成期货合约来对冲其由美国股票构成的市值约 1 亿美元的组合的风险。Jean 估计了当套保结束时的一些数据。

标普 500 和组合的相关系数：0.70

NYSE 合成和组合的相关系数：0.70

标普 500 和 NYSE 合成的相关系数：0.90

对应标普 500 指数的篮子股票现货价格（也就是 20 万英镑）作为计算标准差的基本单位，因此对冲的组合头寸相对于（100,000,000/200,000）=500 单位。对应 NYSE 合成指数的的股票现价是 12 万英镑。标准差是：标普 500 为 6,000 英镑，NYSE 合成指数为 3,000 英镑，组合为 8,000 英镑。因为，$\sigma_{ab}=\rho_{ab}\sigma_a\sigma_b$，于是单位协方差是标普 500 和组合 3,360 万英镑，标普 500 与 NYSE 合成指数 1,620 万英镑，NYSE 合成指数和组合 1,680 万英镑。于是各种可能的对冲策略是：

（1）仅仅使用标普 500 指数期货合约：$b=\sigma_{fs}/\sigma_f^2=33.6/36=0.9333$，对冲是卖空 500×0.9333=466.65 张标普 500 指数期货合约；

（2）仅仅使用 NYSE 合成指数期货合约：$b=\sigma_{fs}/\sigma_f^2=16.8/9=1.8667$，对冲是卖空 500×1.8667=933.3 张标普 500 指数期货合约；

（3）使用标普 500 指数和 NYSE 合成指数期货合约复合对冲：$b_{s\&p}=(33.6×9-16.8×16.2)/(36×9-16.2^2)=0.4912$，意味着卖空 500×0.4912=245.6 张标普

500 指数期货合约；$b_{NYSE}=(16.8\times36-33.6\times16.2)/(36\times9-16.2^2)=0.9825$，意味着卖空 $500\times0.9825=491.25$ 张 NYSE 合成指数期货合约。

使用单一期货的套保头寸的方差是 $X_s^2(\sigma_s^2+b^2\sigma_f^2-2b\sigma_{fs})$，而使用两种期货(v 和 w)的套保头寸的方差是 $X_s^2(\sigma_s^2+b_v^2\sigma_v^2+b_w^2\sigma_w^2-2b_v\sigma_{sv}-2b_w\sigma_{sw}+2b_vb_w\sigma_{vw})$。使用单一标普 500 指数或者 NYSE 合成指数期货的套保头寸的标准差均是 285.7 万英镑，而合成对冲风险较低，标准差约为 278.3 万英镑。

9.9 广义对冲

如果交易商使用若干个不同的期货合约对若干个不同的现货头寸进行套期保值，对一般情形下有 m 种现货资产和 n 种期货资产来说，就有 m×n 种风险最小化避险比率。Anderson 和 Danthine（1980）和 Lypny（1988）给出了计算 m×n 种风险最小化避险比率的公式。但是当遇到由多重现货资产和期货合约时，对冲可以视为建立一个合意的风险–回报平衡的由现货和期货资产构成的组合（Levy，1987；Peterson、Leuthold，1987）。这种组合的观点就涵盖了除风险最小化之外的其他目标。

m×n 避险比率表达起来非常复杂，可以使用二次规划（quadratic programming）来求解马克维茨的组合模型以获得资产的配置比例。但是和股票组合相比有三点不同。第一，通常对冲模型情况是在现货头寸给定的情况下，但是马克维茨的组合模型认为一切资产都是变量。可以在模型中加入约束条件，限制现货头寸的规模，从而解决这个问题；第二，相比较股票，金融证券只能以整数数量进行交易对于期货合约来说更重要（Duffie，1989，227 页）。其结果是四舍五入后的数量可能不是最合适的，需要使用混合整数（mixed integer）二次规划来求解（Peterson、Leuthold，1987）。Shanker（1993）研究表明在多重现货和期货头寸中，四舍五入后的结果仅仅比二次整数规划略差。对于外汇的实证研究显示，当现货头寸很小时，结果求整的答案在 45% 的情况下为错，而当考虑了期货合约不可分割的特点后，对冲所降低的风险程度大幅减少。最后，因为期货容易卖空，所以不需要非负条件。

9.10 尾部风险和尾部对冲

在本章前面部分，当我们考察风险最小化避险比率计算对冲头寸的盈利时，我们忽略了变动保证金的收支。在盯市制度下，保证金收支或许不能相抵，于是就带来了额外的风险。当把这类额外的"尾部"风险加以考虑后，风险最小化避险比率的推导就显得格外复杂。期货价格的变动即可造成变动保证金的收支，必须将这笔款项借贷或者投资直至交割时（为了简化，我们假设使用通常的借款或者贷款利率。例如使用交易商保证金账户的利率）。于是，在时点 t 到 t+1 时，期货价格的变化后，套保结束时（时点 t+k）的现金流改变应该是 $(F_{t+1}-F_t) \times (1+i)^{k-1}$，而不是 $(F_{t+1}-F_t)$，其中 i 是每日复合利率水平（需要指出利息只在 k-1 日支付）。假设在对冲期间内利率是恒定的，并且红利确定，在时点 t+k 时持有现货到 t+k 和头寸套保 1 天的盈利是 $P_{t+k}^d = X_s[S_{t+1}-S_t+D_{t+k}^* - b(F_{t+1}-F_t) \times (1+i)^{k-1}]$。最终的风险最小化避险比率是 $b = (\sigma_{fs}/\sigma_f^2) \times (1/(1+i)^{k-1})$，其中 σ_{fs} 是现货和期货价格在时点 t+k 的协方差，σ_f^2 是期货价格在时点 t+k 的方差，每日尾部因素是 $\varphi^d = 1/(1+i)^{k-1}$。

当 N 个期货合约的初始对冲头寸支付保证金所需的融资成本（减去 n 个期货合约尾部套保得到的保证金支付）等于尾部套保交割时的利润收益，我们也可以求得该尾部因素。也就是 $(N-n)(F_{t+1}-F_t)[(1+i)^{k-1}-1]=n(F_{t+1}-F_t)$，化简后得到 $(N-n)/N=1/(1+i)^{k-1}$。

这一尾部因素的计算是在尾部套保每日进行调整的基础上得到的，也就是当 k 下降时，尾部套保每天重新计算（Duffie，1989，240 页；Figlewski，Landskroner 和 Silber，1991；Kawaller，1986；Merrick，1990，104~105 页；Zurack 和 Dattatreya，1989）。为了控制尾部风险，无调整的避险比率(b)被永远小于 1 的 φ^d 相乘，这样尾部风险的调整将会减小避险比率的大小（也就是导致期货仓位减少）。这一结果在表 9.2 中给出，针对一系列年度利率水平 $[(1+i)^{365}]$ 和套保期限(k)，给出了对应的每日的尾部因素 φ^d。该表显示的考虑到尾部风险对冲需要的期货合约的降低数量不大，比如对 50 天的套保期限，年利率水平是 10% 时，对冲合约仅降低了 1.27%。

表 9.2　各种年度利率水平和套保期限的尾部因素

k	年利率水平			
	5%	10%	20%	30%
10	0.9988	0.9977	0.9955	0.9936
20	0.9975	0.9951	0.9905	0.9864
50	0.9935	0.9873	0.9758	0.9654
100	0.9869	0.9745	0.9517	0.9313
150	0.9803	0.9618	0.9282	0.8984
200	0.9737	0.9494	0.9053	0.8667
250	0.9673	0.9370	0.8830	0.8361
300	0.9608	0.9249	0.8612	0.8066

举例： 在上个例子中的 Max Bialystock 发现风险最小化的避险比率是 0.56，决定卖出 560 张金融时报 100 指数期货来对冲其现货股票仓位在 7 月 2 日到 9 月 5 日合计 65 天的风险。如果无风险年利率水平是 10%，Max Bialystock 每天修正尾部对冲，那么 $\varphi^d = 1/(1.000261)^{64} = 0.9834$。Max 的风险最小化避险比率(考虑尾部风险后)降至 $0.56 \times 0.9834 = 0.5507$，所需的对冲是 551 张合约，也就是比忽略尾部风险时少了 9 张合约。

对对冲每日再调整产生交易成本，因此需要得出适用于套保期间内单一的尾部因素。在 t~t+k 之间，对冲头寸的盈利是 $P_{t+k} = X_s[S_{t+1} - S_t + S_{t+2} - S_{t+1} + \ldots + S_{t+k} - S_{t+k-1} + D_{t+k}^*] + X_f[(1+i)^{k-1} \times (F_{t+1} - F_t) + (1+i)^{k-2} \times (F_{t+2} - F_{t+1}) + \ldots + (F_{t+K} - F_{t+k-1})]$。

假设在期间内期货价格的变动、现货价格变动以及期货和现货价格在不同期的价格变动都呈零相关，再假设红利水平确定，每日期货价格变动和现货价格变动的方差在套保期间内恒定不变，于是 $Var(P_{t+K}) = X_s^2[k\sigma_s^2 + b^2\sigma_f^2\Phi - 2b\sigma_{fs}\Psi]$，其中，$\Psi = (1+i)^{k-1} + (1+i)^{k-2} + (1+i)^{k-3} + \ldots + 1 = [(1+i)^k - 1]/i$，$\Phi = (1+i)^{2(k-1)} + (1+i)^{2(k-2)} + (1+i)^{2(k-3)} + L + 1 = [(1+i)^{2k} - 1]/i(2+i)$。

于是风险最小化避险比率是 $b = (\sigma_{fs}/\sigma_f^2) \times (\Phi/\Psi)$，因此单一的尾部因素是 $\varphi^s = (\Psi/\Phi) = (1+i)^k - 1 = [(1+i)^{2k} - 1] \times (2+i)/[(1+i)^{2k} - 1]$(该结果与 Duffie，1989，239~241 页的等式不同)。在表 9.3 中给出在不同利率和对冲期限时的尾部因素(Φ^s)。

表 9.3　　在各种利率水平上的单一尾部因素

k	年利率水平			
	5%	10%	20%	30%
10	0.9994	0.9988	0.9978	0.9968
20	0.9987	0.9975	0.9953	0.9932
50	0.9967	0.9936	0.9878	0.9824
100	0.9934	0.9871	0.9753	0.9644
150	0.9900	0.9805	0.9628	0.9465
200	0.9867	0.9740	0.9503	0.9286
250	0.9834	0.9675	0.9378	0.9107
300	0.9800	0.9610	0.9254	0.8929

举例：假如 Max Bialystock 决定使用单一尾部因素，那么 $\varphi^s = 2.000261 \times (1.000261^{65}-1)/(1.000261^{130}-1) = 0.9916$。这样风险最小化的避险比率向下修正为 $0.56 \times 0.9916 = 0.5553$，Max 只需要卖空 555 张期货合约，比忽视尾部因素时少了 5 张，但是比使用每日尾部因素时多了 4 张。

当单一尾部因素（φ^s）只比每日尾部因素的简单平均（$\Sigma\varphi^d/k$）小一点时，它们之间的差别非常小。因此如果 k=10，年度利率是 30%，从第 10 天到第 1 天的每日尾部因素依次是，0.9936,09943,09950,0.9957,0.9964,0.9971,0.9978,0.9986,0.9993,1。每日尾部因素的简单平均是 0.9968，单一因素也是 0.9968。当 k 扩大到 100 时，每日尾部因素的简单平均是 0.9653，而单一因素则略微减小到 0.9644。在图 9.4 中给出单一和每日因素之间的关系。

一种规避尾部因素的方法是使用远期合约。例如假设目标是在今天锁定日后所要支付的价格，我们可以借助于远期合约。但是就像我们曾经在第二章分析那样，远期合约面临一些在股票指数中不存在的问题，存在创建一种可以规避尾部风险的期货合约的可能。Cox、Ingersoll 和 Ross(1981),Jarrow 和 Oldfield(1981)建议使用一种"类期货合约"（quasi-futures contract）。这是一种类似期货合约，只是其保证金支付不需要与每日价格变动完全同步。相反，交易者支付(接受)仅仅假设在交割日支付的每日价格变动的现值，也就是非常小的一笔钱。这种类期货合约比远期合约(通过每日盯市，降低了违约风险)和期货合约(规避了尾部风险)都好。

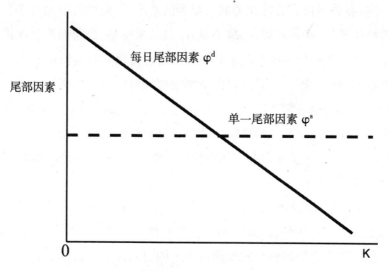

图 9.4　单一和每日因素之间的关系

9.11 红利风险

在以上分析中假设了红利是确定的，于是不需要对其对冲红利风险。而可能的情形是正如 Rendleman（1993）提出的假设在整个对冲期间，红利的终值是对冲到期时指数篮子价格的某个确定的比率（c）。在这种情况下，我们可以像对冲现货风险一样对冲红利风险。在 t 到 t+k 期间，对冲头寸的盈利是 $P_{t+k}=X_s(S_{t+k}-S_t+S_{t+k}c)+X_f(F_{t+k}-F_t)$。定义 $b=-X_s/X_f$，于是 $P_{t+k}=X_s(S_{t+k}(1+c)-S_t-b(F_{t+k}-F_t))$。因为 S_t 和 P_t 已知，$Var(F_{t+k})=X_s^2[(1+c)^2Var(S_{t+k})+b^2Var(F_{t+k})-2(1+c)bCov(S_{t+k},F_{t+k})]$，对上式中对 b 求导，并将结果赋值为 0，我们有 $\partial Var(P_{t+k})/\partial b=2bX_s^2\sigma_f^2-2(1+c)X_s^2\sigma_{fs}=0$，于是无风险避险比率是 $b=(1+c)\sigma_{fs}/\sigma_f^2$。这样为了规避红利风险，所需用的期货合约数量以（1+c）的比率增加。

9.12 对冲和公司价值

有两个基本问题：是否需要规避公司风险？如果是，那么是公司自身还是股东来对冲公司风险？这两个问题的答案取决于对市场完善程度的看法上。

是否需要规避公司风险？在竞争性的资本市场上，股票价格根据其风险—

回报而给定。在公司持有分散化的股票组合的情形下,应用股指期货来套保将公司的系统化风险(用贝塔衡量)减小至0。其结果便是,公司的汇报率将下降至无风险利率。于是公司或其股东套期保值后将高风险收益特征的投资转变成低风险收益特征的投资,其投资汇报率由市场对风险的价格所决定。同样地,使用类似 Modigliani 和 Miller (1958)的套利理论,如果资本市场是完善的,公司股东可以为他们规避公司风险,公司自己套期保值就不会带来价值。但是,这一无关性地结果是建立在市场完善的基础上的,有一系列支持公司或观点进行套期保值的理由(在考虑了套期保值地交易成本后)。

谁来套期保值,规避风险? 相比较股东而言,公司自身对风险的性质和持续时间有更多的信息优势,因此公司自己来套保应该更好点(DeMarzo、Duffie,1991)。再者,期货合约的整数特性使得单一的股东比公司在期货合约不可分割问题遇到更多的麻烦。最后,公司进行期货买卖的交易成本要低于许多分散股东交易费用的总和。

财务状况不佳的公司将面对更多的成本有许多成本,而公司如果采用套期保值的话,往往可以消除以上成本。

1. 公司通常会有一笔不小的破产成本 (Smith 和 Stulz,1985,Nance,Smith 和 Smithson,1993),公司自己对此套期保值可以降低这种成本,但是股东进行套保却无法做到该效果。

2. 当债务率较高的企业濒临破产,股东有债权人不会有的开展高风险投资的冲动。这是因为担负有限责任的股东最多丧失他们在公司里的投资金额,但是投资成功后将取得所有的收益。为了补偿冲动性的投资风险,需要提高债务成本。公司自己进行套期保值可以避免股东方和债券人之间的冲突,并降低债务成本。假设某一项目可能会得到灾难性的结果,公司可以选择继续开展一些无风险,并能带来正的净现值的恢复性投资来重新恢复那个项目。但是如果在发生灾难后,公司的价值,包括其后续投资的价值的和小于公司未清偿债券,该公司就破产了。在这种情况下,股东们不会实施那些创造正的净现值的投资项目来减小债权人的损失 (这里也假设了债权人没有立刻控制公司并开始恢复性投资)。因为这种可能性的存在,使用债务融资会降低公司价值。如果公司能保证其价值(包括发生灾难后的恢复性投资产生的正净现值)不会低于其负债,就不会发生这个问题,使用债务也不会降低公司价值。公司套期保值是避免以上风险的一种方法(Mayers、Smith,1987)。

3. 客户和供应商们不愿意和可能会破产的公司打交道，所有公司可以通过套保来避免这种风险。

4. 公司可能会提供一些售后服务，潜在客户可能会担心当公司破产后这些服务也随之停止。因此，公司自己进行套保可以一方面降低破产风险，也可以提高其售后服务的价值（Sercu、Uppal，1995）。

5. 鉴于债务合约无法协商的约束，公司可能无法进行新的高风险投资项目。套期保值能使公司不会违反债券契约，同时也能开展新项目。

6. 如果公司在筹措其他资金时面临很多交易费用，那么套期保值可以使公司的未来现金流更容易预测，从而降低了交易费用。

7. 受到利率管制的公司面临监管时滞，也就是它们的成本和价格变化之间的不同，Kolb、Morin 和 Gay（1983）认为这些公司应该用期货来对冲风险，降低资金成本。对于监管时滞问题的反应之一就是燃油调整条款，该条款规定了美国公用设备公司可以将上升的燃油成本转嫁给消费者上。Lien 和 Liu（1996）辩称公用设备公司应该用天然气期货来规避这种风险，而不是颁布燃油调整条款，这样会消除燃油调整条款引起的公司行为的改变，也避免了由消费者来承担价格上升风险，而消费者是很难规避这种风险的。

如果存在累进的公司税负系统，公司对风险的规避将在长期时间内稳定其盈利，从而降低了累计的税负（Smith、Stulz，1985）。必须是公司自己实施因这种原因引起的对冲。如果税法对损失比盈利的处理对公司更不利（例如推迟对损失的税负减免直至产生后续的盈利来冲抵），那么通过套期保值来降低损失是有益的（Eytan，1990）。Nance、Smith 和 Smithson（1993）也发现了支持企业对此进行套保的实证依据。总之，这种目的的套保必须由公司自身完成。

Smith 和 Stulz（1985）认为如果企业管理者的报酬与企业的效益挂钩（与盈利挂钩的工资、股票期权等），公司进行套保就可以减少公司管理层的薪资福利风险，这或许意味着管理者们将会为了一个较低但是更加确定的收入而工作（这也会阻止管理者拒绝高风险高回报的投资项目）。于是，管理者有规避公司风险的动机。尽管可能削弱盈利挂钩的工资的激励效果，这或许意味着降低公司的工资支出，管理者可能会选择把在他们可控之外的风险规避掉，使得奖金能够正确地反映他们的工作努力程度。公司必须规避能减少管理者回报计划的风险。

假如对冲转移了资本市场之外的风险，那么就会降低持仓高度分散化的股东的总风险水平(Fite、Pfleiderer,1995)。这种对冲机会的存在主要取决于在国家之间是否缺少整合的一体化的资本市场,为此而做的对冲可以由公司或者股东进行。

如果一些投资者没有高度分散化的股票组合（比如他们只是在一些家族公司上大量持股）,那么对冲公司风险将有益于他们,但是却不会给持仓已经非常分散化的投资者带来太多收益。这也揭示任何为此而作的对冲应该由股东,而不是公司来实施。如果公司对此已经做了套保,那么对持股非常分散的股东来讲就显得多余。

有很多关于为什么应该把公司风险对冲掉的理由,除了两个理由外,其他都需要公司对风险做出规避。总而言之,当资本市场出现我们以上列出的任何瑕疵时,公司的风险对冲将提升其股价,降低资金成本,参见 Eckl 和 Robinson (1990),Fite 和 Pfleiderer（1995）,Kolb、Morin 和 Gay（1983）。

9.13 风险最小化避险比率的估计

通常使用最小二乘法(OLS)来估计风险最小化避险比率。最小化避险比率 b 可以通过把欲将其风险对冲掉的资产(例如股票组合)的价格(或价格变动)对用于对冲的期货(例如股指期货)的价格(或价格变动)进行回归。这也就是拟合最小二乘法方程 $S_t=a+bF_t+\varepsilon_t$,或者$(S_{t+k}-S_t)=a+b(F_{t+k}-F_t)+\varepsilon_t$。该等式中的斜率系数就是对于风险最小化避险比率 b 的估计。Stoll 和 Whaley（1993,59~60页)指出,套保期限无关差分间隔的大小。对于复合对冲来说,需要多变量回归来估计避险比率。其中每个斜率系数都代表了相应风险最小化避险比率的估计(Duffie,1989,221~225 页;Stoll、Whaley,1993,57 页)。

可以把现货回报和用于估计避险比率 b,该公式 σ_{qr}/σ_q^2 可以通过把现货资产的回报(r)对期货价格的比例变化(q)来得到,也就是$(S_{t+k}-S_t+D_{t+k}{}^*)/S_t=a+c(F_{t+k}-F_t)/F_t+\varepsilon_t$。把该回归方程中的斜率系数(c)乘以 S_t/F_t 就得到了风险最小化避险比率 b 的估计。相应地,现货资产的回报可以对期货价格变化进行回归,并除以现货价格(Q),也就是$(S_{t+k}-S_t+D_{t+k}{}^*)/S_t=a+b(F_{t+k}-F_t)/S_t+\varepsilon_t$,该方程中的斜率系数直接给出了 b 的估计值。

因为我们假定确定的红利水平,在理论上我们可以把它加入或者移出在 b

的估计算式中而不会对结果产生影响。因为风险最小化避险比率 b 的估计可以通过三种方法(水平、变动和回报率)估算,变量的选择实际上是根据统计因素而做出的。

在对风险最小化避险比率 b 进行估计时存在一个实际问题是股票组合的构成时时在发生变化,于是避险比率也需要重新估计。这需要使用新的组合权重重新求得组合价格变动的时间序列, 然后重新进行回归。Figlewski、John 和 Merrick (1986,134 页)建议对各股分别做出避险比率的估计,然后根据占组合权重加总后得到整个组合的风险最小化避险比率。这样就避免了重新计算价格变动序列和再次回归。因为一系列不同现货资产的风险最小化避险比率是各股避险比率的加权汇总, 在数学上讲该方法与直接计算组合的避险比率是一样的。但是由于干扰项的出现,该方法在实际上会在统计结果上与直接计算的结果有差异。

当指数成分股发生变动时,指数的特点也会随之改变。当指数回报在各类贝塔值定义中出现时(即 β、β_F 和 β_{Fq}),在计算避险比率时需要对使用的历史的贝塔值估计做出一定调整。

在回归时候需要对追溯多长时间的数据做出决定。如果避险比率稳定,估计时间越长,避险比率的估计效果就越好。但是如果避险比率随时间而变化,历史数据可能会错误估计当前的避险比率。

使用最小二乘法对风险最小化避险比率进行估计(在本章其他部分所述)遭到很多批评,这些批评大致可以分为两类。第一,可以区分风险最小化避险比率的估计和回归方程斜率系数。只有在最小二乘法中,风险最小化避险比率才与回归系数相等, 这对使用更加高等的计量经济模型来估计斜率系数有一定的影响。第二,回归方法中存在一些统计上的问题(比如数据观测值间隔、自回归、联立方程组偏差、异方差性、估计风险和误差纠正等),需要更复杂的估计方法解决这些问题。在本节后续部分,我们讲考察如何在回归中解决这些统计问题,并讨论完全关注于回归有效性时带来的危害。

1. 数据观察值的时间间隔通常没有指明,但为了增加回归的统计检验力(power of the regression),间隔可以在数据允许的情况下尽量缩短。但是假如在现货和期货市场中存在价格调整延迟, 那就存在时间期别效应(Intervalling Effect),也就是说使用现货价格(或回报)对期货价格(或回报)进行回归是有偏的。但数据间隔越短,偏差越大(但使用价格水平来回归时,也会带来有偏的结果）。Grammatikos（1986）给出了在外汇中期别效应引起低估得避险比率的偏差。因此，使用时间间隔短的数据估测的避险比率比数据间隔长的要短。Chen、Lee 和 Shrestha（2004）认为除非单期价格变动是独立同分布的（independently identically distributed），否则使用单期价格变化来计算较长期限的套保的避险比率是不适宜的。Lien 和 Tse（2000b）证明了通过最小二乘法得到的避险比率在长时间稳定，也就是说避险比率不受对冲时间长短的影响，因此可以使用 1 天的回报来估算为期一个月的避险比率。但是这一结果只有在所有的最小二乘法的假设都满足的情况下才有效。Lien 和 Tse（2000b）还证明了使用向量自回归（VAR）模型所估算的避险比率也有与最小二乘法类似的结果。如果 OLS 或者 VAR 模型正确设定，那么就应该选用频率更高的数据。可惜的是，误差纠正模型（error correction models）并非在长时间稳定，因此即使误差纠正模型正确设定，也需要选用与对冲期限相同的数据观测值频率。

2. 很多研究者（Brown，1985；Elam，1991；Herbst、Kare 和 Caples，1989；Herbst、Swanson 和 Caples；1992，Hill 和 Schneeweis，1981）都发现在 OLS 的残差有很强的自回归现象。他们建议使用单整自回归移动平均模型（ARIMA）或者广义最小二乘法（generalized least squares）来修正估计程序。

3. 由于在回归方程中的所有变量（现货和期货价格）都是在同一时点估算出的，其结果便是当使用 OLS 来计算风险最小化避险比率时，得到的斜率项系数存在联立方程偏差（Bond、Thompson 和 Lee，1987）。

4. 在使用 OLS 估计避险比率时是假设了期货价格、期货价格变动、价格比率变动、现货价格和期货价格、价格变动和回报的方差都是在合约期限内是稳定的。可是方差不总是在时间内稳定（参考第 7 章），因此回归会有异方差性的问题。目前的进展是使用自回归条件异方差（ARCH）和广义自回归条件异方差（GARCH）模型来控制现货和期货价格中的异方差性，参见 Baillie 和 Myers（1991），Cecchetti、Cumby 和 Figlewski（1988），Kroner 和 Sultan·（1991），Myers（1991），Wilson、Aggarwal 和 Inclan（1996）。如果没有考虑波动中的跳升现象，使用 ARCH 会大大高估波动的持续性。由于基差到交割日时降为 0，期货和现货价格、价格变动和回报的协方差也随着合约期限而上升。因此，贝塔的估计值也是实际随时间变动贝塔值的平均。

5. 现货回报对利好和利差消息的反应是非对称的。在随机波动模型中，Lien（2005b）认为如果忽略这一非对称性，就会低估风险最小化避险比率。

6. 随着到期日临近,预期的利息和红利收入降低,而现货和期货之间的关系也随着期货合约到期日的变动而发生改变(常数项的变动)。因此,在回归中需要考虑到合约到期日的变化,可以把到期时间作为解释变量放入回归方程中。

7. Lence 和 Hayes (1994a,1994b)指出正如股票组合的最优权重存在估计误差一样,由基础资产和期货(例如避险比率)构成的组合的最优权重也存在估计误差。可以使用包括先验信息的贝耶斯方法等各种手段来处理这种估计风险(参考 Board 和 Sutcliffe,1994)。

8. 假如现货和期货价格之间存在协整(cointegrated)关系,那么在回归模型在应该加入误差自纠机制(ECM)(Ghosh,1993b);如果忽视这一点,得到的期货头寸结果要小于合意量(Lien,1996,2004)。

9. Antoniou、Pescetto 和 Violaris (2003)显示了在有关国家现货和期货市场的计量模型中忽略了回报和波动的国家间的效应,这会改变估计的避险比率。

在 OLS 回归中有一系列计量问题,其中一些可以通过使用更加复杂的估计算法来解决。但是这样做的话往往会忘记回归的目的,回归的目的是为了求得 σ_{fs}/σ_f^2,而不是为了得到回归方程中的斜率系数。如果在回归方程的估计程序为了各类统计问题而改变,那么估计出的回归系数的公式就可能不再是 σ_{fs}/σ_f^2,因此也就不再是对风险最小化避险比率的估计。比如,即使现货和期货价格之间的关系是非线性的, 但运用回归来计算避险比率时一定假定和之间是线性关系(Bell、Krasker,1986)。一种在 OLS 和统计上更优方法之间选择的方法是比较它们估计的风险最小化避险比率的有效性。我们在下一节给出一些证据。但是正如 Lien (2005a)所揭示的如何衡量有效性本身就很有问题,使用 E 时往往会产生有利于 OLS 的偏差。

Myers 和 Thompson (1989)指出并不需要回归来估计风险最小化避险比率的构成项,也就是 σ_{fs} 和 σ_f^2 可以独立估测出。

在本章前面部分, 我们指出对 σ_{fs} 和 σ_f^2 的估计是受到在估计避险比率 φ_t 时的可得信息的。对于价格水平而言,估计风险最小化避险比率的回归方程是 $S_t=a(\varphi_t)+b(\varphi_t)F_t+\varepsilon_t$,其中 $a(\varphi_t)$ 和 $b(\varphi_t)$ 代表了系数跟随信息集(φ_t)变化。对这个回归方程的另一种设定是 $S_t=(a+\gamma Z_t)+(\Gamma+\theta Z_t)F_t+\varepsilon_t$,其中避险比率的估计是 $(\Gamma+\theta Z_t)$,Z_t 是避险比率的信息变量。这样设定回归方程 $S_t=a+bF_t+c\varphi_t+\varepsilon_t$ 是错误的(Bell、Krasker,1986)。他们同时指出尽管对异方差修正后能提高斜率系数的估计效率,但是除非该修正是基于估计避险比率时的信息,否则对异方差的修正将会对回归系数作为避险比率的估计形成偏差。因此,在为了解决诸如异方差等统计问题时,对回归程序的改变存在有效性和偏差之间的替代关系。

信息在预测合约结束的 t+k 时刻以及套保结束时的 σ_{fs}/σ_f^2 的值时是有用的。在第 7 章中,我们给出了 σ_f^2 当到期日临近时趋于上升的证据,另一条相关信息是在套保结束到期货合约交割日之间的天数。在没有基差风险的情况下,风险最小化避险比率是 $b=1/(1+i)^{T-k}$,其中 T 是期货合约的交割日,k 是套保计划结束的日期。尽管对特定的套保避险比率是不变的,但是在不同套保之间该指标是有差异的,并且取决于 T 和 k 的取值。因此,即使在这一简化的情形下,T-k 也对预测避险比率有作用。

通常用来估计避险比率的方法是简单的,而且基于明显和现实不符合的假设上,因此,更加复杂的方法被开发出来用于计算避险比率。这些方法可能已经脱离了风险最小化的目标,考虑了回报和对冲结束时的合约到期,同时也对尾部风险做了调整。

9.14 实证研究

目前有大量研究关注于使用股指期货来对冲股票组合风险。在多数情况下,用 OLS 回归方法来估计风险最小化避险比率和评介对冲效果。尽管涉及到了股指期货,但对实际对冲行为与投资组合理论的符合程度的研究屈指可数。在我们介绍了风险最小化避险比率的估计和有效性评介后,将关注这一点。

9.14.1 使用股指期货对冲股票组合

多数研究是基于美国的股指期货,尽管目前对非美国股指期货的研究也趋于增加。几乎所有对美国的研究都以标普 500 为研究目标。实证研究主要关注:套保期限、期货合约的期限、欲套保的现货资产、避险比率的目的(风险最小化抑或效用最大化等)、估计避险比率的统计技术、价格水平、价格变动或者价格回报、是否引入红利、避险比率是否用历史数据还是套保期间数据来估计(只能进行回测)和避险比率重新估测的频率。这些方面的研究定量化地对参数变化后对对冲效果 E 和避险比率的影响做了估计。

美国。Hill 和 Schneeweis(1984)对三个美国市场指数:标普 500、NYSE 合成和价值线综合指数(VLCI)在 1982~1983 年间周五现货和期货的收盘数据做出研究。他们发现风险最小化避险比率是 0.70,而有效性指标 E 是 0.8。

Figlewski(1984a)研究了使用标普 500 期货对冲 5 个股票组合的风险。这些组合由 5 只美国股票市场指数下的股票构成:标普 500、NYSE 综合指数、道·琼斯工业平均指数、纳斯达克和和美国证交所综合指数(AMEX Composite)。不同于使用价格,Figlewski 使用了定义为 $(F_{t+1}-F_t)/S_t$ 和 $(S_{t+1}-S_t+D_{t+1}^*)/S_t$ 的算术回报。其中回报是以每周为间隔进行计算,计算 1982~1983 年间现货回报中考虑了红利部分。通过把组合回报对期货回报进行回归后得到了风险最小化避险比率 b。对于标普 500、NYSE 综合指数和道·琼斯工业平均指数下股票构成的组合,该策略有效地降低了风险。但对包含小公司的组合(也就是在纳斯达克和和美国证交所综合指数下的成分公司),该策略对冲效果不是很理想。通过把套保组合和未套保组合的收益标准差进行对比来检验对冲的有效性,Figlewski 认为,除非套保现货组合的股票构成与用来套保的股指期货成分股构成相近,否则的话,套保降低的风险并不大。组合贝塔值通过组合的回报对标普 500 指数(包含红利)的回报进行回归而得,并以次作为避险比率。类似地,可以使用贝塔值估计避险比率,尽管比使用 b 作为避险比率的效果要略差一点。

Figlewski 接着研究了他得出的 b 值与红利、持有期和合约期限的变化之间的敏感性。但计算标普 500 指数回报时不考虑红利因素,该结果并没有很大变化。Figlewski 发现当把持有期间从一周缩短到 1 天后会改变对冲的有效性。但是当把持有期从 1 周拉长到 4 周后,对冲的有效性改变不大。最后,当把合约期限从小于 2 月延长到大于 2 月对对冲的有效性有略微的影响。

Nordhauser(1984)调查了运用价值线综合指数期货对 1962~1981 年间美国的两只共同基金的模拟对冲效果做了研究。由于价值线综合指数期货没有在该期间上市,因此使用了基础指数的变动作为对股指期货价格变动的代理变量。在使用 1:1 的避险比率时,他发现对冲导致了风险大幅下降,但对回报的效果影响不大。不过他没有直接衡量对冲的效果。

Figlewski(1985b)使用了 1982 年的三只美国股指期货(标普 500、NYSE 合成和价值线综合指数 VLCI)的数据对对冲 5 只美国市场指数(标普 500、NYSE 综合指数、美国证交所综合指数(AMEX Composite)、纳斯达克和道·琼斯工业平均指数)的效果进行了研究。

他对套保期限从 1 天到 3 周的有效性做了研究。他的有效性指标是套保头寸的标准差除以没有套保头寸的标准差,这点不同于我们前述的 E。他使用两种不同的方法来计算避险比率。在假设红利恒定情况下,他把上述 5 只指数中每只的周回报与三个期货基础指数的回报进行回归,其中对回报的计算等同于 Figlewski（1984a）中的方法,这就产生了 15 个作为避险比率的贝塔值（尽管期货合约的到期日可能与套保到期日不相一致）。他同时也使用了每日数据计算了事后风险最小化避险比率（也就是 $b=\sigma_{fs}/\sigma_f^2$），在几乎任何 $b<\beta$ 的情形下,b 将大大提高对冲有效性的度量。对于两种避险比率来说（b 和 β）,Figlewski 发现低于 1 周的套保效果不是很好,并认为这可能是因为使用了"过期"的价格来计算 5 个指数。他还发现对于标普 500、NYSE 合成和道·琼斯工业平均指数的对冲效果比美国证交所综合指数和纳斯达克显着。

Junkus 和 Lee（1985）使用了 1982~1983 年间的三只美国市场指数（标普 500、NYSE 合成和价值线综合指数 VLCI）的现货和期货日收盘数据。他们对各种包括风险最小化和 1 对 1 对冲等对冲策略的有效性做了研究。对每只指数,他们使用了单月数据计算出在套保当月指数现货使用的避险比率。风险最小化避险比率通过把现货资产价格的变化对期货资产价格的变化进行回归而得到。风险最小化避险比率的均值是 0.50,有效性指标（用 E 表示）的均值对标普 500 和 NYSE 合成指数都是 0.72,对价值线综合指数则是 0.52。1 对 1 避险比率的有效性较差,扩大了价值线综合指数和 NYSE 合成指数的风险,而标普 500 的 1 对 1 避险比率的有效性（用 E 表示）是 0.23。在合约到期和有效性之间没有发现有关系存在。

公司资本投资决定依赖于在核算净现值时对资金成本的估计。在做出实施投资项目决定与通过发行股票或债券对项目融资之间有着时间延迟。通过对冲股指期货与利率期货（取决于债务-权益融资的比率）,在项目投资决定做出时就可以锁定资金的使用成本。Sholund（1985）使用 IBM 和 GE 公司的数据,在三种不同的债务-权益融资的比率情形下,运用标普 500 和国债期货考察了锁定资金的使用成本的可能性。使用频率为周的数据,他发现有效性指标（E）相当的低,大约变化的区间是 0.75~0.2。特别当权益融资比例较高的情形下,E 指标的表现非常差。这一结果与 Figlewski（1984a,1985b）的结论是吻合的,那就是当组合的构成与标普 500 的成分相差太大时,标普 500 期货在规避组合风险上效果一般。

Peters（1986）研究了用标普 500 指数期货对冲三个股票组合:NYSE 合成

指数、道·琼斯工业平均指数和标普 500 指数本身。使用了 1984~1985 年间的数据，他通过每日期货价格的变化对现货组合价格的变化的回归估测了风险最小化避险比率(b)。他还将每只指数的日回报对标普 500 指数做了回归得到了每个组合的估计的贝塔值，并以此作为避险比率。对于每个组合,b 给出的对冲头寸要比贝塔给的风险要低。

Hill 和 Schneeweis (1986)使用了 1982~1984 年间的月度数据对高度分散化的国际交叉套保的有效性进行了研究。为了调查持有外国股票组合的美国投资者的潜在好处，他们计算了标普 500 指数和 NYSE 合成指数与按美元表示的资本国际远景(Capital International Perspective，CIP)在英国、加拿大、日本和西德的股票市场指数的回报(去除红利)的相关性。对于加拿大和英国而言，相关性大于 0.5。Hill 和 Schneeweis 同时也研究了外国投资者使用英国股指期货对冲其国内股票组合风险的可能性。可以通过把前面提到的 NYSE 合成指数的相关系数按照相应的国内货币来表示，而这样表示的加拿大和英国的相关性依旧高于 0.5。

Grieves (1986)检验了使用标普 500 指数期货和美国国债期货对冲美国国债、工业和公用事业公司债券的风险。他使用了 1982~1985 年间的月度数据，他将每种债券的比价对国债和标普 500 指数期货的比价进行回归。对于工业债券来说，在使用国债期货后的基础上增加标普 500 期货将提高以 E 衡量的对冲的效果。

Lee、Bubnys 和 Lin (1987)对于标普 500、NYSE 综合指数和价值线综合指数期货的研究表明风险最小化避险比率(通过回归估计)随着套保中使用的期货合约到期日的临近而上升，这也从实证支持了避险比率依赖于对冲中使用的合约到期时间的观点。

Junkus (1987) 研究了风险最小化避险比率在牛市或熊市中是否不同。在 1982~1985 年间三个指数(标普 500、NYSE 合成和价值线综合指数(VLCI))的周五收盘价被用来计算周回报。Junkus 还计算了(包括红利的)7 只股票组合的周回报(NASDAQ 综合、主要市场指数、可口可乐、IBM、通用汽车、美国钢铁和西而斯)。她在回归中加入了一个代表上升市的哑变量，发现在上升市和下降市之间，避险比率并没有很大不同。

对于某些交易员来说，捕捉红利能带来税负上的好处。所谓红利捕捉，就是在股票除息之前买入，在除息后立刻把它卖掉，参考 Posen 和 Collins

（1989）。但投资者在这一阶段需要面对除息以外其他事件对股价的影响。
Dubofsky（1987）研究了使用股指期货对冲这种风险的的益处。他选择了标普
500 指数下最大的 50 家公司在 1985~1986 年间的 20 个除息日。他研究了下述
交易策略的业绩：在除息日前五天购进市值加权的股票组合，并卖出标普 500
指数期货对组合进行保值，当除息后即可对现货和期货头寸平仓了结。该策略
中的采用的避险比率就是股票组合的贝塔值（表现强过 1 对 1 的避险比率）。
他发现 E 的取值是 0.45，所以他的结论是对一个小市值组合（2 到 6 只股票）
仅仅保值 5 天也能带来风险的有效降低。

　　Dubofsky 和 Kannan（1993）研究了在 1983~1988 年间使用标普 500 指数
期货对冲 NYSE 和 AMEX 指数下交易股票的红利风险。在除息之前 6 天买入
股票，并在除息日收盘时卖出。套保组合的股票数目从不少于 20 只，投资股票
的数量与标普 500 成分股市值比例一致（也就是 1 对 1 避险比率）。股票组合
通过等权重或者市值加权法来构建。如果计算 5 天内卖出一份标普 500 指数
期货合约的套保策略的风险有效性指标（E）的降低率，用等权重方法构建组
合的是 76%，用市值加权法构建组合的是 84%。

　　Graham 和 Jennings （1987）依照贝塔值和红利收益率将美国公司分为 9
类。在每个分类中，由 10 只股票等权重组成一个组合。对每只组合计算了从
1982~1983 年间的每周回报。他们研究了使用标普 500 指数期货对这些组合进
行一周、两周或者数周套保的效果。使用了 1 对 1、贝塔和风险最小化三种避险
比率。其中风险最小化避险比率（使用样本值的 σ_{fs} 和 σ_f^2）给出的对冲头寸的回
报大约是 75%高于另两种比率，对冲的有效性指标（E）在 0.16~0.33 之间变化。
对于时间仅仅 1~2 周的对冲，使用风险最小化避险比率的效果最佳，也就是它
的 E 值最高。红利收益率和贝塔值似乎对套保有效性和回报的效果并不很明显。

　　Merrick（1988b）使用了 1982~1986 年间标普 500 指数及其指数期货的日
收盘价来研究偏离无套利条件（即错误定价）现象。他计算了指数现货和期货
的每日回报，发现风险最小化避险比率（运用回归估计得出）当临近到期日时
提高，且高出了隐含的利率效应（$1/(1+r_{k,T})$）。随时间推移，错误定价逐渐返回
到无套利条件，从而给套保带来了一定影响。当对冲开始时的错误定价并不会
影响无套利条件，但是会影响套保头寸的回报。当期货价格高估后，使用卖空
期货头寸的对冲策略将会产生高于均值的回报，反之则反是。这也意味着对冲
在某种程度带来了盈利和分析规避。

Morris（1989）研究了使用标普 500 期货对冲由在纽约交易所交易上市的大市值公司构成(约占指数市值的 10%)的组合风险。使用 1982~1987 年间的月度数据,风险最小化避险比率利用整个样本期间估计并得出 E 值是 0.91。

Malliaris 和 Urrutia（1991）对估测标普 500 和纽交所综合指数的避险比率和有效性的稳定性做了调查。使用 1984~1988 年间的每两周价格变动的数据，他们以一年作为周期，每三月前移进行了移动时间窗口（moving window）回归。该线性回归的斜率项系数用于估计风险最小化避险比率（b）和有效性测度指标（E）。Dickey-Fuller 检验和方差比检验都接受了风险最小化避险比率和对冲有效性指标在两周的对冲期间呈随机游走（random walk）的假设。该结果,至少在两周的时间段里也与避险比率和有效性指标是稳定的时间序列的假设相违背。

Lindahl（1991）研究了运用标普 500 指数期货对冲标普 500 指数现货风险的问题。她使用了从 1983~1988 年间周数据,运用两部分有效性指标（在本章前面部分曾经介绍过)来研究避险比率是 1 的套保效果。其中,一周、两周和四周的对冲策略效果差于卖出股票并投资于无风险资产的策略。但是,对冲期限为 13 周的策略结果近似于无风险利率。

Lindahl（1992）使用了主要市场指数从 1985~1989 年间和标普 500 从 1983~1989 年间的周五收盘价格来研究避险比率的稳定性。在每种情况下,一篮子指数下股票运用对应的指数期货来对冲。使用 OLS 回归来估计风险最小化避险比率 b,样本是在整个期间的一周、两周和四周不相重叠的价格变动作为每个观测值。她发现 b 通常小于 1,并且当套保结束的时间越接近于交割日,b 越上升接近 1（但是对于对冲有效性的测度 E 来说，没有明显规律性特征)。这也意味着套期保值者应该随着交割日的临近,增加他们的避险比率,而不是简单地设定一个初始避险比率后就在套保期间内一直保持不变。Lindahl 还发现随着套保期间从一周延长到四周,b 和 E 也逐步增加。但是考虑到套保期间较长地对冲往往在接近交割日才中止,因此以上谈到的期限效应部分来源于随到期临近而增加的 b。

Kolb 和 Okunev（1992）研究了标普 500 在 1989 年的日交易数据,并将风险最小化避险比率与使用一系列风险厌恶参数计算出的扩展的基尼均差做了比较。如果风险厌恶参数较小,风险最小化避险比率与扩展的基尼均差之间的差别比较小;但是当风险厌恶参数增加时，风险最小化避险比率保持在 0.94

不变，而扩展的基尼均差升至 1.01。Kolb 和 Okunev 还运用了区间为 50 天的移动窗口匡算避险比率,并研究了避险比率在时间上的稳定性。尽管风险最小化避险比率在 1989 年非常稳定,扩展基尼均差避险比率(针对高风险厌恶参数)并不这样,这意味着使用扩展基尼均差方法的套期保值者需要连续调整他们的避险比率。

　　Ghosh(1993b)比较了两种不同的估计风险最小化避险比率的回归模型。使用 1990~1991 年间的标普 500 指数期货的日交易数据对三个不同现货资产组合进行对冲:标普 500 指数股票组合、纽交所合成指数股票组合和道·琼斯工业平均价格指数的股票组合。由于发现标普 500 期货价格与三个现货组合的每一个都存在协整关系,表明应该在模型中加入误差修正项。对比了使用价格变动的双变量 OLS 回归与加入误差修正项的价格变动回归模型后,发现后者表现更加优越。估计出的道·琼斯工业平均价格指数股票组合和标普 500 指数股票组合的避险比率比较接近,大约为 0.89。对于纽交所合成指数股票组合,误差修正模型给出了避险比率是 0.86 的结果,而双变量回归模型是 0.84。

　　Lien 和 Luo(1993c)使用了主要市场指数期货、纽约证券交易所综合指数期货和标普 500 指数期货在 1984~1988 年间的周数据,对冲了套保期间分别是 1~9 周的指数成分股组合风险。他们拟合了误差修正模型,使用周价格变动数据估计出风险最小化避险比率。结果是对于主要市场指数该比率均值是 0.98,纽约证券交易所综合指数 0.96,标普 500 指数是 0.89。他们还研究了使用主要市场指数和纽约证券交易所综合指数期货来对纽约证券交易所综合指数成分股篮子套期保值(也就是复合对冲)。对于主要市场指数期货的平均复合避险比率是 0.01,对纽约证券交易所综合指数期货该值是 0.96。

　　Bera、Bubnys 和 Park(1993)使用了 1982~1985 年间的日数据计算了标普 500 指数、纽约证券交易所综合指数和价值线合成指数的避险比率。以上三种期货中的每一个都用来对冲其指数成分股篮子组合。对价格分别采用了一阶自回归条件异方差(ARCH)模型和 OLS 回归模型估计风险最小化避险比率。两个模型给出的避险比率差别很小,OLS 得出的比率是对标普 500 指数为 0.59,纽约证券交易所综合指数 0.37 和价值线合成指数为 0.50。他们还发现当数据被到期时间分割后,每个指数和估计方法来说,避险比率随着到期时间的降低而提高。

　　Stoll 和 Whaley(1993,58~59 页)使用了 1989 年标普 500 指数期货和相

应指数篮子股票研究了差分区间变动对风险最小化避险比率(b)和对冲有效性(E)的 OLS 估计的影响。使用日价格变动,b 为 0.8,而 E 则为 84%;当价格差分区间增加到周时,b 和 E 分别提高到 1.00 和 99%。在每种情况下,对冲期限均为 1 年。于是,价格变动区间的变化能对风险最小化避险比率和对冲有效性有重要的影响。

Park 和 Switzer (1995a)使用了 1988~1991 年间标普 500 指数期货周数据对冲标普 500 现货篮子股票包括红利的风险, 使用了 1 对 1 和风险最小化避险比率。使用三种不同的回归模型对现货和期货价格的对数变化进行了回归得到了风险最小化避险比率, 其他可以使用的回归模型是 OLS 明细、误差修正模型和带误差修正项的双变量 GARCH(1,1)模型。他们使用了移动窗口来生成供后续数周使用的避险比率,对四种避险比率的有效性指标均是 98%,表明各种类型的避险比率均很有效率。

Hancock 和 Weise (1994)分析了使用标普 500 期货对冲标普 500 篮子股票组合现货组合风险在 1987~1989 年间的日数据。他们对现货和期货回报之间做了 OLS 回归,估计了风险最小化避险比率(b)。他们使用了 90 天移动窗口来计算下一日的 b,b 的平均值是 0.95。在套保仓位上的回报并不显著不同于无风险利率,而这一结果也与对冲会降低组合的系统化风险至零相一致,但是他们没有给出对冲组合的风险是否降低的结果。

Geppert (1995)分析了使用标普 500 期货对冲指数下股票现货组合风险,使用了 1990~1993 年间的周数据。他假定现货和期货价格之间存在协整关系,并把价格变动分解为持久和暂时两部分。样本数据的前半部分用于计算用于对冲期限为 1~12 周的 b 和 E 的数值, 并将结果与使用 OLS 回归的 b 和 E 的估计值进行了对比。Geppert 发现对于期限为 1 周的套保,两种方法的避险比率都从约 0.96 升至 0.97,而对于 12 周套保,比率提升到 1,而有效性指标 E 则从 97%提高到 99%以上。接着, 计算出的避险比率被用于样本数据的后半部分并对避险比率的方差做了比较。对于期限为 2 到 7 周的对冲,以及 9 周的套保来看,相较于 OLS,分解过程给出的方差较低;但是对于期限为 1 周、8 周和 10~12 周的对冲,相反的结论成立。

Benet 和 Luft (1995)使用了 1986~1988 年间标普 500 指数期货对指数成分股组合套保的交易数据,通过对 30 个月买卖回报进行加权最小二乘法回归得到最小化避险比率(该方法考虑了投资回报期限长短的不同)。其最小化避险比率的值为 0.985，E 则是 87%。当对 4 期每期 90 天的不相重叠的对冲期间重复计算则发现平均的避险比率是 0.92，而平均的 E 值是 81%。

Chang、Chang 和 Fang（1996）针对利率（基差水平）水平呈均值回归（mean-reverting）的情形得出了风险最小化避险比率 $b=(\sigma_{fs}+z)/\sigma_f^2$，其中 z 可正可负。基于 1992~1993 年间的标普 500 指数和期货数据，他们使用了每个季度移动窗口的周对数回报估计了下周的避险比率。估计的 38 个 z 值（除了一周外）均为小的正数。而对利率均值回归的考虑也把避险比率从均值为 0.95 提高到 1.00，而有效性指标（E）则从均值为 0.990 下降到 0.987。结果表明对于标普 500 而言，对利率均值回归的考虑影响甚微。

Lien 和 Shaffer（1999）考证了 Shalit（1995）作为对冲风险测度指标的最小扩展基尼系数的估计方法。他们使用了在 1982~1996 年间标普 500、日经 225、东证指数（TOPIX）、恒生、韩国综合股票价格指数（KOSPI）和西班牙伊贝克斯（IBEX）指数的数据，发现使用 Shalit 的估计方法平均来说降低了 8% 的对冲有效性。

Lien、Tse 和 Tsui （2002）使用了标普 500 指数和日经 225 指数在 1988~1998 年间的日交易数据，他们发现固定相关系数的 GARCH（CC–GARCH）模型对两个指数来说效果是令人满意的。但是使用样本外数据期限为 1 天的套保效果来讲，滚动窗口的最小二乘法的效果要好于固定相关系数的最小二乘法。

Poomimars、Cadle 和 Theobald （2003）研究了标普 500、日经 225 和金融时报 100 指数在 1990~1998 年间的周交易数据。他们使用了 11 种不同方法来估计风险最小化套期保值，其中包括非对称动态协方差矩阵（ADC）模型，使用 ADC 模型后对样本外数据的对冲有效性略微提高。研究者接着使用了贝耶斯调整法把避险比率缩减为静态最小二乘法避险比率，从而对冲有效性又进一步得到一定提高。

Chen、Lee 和 Shrestha （2004）研究了 7 只期货的日交易数据：标普 500 指数、多伦多 35 指数、日经 225、东证指数、金融时报 100 指数、法国 CAC40 指数和瑞士 SPI 指数在 1982~1997 年间的日交易数据。他们发现随着套保期限的提高，风险最小化套期保值比率和对冲有效性指标都上升到 1。因此，对于期限较长的对冲来说，选用简单的 1 对 1 比率是合适的。

Miffre（2004）分析了标普 500 指数和纽约交易所综合指数在 1982~2003 年间的月度数据。她对比了估计风险最小化套期保值比率 5 种不同方法：简单

的 1 对 1 比率、静态 OLS、动态 OLS、双变量 GARCH(1,1)和条件 OLS。(静态)
条件 OLS 方法考虑到了当外部变量变化后,避险比率和基差,特别是滞后基
差也随之变化的特点。风险最小化避险比率的条件 OLS 估计的对冲有效性更
强一点。

Alizadeh 和 Nomikos (2004)根据平均滞后基差,将避险比率在两个取值
之间进行转换。对金融时报 100 指数的样本外数据而言,该方法的避险比率优
于使用 GARCH、误差修正和 OLS 回归模型;但是对于标普 500 指数而言,该
方法的避险比率比使用 GARCH、误差修正和 OLS 回归模型的效果要差。

Brooks、Davies 和 Kim (2004)研究了使用 2003~2004 年 97 家美国公司股
票期货对 438 家美国股票的样本外对冲效果,他们运用滚动窗口 OLS 法来计
算出避险比率。每种股票的风险管理工具根据三种不同的特点决定:回报相关
性、公司之间的相似性(每股收益、贝塔值和市值大小),以及上述两种特点的
混合。最有效的对冲是根据两种特点来选择套保工具。使用两种或三种个股期
货或者选用相同产业分类的风险管理工具会进一步改善对冲效果。例如除去
个股期货外,可以加入标普 500 指数期货作为套保工具。

加拿大。Deaves (1994)研究了在 1984~1987 年间运用多伦多证券交易所
TSE 300 指数期货对冲 TSE300 成分股现货组合以及在 1987~1989 年间运用
TSE35 指数期货对冲 TSE 指数现货组合。他使用了三种不同的避险比率:1 对
1、两种不同方法计算的风险最小化避险比率(b)。首先,他使用 OLS 方法对现
货和期货回报进行回归从而得到 b 的估算值;其次,他明确估测了随到期日变
动的错误定价风险, 而在估算 b 时也考虑到了利率水平对到期日的影响。因
此,对冲随到期日而变。两种期货的套保期限是一周的对冲有效性(E)在三种
不同的避险比率中都很非常接近约为 98%,这也表明 E 并不对到期日非常敏感。

使用在同一期间的 TSE35 指数数据,Park 和 Switzer (1995a)复制了他们
对标普 500 指数的研究。对冲有效性指标(E)对 1 对 1 对冲、OLS 和误差修正
模型分别是 73%、75%和 75%。对于带误差修正项的双变量 GARCH 模型来
说,该指标是 77%。因此,使用复杂回归模型并不能给有效性带来很多提高。

Gagnon 和 Lypny (1997)在 TSE35 指数在 1987~1993 年期间的周数据,使
用了双变量 GARCH (1,1)模型。相较于静态 OLS 和简单避险比率方法,
GARCH(1,1)模型产生的避险比率的有效率有少量提高。

日本。Bailey (1989) 使用了在新加坡交易所上市的日经 225 指数期货在

1986~1987年间的日交易数据和大阪50Kabusaki指数在1987年6月~10月的数据。每种对冲的期限均是1天。他使用了两种不同的避险比率:回归生成的风险最小化避险比率和从无套利期货价格中演算出相对于现货价格的避险比率:$\partial F/\partial S=E(h(\pi-\varpi))$,其中h、$\pi$和$\varpi$在第5.10章定义。其研究结果是对冲效果一般,回报标准差降低约3%到45%左右。

Yau、Hill和Schneeweis(1990)对日经225指数在1986~1987年间的日回报做了研究。避险比率使用三种不同的方法计算:风险最小化比率(b)、Howard和D´Antonio比率(b^*,参考第9.3章)和为了效用最大化的持有变动数量的现货和期货的组合方法。他们发现运用日经225指数期货对冲日经组合降低了67%的日回报风险和81%的周回报风险(用E衡量)。如果把使用上一期数据得出的避险比率运用在本期的对冲中,有效性指标没有过多改变。其他两个计算避险比率的方法也揭示当使用实际数据来计算对冲期的套保比率时,引进期货可以提高组合的风险-回报的互替关系。但是把使用上一期数据得出的避险比率用做本期的套期保值中,可能会恶化风险-回报的互替关系。

Chou、Denis和Lee(1996)使用了在1989~1994年间的日经225指数周数据,并使用静态OLS和误差修正模型来估计避险比率,套保时间区间是1~5周。基于样本外数据,误差修正模型的对冲有效性比OLS模型要好2%。当差分区间从1周提高到5周,避险比率提高到1并且发现对冲有效性显着提高,而且使用误差修正模型的好处也提高不少。

Ghosh和Clayton(1996)研究了1990~1992年日经225指数、金融时报100指数、法国CAC40以及德国DAX指数。相比较静态OLS模型,使用误差纠正模型对样本外数据的对冲有效性提高约1%到11%。

Lien和Tse(1998)通过使用日经225指数在1989~1996年的日交易数据,来研究低偏矩(LPM)的避险比率。双变量非对称幂APARCH-M(Asymmetric Power ARCH in Means)模型被用来估计低偏矩避险比率,n共有4个取值,并有7个目标回报,并且将其与最小方差避险比率做了对比。对于n值较高和高目标回报的情形下,两种避险比率之间的相关系数非常低(0.13)。

Lien和Tse(2000a)分析了日经225指数在1988~1996年间的日交易数据来研究最小化LPM的避险比率,他们发现这些避险比率与使用OLS得到的避险比率非常不一致。

Lien和Tse(1999)基于日经225指数在1989~1997年间的日交易数据,

对比了分整误差修正模型(fractionally integrated error correction,FIEC)、误差修正模型、向量自回归模型和最小二乘法模型在估计风险最小化避险比率的效果,在每个模型中都包括了广义自回归条件异方差(GARCH)项以控制自回归方差。他们发现加了 GARCH 项的误差修正模型效果最好,而分整误差修正模型没有带来更好的效果。

因为基差受到到期效应的影响,Low、Muthuswamy、Sakar 和 Terry(2002)认为在研究风险最小化避险比率时应该考虑该因素。使用日经 225 指数在 1986~1996 年间的周交易数据,他们对比了持权成本法(cost of carry,包含了到期日效应)、最小二乘法、误差修正模型和广义自回归条件异方差模型的样本外对冲有效性。他们的研究表明持权成本法要略好于最小二乘法和误差修正模型,远好于广义自回归条件异方差模型。当对冲期限上升后,对冲有效性也增强。

Choudhry(2003)使用 1990~1999 年日数据,研究了日经 225、恒生、瑞士 SPI 指数、金融时报 100、德国 DAX30 指数和南非约翰内斯堡 JSE 工业 25 指数。他对比了三种方法对样本外数据对冲有效性做了研究:双变量移动平均 MA(1)-GARCH (1,1)模型、双变量移动平均 MA(1)-GARCH (1,1)-X 模型、OLS 法和 1 对 1 避险比率,发现 GARCH 模型得出了相似的结果并且效果比 OLS 模型要好 1%到 14%。

Lien 和 Tse(2000b)考察了日经 225 指数在 1989~1997 年间的日交易数据。他们使用了 OLS、VAR 和 EC 避险比率,当观测值间距扩大后,避险比率增加到 1;但当对冲期间增加时,使用 1 天回报的样本外数据的对冲有效性却发生了恶化。

Choudhry(2004)使用了 1990~2000 年间日经 225 指数、股票价格期货和恒生指数的的周数据来研究对冲有效性。

他对比了三种估计风险最小化避险比率有效性的方法:1 比 1 比率、最小方差和双变量 GARCH 模型(1,1)。尽管结论并不很明确,但是随时间变动的 GARCH 避险比率要比其他两种方法更加有效。

中国香港地区。Lam 和 Yu(1992)分析了在 1986~1991 年间用恒生指数期货对冲恒生股票篮子的表现情况,通过对价格变动的 OLS 回归得出了风险最小化避险比率(b)。对于 1987 年股灾后时期,他们发现当对冲期间从 1 周扩大到 3 周后,对冲有效性指标(E)从 94%提高到 97%,而 b 则从 0.90 提高到 0.91。

Yau（1993）利用 1986~1992 年间恒生指数期货的数据,研究了对冲恒生指数篮子股票组合的有效性问题。他使用了做了自相关调整的 OLS 回归来估计每日现货和期货回报之间的关系。风险最小化避险比率（b）和对冲有效性指标（E）在 25 个数据区间之间是变化的,但是均值分别是 0.87 和 86%。使用上一期数据估计的避险比率对于 E 的影响有限,而且避险比率在长时间内稳定。Yau 还研究了 Howard 和 D′Antonio 避险比率（b*,参考第 9.3 章）。他们使用了 Chang 和 Shanker（1986）有效性指标 $\Theta/(r-c)-1$,其中 Θ 是在标准差−回报空间中的从无风险资产到套保组合连线的斜率,c 是无风险利率,r 是现货资产的预期回报。在某些情况下,避险比率 b* 要么取值为无穷大,要么为 0。Yau 使用了上期数据估算的避险比率 b*,发现与 b 不同的是 b* 随时间变化明细。

Kofman 和 McGlenchy（2004）使用了 1994~2003 年间三只指数（恒生、恒生工商业和恒生金融）的日交易数据。他们对比了 5 种估计风险最小化避险比率的方法的样本外对冲效果:静态回归、扩大窗口回归、滚动窗口回归、指数加权回归和使用自最近一次结构变动以来的时间窗口回归。在每次使用 OLS 回归之前,数据都经过了 GARCH（1,1）和 ARMA（1,1）的处理。上述几种估计技术的对冲有效性非常近似,而在考虑到结构变动的回归方法只对恒生金融指数的适用性最好。

韩国。Sim 和 Zurbruegg（2001b）利用 1996~1999 年间韩国 KOPSI200 指数的日交易数据来调查使用各种不同的估计避险比率的法,他们使用了 EC−GARCH（1,3）模型估算了动态避险比率。使用这种方法得出的避险比率比起使用价格变动并不考虑 GARCH 和协整的恒定避险比率要更加有效,但是在亚洲发生股灾后,动态避险比率比恒定避险比率的优势丧失了不少。

中国台湾地区。Wang 和 Low（2003）考察了以美元计价在新加坡交易的 MSCI 台湾指数期货对冲以新台币计价在台湾交易的 MSCI 台湾指数现货的情况。忽略了对冲外汇风险,他们对台湾和国外投资者给出了不同的风险最小化避险比率（b）。使用了 1997~2000 年间的日交易数据,他们对比了三变量 GARCH（1,1）−X 模型、1 对 1 比率模型和涵盖误差纠正项的 OLS 模型的样本外对冲有效性,结果对台湾和国外投资者基本相似,一般来看 GARCH−X 模型比传统 OLS 对冲要好 19%。

Demirer、Lien 和 Shaffer（2005）使用了 1998~2002 年间的 4 个指数的日交易数据:台湾证券交易所交易量 TAIEX 指数、mini−TAIEX 指数、TSE 电子指数和 TSE 银行金融指数。他们对比了三种避险比率的对基础指数现货的对冲有效性：最小方差法、扩展基尼系数法和低偏矩避险比率。他们发现扩展基尼系数法和多头持仓的低偏矩避险比率相比较空头持仓的避险比率表现要好，他们还发现扩展基尼系数法产生的避险比率比最小方差法和低偏矩避险比率的样本外对冲效果要好。

澳大利亚。Hodgson 和 Okunev（1992）研究了利用所有普通股期货对由澳大利亚 AOI 指数成分股组成的篮子股票对冲情况。使用的数据是 1985~1986 年的日交易数据，他们使用上一期货合约的数据计算了每个期货合约的避险比率。除了计算了方差最小化避险比率外，他们还使用了扩展基尼均差系数（在某一特定风险厌恶水平上）来计算其他的避险比率。他们发现在方差最小化和扩展基尼均差系数计算出的避险比率有一定差别，从而对套保组合的回报也产生了差别。他们还对动态避险比率做了调查，其中的动态避险比率是使用上一 60 天的交易数据连续滚动计算，从而发现在整个合约有效期内扩展基尼均差避险比率发生了很大变化。

Seelajaroen（2000）考察了股价指数期货（SPI）在 1992~1998 年间的周数据，他的研究是基于 Working 的利润最大化目标的决定规则，并且使用了相对于 1 比 1 对冲的动态 OLS 风险最小化避险比率。Working 的决定规则能够带来超过 1 比 1 对冲的利润，而 OLS 避险比率的样本外有效性指标是 92%。

Yang（2001）分析了股价指数期货（SPI）在 1988~2000 年间的日数据。他对比了 4 种计算风险最小化避险比率的样本外对冲有效性：双变量 VAR 模型、误差修正模型、多变量 GARCH 模型和静态 OLS 模型。对于期限仅为 1 天的套期保值来看，4 种方法的有效性都差不多。但是对于 20 天的套保，M-GARCH 模型的有效性要比其他 3 种方法好 20%。

Moosa（2003）考察了股价指数期货（SPI）在 1987~1997 年间的月数据。他运用 4 种方法估计了风险最小化避险比率：OLS 和价格水平、OLS 和价格变动、简单误差修正模型和一般误差修正模型。尽管在价格水平上使用 OLS 可以带来一个较高的避险比率，但是所有方法的 Ederington 有效性测度都差不多。

英国。Theobald 和 Yallup（1993）研究了金融时报 100 指数期货在 1984~1991 年间的日交易数据，使用了 OLS 回归来估计了该时期的风险最小化避险比率（b）。由于 b 随到期日而变动（参考第 9.2 章），他们在回归中加入了时间变量,并且发现该时间变量统计意义上显著。考虑到期货价格收盘比现货市场早 20 分钟和价格的失效性,他们在回归方程中还加入了前后各一期的期货回报。但是,Dawson (1993)批评了这种在方程中加入提前和滞后一天的回报项的逻辑。估计出的 b 对 USM 是 0.34,对金融时报 100 指数是 0.84。回归结果的调整后决定系数($\bar{R}^2$)给出了使用金融时报 100 指数期货来对冲 3 种不同股票组合的对冲有效性。调整后决定系数对金融时报 100 是 84%,对金融时报-A全部股票是 86%,对于 USM 是 40%。鉴于错误定价和股票交易所账户效应,他们使用考虑了股票交易账户的结算效应后计算的金融时报 100 避险比率的无套利期货价格,重复上述分析后的值是 83%,比与使用实际期货价格计算得的b 只相差 1%。

Lee (1994)研究了使用金融时报 100 期货合约来对 3 种现货组合进行套保的业绩。这 3 种组合是金融时报 100 指数成分股篮子、在金融时报 100 指数下贝塔值最高的 10 只股票上等值投资和在金融时报 100 指数下贝塔值最低的 10 只股票上等值投资。他使用了 1984~1994 年间的周数据,在忽略红利的情况下,他对价格变动(和价格变动的对数)进行了 OLS 回归来得到风险最小化避险比率(b)。时间周期是 100 周的数据用来对未来 12 周的风险最小化避险比率进行估计,接着新的不相重叠的 100 周的数据(也就是从 113~212 周)来对 213~224 周的避险比率进行估计等等。他调查了套保周期是 1、2 和 4 周的对冲。金融时报 100 指数成分股篮子组合的对冲有效性(E)最高(对于 1 周的套保是 94%),而对贝塔值最低的 10 只股票上等值投资形成的组合的有效性最低(对于 1 周的套保是 44%)。当套保周期提高后,E 也随着增加:对于低贝塔值组合期限为 4 周的对冲有效性是 89%,而期限为 1 周的对冲有效性仅仅是 44%。

Holmes (1995)使用 1984~1992 年间的金融时报 100 指数期货来对冲金融时报 100 指数篮子股票(忽略红利)。他使用了三种回归方法来估计风险最小化避险比率:OLS、误差纠正模型和 GARCH(1,1)。上述三种方法的对冲有效性相似,因此 Holmes 使用了 OLS 方法来研究套保期限、合约期限和避险比率的稳定性。当套保期限从 1 周延长到 4 周,E 也从 95%增加到 99%。而 OLS 避险比率(b)则从 0.91 增加到 0.96。正如在第 9.2 章节所述,有证据表明 b 随着合约期限增加而增加。最后,尽管 b 随时间变化,但是 Holmes 发现它呈稳定分布,于是使用历史数据估计的 b 值也是对当前 b 值的较好估计。

Butterworth 和 Holmes （2000）考察了在 1994~1996 年间需要被套期保值的 37 种现货资产(5 只英国股票指数和 32 个投资信托)的周交易数据和 2 种套保工具(金融时报 100 指数和金融时报中盘 250 指数期货)。他们发现当现货头寸是指数时,使用动态 OLS(滚动窗口)估计出的避险比率的样本内和样本外对冲有效性基本类似,滚动窗口越长则相似性就越强。当窗口较短或者现货资产不是指数时,对样本外对冲有效性的测算就更加重要。

Butterworth 和 Holmes （2001)使用在 1994~1996 年间的 36 种现货资产(4 只指数和 32 个投资信托)的日交易数据和 2 种套保工具(金融时报 100 指数和金融时报中盘 250 指数期货)。他们研究了 4 种风险最小化避险比率的样本内表现:1 对 1 比率、OLS、最小截平方和(Least Trimmed Squares,LTS)和 CAPM 贝塔值。除了单一对冲工具外,他们还研究了先前设定的由 2 种对冲工具构成的组合的表现(复合对冲)。OLS 得出的避险比率对单一套保最有效(最小截平方和略差),但是复合对冲的整体样本内对冲有效性最好。

市场指数,特别是使用前一交易得到的指数,往往存在不同步的问题,于是市场便发展了克服这种问题的估计方法。Theobald 和 Yallup （1997)表明当期货和现货市场之间存在提前或者滞后现象, 那么通常的估计方法会产生高估偏差。研究 1985~1995 年间日交易数据,使用金融时报 100 指数期货对金融时报 100 指数和金融时报全股指数现货对冲的样本外有效性发现尽管上述问题的存在,但是 OLS 估计仍比 Scholes-Williams 和 Stoll-Whaley 估计方法要好。

Sim 和 Zurbruegg （2001a)研究了 1992~1999 年间的金融时报 100 指数的日交易数据, 他们发现使用 GARCH-X 方法得到的避险比率的样本内有效性较静态 OLS 避险比率的有效性略好。

Brooks、Henry 和 Persand （2002）研究了金融时报 100 指数在 1985~1999 年间的日交易数据。他们把 1 对 1 避险比率与具有 BEKK(BEKK 模型是 Engle 和 Kroner 在综合 Baba、Engle、Kraft 和 Kroner[1991 未发表手稿]等人研究的基础上提出并由四人名字首字母命名的一类向量 GARCH 模型的表示形式),参数并具有多变量的 M-GARCH（1,1)模型所得到的避险比率做了对比,BEKK 模型使用对称和非对称矩阵两种方法估计。结果发现两种 BEKK 模型都比 1 对 1 避险比率要好,而且 BEKK 模型之间的样本外数据的对冲效果相似。作者接着使用了在险价值法（Value at Risk）来评估了对冲有效性。发现特别是在较短期间内,非对称 BEKK 模型的最低资本风险要求要远低于对称 BEKK 模型。

Harris 和 Shen（2003）使用了 1984~2002 年间的金融时报 100 指数的日交易数据。他们把使用滚动 OLS 回归和滚动指数加权移动平均估计出的避险比率分别与各自的稳健估计方法得出的避险比率做出对比,发现稳健估计方法对极端数据的敏感度较低。上述两种非稳健方法的样本外数据的对冲有效性很接近,但是使用稳健估计后,每种方法的对冲效果都能有 2%左右的边际提高。使用稳健估计的主要收益是避险比率的方差能有 5%到 30%的降低,因此也减少了动态对冲时再调整的交易成本。

Laws 和 Thompson（2005）分析了金融时报 100 和金融时报中盘 250 指数在 1995~2001 年间的周数据,他们考察了使用两种对冲工具(金融时报 100 和金融时报中盘 250 指数期货)来对冲 17 只投资信托和金融时报 100 和金融时报中盘 250 指数现货的风险。他们使用了 1 对 1 比率、静态 OLS、滚动窗口OLS、GARCH 和指数加权移动平均（EWMA）来估计避险比率,他们发现指数加权移动平均法的样本外对冲有效性通常要比滚动窗口 OLS 得出的结果要好出几个百分点。

西班牙。Lafuente 和 Novales（2003）研究了 IBEX35 指数在 1993~1996 年间的小时数据,他们使用了双变量 GARCH-X 模型估计了风险最小化比率的样本外对冲有效性。套保期限是 1 周,Ederington 有效性测度的中位数值是58%,该值与 1 对 1 避险比率取值接近。

瑞士。Stulz、Wasserfallen 和 Stucki（1990）研究了在由 Leu 银行所管理的场外市场交易的瑞士市场指数期货在 1989 年的周数据。他们使用了 OLS 方法估计了 5 种不同资产的风险最小化避险比率:瑞士市场指数(SMI)、由 450 家瑞士公司所构建的指数、由 6 家大型瑞士公司等权重构建的股票组合、瑞士联合银行股票和再保险参与权证书（Rückversicherung participation certificates）。用 E 来衡量表示的对冲有效性的数值在三个组合上较高(大约 0.9),但是对于各股较低,使用套保期间数据估计出的避险比率与使用套保发生前数据计算的避险比率结果相似。

意大利。Pattarin 和 Ferretti（2003）研究了米兰蓝筹股 30 指数（MIB 30)在1994~2002 年间的日数据。他们考察了五种不同的估计风险最小化避险比率的方法:1 对 1 避险比率、OLS、误差纠正模型、CC-GARCH 和指数加权移动平均（EWMA),他们发现指数加权移动平均的样本外数据表现最好。

希腊。Floros 和 Vougas（2004）研究了金融时报–雅典证交所蓝筹 20 指数和金融时报–雅典证交所中盘 40 指数在 1999~2001 年间的日交易数据。他们发现使用多变量 GARCH-X 方法估算的避险比率要比 OLS 得出的结果要好，但是 OLS 的估计要好于误差修正模型和向量误差修正模型。

结论。在评估实证结果时，需要特别注意的是许多研究都关注于期间是 1 天的套保，其表现与期限较长的套保相当不同。这些研究表明使用股指期货对冲高度分散化的组合将降低 50%~90% 的风险。使用股指期货对冲与基础指数下的成分股构成显著不同的股票组合只能降低较少的风险，但是仍具有实际效应。通过比较避险比率分别是 b 和贝塔值发现，b 通常能更多地降低风险。但是估计风险最小化避险比率的方法无论是从 OLS 变动到 GARCH 和误差纠正模型；或者从使用固定窗口的静态模型变化到扩充窗口、滚动窗口或者是基于结构变动的移动窗口等，这些估计方法的变化对对冲有效性的提高程度不大。或许，正如 Lien（2005a）所说的，使用 E 指标来对 OLS 估计的避险比率与通过其他方法得出得避险比率进行对比是不合适的。

风险最小化避险比率通常情况下小于 1（b<1）。由于 $b=\rho_{FS}\sigma_S/\sigma_F$，并且 $\sigma_S \approx \sigma_F$，因此 $b \approx \rho_{FS}$，其中 $-1 \le \rho_{FS} \le 1$，风险最小化避险比率通常小于 1。当套保结束日与交割日接近时，b 将接近 1。图 9.5 显示了当中止套保的时间从 A 点移向 B 点，基差风险降低，因此 ρ_{FS}（进而是 b）将接近 1。当套保期间延长时，风险最小化避险比率也提高。这是因为当期限延长后，套保的结束时间也将更加靠近交割日，从而降低基差风险，提高 ρ_{FS}（进而是 b）。套保期限越长，降低风险的对冲有效性就越高。这是因为当套保期限提高时，市场风险也提高，但是基差风险却没有提高，如图 9.6 所示。最后，有证据表明当延长数据观测值时间间隔会提高避险比率和对冲有效性。

9.14.2 实际套期保值是否均值 – 方差有效

组合策略要求套期保值者在均值–方差有效边界选定某一位置，如图 9.1 所示。作为特别例子，这包括风险最小化对冲（M）和利润最大化对冲（C）点，但是该策略不包括边界下的点，如图 9.1 中的 I 点。有若干研究（都没有研究股指期货）考察了实际套期保值是否具有均值–方差有效的特点。如果结果与理论不同则说明或者对冲是没有效率的，或者证明了对冲的均值–方差模型是不正确的。

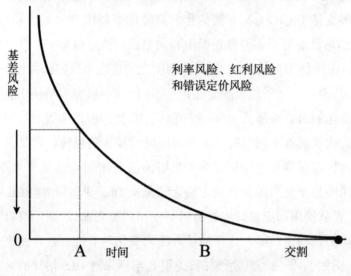

图 9.5　套期保值结束时的避险比率

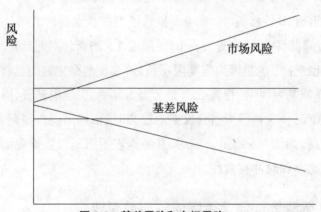

图 9.6　基差风险和市场风险

　　Rutledge（1972）研究了大豆加工商的套期保值决定，发现均值–方差模型
能够解释他们对原材料（大豆）套保行为，但是对其产品（豆油和大豆粕）的保
值行为的解释并不成功。Hartzmark（1988）研究了美国大型商业交易商的燕麦
和小麦期货交易，在一些保留情况下发现对冲行为的均值–方差模型并不能被
拒绝。Peck 和 Nahmias（1989）研究了美国面粉加工厂主的小麦存活的套期保

值行为,发现厂主的套期保值行为与风险最小化和效用最大化(假设小麦存活水平是可变的)对冲不相一致。因此,这些群体的对冲行为与组合模型不相吻合。所以,或者是他们的套期保值行为本身是次优的,或者是组合模型无法对他们的行为做出合理解释。

有限的证据对于套期保值者选择均值–方差有效套期保值的解释程度不是很强。尽管没有运用股票和股指期货的套期保值是否均值–方差有效的研究,均值–方差分析在金融理论中的主导地位也说明了它是一种最合理的假设。

9.15 结论

设计避险比率和衡量对冲有效性的基本要求也是套期保值的目的。鉴于目前没有对套期保值目的的统一看法,因此对避险比率的公式和对冲有效性的测算指标也没有得到一致认可。共同的观点是套期保值仓位应该是均值–方差有效的。从便捷性出发,很多文献都关注于风险最小化对冲。但是在实际操作中,套保的目标不仅仅是风险最小化,需要对组合做出一般性的分析。对于股票来说,系统性和非系统性风险都能得到控制,因为系统性系统可以使用套期保值得到规避。尽管对于选择估计风险最小化避险比率的方法上有较多的争论,实证研究表明对冲的有效性对选用哪种估计方法并不敏感,虽然选择什么指标作为对冲有效性的测度可能也部分导致了这一结论。研究表明了套期保值可以极大地降低风险,但是风险最小化的套期保值不能消除所有的风险。

第10章

股指期货在基金管理中的应用

引 言

本章将说明股指期货可以在基金管理中得到广泛应用。我们已经在第3、4和5章中介绍了如何运用股指期货进行套利,而在第6章我们介绍了基差投机(basis speculation)和价差(spread),而运用股指期货进行套期保值则在第9章得到阐述。基金经理可以从多个方面来使用股指期货,而本章将重点介绍这些运用。

10.1 股指期货的两个特性

基金经理对股指期货的运用多数要使用到股指期货的两大特性:控制组合的贝塔值和变动市场投资金额的大小(Kon,1984)。

10.1.1 控制组合的贝塔值

一个投资组合的贝塔值是该组合下属各种资产贝塔的加权平均:

$$\beta_p = \sum_{i=1}^{n} \beta_i x_i \qquad 其中 \sum_{i=1}^{n} x_i = 1$$

假如投资者借入资金进行证券投资,那么在投资资金和组合净值之间将出现差异。在这种情况下,权重依据组合净值。除了可以买卖期权外,基金经理还可以使用三种方法来控制他的组合贝塔值。

1) 买卖股票

基金经理可以买卖贝塔值不同的股票。这样卖出低贝塔值的股票或者买入高贝塔值的股票后,组合贝塔值将提高。但是这种控制组合贝塔值的方法有很多缺陷,根据估计的贝塔值不同对股票进行买卖将造成组合的分散化较弱,也就是说并非所有的非系统化风险都被分散掉。这样组合将脱离市场组合,并且它的风险回报也差。在图 10.1 中,R_FMA 是资本市场线,CMNB 是没有现金借贷下的有效边界,M 是市场组合。假如组合从 M 点移至 N 点,那么新的有效组合(R_FMNB)的轨迹将比前一轨迹(R_FMA)差。通过买卖股票来控制贝塔值还将带来不菲的交易成本,而对各股,贝塔值的估计值也会在短期内发生变化,所以难以运用该法在短期内控制组合贝塔值。

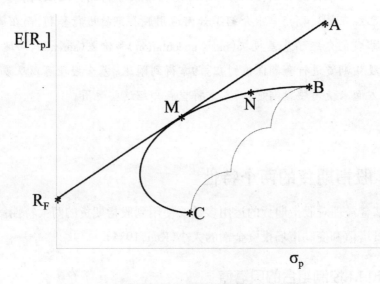

图 10.1　仅通过股票交易调整贝塔的效率损失

由于低或者负贝塔值的股票并不常见,这样就难以在规避非系统风险的同时,降低组合贝塔值。理论上通过卖空高贝塔值的股票就可以取得较低的组合贝塔,但是具体操作上,大量卖空股票既困难而且成本很高,所以基金经理很少卖空股票。实际上 Board 和 Sutcliff(1994)研究表明只有在排除卖空的前提下,组合才能取得优异的收益,这样对于使用这种方法的组合贝塔值就有了一个下限。同时交易股票也使得组合存在一个贝塔上限,这就是高度分散化的高

表 10.1　Southumbria 的贝塔值

股票	贝塔	股票	贝塔
Basset	0.4	Postswood	0.9
Bitterne	0.5	Shirly	1.0
Cilworth	0.6	Swaythling	1.1
Highfield	0.7	Totton	1.2
Netfly	0.8	Woolston	1.3

贝塔值组合,但是并不是远高于 1,这样贝塔就可以在 0.5~1.5 之间进行调整。最后,为了获得理想的贝塔值,该法要求基金经理卖出超越市场的股票,而买入弱于市场的股票。

举例:Southumbria 基金持有 10 家公司股票,基金平均投资 10%于每家公司中。

该组合的贝塔值是 0.85,该组合基金经理 Charles Foster Kane 想把组合的贝塔值上调为 1。一种解决办法是卖出所有在 Basset 持仓和在 Bitterne 的 75%的仓位,然后将所得购买 Woolston。这样将使组合在 Basset 上没有投资,在 Bitterne 上只有 2.5%的投资,而在 Woolston 上投资额度达到了 27.5%,而在其他股票上的投资额度保持 10%不变。

2) 借贷并买卖股票

基金经理也可按照无风险利率借入和贷出资金并且买卖股票。由于投资在无风险资产的贝塔为零,在无风险资产的投资比重越大,组合的贝塔越低。这种卖出股票同时将收益投资无风险资产的策略将降低组合的贝塔至零。假如目标是上调组合贝塔,基金经理就应该清空当前组合中的无风险资产,或者以无风险利率借入资金并且投资于股票中。

用图形表示,该策略将使基金上下移动图 10.2 中的 R_FABM 线。在线段 R_F 和 M 之间的点表示基金中部分资产投资于无风险资产,而在 M 点之上的点,如 C 点,表示基金以无风险利率借入资金并且分散投资于股票组合中。

这种管理贝塔的方法,要求按照无风险利率借贷资金并且投资股票。这样就会带来交易成本,同时也丢失了股票选择能力和组合分散化的特性。由高贝

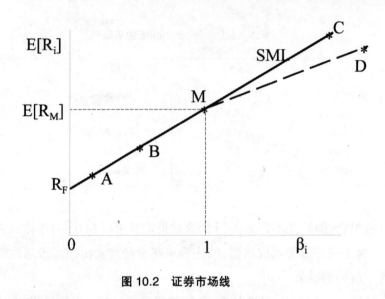

图 10.2   证券市场线

塔值股票组成的分散化强的组合贝塔值将设定投资组合的最高贝塔上限,而当所有无风险资产被卖出后,基金必须按照无风险利率来借入资金投资于股票,很有可能按照一个较高的利率 R_F 借入资金。这样的话,两种基金分离(two fund separation)定理将被打破,即在图 10.2 中的 MD 线。此外,对于资金借贷还存在上限。因此仅仅使用股票和无风险资产,组合贝塔可以在 0 和不过分超越 1 之间调整。

举例: Westumbria 基金把资金平均投于 9 家公司和无风险资产。

表 10.2   Westumbria 基金的贝塔值

股票	贝塔	股票	贝塔
无风险资产	0	Postswood	0.9
Bitterne	0.5	Shirly	1.0
Cilworth	0.6	Swaythling	1.1
Highfield	0.7	Totton	1.2
Netfly	0.8	Woolston	1.3

该组合基金经理 Carl Trask 想把组合的当前贝塔值从 0.81 调整到 0.62。他的解决办法是卖出所有在 Woolston 的持仓和在 Totton 的 50% 的仓位,然后将所得依照无风险利率借出。这样使组合在 Woolston 上没有投资,在 Totton 上只有 5% 的投资,而在无风险资产上投资额度达到了 25%,而在其他股票上的

投资额度保持 10% 不变。

举例：Moramax 基金的基金经理 Jacques Clouseau 仔细研究了由 4 只股票构成的组合，请见表 10.3。该组合的主要目标是超越市场同时非系统风险较低。该组合贝塔值为 1.6，Jacques 想调整到 2。他同时想保持组合中的股票持仓带来的分散化收益。因此，他依照无风险利率借入资金同时同比例地买入上述 4 只股票。该比例由目标贝塔值和初始贝塔值的比率给出，即 2.0/1.6=1.25，或者说是 25% 的增加。这样，Jacques 借入相当于基金资产 25% 的资金，并且给每个股票加仓 25% 来获得一个贝塔值是 2 的组合。

表 10.3　Moramax 基金的贝塔值

股票	β	W_1	βW_1	W_2	βW_2
Highfield	0.7	0.1	0.07	0.125	0.0875
Woolston	1.3	0.2	0.26	0.25	0.325
Thornhill	1.7	0.3	0.51	0.375	0.6375
Freemantle	1.9	0.4	0.76	0.5	0.95
无风险资产	0	0	0	−0.25	0
组合贝塔				1.6	2

3) 买卖股指期货

基金经理也可以通过买卖股指期货来调整组合贝塔值。该方法不需要买卖股票或者无风险资产，也就克服了投资者无法按照无风险利率来借贷资金的困难，见 Fabozzi、Fabozzi 和 Peters（1989）。但是这需要对期货头寸进行展期（rollover）同时需要初始保证金（约为 4% 的金融时报 100 期货合约值）和任何变动保证金。假如基金没有可支配资金，那么可以通过降低无风险资产来获得资金。由于股指期货不需要任何投资，这样计算由股票和期货构成的组合的贝塔值就更加有意义了。由股票和期货构成的组合的贝塔值（β_2）是两项的和：股票的贝塔值（β_1）和代表期货头寸系统风险的表示项。假如股指期货的贝塔值是 $\beta_F=1$，即，这是由期货合约数（X_f）（正号代表多头仓位，负号代表空头仓位）除以指数篮子（X_s）的数目；其中是股票组合价值和一个指数篮子价值的商，于是就有 $\beta_2=\beta_1+X_f/X_s$。

假设一个股票组合价值 1 亿英镑，而且权重与市场组合权重相同。如果该基金购买与现货价值 1 亿英镑相同的金融时报 100 股指期货（忽略保证金支付），期货价格和市场组合变动保持一致，则组合的贝塔值上升到 2；如果该基金卖出与现货价值 1 亿英镑相同的金融时报 100 股指期货，则组合的贝塔值降低到 0。使用股指期货能使组合贝塔值为负，而且可以将组合贝塔调整到非常大的正值。因为没有股票交易，因此交易成本很低，组合的分散化程度较高，并且也无需售出预期超出市场的股票。但是存在滚仓展期成本和风险、保证金支付以及股票组合与指数篮子成分不匹配的问题。

很可能的情况是股票组合与指数篮子成分不匹配。在这种情况下，$\beta_F \neq 1$，这样的话必须调整期货头寸的系统化风险，$\beta_2 = \beta_1 + \beta_F(X_f / X_s)$，其中$\beta_F$是和市场组合有关的股指期货的贝塔。把组合贝塔从$\beta_1$调整为$\beta_2$的期货合约数是$X_f = X_s(\beta_2 - \beta_1) / \beta_F$（见 Clarke，1992）。回报将根据投资期间来考核。需要注意的是代表期货合约的超额收益，而不是全部收益。

举例：Eastumbria 基金在 10 只股票上平均投资，该基金的贝塔值是 0.81，请见表 10.3。该组合的主要目标是超越市场同时非系统风险较低。该组合贝塔值为 1.6，Jacques 想调整到 2，他同时想保持组合中的股票持仓带来的分散化收益。因此，他依照无风险利率借入资金同时同比例地买入上述 4 种股票。该比例由目标贝塔值和初始贝塔值的比率给出，即 2.0/1.6=1.25，或者说是 25%的增加。这样，Jacques 借入相当于基金资产 25%的资金，并且给每个股票加仓 25%来获得一个贝塔值是 2 的组合。

表 10.4   Eastumbria 基金的贝塔值

股票	β	股票	β
Riskless Asset	0	Portswood	0.9
Bitterne	0.5	Shirley	1.0
Chilworth	0.6	Swaythling	1.1
Highfield	0.7	Totton	1.2
Netley	0.8	Woolston	1.3

该基金经理 Barney Rubbl 希望把投资组合的贝塔值提高至 1.5。目前的组合市值是 6,000 万英镑，而目前金融时报 100 指数值是 4,800，β_F值为 1.2，所以 $X_f = (60,000,000/4.8) \times (1.5-0.81)/1.2 = 718.75$. 因此，他需要持有 719 张多头期货合约。这将需要缴纳保证金 719×1,500=1,078,500 英镑，这可使用部分投资于无风险资产的 600 万英镑的资金。

在计算 X_f 时把保证金遗漏是没有关系的。如果需要支付的保证金金额已经纳入投资组合(β_1 和 β_2 需要相应再调整),最终的 X_f 值是不变。

10.1.2 改变投资规模

基金经理可以通过买卖股指期货,方便地增减其股市投资金额大小。假如基金经理认为股市向好,想增加股票投资,他可以购买股指期货;假如基金经理认为股市将下跌,想减少股票投资,他可以卖出股指期货。个股只有在可能跑赢大市的情况下,才能买进。有几个原因说明为什么相对于购买或出售股票,基金经理更加喜欢用股指期货。保证金要求低,期货给予较高的杠杆率(使用 100 万英镑,他或她就可以投资约 2,500 万英镑的市值)。在市场下跌的情形下,使用股指期货是容易的,但是买卖股票获利就较困难。期货的交易成本低,流动性高,且不会损失股票选择技巧所产生的超额回报。但是,使用期货会产生展期成本和风险、保证金支付以及可能的组合下股票和指数成分股的不相一致的问题。

举例:五月三日周四将举行大选。Hexham 基金有 6,000 万英镑投资于英国股票上,基金经理 Ebenezer Scrooge 认为保守党将赢得选举而这将导致股市立即上涨。在 5 月 2 日周三,Ebenezer 决定加大其股票敞口,以博取保守党获胜股市上涨的收益。当时的金融时报指数为 4,800,为此他决定立即采取花少量资金购入 1,000 张金融时报 100 指数期货合约;假设他的股票组合的贝塔值是 1,β_F 值为 0.8,这将会增加基金的 β 值由 1 至 $\beta_F(X_f / X_s)+\beta_1=1.64$。因此,如果市场回报上涨 5%, 基金收益将增加 5×1.64=8.2%。选举结果宣布后,Ebenezer 于 5 月 5 日周五上午平仓该期货合约。R. Miller(1990)曾建议基金经理增加利用期货指数来降低对基金管理的短期行为的争论,详见 12 章对该方面的介绍。

10.2 基金经理如何运用股指期货

Stoll 和 Whaley(1988a)曾经介绍了很多种方法将股指期货的两种特性(管理贝塔值和更改投资规模)运用到基金管理中。

10.2.1 择股与择时分离

组合的投资表现可以分解为个股的选择和进入市场时机选择两个方面。择股是指基金经理挖掘价格低估的股票的能力;在资本资产定价模型(CAPM)

中,这也等同于购买具有正阿尔法的股票(价格低估),而出售具有负阿尔法的股票(价格高估),其中 α_i 通过公式 $E(R_i)=\alpha_i+R_F+(E[R_M]-R_F)\beta_i$ 得到,$E(R_i)$ 是股票 i 的预期收益率,α_i 是 i 股票的阿尔法,R_F 是无风险回报,β_i 是 i 股票的贝塔值,$E[R_M]$ 是市场整体的预期收益率。如果资本资产定价模型是正确的话,α_i 应该是零,这是因为没有系统性风险的组合,也就是 β_i 是零时,组合将只能带来无风险回报。因此,α_i 衡量非正常回报,把 α_i 放在公式中可以检验非正常回报的存在与否。图 10.3 给出了可能的情况。

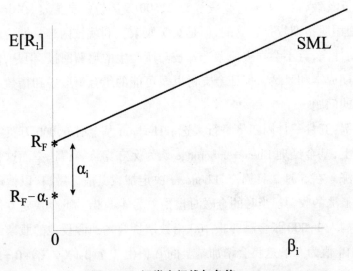

图 10.3 证券市场线与负值

将所有资产汇总后得到了整个基金的公式,

$$E(R_p)=\sum \alpha_i x_i+R_F,+(E[R_M]-R_F)\sum \beta_i x_i,$$

其中 x_i 是基金投资在资产 i 的比率,$E[R_p]$ 是基金的预期收益率。可以发现提高 $\alpha_i(x_i>0)$,对于基金预期收益率有直接的影响。

择时则与基金经理预测股市取得高于无风险回报的超额收益的能力有关,也就是 $E[R_M]-R_F$ 项,并相应地改变组合贝塔值。在没有股指期货时,择股与择时可能会产生冲突。例如,基金经理可能认为某只股票价格严重低估,但是该股票有一个较高的贝塔值,基金经理还认为市场将下降。因此,择股表明应该购买股票,而择时却相反。这种择时和择股的混合使得基金经理很难做出决定,并且如何测算择时和择股的收益贡献也是一件并不容易的事情。有了股指期货就可能在不改变择股的时候,改变组合贝塔值,参见 Figlewski 和

Kon(1982),Kon(1986)。投资组合的贝塔值可以使用三种方式改变:一是买高(低)贝塔的股票,卖出低(高)贝塔的股票,该交易可能改变组合的分散化程度。投资组合的贝塔值还可通过不同资产之间的资金分配来改变,例如国内股票、国外股票、国内固定收益、国外固定收益、国内房地产等。最后,股指期货可以用来改变一个组合的贝塔。以下例子中比较了使用股票和股指期货来改变组合的贝塔。

举例:Fred Flintstone 是 Howdon 基金的经理,该基金投资了 1 亿英镑在分散化的国内股票组合上。由于选择的股票的原因,该组合可望有超过股市 1%以上的收益,但有与市场一样的风险,即 $\beta_p=1$。Fred Flintstone 认为股市会下跌,想把组合贝塔降为 0.5。可以通过出售每只股份的一半的持仓,并把资金投在无风险资产(如国债)上将贝塔减半,最终的组合仍是非常分散化的,但是该方法将把组合的预期超额回报从 1%调整到 0.5%。另一种策略是卖出股指期货,从而把基金的贝塔值减少为 0.5。如果 $\beta_F=1$,需要购买的相对于股指期货的股票现货价值是 1 亿英镑×(1.0–0.5)/1.0=5,000 万英镑;如果 $\beta_F=1.25$,需要购买的相对于股指期货的股票现货价值是 1 亿英镑×(1.0–0.5)/1.25=4,000 万英镑。使用股指期货来降低组合的贝塔值,不会减少基金预期超额回报,在本例中仍将为 100 万英镑。因此,应用股指期货就能将择时和择股分开。

使用股指期货的具有交易成本低的优点,不会稀释基金经理所拥有的择股能力,这样就有利于基金经理对市场选择的判断。

10.2.2 改变资产配置

资金在不同类型的资产,例如国内股票、国外股票、定息证券、地产及现金之间的配置是决定回报的主要因素,而个股的选择则为次要因素。例如资产配置,而非资产选择,是英国和美国的养老基金投资业绩的最主要决定因素(Blake、Lehmann 和 Timmermann,1999;Brinson、Hood 和 Beebower,1986;Brinson、Singer 和 Beebower,1991;Ibbotson 和 Kaplan,2000)。如果基金经理想对资产配置做出实质性的变更,他或她可以使用期货立即调整,这种方法也叫做期货覆盖(futures overlay)。接着,组合的基础资产可逐渐调整以反映新的策略,并了结相关的期货合约。这个过程从效果上看,实际上是两种套期保值。目前想要了结的现货资产在其被变现之前进行套期保值,而想要取得的现货资产头寸在其被买入之前亦进行套期保值,它具有速度快和对市场影响小的优势。

举例：Joe Lampton 是 Paramount 信托的投资经理，该信托共计有 5 亿英镑，其中 3 亿英镑投资于英国股票，1.5 亿英镑投资于英国国债，还有 5,000 万英镑直接投资于英国地产。当 Universal 被任命为新的基金经理后，希望将资产配置重新调整为 3.5 亿英镑投资于英国股票，4,000 万英镑投资于美国股票，6,000 万英镑投资于英国国债，5,000 万英镑投资于英国地产。他使用金融期货来立即对资产重新配置。Paramount 购买了对应于 5,000 万英镑的股票现货价值的金融时报 100 指数期货，同时购买了对应于 4,000 万英镑的股票现货价值的标普 500 指数期货（假设每个股指期货的 $\beta_F=1$）。为了减少英国国债的持仓，Paramount 卖出了对应于 9,000 万英镑的英国国债期货。随后，当 Paramount 买进英国和美国的股票，卖出英国国债后，有关期货都平仓了结。

10.2.3 重新调整资产配置

基金经理可以为基金投资于不同种类的资产设定一个目标比例，以构建一个平衡的投资组合。例如，英国 1995 年养老金法对养老金投资于固定收益产品设定了一个最低的要求。一旦实现了投资组合的平衡，除非所有种类资产价值按同等比例变化，投资组合就可能不再平衡，即配置比例偏离了目标。当不同种类资产间的相对价值变化时，期货亦可用于保持基金的平衡。

举例：Fred Kite 管理 Wembley 基金，该基金设定的资产配置目标比例是 70%资金投向英国股票，剩余 30%投向英国国债。Fred 达成了目标比例，但是在随后 2 个月中，英国股票价格上涨 10%，而英国国债下跌 5%。于是，投资在股票的资产价值比例上升为 $70\times1.1/(70\times1.1+30\times0.95)=73\%$，债券下跌到 27%。Fred 决定卖出金融时报 100 指数期货并买入利率期货来重新调整配置。几个月后，或许需要另一个调整。

10.2.4 提前处理现金流入

基金可能会知道在接下来的几个月中有相当金额数量的现金流入，不是等到收到现金时再投资于股票市场，基金经理可能会选择现在即借助股指期货建立股票市场的多头头寸。例如，根据 KPMG Peat Marwick 在 1994 年针对 47 家英国人寿保险公司的一项调查表明，它们均使用股指期货以对未来的现金流入进行预先投资。如果现在持有的国债可作为初始保证金，则另外需要的只是变动保证金的预备支付。

10.2.5 为投资积累资金

基金经常有一些小额的定期现金净流入需要投资出去，这可能是一些对养老基金的支付、现有投资的分红等。如果基金希望保持一个较好的分散化组合，每份新的小额资金必须分散投资到一系列股票中，然而这可能带来相当高的交易成本。一种替代性的方法就是先将现金流入投资到短期国债，然后买入与该笔资金对应数量的股指期货（视 β_F 进行调整）。通过这种方式就可将新的资金积累到足够多，直接投资到一组股票上然后再了结相应的期货头寸。

举例：Virgil Tibbs 管理 Phantom 基金，每个月有 10 万英镑的现金净流入。该基金想多元化地持有英国最大的 500 只股票。Phantom 基金购买这些股票的总的交易成本是每次购买需要支付 150 英镑，外加 1% 的总投资金额。每次 150 英镑包括员工发出指令和检查指令是否被执行的时间成本，向托管人支付的持有股份的费用，股票支付和记录交易数据和价格，检查托管人是否代持股票和支付已经完成的成本等。购买任意数量金融时报 100 指数期货的总交易成本是 150 英镑，外加 0.1% 的基础资产的价值，而按无风险利率借入任意金额的成本是 150 英镑。在 1 年内，将资金立刻投资于最大的 500 只股票的组合的成本是：

固定成本（12 个月×500×150 英镑）：	£900,000
可变成本（1,200 万英镑×0.01）：	£120,000
每年交易成本：	£1,020,000

相应的，Phantom 基金可以在前 5 个月购买当对于 100 万英镑的金融时报 100 指数期货并将净流入现金投资在无风险资产上。在第六个月，基金可以了结期货头寸并收回 100 万英镑的借款，然后投资于最大的 500 只股票上。该策略每年的交易成本是：

固定成本－期货（10 个月×150 英镑）	£3,000
可变成本－期货（1,200 万英镑×0.001）	£12,000
固定成本－贷款（10 个月×150 英镑）	£3,000
固定成本－股票（2 个月×500×150 英镑）	£150,000
可变成本－股票（1,200 万英镑×0.01）	£120,000
每年交易成本	£288,000

这意味着每年节约 73.2 万英镑，或者是年度总投资的 6.1%。

10.2.6 不确定的现金流出

基金有时会被要求在不确定的某个时间立即支付一笔现金，而除了仅仅将资金作为短期存款保留外，基金还希望持有相匹配的多头股指期货。这即等于已将资金投资于指数的一篮子基本股票，但该头寸可以被很快了结。如果基金在试图跟踪指数，这种策略避免了仅仅保持部分现金带来的跟踪误差，参见 Tucker、Becker、Isimbabi 和 Ogden（1994）。

10.2.7 减少国外投资者的汇率风险

如果一名投资者想在另一个国家购买一个充分分散化的投资组合，这项国外投资面临两种风险：外国的市场风险和外汇风险。当投资了结后将按照当时的汇率转换为外国投资者在国内货币。当投资决策做出时，该汇率是不确定的。股指期货可以用来大大降低投资的汇率风险（Jorion 和 Roisenberg，1993 年）。如果持有国外的股指期货多头或空头头寸，汇率风险将仅限于保证金收付上，通常远小于投资组合中股票的最初价值。

举例：Montgomery Scott 管理着英国的 Enterprise 基金。他想投资 2,000 万英镑于多元化的美国股票投资组合，投资期限是六个月。该目标可以按现行每 1.50 美元换 1 英镑的汇率，把 2,000 万英镑兑换成 3,000 万美元并购买美国股票。六个月后，卖出股票后得到 3,100 万美元，而这些股票支付的红利终值是 100 万美元。3,200 万美元的总收益按照六个月后的每 1.60 美元换 1 英镑的汇率转换为 2,000 万英镑。在本例中所有的资金都遭受外汇风险，在美国股票投资上的收益被不利汇率变动所耗尽。

此外，该基金可以购买相当于 2,000 万英镑价值的美国股指期货（例如标普 500）。这是假定意愿中的由美国股票和标普 500 指数期货构成的组合贝塔值是 1。如果目前的标普 500 指数为 1200，Enterprise 基金必须购买（$20,000,000×1.5）/（1,200×$250）=100 张标普 500 合约，需要支付的初始保证金为 200 万美元。假设 6 个月的无风险利率为 5%，当前每张美国股指期货合约的无套利价格是 1,200×250×1.05−1,000,000/100=305,000 美元。为了支付初始保证金和后续的变动保证金，Enterprise 基金按每 1.50 美元换 1 英镑的汇率把 200 万英镑兑换为 300 万美元（为了简化说明，假定这笔钱不赚利息）。其余的 1,800 万英镑资金按照 5% 的收益率每 6 个月投资于英国政府债券上,在 6 个月后获得 90 万英镑的利息收入。在交割时,标普 500 指数合约已升至 31 万美元,因此 Enterprise 基金在指数合约上取得了 100($310,000-$305,000)=500,000 美元的收益(为了简化说明,假定期货合约的所有的价升都发生在最后 1 个交易日,排除了在 6 个月期间的收益产生的利息)。于是,6 个月后该基金需要在 1.60 美元换 1 英镑的汇率水平上把 350 万美元兑换为 218,7500 英镑。基金总的价值增加金额是 90 万英镑+18.75 万英镑=108.75 万英镑。因此,通过限制保证金和在美国市场的盈亏汇率敞口,Enterprise 基金锁定了不利汇率变动情况下其美国市场的盈利,结果是基金增值超过 100 万英镑。

也存在降低汇率风险的其他策略。一种可能性就是当购买美国股票时签订把美元兑换为英镑的期货合约, 所要兑换的美元数量需要考虑到预期的红利收益和股票的资本增值。另外,投资者可以借入美元将投资于美国股票上,受到外汇风险的是资本增值加上分红部分,扣除美元贷款的利息。芝加哥商品交易所(CME)提供了合约乘数是 5 美元的日经 225 指数期货,因此美国人可以零货币风险建立日本市场的头寸。

消除外汇风险亦有可能被一些基金经理视为一种缺憾。许多基金不对它们的外汇风险进行套期保值, 所以一般基金的业绩亦反映了汇率的变化,如同股价的变动一样。对于一个其业绩同其他基金比较才做出判断的基金经理而言, 消除外汇风险是一项冒险的策略,因为他或她的相对业绩现在则受汇率变化影响,而未保值的相对业绩则不受影响。

10.2.8 投资于外国股票

基金通常希望将一小部分资金投资于一些外国股票市场上。对外国股权的直接投资会面临许多困难:外汇风险的存在、比国内市场更高的交易成本以及仅以小额投资跟踪国外市场整体波动所存在的一些问题。然而这些困难可以通过应用当地市场的股指期货以减少或消除, 其效果和基金直接投资于外国股权市场一样。

相对于卖空股票,股指期货具有快速简易建立空头的优点。So 和 Tse (2001)在国际分散化的背景下做了一项调查。使用 1992~1999 年间以美元计价的 9 个国家和地区(澳大利亚、加拿大、法国、德国、香港、日本、英国和美国)的月度回报数据,他们计算了对应于美国市场的有效组合。当不允许沽空时,有效组合是由 100% 的美国股票构成的;当允许沽空后,每个国家的股票均得到了交易,其中澳大利亚、香港、法国和加拿大的股票被沽空。这个没有约束的组合风险比有约束的组合风险低12%。尽管不能在国外市场建立股票空头头寸,但使用股指期货能方便地建立空仓,从而能给投资人带来显著收益。

10.2.9 创建指数基金

作为一种消极基金管理的方式,指数基金的应用越来越普遍。这种基金意在复制选定市场指数的表现。一个指数基金可以通过按股票所占指数权重的相同比例买入指数中所有股票来建立。另外一种方式即是买入数量稍少的公司的股票,以使最后投资组合的表现能与选择的市场指数较为接近而不是完全复制这个指数,即有一个跟踪误差(tracking error)。在每种情况下,都存在与最初买入大量不同公司股票,为保持跟踪指数特点而对红利及新增资金进行的再投资,以及当指数构成或权重变化时平衡基金所带来的交易成本。

构建与选定市场指数表现相同的投资组合的另外一种替代方式是使用股指期货和国债,参见 Fabozzi 和 Garlicki (1984),Carpenter (1991, 131~132页)。由股票构成的指数基金在一段时期内的价值变化由两部分组成:资本利得或损失(capital gain or loss)以及红利的期末价值,即$(S_T-S_0)+D(1+r)$。股指期货的多头头寸及无风险资产的投资收益则分别为期货头寸的盈利或亏损(S_T-S_0),以及资金产生的利息 rS_0。如果目前可以满足无套利条件,那么 $F_0=(S_0-D)(1+r)$,所以:$(S_T-F_0)+rS_0=(S_T-S_0)+D(1+r)$,这恰好等同于资金投资于股票的指数组合产生的价值变化。

举例:Lawrence Bourne III 管理着 Trantor 基金,有1亿英镑资金可以投资。他可以将这笔钱建立股票组合,并获取指数值变动带来的资本利得或损失和红利。未来6个月股票红利的现值是200万英镑。相应的,他可以把1亿英镑投资于国债上6个月以获得500万英镑的无风险收益。同时,他可以在希望跟踪的指数(例如金融时报100)上建立期货多头头寸,如果金融时报100当前的指数是4,800,那么当前需要购买的为6个月后交割所需的合约数量是$100,000,000/(4,800\times10)=2,083$。假设无套利条件适用,期货合约的现价是$(S-D)(1+r)=4,800\times10-2,000,000/2,083)\times1.05=49,392$。假设在在6个月后交割时指数达到了5,000点。忽略交易成本和税负,并假设在整个时期的股票组合与指数成分一致,这两种策略的终值是一样的。

(a) 指数下股票资本增益是1亿英镑×$(5,000-4,800)/4,800=4,167,000$

英镑。指数股票的红利终值是 200 万英镑×1.05=2,100,000 英镑,所以 Trantor 基金的总价值提高了 6,267,000 英镑。

(b) 1 亿英镑投资于国债所产生的利息是 500 万英镑。期货合约的增值部分是$(5,000×10)-49,392)×2,083=1,267,000$ 英镑,所以 Trantor 基金的总价值提高了 6,267,000 英镑。

这一结果与在例子中选用的具体数据是没有关系的。在建造股指数基金时,相比使用股票,股指期货有两个重要的优点:购买和维护一个非常分散化的股票组合的交易成本非常低(尽管每几个月期货头寸的展期成本也随之增长);并且如果满足无套利条件,那么使用股指期货的组合业绩将非常近似于选定的指数。但是,指数期货需要设立流动资金储备来支付变动保证金,也没有融券交易的机会(和收入)。

由于期货面临多种风险,所以也许不能准确复制与指数相应的一篮子股票的表现。期货头寸在被建立、了结或展期的时候,其定价也许不会符合无套利条件;期货的价格风险也会导致其相对指数组合产生利得或损失。如果能够合适地选择展期时间,那么就能够获取在近期和远期合约价格之间不符的收益。Watsham(1996)发现在 1995~1996 年间 257 天里有 207 天可以向前展期并获得较小的收益(平均是 4.35 指数点,或者 108.75 英镑)。由于期货采取逐日盯市制度,所以在指数组合变现的最终日期之前,任何利得或损失都将进行收付。在市场上升时多头期货头寸的持有者将收到保证金偿还,这笔资金可以用于投资赚取额外的利息。而市场下跌时,这些投资者必须为支付保证金借入资金,这部分利息的收付可能会导致合成指数基金的表现偏离指数组合。在期货合约的生命期内,应收的红利是不确定的。如果高于预期,则期货头寸将表现不佳,而若低于预期,则期货头寸将表现较优。无风险利率也可能是无法预计的,这可能影响到适当的无套利期货价格的计算(见第 5 章),使期货头寸较相对于指数组合表现较优或较差。

通过股指期货创建指数基金的税负支付也可能与使用股票建立的组合大不相同。在美国股票仅在被卖出时才支付资本利得税,所以存在纳税时机的选择问题,期货没有这种纳税时机,而期货的应税利得在当前税务年度进行评估,收到的红利和利息均在相应期间纳税。

投资者也可能希望创建一个无相应股指期货交易的指数基金以跟踪指数。假定指数组合均已较为分散化使得非系统性风险已基本不存在,而仅剩系统性风险；如果股指期货相对被跟踪指数的贝塔值是 β_T，投资者应当买入股指期货的数量是欲投资于指数基金总值的 $1/\beta_T$。

举例：Elaine Robinson 刚刚被任命为以前曾经谈到的 Trantor 基金的基金经理，她打算使用金融时报 100 指数期货来跟踪没有指数期货的 IBROX 指数。使用上一例子中相同的数据，用金融时报 100 期货建立的 IBROX 指数篮子的贝塔值是 0.9。当前需要买入的 6 个月后交割的期货合约数量是 $(100,000,000×0.9)/(4,800×10)=1,875$ 张。建立跟踪 IBROX 指数基金的这两种策略的终值是一样的：

(a)在该期间内，金融时报 100 股票篮子的实际收益率是 6.267%。假设资本资产定价理论在此适用，即 $R_i=R_F+(R_M-R_F)\beta_T$，那也就是说 IBROX 指数篮子的回报率是 $\beta_T=5+(6.267-5)0.9=6.1403\%$，于是投资于 IBROX 指数篮子的 1 亿英镑的增值部分是 6,140,000 英镑。

(b)投资期限内收到的国债利息是 500 万英镑，金融时报 100 期货合约的收益是 $(5,000×10-49,392)×1,875=1,1400,000$ 英镑，Trantor 基金的总收益是 6,140,000 英镑。

在一些情况下，一个股指期货品种对应的股票组合仅是欲跟踪指数的子集。例如，英国股指期货对应的是 350 只最大的股票（金融时报 100 指数加金融时报 250 中盘股指数），而最普遍被跟踪的指数是还包括另外 500 家小公司的金融时报-全部股票指数。这时，代替调整贝塔值的方式是采取一种混合的策略。350 家大中盘股票的市场表现可以应用股指期货复制，而剩余小公司股票的市场表现可以通过购买这些股票的投资组合匹配。在一些国家如美国，部分股指期货对应的指数拥有重复的股票构成，因而使得创造新的复合股指期货成为可能，参见 6.13。

10.2.10 对基金投资方向进行调整

基金经理可能需要在短时期内增加或减少基金对某个行业的暴露，这可以以较低的成本通过使用股指期货来达成（芝加哥期货交易所，CBOT，1991）。举例来说，如果一位美国基金经理认为，在短期内，大公司将比小公司表现差，他可以采取在主要市场指数（MMI）期货上建立空头头寸，从而能有效地将资金从大公司上调出，当然调整的幅度取决于交易的期货合约数量。当然，如果有相应的股指期货存在，也可能把资金投向或撤离特定国家、工业部门、成长股或者价值股等。

10.2.11 规避限制

一些国家限制拥有某类股票,而有些国家限制资本的流入或流出。为此,投资者不可能构建出这些国家的一个真正有代表性的投资组合。然而买卖由受到限制的股票构成的股指期货,或是资本流动受到限制的国家的股指期货却是可行的(Jorion、Roisenberg,1993)。剩余资金可以投向国内无风险资产。

10.2.12 间接买入或卖空股票

投资者可能会希望不让别人知道他们在买卖特定公司的股票,这可以通过"映射交易"(mirror trading)完成。假定投资者希望卖空 Y 指数成分股 X 公司的股票,他可以卖空 Y 指数的期货合约并买入指数的股票组合,但 X 公司股票不含在内。若无套利条件存在,这些交易即等同于卖空指数篮子中的 X 公司股票(Scott-Quinn,Shyy,Walmsley ,1995)。然而如果 X 公司在指数组合中所占的比重较小,基差风险即意味着这种复制面临相当的跟踪误差,而对于复制每一英镑的 X 公司股票的交易成本也较大。

举例: Emory Leeson 想在未来四个月沽空 80,000 股 Brixton Bricks 的股票 , 但是却无法操作 。 包含三只股票:Brixton Bricks、Carshalton Cars 和 Newington News。在 2 月 26 日 Lurex 指数的篮子指数成分是 40,000 股 Brixton Bricks、20,000 股 Carshalton Cars 和 30,000 股的 Newington News。通过映射交易将会取得预期的效果,Emory 卖出 2 张 Lurex 指数合约,然后买入 40,000 股的 Carshalton Cars 和 60,000 股的 Newington News。其结果是

	卖出 2 张 Lurex 指数合约	买入股票	净头寸
Brixton Bricks	−80,000 股	0	−80,000 股
Carshalton Cars	−40,000 股	40,000 股	0
Newington News	−60,000 股	60,000 股	0

因此,直接的卖空可以通过映射交易成功实现,而且映射交易的透明度大大降低。

10.2.13 建立全球性组合

如果基金希望在全球进行股票投资，这可以通过在所有主要国家买入股票实现。然而，这将使基金的整个投资额暴露于汇率风险之中；对每个国家专业股票选择人员的需求将导致成本的提高，也可能需要投资于流动性较低的股票市场。创建一个良好的多元化组合具有一定难度，无论是在每个国家还是在所有国家之间，最终都可能导致额外的成本及处理全球化交易中的滞后。替代的方式是，基金可应用股指期货为有关国家创建合成的指数基金(synthetic index fund)。其优势在于，减少了外汇风险，放弃对选股技巧的要求，保证有一个具有合理流动性的市场和良好的多元化，并使操作更快、低成本地完成。Jorion 和 Roisenberg (1993)有研究表明，对英国、日本、法国、美国和澳大利亚等国股指期货的组合可作为一个国际性股票组合的良好替代品（由 MSCI 全球指数来衡量）。

10.2.14 为投资组合保险

投资组合保险的目的是为投资组合的价值设置一个下限(floor)，还可使投资组合的价值随着市场上升而增长，可以参考 Sharpe 和 Alexander (1990,580~587 页)对组合保险的更多解释。保险公司不愿意为股票组合保险，是因为这会使其承受无法通过对许多其他投资者保险而消除的系统性风险。有两种不同类型的投资组合保险——期权和固定不变的比例。

（1）基于期权的投资组合保险(Options-Based Portfolio Insurance)

为一个充分分散化的股票组合的价值设置下限的最简单的方式是买入看跌期权，即保护性的卖出(Figlewski、Chidambaran 和 Kaplan,1993)。基于期权的投资组合保险可以通过三种方式实施：(a)交易期权；(b)通过动态地买卖股票来复制期权；(c)通过动态交易期货来复制期权。

期权在多种股票和股指指数上交易，例如自 1984 年 5 月 3 日起，金融时报 100 指数有了美式期权，而这个指数的欧式期权从 1990 年 2 月 1 日起也开始了交易，通过买权或者卖权来对组合进行保险，使用市场指数卖权来对一个非常分散化的组合进行保险在图 10.4 和 10.5 中显示了到期时的损益。如果指数下跌到期权执行价(K)之下，行使认沽期权得到的收益恰恰弥补股票组合的亏损(排除期权成本)；如果指数上升到期权执行价(K)之上，认沽期权不被行使,但确保了股票组合的收益。

　　另一种使用期权对股票投资价值进行保险的方式是卖出股票并将资金以无风险利率进行投资,然后买入执行价格就是期望下限的股票看涨期权,即信用买权(fiduciary call)或者叫现金-买权基金(cash-call fund)。对于欧式期权的卖权买权平价(put-call parity)是 C=P+S-K/(1+r)的,其中 C 是买权价格,S 是股票价格,K 是执行价格,r 是截至到期日无风险利率。这也显示了在持有股票组合并购买看跌期权,与清空股票组合并把资金投向无风险利率同时购进看涨期权是等价的,也就是 S+P=C+K/(1+r)。当市场上升后,执行看涨期权将带来市场价值上涨的收益;但是当市场下跌过看涨期权的执行价格后,期权不被执行,由于资金投在安全性的无风险资产上。

　　持有股票组合并买入一个看跌期权,与变现股票组合、将收益投资于无风险资产并买入一个看涨期权是相同的。上述方式的优势在于不会存在投资组合的股票与期权对应的股票不匹配的问题,但其劣势在于任何从非指数性的股票投资组合(如选股技巧)中得到的利益将失去。

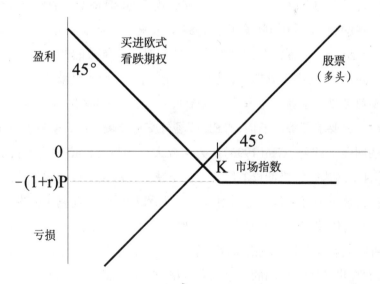

图 10.4　持股并买入看跌期权的回报

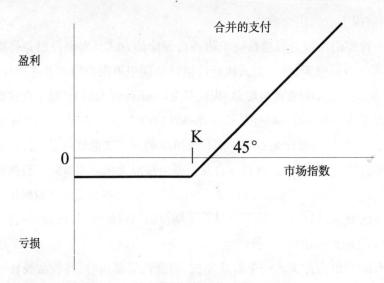

图 10.5　持股并买入看跌期权的回报

相比较指数期权，使用股票期权不存在组合股票和基础期权策略不匹配的问题，这样就能保留基金管理人择股的技巧，尽管交易成本和执行时滞可能较大。

基于期权的投资组合保险具有独立于基金管理人的优势，也就是说哪怕市场出现了大的下跌，它也是一定能够被执行的。但是期权的投资组合保险也存有一些问题：头寸限制（美国在 1987 年股灾后已有所放宽），非流动性的市场，高交易成本，要保险的股票组合与期权对应的指数间的差异，距到期日较短的期限，期权的固定到期日，错过执行价格，美式而不是欧式期权（因而要为不需要的可以提前执行的权利支付费用），在取得期权时即需要支付期权费（或价格）的要求等等。然而，FLEX 或场外交易市场（OTC）期权的应用可以克服这些问题。此外，Tian（1996）认为期权大量的执行价格适合于投资组合保险，并且不同执行价格期权的组合可用于减少任何流动性问题。此外，这些可行的执行价格很可能包括更为便宜的价外看跌期权，因此利于减少成本。

一种替代使用期权的方式是用股票和以无风险利率投资去复制一个已购买的看跌或看涨期权的动态策略，动态复制克服了使用期权保险的许多问题。例如，它提供了较大范围的大量执行价格，在投资组合中的股票和合成期权对应股票之间完全的匹配，不必在开始就支付期权费，没有头寸限制，没有保险日期的限制，并且一般而言市场的流动性更高。

但同直接静态期权相比，使用股票动态复制策略也有一些不利之处。考虑到管理时间和交易成本,连续对空头期货头寸的调整成本可能高昂。它还依赖于用以计算股票头寸的期权估值模型是否有效, 还基于使用的对现货价格波动的预测是准确的。最后,股票或期货头寸的持续调整也许是不可能的,如在1987 年 10 月的股灾中,当股票价值下跌时不可能卖掉它。因此,动态复制也许不能正确复制看跌或看涨期权,所以较具风险。

合成看跌或看涨期权的创建可通过在动态复制策略中以股指期货替代股票来实现。这假定被保险的投资组合中的股票与指数组合中的股票相同,并且需要对期货头寸进行持续的调整, 即动态套期保值(Chance,1991;Duffie,1989,290~296 页; Stoll 和 Whaley,1988b;Strong,1993,450~452 页;Watsham,1992,1993,373~376 页)。为了在指数下跌时复制一个看跌期权,需要增加股指期货的卖空头寸,而在指数上升时,股指期货的卖空头寸就需要减少。期货头寸在每段期间的期末了结, 其收益或损失以无风险利率分别进行投资或借入。为复制看涨期权,需要卖出股票组合并将相应资金投资于无风险资产,然后建立股指期货的多头头寸,并且在市场上升时增加或在下跌时减少该头寸。股指期货较股票具有交易成本更低、流动性更高及操作更迅捷的优势,但是不利之处是指数和要被保险的组合之间可能不匹配,或者存在错误定价风险。

通过购买看跌或看涨期权实现投资组合保险的成本可以事先通过期权费得知,尽管在策略执行后展期的成本是未知的。通过动态复制实现投资组合保险的成本则在开始就是未知的。当指数上升,购入股票或者股指期货,当指数下跌,股票或者股指期货被卖出。这样,复制一个已购买的看跌期权要求以较卖出价更高的价格买入股票或者股指期货, 最终的成本决定于在此期间的股票市场的实际价格波动。

Loria、Pham 和 Sim(1991) 分析了 1984~1989 年期间所有股价指数期货(SPI,share price index futures)的日交易数据。他们研究了用看跌期权和股指期货复制为投资组合进行保险的表现,结果发现 5 个不同的再平衡策略,均有时不能防止投资组合的价值跌破下限。此外,股指期货的交割日可能不同于保险的日期区间,用于为期货定价的无风险利率也可能不同于日期区间的利率,从而使投资组合保险面临利率风险。

Merrick(1988a)检验了股指期货的错误定价给复制看跌期权的基于期货的组合保险的影响。他使用的数据为 1982~1986 年间标普 500 的日交易数据,发现如果忽略最初的定价错误其结果是不令人满意的, 所以错误定价降低了基于期货的组合保险的吸引力。Hill、Jain 和 Wood（1988）的一项研究表明错误定价对期货的组合保险的成本影响非常小，而实现的极端波动却对成本的影响非常大。Rendleman 和 O'Brien（1990）的模拟研究表明现货波动的错误估计会对合成看跌期权的组合保险的业绩产生重要影响。

组合保险自 1976 年被发明以来，在上世纪 80 年代初用股指期货动态复制得到了广阔的发展。但 1987 年的股灾证明这种形式的保险组合依旧存在瑕疵——这是正需要它的时候，组合保险却无法发挥作用（Clowes，2000）。

（2）固定比例的投资组合保险

组合保险的另一种替代方式就是固定比例的投资组合保险（Constant Proportion Portfolio Insurance，CPPI）（Black 和 Jones，1987，1988；Perold 和 Sharpe，1988）。CPPI 不需要复制一个看跌或看涨期权，这使它较基于期权的投资组合保险拥有许多优势。它避免了需要按照复杂的期权估价公式进行的持续交易，它没有一个限定的日期区间（如期权的到期日），不需要开始即支付期权费，没有头寸限制，它不需要预测股票收益的波动，并且在这段期限内不需要进行交易（即缩短了期权的到期日）。CPPI 可以使用股票或者股指期货来实施。使用股票避免了不匹配和展期风险，但是却带来更多的交易成本、交易时滞和较差的市场流动性。

CPPI 可以用公式概括如下：e=m(a-f)，其中 m≥1，e 为对股票（或股指期货）的投资，m 是交易者设定的乘数，a 是投资组合的总值，f 是投资组合的价值下限，由交易者设定并在开始时必须小于 a。一些投资者可能希望价值下限随时间增加，如以无风险利率的水平增长，所以 $f_t=f(1+r)^t$。(a-f)项被称做保护垫，代表投资组合价值超过其下限的部分。该保护垫与乘数的乘积部分被投资于股票（或股指期货）上，剩余部分即(a-e)则投资于无风险资产。当股票市场上升 x%，对股票的投资需要增长 mx%，而股市下跌也会导致对股票市场的投资减少 mx%。这个规则产生了一套与基于期权的保险策略有所不同的支付，如图 12-6 所示。在图 12-7 中显示了当 m=2 时某只基金持有的股票和债券随时间变动的情况。若 m=1，策略是简单地买入并持有，对应的下限等于无风险投资的价值。若股票价格突然下跌超过 1/m（如在崩盘时），投资组合的价值将跌至下限以下，保险将失败。有时，需要的股票投资或许会超过基金的价值，在这种情况下，股票投资受限于基金的价值，即 $e \leq a$。

CPPI 要求的股票持有可通过股指期货和债务的组合进行复制，就像在第

10.2.9 章节中所述的指数基金的创建一样。不需要买卖投资组合中的股票,股票头寸保持不变,相反股指期货和债券却进行了交易。期货头寸复制了股票的风险回报,而无风险资产则复制了股票收益中的无风险部分。这样,股票可用期货的多头头寸和债券来复制,而债券可用股票中的多头头寸和期货中的空头头寸复制。在复制买入 x 百万英镑的股票时,以及买入期货时,必须对使用 x 百万英镑的无风险资产来复制股票。同样的,当复制卖出 x 百万英镑的股票时,以及卖出期货时,将投资于 x 百万英镑的无风险资产。假定期货头寸在每个期间的期末了结,最终的收益或损失则分别增加到无风险投资上或从中扣除。股票组合的贝塔值(β)不等于 1,并且股指期货针对市场组合的贝塔值(β_F)亦不等于 1 的情况下,买卖股指期货的金额应是股票投资金额的 β/β_F 倍。即便在考虑到贝塔值的不同后,股指期货还可能由于错误定价或错误匹配等原因不能准确地复制股票组合的风险收益。

　　举例:Larry Wildman 是 Scotswood 基金的基金经理。在 3 月 1 日该基金有 1 亿英镑的市值。Larry Wildman 想给该基金建立 8,000 万英镑的下限,选择的乘数是 2。他的初始股票投资就是 2(100−80)=4,000 万英镑,在无风险资产上的投资就是(100−40)=6,000 万英镑。后续市场变动以及 Larry Wildman 的操作在表 10.5 中列出。为了简化,忽略了债券的利息收入。

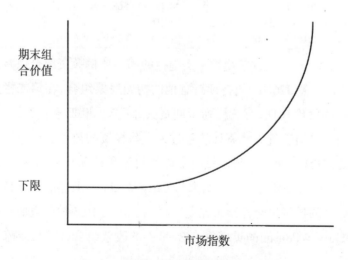

图 10.6　固定比例的投资组合保险的回报

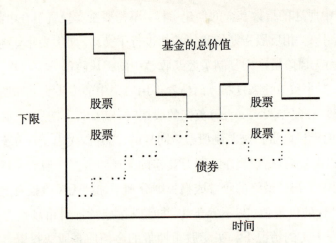

图 10.7　当 m = 2 时股票和债券持仓变动

表 10.5　使用股票的固定比例投资组合保险

股市	股票市值（百万英镑）	无风险资产（百万英镑）	合计（百万英镑）
期初	40	60	100
+5%	40×1.05 = 42	60	102
再调整	2(102−80) = 44	102−44 = 58	102
+10%	44×1.10 = 48.4	58	106.4
再调整	2(106.4−80) = 52.8	106.4−52.8 = 53.6	106.4
−15%	48.4×0.85 = 44.88	53.6	98.48
再调整	2(98.48−80) = 36.96	98.48−36.96 = 61.52	98.48
−10%	44.88×0.90 = 33.264	61.52	94.784
再调整	2(94.784−80) = 29.568	94.784−29.568 = 65.216	94.784
−10%	33.264×0.90 = 26.6112	65.216	91.8272
再调整	2(91.8272−80) = 23.654	91.8272−23.654 = 68.173	91.8272

　　Larry Wildman 买卖股指期货来实施他的固定比例投资组合保险策略。在表 10.6 中（详见第 326 页）他持续持有他的初始股票组合,在第二栏上列明这些股票随后的股价表现,第三栏列示期货头寸（多头用正号表示,空头用负号表示）,第四栏给出期货头寸累计的超过无风险投资的盈亏。而第五栏则是无风险资产的投资（剔除了在第四栏给出的期货盈利或亏损）。最后一栏列出了 Scotswood 基金的总价值,而这一结果与 Larry Wildman 通过股票和债券买卖实施的固定比例的投资组合保险策略是一样的。在表 10.6 中假设股指期货能够准确复制 Larry Wildman 的贝塔值 β/β_F 是 1 的股票组合,并且忽略了期货的不可分割性。

　　如果 Larry Wildman 交易股票或者股指期货, 这些交易在表 10.7 中列出。

表明由于 $\beta/\beta_F=1$，在股票和股指期货中的交易规模是等同的，而运用股指期货造成了在无风险资产中很小的交易。

表 10.7　在股票、股指期货和无风险资产之间的交易

股市	交易股票		交易指数期货	
	股票	无风险资产	期货	无风险资产
+5%	+2.0	−2.0	+2.0	0
+10%	+4.4	−4.4	+4.4	+0.2
−15%	−7.92	+7.92	−7.92	−0.99
−10%	−3.696	+3.696	−3.696	+0.231
−10%	−2.9568	+2.9568	−2.9568	+0.5775

Do 和 Faff (2004)对合成保护性看跌期权(synthetic protective put)和固定比例的投资组合保险的表现做了研究。在每个情况下比较了使用股票债券和使用股指期货债券的情况。他们使用了 1987~2002 年间的股价指数期货(SPI futures)的季度数据,并得出结论认为如果是每日再调整组合,在合成看跌期权和固定比例的投资组合保险之间没有多大差别,而且基于期货的执行效果在各种条件下都是有效的。

10.2.15 不会破坏收入流

如果基金临时需要改变其组合贝塔值,将无风险资产转换成股票,过些时间后又转回。基金以前收到的收入流将会破坏,比如有规律的,并且可以预计的利息收入中断了,而不可预计的红利支付却取而代之,而使用股指期货改变基金的贝塔值就可避免这个问题(Clarke,1992)。

10.2.16 增加价值的方法

股票组合产生红利收入,并在股票卖出时产生资本损益。期货合约和国债的组合在期货合约上产生资本利得或损失(在逐日盯市过程中支付),而本应投资于股票上却投资于国债上的资金则产生利息。

由于期货合约上的资本利得或损失是在当前的纳税年度评估的,有可能出现国债的利息收入会超过股票的分红,使用股指期货的期间产生的现金流很可能超过投资股票所产生的现金流。这对某些类型的投资者也许具有优势,如需要对领受益者定期支付的养老金。收入类型的变化,亦可能会使投资者受益于从另一种形式增加的收入获得的税负优势(Herbst、Ordway,1984)。一个具

体的例子是对获取红利的保值,这将在第 10.2.20 章节中分析。

10.2.17 延迟缴税

股指期货可用来推迟股票组合所实现的资本利得,进而推迟资本利得税的缴付,使投资者能从应付资本利得税债务在延迟支付期间按照无风险利率所产生的利息获利。假设一投资者持有一个股票投资组合,其市值已在其购买后上升了 50%,但目前被认为高估了 10%。如果现在将股票卖出并在以后其价值下跌时重新买入,则投资者必须马上将 50% 的盈利支付应缴资本利得税。如果投资者通过在股指期货上建立空头头寸来对股票头寸进行套期保值,股票上的资本利得在其未被卖出之前就不需纳税,尽管投资者也需要对股指期货的空头头寸获利部分缴缴纳 10% 的资本利得税款。这样通过应用股指期货能把股票的长期收益所产生的应缴税款推迟支付,但是也存在着组合下的股票与指数篮子股票不一致的交叉保值风险(cross-hedging risk),而且投资者也只能在他们实际卖出后才能取得现金收益。

10.2.18 风险的分散化管理

不同于试图建立一只具有合意风险回报特征的全球资产组合,公司内每个部门可以通过使用股指期货来控制他们各自的风险暴露水平。对风险的调整可独立于同一机构下属的其他部门的决策而完成(Silber,1985)。此外,不必为了可以集中管理风险,而需要设置一位对每个部门的资产组合均具有详细知识的全球性风险管理人。当然,机构的中央部门仍希望监控这些部门所做出的风险暴露选择。

10.2.19 对股指互换进行套期保值

一个拥有生息资产的投资者可能愿意选择由构成金融时报 100 指数的一篮子股票的回报,即资本利得和分红,但或许该投资者被阻止不能卖出其生息资产、买入股票以及买卖股指期货和期权。在这种情况下,投资者可以选择与某一个对手方,例如某家金融机构进行股票指数的互换(equity index swap)。通过这种场外互换(OTC swap),投资者收到的是金融时报 100 的收益,作为回报,投资者向该机构支付一个特定的利率,如伦敦银行同业拆借利率(LIBOR)加减息差。结果是投资者拥有金融时报 100 一篮子股票的多头头寸,而对方机构拥有生息率为伦敦银行同业拆借利率的资产的多头头寸及一个金融时报 100 组合的空头头寸。该机构可能希望消除其对金融时报 100 的风险暴露,这可通过买入股票的指数组合或买入金融时报 100 指数期货完成。按照在第二章给出的理由,期货通常更适合于对这种风险进行套期保值,尽管其不对分红的风险保值(Tranter,1994)。通过套期保值,该金融机构可获得的收益大体高于伦敦银行同业拆借利率的利率水平。任何差异可能是由这样一些因素造成的,如在持有头寸的期初或期末股指期货的错误定价,在此期间实际的分红和利率与设定无套利期货价格所需要的理论值之间的差异等。

举例:Marty Mcfly 继承了信托收益,该信托的唯一资产是在英国国债上的投资。Marty 想把这 1,000 万英镑投资到英国股市,但是却无法改变信托资产。因此,在 6 月 17 日他与 Tilehurst 公司签订了 1,000 万英镑股票互换协议。根据这项协议,Marty 每年支付 LIBOR 外加 2%至 Tilehurst,而 Tilehurst 则支付金融时报 100 指数的资本利得和红利给 Marty。Tilehurst 购买了金融时报 100 指数期货对股票互换进行保值。6 月 17 日,9 月的期货价格为 5,048 点,而该指数的点位是 5,000, 所以 Tilehurst 买了 10,000,000/(5,000 英镑×10)=200 张合约。在到 9 月 16 日的 3 个月内,LIBOR 年率为 8%(或三个月为 2%),金融时报 100 指数上升到了 5,200,9 月 16 日时 3 个月的指数期间红利终值为 1%。因此,在 9 月 16 日 Marty 需要向 Tilehurst 支付利息 10,000,000×(8+2)/4=250,000 英镑。而 Tilehurst 需要支付已实现资本利得为(5,200/5,000-1)10,000,000=400,000 英镑,红利是 1%×(5,200/5,000)×10,000,000=104,000 英镑, 所以 Tilehurst 需要向 Marty 净支付 504,000-250,000=254,000 英镑。Tilehurst 在股指期货上的多头头寸获利 200×(5,200-5,048)×10 英镑=304,000 英镑, 所以 Tilehurst 的净收入是 304,000-254,000=50,000 英镑。 Tilehurst 的净收入等于在 LIBOR 利率上加的息差,即 10,000,000(2/4)=50,000 英镑。

10.2.20 对红利捕获进行套期保值

基于税负上的原因,例如慈善团体和养老金等一些投资者可能发现收取(或捕获)红利更有利。这可通过在股票除息之前买入,在除息后立刻把它卖掉。投资者可以要求收回对红利支付的税负。然而,在持有股票时,投资者面临着价格风险。对红利捕捉进行保值的一个可能的方法是买入指数的股票组合并卖出相应价值的股指期货,除了税负收益外,其最终头寸的贝塔值是 0 并产生无风险回报率。

举例：Proteus 基金的纳税头寸是由 Alexandra Medford 管理的，觉得采用红利捕获有利于基金。在 1 月份，Alexandra 从无风险资产的投资中提取了 900 万英镑并将其这笔钱投资在金融时报 100 指数篮子股票上。由于金融时报 100 指数的当前点位是 4,600，假设 $\beta_F=1$，她买入了 9,000,000/(4,600×10)≈196 指数篮子。与此同时，Alexandra 卖出了 196 份 6 月的金融时报 100 指数期货以完全为其多头股票仓位保值。到 6 月底为止的期间无风险利率是 4%，在 1 月份指数篮子到 6 月底为止的预期期间红利是 3,000 英镑。由于标准无套利条件适用，在 6 月期货合约在 1 月份的价格是 (4,600×10-3,000)1.04=44,720 英镑。到 6 月底，Alexandra 了结了她的头寸。

该基金已收到（或应收的）股息在 6 月底的净值是 3,000×104×196=611,520 英镑。截至 6 月底金融时报 100 还在 4,600 点，因此 Proteus 基金在期货保值上的净损失是 196（44,720-46,000）=250,880 英镑，合计收入是 611,520-250,880=360,640 英镑。这与基金把 900 万英镑按照 4%利率投资于无风险资产的结果是一样的（640 英镑的差额是因为四舍五入误差）。因此，Proteus 基金已把 36 万英镑的利息收益转换为 611,520 英镑的净分红以及买卖期货净损失的 250,880 英镑。另外，Alexandra 现在可以领回在 611,520 英镑红利上付出的税款。

10.2.21 保证基金

一些期货基金保证在某一特定日期，对基金投资的价值永远不会低于初始投资额，并提供一个可持续的资产增长。这可以通过(1)第三方提供担保；(2)使用"90/10 基金"，或者是(3)期权（对于组合保险的介绍可以阅读第 10.2.14 章节）。所谓的"90/10 基金"，是指把一定金额（如资金的 90%）投资于固定收益证券以在既定日期提供最初的投资，而剩余部分（如 10%）用于交易期货。这样，如果这段期间的利率是 r，而初始投资额是 I，为保证期末价值为 I，基金必须投资 I/(1+r)于固定收益证券，剩余资金被用于买卖期货。这种"90/10 基金"也未必能兑现原来的保证，因为期货交易的损失可能会超过最初安排用于这项交易的金额。保证基金通常需要在价值提高后降低参与度，以降低下行风险。在图 10.8 中，S^* 表示股票市场的终值，投资者把实线表示的支付与点线表示的支付相交换，也就是说他们牺牲了 B，换得了 A。

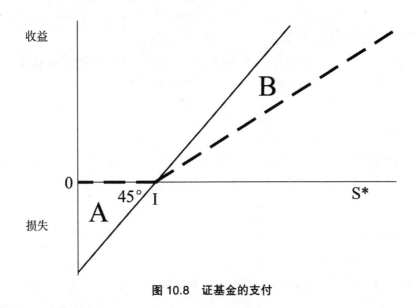

图 10.8　证基金的支付

举例：Tottenham 基金决定给投资者的初始本金保本，回报是支付去除红利后指数涨幅的 70%。在 5 月 1 日之间该基金募集资金 5,000 万英镑。截至到 12 月底 8 个月无风险利率是 8%。为了在 12 月底能达到 5,000 万英镑，在 5 月 1 日需要的无风险资产的投资金额是 I/(1+r)=5,000,000/1.08=46,296,296 英镑，而剩下的 3,703,703 英镑可以自由投资股指期货。基金经理 Norman Bates 决定留有 10%的能支付期货头寸名义价值的现金，并假设该现金的收益率是 8%，在 5 月 1 日价格为 4,659 点，也就是 46,590 英镑。于是，Norman 可以买 3,703,703/(46,590×0.10)=795 个 12 月份的金融时报 100 指数期货合约，并将 46,296,296 英镑投资于无风险资产上。在 12 月交割时，金融时报 100 指数值是 5,000，保本基金的投资人从 Tottenham 基金收到 500,000+0.70 [(5,000/4,600)-1]×5,000=53,043,478 英镑。Tottenham 基金之所以有能力支付上述金额，是因为他们在无风险资产上的 5,000 万英镑的投资，在期货仓位上有 795(5,000-4,659)10=2,710,950 英镑的收益,此外保证金的利息收益是 3,703,703 (1.08)=56,710,950 英镑。Tottenham 基金的盈利是 56,710,950-53,043,478=3,667,472 英镑。该策略并不完全能保证返回初始投资,假设金融时报 100 指数在 12 月下跌破 4,156 点,Tottenham 基金净值将少于 5,000 万英镑,向投资者的保证将可能违约。

10.2.22 阿尔法基金

阿尔法基金(α-fund)的目标是创建一个既能发挥基金经理的择股技巧,同时没有市场（或系统性）风险，也就是贝塔值为 0 的投资组合(Elton、Gruber,1991，632~633 页;Dubofsky,1992,433 页;Siegel 和 Siegel,1990,196 页;Tucker,Becker,Isimbabi 和 Ogden,1994;Chance,1989,438~439 页)。通过卖出股指期货合约,可以将基金的贝塔值降为 0,这样一个基金的收益将是无风险利率加上选股技巧带来的任何额外的收益，其风险仅仅是所选股票组合的非系统性风险。假如所选股票构成一个充分分散化的投资组合,非系统性风险就可以被分散掉,但这可能难以实现。除了从选股技巧中获利外,没有多少理由再去买卖实际的股票。

举例:Aquatic 基金价值 1 亿英镑,由 Wanda Gerschwitz 管理。该基金在可能超越市场的 5 家公司中投资相同的价值。这些股票以及根据证券市场线和 Wanda 的预计收益在表 10.8 中列出。在未来 6 个月上的市场组合的预期回报是 6%,期间无风险利率是 3%,金融时报 100 指数是 4,600,其贝塔值是 1.1。

为了把基金的贝塔值降至 0,Wanda 卖出 (100,000,000×1.16)/(4,600×10×1.1)=2,292.49 张金融时报 100 指数合约。阿尔法基金的预计回报率是 3.0+8.6−6.48= 5.12%,其风险等同于 5 只股票构成的组合的非系统性风险。假如一切按预期进行,并且没有非系统性风险,在股票上的回报将达到 860 万英镑,而在期货头寸上的损失为每张=46,000(0.06−0.03)1.1=1,518 英镑,合计损失为 1,518×2,292.49=348 万英镑。因此,阿尔法基金的全部回报是 860−348=512 万英镑,其中 300 万英镑是无风险利息收入,另外 212 万英镑则来自 5 只股票的超额收益。

表 10.8   举例的贝塔值和预期回报

公司	贝塔值	证券市场线预期回报	Wanda 预期回报
Battersea	2.0	9.0%	12.0%
Chelsea	1.5	7.5%	10.0%
Hackney	1	6.00%	8.00%
Putney	0.8	5.40%	7.00%
Bermonsey	0.5	4.50%	6.00%
Portfolio	1.16	6.48%	8.60%

10.3 股指期货应用

本节列出了金融和非金融公司在股指期货运用上的巨大差异，初步探讨了运用股指期货的一些制约因素。

10.3.1 非金融公司

Touche Ross（1995）的一项对金融时报 100 下的非金融公司的调查发现 8%运用了权益衍生品。Mallin，Ow-Yong 和 Reynolds（2001）调查了在 1997 年所有上市的英国非金融公司发现只有 2%使用了权益衍生品。Bailly、Browne、Hicks 和 Skerrat（2003）也对上市的英国非金融公司做了调查，发现在 1998 年有 2% 使用了权益衍生品。在 1997 年，De Ceuster、Durinck、Laveren 和 Lodewyckx（2000）发现了在比利时经营的大型非金融公司中有 8%使用了权益衍生品，而 Alkebäck 和 Hagelin（1999）和 Alkebäck，Hagelin 和 Pramborg（2003）在 1996 年 9%的瑞典上市非金融公司使用了权益衍生品，这些公司中有 6%交易了股票期货，而在 2003 年这一数据是 3%。这些结果表明，非金融公司很少使用股指期货，而这也是可预料的，因为这些公司不将持有或买卖股票作为其正常业务。

10.3.2 金融机构

Block 和 Gallagher（1988）在 1987 年调查了美国大银行信托部门，发现其中 11.3%使用了股指期货和期权；此外，Block 和 Gallagher（1990）在 1987 年还调查了大型美国非信托货币经理发现其中 32.6%使用了股指期货和期权。Hoyt（1989）估计在 1987 年约有 10%的美国寿险公司使用了股指期货。在英国，指导保险公司运用期货的规则在 1994 年 7 月 1 日得到了修订，从而给保险公司在衍生工具运用上更大的自由度。毕马威国际会计公司于 1994 年对 47 家寿险公司所做的一项调查发现近四成公司曾经使用过股指期货，而随着更新的监管法规的颁布，约六成公司表示未来会使用股指期货。

在 1994 年 10 月由伦敦国际金融期货交易所（LIFFE）所做的一项对 103 家英国当地政府养老基金的调查发现 98.2%的基金管理的总资产的允许使用期货和期权，而总资产的 42%曾经使用过期货和期权。Grant 和 Marshall（1997）对金融时报 250 指数下的成分公司（包括金融公司）的股票衍生品的应用状况进行了研究。在 1994 年 15%的公司使用了股票衍生品,而到 1995 年该比例是 7%。相比较第 10.3.1 章节的结果,金融公司比非金融公司使用股指期货的可能性更强。Levich、Hayt 和 Ripston (1999)在 1998 年调查了美国退休金计划、大学和个人基金会。在其调查样本中,约 54%的使用外国股本衍生品,56%的使用国内股本衍生产品。这些权益衍生品的头寸的名义价值约为国外股票持仓市值的 5%,国内股票持仓市值的 8%。在权益类衍生产品中,股指期货的受欢迎程度两倍于交易所交易的期权。美国退休金及基金会交易衍生品的主要原因是(按照重要性递减排序):套期保值、资产配置、提高基金的收益、选择市场时机、增加基金的杠杆作用、参与市场和减税。

正如所料,买卖股票的机构对股指期货的使用远比非金融公司高得多。这些结果表明,机构投资者已普遍使用股指期货,虽然仍有进一步成长的空间。

10.3.3 限制因素

现在来了解一些限制英国基金使用股指期货的因素。1990 年 7 月前,经批准的单位信托(authorized unit trusts)、养老基金和投资信托以投资目的进行期货交易的资本利得税是免征的,但是必须为任何交易目的的期货收益缴税(Redhead,1990)。对被认定是交易行为(而不是投资目的)的期货买卖缴税的担忧,妨碍这些机构将应用股指期货作为其一部分的投资策略的。为了改变这种局面,按照 1990 年的《金融法》,1990 年 7 月 26 日后养老基金和经批准的单位信托进行的所有期货交易(无论是投资还是单纯的交易)均免于缴税。

买卖股指期货必须获得受托人的批准(以及信托契约的变更),受托人也许不熟悉股指期货并对基金投资于衍生品的比例加以限制(在某些国家如加拿大,禁止共同基金应用期货)。1991 年进行的一项调查发现,82%的英国基金经理未被允许应用金融期货(Pope 和 Walmsley,1992)。如果应用了股指期货,评估基金经理业绩的程序必须进行修改。1992 年,伦敦国际金融期货交易所(LIFFE)和伦敦交易期权市场(London Traded Options Market,LTOM)就金融期货的业绩评估发布了指导意见,并得到全英养老基金协会 (National Association of Pension Funds) 和英国最大的两家独立业绩评估机构联合精算业绩服务公司(Combined Actuarial Performance Services Limited,CAPS) 及世界市场公司 (World Markets Company plc,WM)的认可,此举为将金融期货包含进投资组合的业绩评估提供了一致的方法。最终,英国 1991 年对期货和期权基金(futures and options funds,

FOR）及调整的期货和期权基金（geared futures and options funds，GFOF）的立法，允许创造另外的工具以使基金经理用于对股指期货的投资。

10.3.4 分散化

除了股票、地产和国债之外，一个广泛分散化的投资组合的基金经理可能希望投资于商品。不持有现货商品而介入商品价格变化的一种方式是买卖商品期货，Meaden 和 Fox-Andrews（1991）。大量研究发现无论是将美国期货基金还是单一的期货品种（其中股指期货仅占期货头寸的很小部分）包含进股票组合可改进均值-方差的有效边界（Baratz 和 Eresian，1992a，1992b；Bodie，1983；Bodie 和 Rosansky，1980；Chance，1994a，18~21 页；Edwards 和 Park，1996；Fischmar 和 Peters，1991；Fortenbery 和 Hauser，1990；Herbst 和 McCormack，1987，1992；Irwin 和 Brorsen，1985；Irwin 和 Landa，1987；Jensen、Johnson 和 Mercer，2000；Lam，1994；Lintner，1992；Oberuc，1992；Orr，1992；Schneeweis，Savanayana 和 McCarthy，1992），把商品期货加入后对有效边界的改进在图 10.9 中展示。Peters（1992b）发现对这种度量风险的方式而言这个结论是有很有说服力的。通常，被研究的期货基金只对股指期货进行非常小的投资，所以市场指数（债券也是如此）收益与期货收益之间的相关性是很低的也就是 $\beta \approx 0$，所以使期货基金成为一个有吸引力的分散化的投资对象。

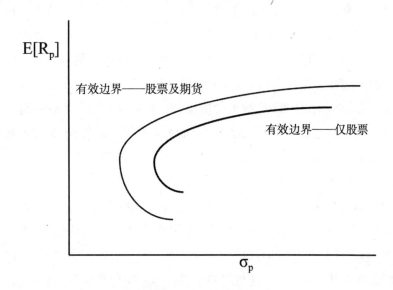

图 10.9　加入期货后对有效边界的改进

然而，将期货基金包含进分散化组合可改进风险收益替代关系的结论已受到质疑。Elton、Gruber 和 Rentzler(1987,1990)发现将期货基金加入股票组合不会改进有效边界，Irwin、Krukemyer 和 Zulauf(1993)也得到了同样的结论。而 Schneeweis、Savanayana 和 McCarthy(1991)发现通过非上市的商品组合和商品交易顾问投资于期货可改进股票和债券组合的均值–方差的效率，而除非假定没有无风险资产，否则公开交易的期货基金没有多少有益的效果。Irwin(1992)和 Peters(1992a)从两方面解释了这个结果，将期货基金包含进分散化组合有益的结论对分析时间期限和运作期货基金的成本均较为敏感。Irwin(1992)估计对期货基金进行小额投资的年度成本是全部资产的 18%，而大机构投资的成本仅仅是 11%。因此，应用期货基金可能对机构投资者有利，而对小额投资者则不然。Irwin、Krukemyer 和 Zulauf(1992)指出，若经营成本与上市商品组合相同，则期货不是一个有吸引力的分散化投资对象，而若与机构的商品组合相同，则期货将成为有吸引力的分散化投资对象。此外还有一些证据表明，期货是否有益于分散化对数据的期间较为敏感(Edwards 和 Park,1996)。

10.4 股指期货的其他应用

除了基金经理、证券承销商、做市商、大宗头寸商、场外交易者、股票发行人和指数期权交易商运用股指期货来对他们的风险暴露保值外，还有其他一些使用者(Dawson、Gemmill,1990;Lee、Nayar,1993;Silber,1985;Stoll、Whaley,1988a 和 1988b;Tosini、Moriarty,1982)。对冲市场风险能降低收费。Sarkar 和 Tripathy(2002)使用了 2,495 只在 NASDAQ 交易的股票在 1977~1987 年的日交易数据，发现在 1982 年推出价值线(Value Line)、标普 500 和纽约证券交易所综合期货合约后，缩小了 NASDAQ 的买卖价差。此外，价差对市场风险的敏感度下降，当市场出现大幅波动时，价差降低幅度也最大，这一结果证明了 NASDAQ 的做市商们使用股指期货来对冲其持仓风险。

根据大宗交易数据，国际清算银行(BIS,1992)估计了美国和法国的国内和国外银行在 1991 年末持用的国内股指期货未平仓合约数(多头和空头头寸的平均)。表 10.9 显示银行持有大概 22% 的美国股指期货未平仓合约数，而相应的数据在法国是 50%，这也说明了银行是股指期货的最主要使用者。

表 10.9　1991 年末股指期货未平仓合约数（10 亿美元）

	美国	法国
国内银行	5.15	0.2
国外银行	1.65	0.7
其他	24.20	0.9
合计未平仓合约数	31.00	1.8

10.5 结论

股指期货对基金经理的有用性越发显现。除了套利和套期保值外，基金经理还可以买卖股指期货在其他方面受益，即择股与择时分离，建立一个指数基金，组合保险和对风险可以非集中管理。基金经理运用股指期货在增加，预期未来会有更加显著的增长。

表 10.6 使用期货的固定比例投资组合保险

股票市场	股票(百万英镑)	期货(百万英镑)	累计期货收益(百万英镑)	无风险资产(百万英镑)	合计(百万英镑)
期初	40	0	0	60	100
+5%	40 × 1.05=42	0	0	60	102
再调整	42	2(102-80)-42=2	0	60-2=58	102
+10%	42 × 1.10=46.2	2 × 1.10=2.2	0	58	106.4
再调整	46.2	2(106.4-80)-46.2=6.6	0+2 × 0.10=0.2	60-6.6=53.4	106.4
-15%	46.2 × 0.85=39.27	6.6 × 0.85=5.61	0.2	53.4	98.48
再调整	39.27	2(98.48-80)-39.27=-2.31	0.2-6.6 × 0.15=-0.79	60+2.31=62.31	98.48
-10%	39.27 × 0.90=35.343	-2.31 × 0.90=-2.079	-0.79	62.31	94.784
再调整	35.343	2(94.784-80)-35.343=-5.775	-0.79+2.31 × 0.10=-0.559	60+5.775=65.775	94.784
-10%	35.343 × 0.90=31.8087	-5.775 × 0.90=-5.1975	-0.559	65.775	91.8272
再调整	31.8087	2(91.8272-80)-31.8087=-8.1543	543 -0.559+5.775 × 0.10=0.0185	60+8.1543=68.1543	91.8272

第11章
股指期货合约的设计和监管

引 言

　　本章将在第二章的基础上对股指期货合约某些方面的细节进行更深入的介绍。期货交易所、清算公司和监管当局必须设置保证金水平、价格限制、交易时间、最小价格变动点、合约乘数和合约期限等,而交易商则需要计算出保证金支付的现金金额。本章将介绍设定上述变量具体取值的各种方法。我们还将论述以下方面:违约风险、期货交易的税收、选择基础指数、期货的双重上市、交易机制、期货交易员的双重身份、最终结算价操纵和期货合约的成功因素等,这些方面对于交易所、监管者和交易商都很有意义。

11.1 初始和维持保证金的选择

　　对于保证金的设置有两种不同的观点。一种观点认为设定期货保证金的目的是保证合约得到执行,因此把相关的如对交易量、未平仓头寸、流动性和波动性等因素的负面影响加以考虑后, 设定的保证金水平应该能产生一个可接受的违约风险。另一种观点认为保证金是控制价格波动,特别是现货价格波动的监管工具。这些对保证金设定目的不同的观点主要是基于保证金对价格波动的影响不同,我们将在后文予以介绍。

11.1.1 降低违约风险

　　保证合约得到执行是一个重要的问题。因为在交割日,股指期货合约的一方总有不履行合约义务的动机。在交割价格决定之前,如果交割价格低于合约的结算价格,买方就有违约不进行支付的动机;当昨天的结算价高于交割价时,卖方就有违约的动机。需要指出的是,逐日盯市很大程度地降低了违约风险,因为交易者有在今天履约以希望合约价格在明日向有利于他(她)的方向运行。对于维持保证金低于初始保证金的期货来说,维持保证金的重要性更强(Moser,1993)。

当出现了不利的价格变化,交易者面临追加保证金的通知,他们可以选择支付保证金或者违约。Fishe 和 Goldberg(1986)认为如果交易商选择违约,那么他们将丧失保证金账户的余额。因此,保证金要求的水平越高,违约成本就越大;从违约中得到的预期收益越低,从期货头寸上得到的预期利润也越低。这样将导致希望持仓隔夜的期货交易量的减少,也就是未平仓合约数将降低,并很可能导致交易量的减少。

Telser(1981)争辩认为其他原因造成较高的保证金水平提升期货交易的成本。保证金使用了交易商部分的预防性资金,这部分资金将不能用于处理其他突发事件。这种期货交易成本的提高会导致较低的未平仓量和交易规模。Telser接着分析认为低交易量导致了市场低流动性,进而会提高价格波动。Figlewski(1984c)、Hartzmark(1986b)和 Tomek(1985)也给出了类似的观点。当交易向其他与之竞争的交易所转移后会进一步恶化交易量的降低。此外,较高的交易成本会拓宽无套利区间,进而降低套利交易。它还会提高基差风险,从而降低期货套期保值功能的吸引力。

如果期货保证金设的过低,违约会上升,这些违约会导致相应期货头寸的平仓。当价格上升时,空头仓位处于违约和被清算的危险,需要买入期货来对这些空头头寸进行平仓。这将提高期货价格,进一步加剧空头头寸的违约。相反,当价格下跌时,多头仓位处于违约的危险,需要卖出期货合约,这将降低期货价格。Gennotte 和 Leland(1994)争辩称少数交易商(例如场内交易商)了解这些为了平仓的交易本身不会包含其他信息,他们也愿意在不改变价格的情况下作为对手方。在这种情况下,低保证金水平不会增加期货回报的波动,提高保证金后也不会降低波动。

Hartzmark(1986a)认为较高的保证金水平,将增加交易成本,从而降低未平仓合约数。他进一步认为这一高成本将改变期货交易商的构成,期望价格与当前市场价格接近的交易商将离开市场,从而使预期有大幅价格波动的交易商留在市场中。期货交易商构成的改变很有可能会改变期货价格的波动,但是价格变动的方向在理论上也不确定。

France(1991)指出鉴于较高的保证金水平降低了违约概率,增加补助金水平将可能降低中间商的收费,因此会降低交易成本并提高交易量。即使当提高保证金后的净效应是提高交易成本,对交易量的影响也与短期还是长期有关。期初,交易量会随着交易商调整头寸而上升,在长期则会降低。所以,保证金调整对交易量的影响是一个实证现象。

当设置保证金后,保证金水平的大小存在一个替代关系。保证金水平设置得低,当不利价格变动超过交易商保证金账户余额后,交易商违约风险增加。保证金水平设置得高,交易商必须在其保证金账户中存留较多资金,增加了交易成本。其他问题包括当交易量降低到一定程度后,高保证金水平会损坏交易所会员的利益。保证金水平往往由清算所在参考交易所的建议后决定,这里存在着清算所如何处理好集体决策的目标设定问题。

如果清算所被会员控制,在较高和较低的保证金水平上进行取舍需要使用交易所会员加总的效用方程,并假定保证金是由交易所会员的效用所决定的。问题的一种理论上的解决方法是如果交易所会员具有单峰偏好(single-peaked preferences)(Gay、Hunter 和 Kolb,1986)。而 Hunter(1986)对这个问题的处理是假设了负指数效用方程。Lam、Sin 和 Leung(2004)辨称认为会员希望保证清算所免遭违约风险,避免向会员征收直接或间接费用,例如较高的保证金会减少交易量。如果清算所是一个利润最大化为目的的公司,它会选定能够使其盈利最大化的保证金水平。同时它也会考虑最小化违约风险,也会对增加交易量很感兴趣,因为清算所的收入主要是和交易规模挂钩的。但是,清算所不会直接关心保证金所形成的资金占用、流动性和波动性等。

如果可以根据每个交易商的履约动机,例如经常从事期货交易的大型交易商或许希望维护自己的名声,因此可以给这样的交易商降低保证金。在这种情况下,清算所就可以设置优惠保证金。但是,针对交易商情况不同而设置不同的保证金水平需要了解每个交易商的信息,可能这并非一定可行。交易商全部持仓(组合)也会影响最优保证金水平,价差交易就比单一持有期货的风险要低,这是因为价差交易两个部分间的价格变动可能会相互冲减掉,这也意味着可以对标准和可以证实的例如价差交易的持仓征收较少的保证金,某一特定的交易商可能在持有期货的同时也持有价格变动与期货负相关的资产。这样该交易商面临的风险就较低，但是清算所需要对此花工夫来核实持有的资产并设定合适的保证金水平。另外的问题是其他资产都不归交易所监管，因此交易商可能在某一资产上取得了较大的盈利，但是依旧可以在其他资产出现较大亏损时违约。正因为此，保证金的设定并不需要过多地考虑交易商所面临的所有风险。其结果是，在若干大类交易商（交易所会员和其他）之间以及在几类标准持仓种类（价差套利、套期保值和投机）上保证金水平有所不同。

设定保证金时的一个重要因素是期货合约的价格波动性，特别是可能造成交易商保证金账户余额为负的极端不利价格变动的概率。因为盯市通常每天进行，因此每日价格变动是需要考虑的因素。在第 7 章中，我们指出当交割日临近时，价格变动也加剧。这也意味着如果每日价格变动超过保证金账户余额的风险保持不变的情况下，保证金水平也需要随交割日的临近而提高。然而，期货市场并不随着交割的靠近而变动保证金水平，尽管初始保证金可能随市场整体变动而改变。在美国和英国的期货交易所有立刻改变保证金水平的权利，而且交易所也在某些时候使用这种权力。例如在 1987 年 10 月 21 周二（在 1987 年股票市场大跌时），金融时报 100 指数期货的初始保证金由 1,500 英镑提高到 5,000 英镑；而在 11 月 2 日，由从 5,000 英镑提升到 7,500 英镑。而在 1987 年 11 月 16 日，初始保证金又从 7,500 英镑降低到 5,000 英镑，市场单位质量（Quality of Markets Unit）。同样，标普 500 指数期货的初始保证金也在 1987 年 10 月翻倍。

期货回报的方差在时间上变动（即 GARCH）的发现表明，合适的保证金水平应该能使违约风险在时间上保持恒定（Siegelaer,1992）。此外，在考虑到GARCH 因素后，因为期货回报是呈尖顶分布的，因此在计算保证金时使用正态分布的话，保证金将设置得很低。Kofman（1993）、Longin（1994）和其他在研究后认为因为期货回报是呈尖顶分布的话，使用正态分布是不合适的。

无套利条件的期货价格也考虑到了违约风险，这将降低交易商准备支付多头持仓的价格，但是会提高交易商支付空头持仓的价格。当提高保证金后，违约风险会降低，于是降低了溢价水平并收窄了无套利波段。但是，如果较高的保证金导致了流动性的降低，买卖价差就会提高进而扩大了无套利波段。

11.1.2 降低价格波动

支持提高保证金水平的人认为期货交易的低保证金水平会产生过高的杠

杆期货头寸。这会鼓励破坏市场稳定的投机行为，并且通过和现货市场的联系，增大股票市场的价格波动。较高的期货保证金能减少交易商建立投机性仓位的能力，并且通过和现货市场的联系，减少股票市场的价格波动(Brady，1988;SEC,1988)。保证金水平较高还能提高违约成本，从而抑制投机。这也颠倒了在前节提到的因果关系(causality)，当时我们认为波动是保证金最主要的决定因素。现在我们认为较高的保证金降低了投机性，从而降低期货交易量、未平仓数量和波动性。当波动性降低后会传导到股票市场。该观点也与第11.1.1章节中的结论不同，即保证金的提高会降低交易规模和未平仓数量，但是会提高波动性。这些观点是否正确，我们将在第11.1.3章节中提供实证事例加以讨论。

对提高期货保证金来降低现货波动性的观点也招来了若干批评。Miller(1988)认为提高期货保证金的建议可以谨慎的从几个方面来考虑。期货保证金与股票保证金有很多不同的功能。尽管使用同样的名称，保证金在期货和现货市场中有很多完全不同的目的，因此也没有必要在二者之间保持一致。在期货上的保证金是一种善意(good faith)的存款，而股票上的保证金是一种首付，对剩余未支付部分给予信用。如果期货保证金较高，大型投资者就不愿意向一家机构存纳大笔款项，因为利息较低而且存在倒闭的风险。在保证金较高的情况下，投资者将寻求其他的途径，从而降低期货市场的流动性。股指期货基础资产是一组高度分散化的股票组合，具有很低的非系统风险，而单一的股票并没有分散化，因此存在非系统风险。即使保证金对于股票和期货的功能是一样的，股指期货的保证金以因为较低的风险而也较低。最后，正如 Ginter(1991)所指出的，期货保证金在一天内支付，而其他股票的支付时间就很长(例如 7天)。为了弥补这点，股票的保证金就应该比期货保证金高出倍。Malkiel(1988)也反对对现有保证金的安排做出改变。

Moser(1992)指出，保证金较低将增加破坏市场稳定的投机行为可以从几个方面予以反驳。交易商是风险厌恶的，因此除非预期收益非常高，否则是不愿意投机的。期货中间商和交易所也是风险厌恶的，因此也不愿意让交易商从事无风险的投机，而且交易商也可以通过借贷支付来绕开较高的保证金设定。

11.1.3 实证事例

对于保证金和价格波动性之间的实证研究可以划分为三个主要方面:

(1)为了应付违约风险当前充足的保证金水平；(2)期货保证金对期货交易量、未平仓数量和价格波动性的影响；(3)影响保证金水平的因素。当研究保证金变动时,对于因果联系之间存在方向性的问题。如果在保证金和现货波动(与 Telser 等人的论点一致)之间存在正向关系,这是因为(1)较高的价格波动使得监管当局提高保证金水平(稳定市场),而不是(2)较高的保证金水平使得较高的价格波动(市场不稳定)。但是,如果在保证金和现货波动(与 Brady 等人的结论一致)之间存在负向关系,那么解释就更加明确直接了,这是因为提高保证金后使得现货的波动降低(稳定市场)。当预期波动降低,于是保证金提高的论点是不合理的(Kupiec,1993)。表 11.1 中给出了各种可能,而在主对角线对应的是 Telser 等人的论点,而辅对角线对应的是 Brady 等人的论点。

表 11.1   保证金和波动性关系的解释

保证金改变	观测到的波动性改变	
	提　高	降　低
提　高	(1) 较高的预期价格波动造成保证金水平的提高(稳定市场) (2) 较高的保证金水平使得较高的价格波动(市场不稳定)	较高的保证金水平使得价格波动降低(市场稳定)
降　低	较低的保证金水平使得价格波动上升(市场稳定)	(1) 较低的预期价格波动造成保证金水平的降低(稳定市场) (2) 较低的保证金水平使得较低的价格波动(市场不稳定)

1. 违约风险

第一组的实证研究接受了设定期货保证金目的是为了把违约风险降低到可以接受的水平,并且也调查了现有股指期货保证金水平的充足性。这些研究还考虑了对交易商征收较高保证金后带来的其他成本。

美国。Figlewski (1984c)首先计算了保证金账户余额降低到维持水平之下的概率,然后定义了计算保证金账户余额为负的概率的问题。他接着计算了在要求支付追加保证金的时间内保证金账户余额为负的概率。Figlewski 假定期货价格的对数是维纳(Wiener)过程,他接着计算了三种股指期货:标普 500、纽约交易所综合指数和价值线合成指数在给定维持保证金水平下的保证金账户余额为负的概率。他研究的结论表明对上述期货合约的维持保证金水平可以提供充分的违约保护，尽管保护不是非常大。

Warshawsky（1989）研究了价格变动超出保证金 1%的可能性下的维持保证金的大小。他没有像 Figlewski（1984c）那样对期货价格的概率分布做出假设，而是直接从实际数据中进行估计。使用标普 500 和纽约交易所综合指数在 1986~1988 年间的数据，他发现 2.5%的保证金水平是需要的；对于 75 只纽交所上市的个股，他发现需要有 20%左右的保证金水平。股票的保证金较大的原因一是给股票所有者 5 天的宽限期，二是个股价格的波动更大（因为股票同时具有系统性和非系统性风险）。美国股指期货和股票的实际保证金水平只比 Warshawsky 计算得出的数值高一点，因此与这种基于违约的保证金设定方法很相符。

Craine（1992，1997）指出当每次得到保证金支付通知时，交易商有违约的权利。在支付追加保证金之前，当期货头寸和保证金账户余额的合计净额为负时，交易商就会选择违约。交易商拥有的这种违约的权利可以视作为其多头头寸所购买的看跌期权，或者是为其空头头寸所购买的看涨期权。这种违约权利是清算所免费提供的，因此一种合理的保证金制度就应该提高保证金水平直至这种权利的价值为零。Craine 使用了标普 500 指数期货在 1987 年10 月~1989 年 10 月的日数据来研究违约权的价值，他使用了 Garman-Klass的最高/最低价估计量对每天的期货波动做出了估计，这些波动性估计在1987 年 10 月比标普 500 期货期权价格的隐含波动要高许多。为了最大化违约权的估计价值，在计算中使用了套期保值的追加保证金水平（要比投机的维持保证金水平低），并且假定每日结算（虽然日间结算实际是在 1989 年实施的，而在 1987 年是每三天进行结算的）。尽管如此，Black 公式给出的违约权的价值在 1989 年 10 月间为 0，只在 1987 年 10 月中的几天为正，这也表明了标普 500 期货的保证金设定是充足的。

Baer、France 和 Moser（1996）计算了 18 种期货的保障比率（coverage ratio），这是平均的保证金水平除以使用期权价格的隐含波动率而估计得到的期货价格的标准差。最高的保障率（10.2）出现在标普 500 期货上，而最低的保障率 4.0，出现在活牲畜期货上。该比率意味着违约的可能性非常低，也就是说对于 18 种期货而言，违约的可能性低于 1%。而对标普 500 期货的保证金设定也非常谨慎。

Kupiec（1994）使用了 1988~1992 年间的日数据来对每日价格变动超过

标普 500 指数保证金水平的频率。对于单一期货(naked futures)头寸来说,仅仅发生了三次,或者是 0.3%。对于日历套利,超出保证金的频率是 8.3%,于是 Kupiec 日历套利的保证金水平设定得太低。

Longin (1994)在给定违约概率下设置保证金水平的关键因素是极端数值(在给定时间区间内的最大和最小值)的分布,而非整个分布。Longin 使用了标普 500 指数在 1975~1990 年间的日回报数据(包含红利),发现对于该数据集合中的极端数据的最好拟合是 Fréchet 分布。对于给定的违约概率,对比了使用正态和 Fréchet 分布的设定的保证金,发现在正态分布假定下的保证金水平要显著低于 Fréchet 分布下的水平。例如,在 60 天内的违约概率是 5%,使用正态分布的保证金水平是 3.1%(多头头寸)和 3.2%(空头头寸),而 Fréchet 分布的保证金水平则分别是 6.1%(多头头寸)和 4.4%(空头头寸)。Longin 对比了在 16 年里观察到的违约概率与按照 Fréchet 分布所给出的概率,发现两者之间非常相似,也就是在违约概率是 5%情况下,观察到的频率是 6.3%(多头头寸)和 3.9%(空头头寸)。发生较大价格下降的情况略高于较大价格上升的情况,因此,多头头寸要求的保证金水平要高于空头头寸。

Edwards 和 Neftci(1988)强调了不同期货的极端价格变动概率分布之间的互相联系。所谓的极端价格变动是指造成相应保证金余额为负的价格变动。他们争论说如果忽视这种关联性,那么保证金水平对于同时持有一种以上期货的交易商来说就显得不合适。也就是当极端价格变动的相关性为负时,保证金设定得过高;但是相关性为正时保证金过低。Edwards 和 Neftci(1988)研究了包括标普 500 和纽约交易所综合指数期货等 9 种美国期货 5 年里的每日结算价格,发现在这些期货合约的极端价格变动上有很强的相关性(正或负);这也表明在给交易商设定保证金水平时,需要考虑其持有期货合约组合。他们还发现极端价格变动的相关性不同于所有价格变动的相关性,所以如果需要准确考虑该效应,就应该对极端价格变动的相关性做出特定的估计。但是正如前面所指出的,针对交易商特定的组合设定保证金水平会遇到很多问题。

Dewachter 和 Gielens (1999)指出最优保证金水平是违约成本(τ)的正函数,是由保证金水平(ρ)导致的流动性成本的负函数,而最优保证金水平是 ρ/τ。使用 1982~1990 年间纽约交易所综合指数的每日报价,并且假设日回报序列遵循 Fréchet 分布,他们进行了实际保证金水平和模型给出保证金水平的对比。因为缺乏 ρ/τ 的信息(这是亏损超过保证金的概率),便将它设为 0.5%。他们发现最优保证金水平比实际保证金水平要不稳定得多。此外,出现较大的负回报的次数要远高于出现较大的正回报的次数,因此回报的分布是偏斜的,这也意味着多头仓位应该比空头仓位征取更多的保证金水平。

如果违约风险是确定保证金的主要因素之一,那么当违约风险变化后,保证金水平也需要相应变化。为了实行这个政策,保证金的设定机构需要跟踪期货价格的波动性,寻找变动发生。Wilson、Aggarwal 和 Inclan(1996)建议使用迭代 CUSUM 过程来测定回报序列方差跳跃的时点。他们对标普 500 指数在 1984~1992 年间的数据使用了这一技术,发现在标普 500 指数期货回报序列方差中出现了 10 次跳跃。

中国香港地区。1987 年 10 月发生的股市大跌也提供了防止违约的股指期货保证金水平的严格检验。在 1987 年大跌时,期货保证金制度达到了设置目的,因为没有发生清算所、清算所会员或者期货经纪商破产的现象(Tosini,1988)。但是香港在一周内下挫 69%,如果不是香港政府救援,香港清算所就会违约(Freris,1991,151 页;Slayter、Carew,1993,78 页)。

Lam、Sin 和 Leung(2004)研究了恒生期货在 1986~2001 年间的每日回报。使用三种方法来估计回报的方差:简单移动平均(MA)、指数加权移动平均(EWMA)和 GARCH(1,1)。采用了三种指标对所产生的保证金水平进行对比:违约的实际概率、实际平均违约和实际平均的过高支付(保证金水平与亏损的差)。前两种指标关注于违约,而第三种则与机会成本有关。对于给定的违约水平,通过 GARCH 方差预测所设定的保证金的实际平均过高支付低于指数加权移动平均的预测,而后者又低于基于简单移动平均的预测。

欧洲。Cotter(2001)研究了在 1984~1999 年间 12 种欧洲股指期货的日收盘报价(比利时、丹麦、法国、意大利、荷兰、挪威、葡萄牙、西班牙、瑞典、瑞士和英国),期货回报符合 Fréchet 分布。对于一系列保证金水平,他使用 Fréchet 分布来计算亏损超过保证金的概率。这项研究揭示了风险水平的显著不同,比如在葡萄牙和瑞士之间,这也支持了对不同股指期货使用不同保证金水平的观点。他还发现出现较大负向价格变动的情形高于出现较大正向价格变动的情形,因此,多头头寸的保证金应该高于空头头寸的保证金水平。这一规律在挪威尤其有效。使用正态分布所设定的保证金要比 Fréchet 分布设定的保证金小不少。

英国。Knott 和 Polenghi(2004)使用了 AR(1)-GARCH(1,1)模型研究了

金融时报 100 指数期货在 1998~2002 年间的日回报。他接着对标准化的残差使用了四种不同的分布(历史、正态、学生 t 和极端值)进行拟合,以取得对给定违约风险下的保证金, 他发现这些保证金水平是不同的。接着他根据 GARCH 模型对这些保证金水平做了加入条件波动的调整,发现这些条件保证金随时间而发生较大的变化(尽管不同分布的假设造成的变异很小),实际的金融时报 100 指数期货的平均保证金水平涵盖了约 99.86% 的损失。在获得违约规模信息后,他们还对清算所对偿付损失所需要的资金储备大小做了调查,他们估计的资金储备约为 1,400 万到 2,500 万美元之间。

Cotter (2004)使用了金融时报 100 指数期货在 1996~1999 年间 5 分钟回报,发现当调整后回报(日回报/每日回报的标准差)大致是正态分布的。其结果运用到在险价值的研究中, 对持有期货头寸的金融机构最大和最小资本要求起了作用,并且多头头寸的保证金水平低于空头头寸的保证金水平。

德国。Broussard 和 Booth (1998)研究了 DAX 指数期货在 1992~1994 年间的交易数据,发现最大的日间价格变动呈 Fréchet 分布。他们计算了低于保证金水平的概率,并且认为 Fréchet 分布可以用于设定日间保证金水平。

芬兰。Booth、Broussard、Martikainen 和 Puttonen (1997)研究了 FOX 指数期货在 1988~1989 年间的日回报数据,发现回报序列遵循 Fréchet 分布。他们使用这一分布对 FOX 指数期货的违约概率进行了设定。

南非。Roth 和 Smit (2000) 研究了南非全部股票指数 (South African All Share index)在 1986~1998 年间的日回报数据,发现最大回报序列遵循 Fréchet 分布。他们使用了三种分布来设置保证金:正态、Fréchet 和历史分布,发现正态分布产生保证金不足,而 Fréchet 分布的效果最好。

结论:这些实证研究支持了设置保证金是为了防止违约风险,并且在实际中取得了成功。它们还支持使用 Fréchet 分布来设定保证金水平,并且有证据表明多头头寸的保证金要比空头头寸的高。

2. 交易量、未平仓合约和波动性效应

第二组的实证研究调查了较高的保证金水平对交易量、未平仓合约和价格波动性的影响。理论上对保证金水平对交易量和未平仓合约数会产生负面影响取得了一致,但是保证金对于价格波动的预测却存在分歧。

美国。Furbush 和 Poulsen (1989)研究了改变保证金后对标普 500 指数期

货交易量的影响。在 1982 年到 1988 年间发生了 9 次保证金的变动,其中 4 次发生在 1987 年的股灾中。他们测算了期货交易量相对于现货交易量的比率,并且将在保证金变化的前 15 天的期货交易量和变化后 15 天的交易量做了对比。结果并非一目了然,如果有点规律的话那就是支持了在保证金和交易量之间存在正向关系的观点。他们还用了 Garman 和 Klass 估计值和每日价格比的对数来计算在标普 500 期货投机保证金变化前后各 15 日的日期货价格波动。历史上标普 500 投机保证金变化仅仅发生了 5 次,其中 3 次发生在 1987 年的大跌中。对标普 500 投机保证金变化前后的平均日波动进行比较,未能发现期货价格波动性发生了很大变化。鉴于观测值很少,而且许多都发生在不寻常的时间段(如 1987 年股灾),这些结果最多也只能作为参考。

Kalavathi 和 Shanker (1991)给出了提高期货套期保值保证金水平对套保者期货合约需求影响的理论依据。较高的保证金水平增加了套期保值的成本,因此如果套保者不是纯粹为了最小化风险,他们会降低避险比率以及期货合约的需求。Kalavathi 和 Shanker 接着对标普 500 指数在 1982~1988 年间的日数据做了研究,他们发现在这段时期内,对冲保证金水平发生了 8 次变动(其中 6 次发生在 1987 年)。基于这样的数据,他们估计了当把保证金水平提高到合约价值的 50%时,大约降低 11%的套期保值的期货合约需求,但是这一估计存在较多的误差。

Moser (1992)使用了标普 500 指数期货在 1982~1989 年间日数据,发现在该时间段内 500 指数期货的初始保证金发生了 19 次变动。Moser 使用了迭代回归法。在这个方法中,日回报的波动性通过保证金变动前和变动后各 12 日予以解释,同时在回归中还加入了波动性的滞后项和月份变量,结果并没有发现在变动前 12 日对波动性有负向影响——也就是当保证金提高后降低波动。Moser (1992)还调查了在保证金调整后 12 天内对于波动性有正向影响,也就是看当保证金提高后波动是否提高。同样,结果不显著。

Moser (1993)还研究了标普 500 指数期货在 1982~1989 年间的日数据,他使用了 4 种不同的保证金:初始投机、初始套期保值、维持投机和维持套期保值。Moser 发现当调整这 4 种保证金后,不对调整前后 12 天的期货和现货回报的波动率产生影响。同样,对于现货交易量、期货交易量、未平仓合约和未平仓合约的波动性也不产生影响。但是,当保证金水平变化后 2~3 天内对未平仓合约的波动产生正向影响,保证金变动还对基差(F-S)产生显著的负向影响。

    Kupiec(1993)研究了套期保值的初始保证金水平对标普 500 期货和现货在 1982~1989 年间的关联性。每月现货资产的波动性用当月指数每日回报的标准差来衡量(调整了非同步交易效应),在该期间内套期保值保证金有 9 种不同的水平。把月度现货资产的波动率对当前保证金的百分比数值和滞后波动进行回归,Kupiec 发现在保证金水平和现货波动性之间存在一个显著的正相关性。他接着使用了 Parkinson 的高-低估计测算了 1987~1989 年间的现货每日波动水平, 把现货的波动水平对当前保证金的百分比数值、4 天前的百分比数值和 5 天前的波动率进行了回归。其中统计上显著的变量是当前保证金水平,该变量对结果有正向影响。

    Duffee、Kupiec 和 White (1992)指出,在现货波动和保证金水平之间的正向关系可能是因为杠杆因素在熊市中形成的股价波动的上升。同时, 当股票(和期货)价格下跌时,将自动导致保证金水平的提高。Kupiec 考察了这种效应,他将现货波动率对当前保证金的百分比数值、前 5 天的波动和前 5 天现货的回报进行了回归研究,其中放入现货回报的目的是考虑到当出现负回报时,现货的波动率会上升。但是,即使在控制了该因素后,当前的保证金水平对现货的波动率依然有显著的正向影响。对于 Kupiec 发现的现货波动率和期货保证金之间的正向联系有三种可能的解释:当现货波幅放大后,交易所提高保证金水平;或者当提高保证金后将减少期货市场的流动性进而增加现货波动;或者便是回归方程是错误设定的,发现的正向关系是虚假的(spurious)。

    Dutt 和 Wein (2003a)认为,对调整保证金后对交易量影响的先前多数研究没有考虑到当波幅增加(降低)造成保证金的提高(减少),因为有证据表明增加交易量往往和波幅的增加联系在一起。于是当波动率增加后导致保证金的提高,看起来好像是提高保证金导致了交易量的放大。他们把道·琼斯工业平均指数期货的每日交易量对保证金/每日结算价格标准差和其他控制变量进行了回归。该回归估计使用了 40 天的时间窗口,时间窗口以 1997~2000 年间每次调整保证金水平作为中点。用控制了风险变化的价格波动对保证金做了缩小调整,发现当提高保证金对于道·琼斯工业平均指数期货的交易量有显著的负向影响。

    日本。Ohk 和 Lee (1994)研究了在大阪交易所上市的日经 225 指数期货 1990~1992 年的日数据,来对期间 4 次提高保证金水平的影响。他们发现当保证金上调后 30 天内期货回报的波动性与以前保持一致,其中 2 次的保证金上调形成了后续 30 天内的期货交易量下降,而另一次上调造成了未平仓数量的增加。

Ito 和 Lin(2001)研究了在大阪和新加坡上市交易的日经 225 指数期货在 1988 年到 1994 年间的日数据。在控制了星期和日历月现象后,他们发现在大阪交易所 4 次上调保证金水平中有 3 次增加了大阪的交易量;而在新加坡交易所 5 次上调保证金水平中有 3 次增加了新加坡的交易量。这些交易量的变化主要是交易场地的变化,而不是全市场交易规模发生改变。保证金变动对回报的波动性有微小的影响。最后,波幅增加(降低)似乎领先于保证金水平的增加(降低)。

Chng(2004b)研究了在大阪和新加坡上市交易的日经 225 指数期货在 1990~1993 年间的日数据。他发现在大阪的保证金对在大阪交易量和波幅有负向的联系,但与新加坡的交易量呈正相关,价格回复(price reversals)显示大阪保证金的增加会增强新加坡交易所价格发现的功能。这些结果显示大阪的保证金提高后,交易会向新加坡转移,于是增强了后者的价格发现功能。

其他研究。Pliska 和 Shalen(1991)建立了一个模拟检验变动期货保证金水平效应的数学模型。他们发现增加保证金后,流动性降低,未平仓合约数和金额都减少,而期货价格的波动略微增加。

Salinger(1989)回顾了变动股票保证金对股价波动的影响的事例,并总结认为提高保证金会降低现货的价格波动的观点是不充分的。同样,在回顾了股票和期货保证金的事例后,Chance(1990)总结说期货保证金不能用于控制波动性上,因为它们没法影响波动性。Kupiec(1998)总结了美国有关保证金对股市以及一系列期货市场的波动性的影响证据,他还回顾了引入期货和期权交易后对现货波动的影响(参考第 12 章)。尽管较高的保证金能减少未平仓合约数量,他也同样认为没有足够的证据表明保证金能够控制股市波动。

总结。以上实证研究没有能给出清晰的证据来勾画期货保证金和波动性之间的联系。但是,有一定的证据说明在保证金和交易量以及保证金和未平仓量之间存在负向关系。

3. 设定保证金水平

最后一组实证研究寻求了决定期货保证金水平的因素。尽管在概念上可以对保证金变化的原因和效果进行区分,但是在实证研究中却非常困难,这是因为对未来事件的预期会改变现有保证金水平。本节将介绍保证金的决定因素,当然也可以对其中的一些研究换位成保证金效果的研究。同样,对于保证金效果的部分研究也可以从决定因素的角度进行解释。

美国。Fenn 和 Kupiec(1993)指出,在保证金大小和每次盯市的时间间隔之间存在着一个替代关系。为了把违约概率控制在一定程度上,时间间隔越长,保证金水平就需要设置得越高。Fenn 和 Kupiec 提出了两个用于保证金设定的模型。在第一个模型中,提前确定每天的清算数量;而在第二个模型中却并非如此,每当价格变动将耗光交易商保证金账户余额时,交易所就将实施盯市。假设期货价格没有跳跃,保证金支付(或未偿付)是即刻进行的,这样但不支付时该交易商的头寸将立刻被平仓了结,因此在第二个模型中违约在理论上是不可能的。

Fenn 和 Kupiec 辩称,在每日清算数目确定的政策下,交易所会把保证金水平设定为能够最小化合约成本。对于交易商来说,存在提供保证金的机会成本;对于交易商和交易所而言,则存在结算的管理费用(对于第一个模型来说,交易所还需要担负交易商违约的成本)。在每日清算数目确定的情况下(即第一个模型),最小化合约成本需要初始保证金设置为保证金的边际成本等于违约的边际成本。在这种情况下,保证金水平相对于期货价格瞬时波动的比率是一个常数。如果每日清算数目是内生的(即第二个模型)并且违约概率为零,最小化合约成本需要在期货价格波动上升时,保证金-波动率的比率下降。例如,当波动率上升时,保证金以较少的幅度提高。

Fenn 和 Kupiec(1993)使用了标普 500 指数期货、纽交所合成指数期货和主要市场指数期货(MMI)自上市到 1990 年的数据来检验上述两种关于保证金设定的模型。对于这三种期货合约而言,因为保证金变动的次数很少,因此保证金波动率比率的变动性很大,这显然与第一个模型是不相吻合的。这三种期货合约每日的结算数量也只在股灾发生后再开始变化,因此第二个模型不适用于股灾发生后的数据。对于股灾发生后时期,三种期货合约的价格波动和保证金波动率比率间都呈现负向关系,这也是第二个模型所推断的结论。但是,每日结算数量没有很大的变化也与第二个模型不相吻合。因此,数据不符合任一模型的要求。

Fenn 和 Kupiec 对这个结果提出了三种可能的解释。第一,改变初始保证金需要较大的额外成本,因此造成不变的保证金水平以及保证金-波动比率的变异较低。第二,交纳保证金的机会成本较小,清算所会员的违约风险较低,因此初始保证金的相关性不是很强。其结果便是保证金水平比较随意,不需要根据波动性的改变而调整保证金水平。最后,Fenn 和 Kupiec 认为由于政治压力,特别是在美国初始保证金往往设定得较高,因此在波幅变化后也不需要进行调整。

Baer、France 和 Moser(1996)研究了标普 500 指数期货的时间序列,发现保障率(保证金水平/波动率之比)呈均值回归,也意味着当波幅扩大时,交易所提升保证金水平,但波幅收窄后,也会降低保证金水平。他们分析了包括标普 500 在内的 18 种期货合约,发现但保证金的机会成本上升时,保证金水平趋于下降。

日本。Ohk 和 Lee(1994)使用了在大阪交易的日经 225 指数期货 1990~1992 年的日交易数据来调查在该期间保证金 4 次上升的决定因素,没有发现波动性是决定保证金变动的重要因素。对其中三次的上调保证金,在前 30 天内期货交易量放大。在所有的四次上调保证金中,前 30 天的未平仓数量出现了放大,该结果与较高交易量和未平仓数量反映了流动性的增加和风险的降低的观点从而应该调低保证金水平的观点不符。Ohk 和 Lee 得出的结论便是日本的监管当局在设定保证金时使用了相冲突的标准。

结论:以上关于保证金设定的事例没有给予任何理论以明确的支持。

4. 结论

实证研究支持了股指期货合约的保证金与长期回报的波动性呈正相关性的观点,也支持了需要将保证金设定在一个合适的水平上,并且认为运用宽尾分布(例如 Fréchet)是合适的。尽管在实践中没有运用,但是实证支持对于多头仓位的设定的保证金也需较高的主张。没有特别多的证据认为保证金能控制波动率,有部分证据支持较高的保证金能降低交易量和未平仓数量的观点。最后,对于决定保证金变动的决定因素没有取得明确的实证支持。

11.2 流动性要求和变动保证金

Fielitz 和 Gay（1986）研究了当建立期货仓位后支付后续变动保证金所需要储备保留的资金量。他们将这笔资金表示为下述变量的函数：期货价格方差、期货价格水平、给定的投资期限、选定的耗尽储备资金的概率和期货头寸的大小。他们给出了需保留的标普 500 指数期货名义价值的百分比的列示性表格，这些百分比在 2.3% 到 34.6% 之间变动。

11.2.1 Kolb、Gay 和 Hunter 模型

Kolb、Gay 和 Hunter（1985a,1985b）对保留用于支付变动保证金的资金量（M）、头寸的持用时间（T）、期货价格每日变动的标准差（σ）和支付变动保证金时耗尽储备资金的可接受概率（P）之间的关系验算出了表达式。在给出这个模型时，Kolb、Gay 和 Hunter 假定预期期货价格并不改变（也就是零风险溢价），期货价格的任何改变都具有恒定的方差和正态分布（参考第 2.6 章节对期货价格变动的分布的讨论，以及实际证据说明方差的时间变动和分布是尖顶的），并且认为期货价格是连续过程。该模型的最终表达式是 $P=2[1-\Phi(M/\{\sigma T^{0.5}\})]$，其中 $\Phi(.)$ 代表标准化后的正态分布变量的累计分布函数。在该方程中唯一需要估计的参数是 σ，而其他三个变量，即 P、M 和 T 都由交易商来设定。当设定其中任意两个变量后，另一个可以通过方程计算出来。

举例 1：Randolph Duke 考虑建立一个由 10 张金融时报 100 指数期货构成的仓位（空头或者多头），并打算将该头寸持有 20 天（T=20）。他计算得出金融时报 100 指数期货每日价格的标准差是 475 英镑（也就是 $\sigma=475$）。现在他希望计算出这些合约的变动保证金支付将超过他现有的 2 万英镑的储备资金的概率。$P=2[1-\Phi(2000/\{475\times20^{0.5}\})]$。因此，无法支付变动保证金的概率大约是 1/3。

举例 2：Randolph Duke 认为在 95% 的概率下他必须能够对变动保证金进行支付（也就是 P=5%），并希望了解他能够最长持有仓位的时间。P 于是给定，T 是因变量，解 $0.05=2[1-\Phi(2000/\{475\times T^{0.5}\})]$，得到 T=4.51 天，计划持有的时间是 4.6 天。

举例 3：Randolph Duke 现在决定持仓 20 天（T=20），他只愿意接受 5% 的

违约概率(P=0.05)。他想知道需要保留多少资金以备支付变动保证金。根据
$0.05=2[1-\Phi(M/\{475\times20^{0.5}\})]$，得到 M=4,164 英镑。因此 Randolph Duke 需要
为他的 10 张金融时报 100 合约保留 4,164 英镑的资金。

　　Kolb、Gay 和 Hunter 模型适用于单一期货构成的头寸。如果交易商持有若
干张不同的期货合约，除非所有期货的变动保证金完全正相关，否则独立地使
用该模型将高估避免违约所需的合计资金量。这一问题可以通过把 Kolb、Gay
和 Hunter 模型运用到组合整体上来予以解决。正如 Figlewski（1985a）指出的，
求解单一期货头寸时所需要的分布假设无法运用于整体组合上，这也是 Kolb、
Gay 和 Hunter 模型高估资金总量的另一个缘由。在推导该模型时还假设了保
证金是连续支付的，但是现实情况是它们仅仅是每天支付一次，因此日间的价
格变异没有影响（Figlewski，1985a）。Figlewski 还指出可以把 Kolb、Gay 和
Hunter 模型适当扩展，使其能应用于非零风险溢价的情形下，从而提高它对股
指期货的适用度。

11.2.2 Blank 模型

　　Blank（1990）和 Blank、Carter 和 Schmiesing（1991，附录 9）给出另一个求解
满足变动保证金支付所需的初始资金量的模型。该模型由短期和长期两个条
件构成，并且两个条件都必须得到满足。相比较第一个模型，它对生成期货价
格的随机过程的假设要弱一些。

　　短期条件是初始资金量能满足连续 N 天亏损的要求，其中 N 是交易商设
定的耗尽保留资金的可接受概率（P）。于是，初始的资金要求是，其中 L 是每张
合约每一亏损日的平均亏损额（也就是平均的变动保证金支付额）。如果 α 是
期货合约在任一日发生亏损的概率，并且认为 α 是常量，连续 N 天发生亏损
的概率便是 α^N，于是交易商需要选取一个整数 N，使 $N\geq\log(P)/\log(\alpha)$。

　　举例：Ted Striker 是 Jarrow 基金的经理，他认为耗尽其储备资金的可接受
概率 P 是 5%，每张合约每一亏损日的平均亏损额 L 是 50 英镑，期货合约在任
一日发生亏损的概率 α 是 0.5，$N\geq\log(0.05)/\log(0.5)=4.32$，取整后为 5 天，这
样 H_s=50×5=250 英镑，为了防备连续 5 天发生亏损的初始资金储备是 250 英
镑，而可能发生的概率是 $\alpha^N=0.5^5=3.1\%$。

　　长期条件认为当建仓后，交易商可能每天都会发生亏损。持仓 T 日预期发

生的亏损(D)是 $E[D]=L\Sigma(t\alpha^t)$,其中在连续 T 日上加总,也就是 $t=1\cdots T$。如果预期无限期持有仓位,可以得到 $E[D]=L\{\alpha/(1-\alpha)+[\alpha/(1-\alpha)]^2\}$。

举例:继续 Ted Striker 的例子,如果他设定 T=10,于是 $E[D]=50\times1.99=99.50$ 英镑,如果将 T 设定为无限大,那么 $E[D]=50\times2=100$ 英镑。这表明预期损失对 T 的变动不敏感,Ted 需要 100 英镑的资金来预防其持仓出现的预期亏损。

Blank 认为需要的初始资金是 H_s 和 E [D] 两者中较大的那个,对于 Ted Striker 的例子就是 250 英镑。Blank 继续分析了套期保值者需要的初始资金要求,并研究了变现套保的现货资产来支付追加保证金的可能性程度,如果无法偿付追加保证金时,套保者是否可以对期货合约进行平仓?变现部分现货头寸一般不大可能,而且把部分现货和期货资产平仓了结的做法也并不令人满意。Blank（1992)指出如果套保的目的并非纯粹为了最小化风险,那么建立流动性储备将会增加套期保值的成本,进而降低最优避险比率。

Blank（1991b)将其模型运用在打算持仓 N 天并使用止损指令的投机者上。每张合约短期的资金要求是 H=NL+M,其中 L 是在每个亏损交易中每张合约的平均亏损额,M 是每手合约的维持保证金水平。长期的资金要求是 $E[D]=L\Sigma(t\alpha^t)+M$,其中是在 N 天内进行加总。实际的资金需求是短期和长期数字中的较大者。因为不能同时持有期货头寸,Blank（1991b)认为可以忽略任何来自分散化的收益。

举例:Otis B. Driftwood 打算投机性地持有 5 天 10 张 Keinik 指数期货。估计的交易亏损的概率是 0.4802,预计的交易亏损是 493 英镑。最后,Keinik 指数期货的维持保证金是每张合约 700 英镑。Otis 短期资金要求是 $H=NL+M=5\times493+700=3,165$ 英镑/每张合约；长期资金要求是 $E[D]=L\Sigma(t\alpha^t)+M=493\times1.6139+700=1,496$ 英镑/每张合约,进行了 5 天加总(对于无限天数,$\Sigma[t\alpha^t]=1.7772$,长期资金要求是每张合约为 1,576 英镑)。因此资金需求是 max（3,165;1,496)=3,165 英镑/张合约,也就是总计 31,650 英镑。

11.2.3 其他考虑

Hsieh（1993)指出,如果期货回报的波动率随时间变化,将会影响到所需的流动性储备,并且多头持仓会比空头持仓的要求资金要少,因为空头持仓会产生无限损失,而多头头寸的最大损失是价格为零。

需要指出的是初始资金需求的模型忽略任何资金产生的利息收入。

11.3 价格限制

很多市场对价格变动都没有人为的限制,期货市场在这点上就显得不同。当实施价格限制后,就会延迟期货市场达成均衡价格的进程。这种限制还会产生执行成本,以及限制交易对流动性的约束(Kolb、Gay,1985,第 9 页)。因为结算价格受到了限制,价格限制相当于对那些本来可进一步支付保证金的交易者提供了一笔无息贷款。除非不同市场对价格限制进行协调,交易商会发现在某一市场的盈利无法用来偿付在另一个市场的损失。因此价格限制能带来什么益处呢?

对于价格限制的设置目的还有其他一些不同的观点。有人认为价格限制可以防止市场恐慌何造成价格剧烈变动的投机行为;或者为交易者的每日变动保证金负债设置了一个上限。对那些因当日价格发生巨幅变动的交易商而言,每日价格限制可以避免为了减少其亏损而在交易停止或者其亏损被公布前进行投机以挽回损失的行为。每天价格限制还能降低操纵价格的收益,从而降低了保证金水平(Khoury、Jones,1984;Kyle,1988)。每日价格限制还能降低交易风险。在投资者打算交易和指令下达之前会有新信息出现(执行风险)。当市场波动剧烈时,执行风险往往很大,这时价格限制就相当于对这种风险设置了一个上限(Kodres、O'Brien,1994)。Brennan(1986)认为价格限制和保证金的功能是一样的,目的是为了减小交易者不履行其期货合约义务的动机。Chen(2002)给出了一个包括标普 500 指数期货在内的横界面证据支持了这个观点。

11.3.1 Brennan 模型

在 Brennan 模型中,维持保证金等同于初始保证金,因此当发生不利的价格变动时就产生了相应的变动保证金支付要求,与金融时报 100 指数期货的情况一样。在每天收市后,要求支付变动保证金的交易商必须决定是进行支付还是违约。执行合约要求其支付当日期货合约价值的下跌部分,也就是对空头仓位支付$(F_{t+1}-F_t)$(F_t 是 t 日期货合约的收盘价),违约则意味着损失初始保证金(m)和交易商的名誉(估价为 r)。如果交易商违约的话,还可能面临诉讼；如果考虑败诉的可能性，交易商可以估计损失是 W。当缺乏价格限制时，空头持仓的交易商在 $(F_{t+1}-F_t)>G$ 的情况下违约，其中 $G \equiv m+r+w$。

假如最大的价格变动是 L，并且价格已经突破了该限制。当要求追加保证金时，交易商并不知道其资产 (F_{t+1}) 的当前均衡价格。在这种情况下，当 $G>L$ 时，交易商无法确定 $(F_{t+1}-F_t)>G$。对于持有空头仓位的交易商来说有两种可能：如果 $G>(F_{t+1}-F_t)>L$，履行合约；如果 $(F_{t+1}-F_t)>G>L$，则违约（对于持有多头仓位的交易商来说，将 $F_{t+1}-F_t$ 换为 F_t-F_{t+1}）。如果价格限制可以减少持有空头仓位的交易商的违约动机，那么关键因素是交易商进行决定时的期货合约的当前价格 $(\bar{F}_{t+1})$ 低于如果交易没有中止而观察到的最终收盘价格，也就是 F_{t+1}。如果 $F_{t+1}>(F_t+G)$，并 $\bar{F}_{t+1}<(F_t+G)$ 且当，则违约的决定将被价格限制制度所改变。但是，反过来也是有可能的。如果当 $F_{t+1}<(F_t+G)$，并且 $\bar{F}_{t+1}<(F_t+G)$，则价格限制制度会改变履约的决定。

Brennan（1986）思考了价格限制存在于多数，但不是全部期货市场的原因。在一些期货市场中，尽管交易停止了，仍有信息可以用来估计前合约当前均衡价格。对于股指期货而言，期货价格可以通过成分股价格来估计。对于利率和外汇期货，则可以通过相应的现货市场来对当前均衡期货价格估计。对于金属来讲，现货价格也可以成为均衡期货价格的参考。由于 $\bar{F}_{t+1} \approx F_{t+1}$，价格限制对于这类期货的意义不大，在决定是否履约时价格限制的参考性不大。因此 Brennan 模型认为，在估计均衡价格所需的信息通畅的期货市场中往往不会设置价格限制制度。

金融时报 100 指数期货没有设置每日涨跌限制，在 1988 年前标普 500 指数期货也不设置价格限制。但当 1987 年 10 月的股市崩盘后，自 1988 年 10 月 20 日开始，标普 500 指数期货实行了一种复杂的减震和熔断机制。开始交易的前 10 分钟的价格限制是 25 美元，在交易 30 分钟后升至 150 美元（Duffie，1989）。当达到价格限制后，市场将短时关闭（2 分钟到 2 小时），而不是在剩余交易时间里完全关闭。这种短时关闭不会影响结算价格，因此对保证金的支付不产生影响。

对于农产品期货来说，使用现货价格来估测当前期货的均衡价格往往不太可能。于是，Brennan 认为价格限制在农产品期货的效果可能会更好点，实际上也是这样的,因为价格限制使得期货价格无法反映所有相关的信息。因此,当新的信息出现后会打破期货价格变动跨期独立性。于是,当期货价格日间上升并触及涨幅限制时,会预计在下一个交易日开市时继续上涨。

Chou、Lin 和 Yu（2000）把 Brennan 模型扩充到了两期情形。当价格出现大幅调整时,会在后面几天里实施价格限制。这将把问题复杂化了,使得 Brennan 模型的结果不适用。Chou、Lin 和 Yu（2003）扩展了 Brennan 模型,考察了当现货和期货市场都有价格限制的情形。他们的理论分析发现现货市场的价格限制进一步降低了违约风险, 而且现货的价格限制是对期货价格限制的一种替代;并且当现货和期货价格限制相等时, 会降低期货保证金的要求。Hall 和 Kofman（2001）研究了宽尾分布和随时间变动的波动率对 Brennan 模型的影响。

11.3.2 Chance 模型

Chance（1994b）研究了在盯市制度下,在价格没有触及涨跌板时,价格限制制度对期货价格的影响。当价格快触及涨停时,多头的持有者只有在一段时间后才能获得其收益;当价格快速触及跌停时,多头的持有者从延迟支付其损失中获益。于是,实施价格限制改变了持有期货头寸者的盈亏。Chance 认为只有在一种期货价格上,上述盈亏才能冲抵掉:只有当价格即将触及涨停板,但是真正达到涨停的概率很高并且多头投资者取得收益的延迟较长;或者当当价格即将触及跌停板, 但是真正达到跌停的概率非常低并且多头投资者支付亏损的延迟时间较短。于是在这种情形下,价格涨跌板的成本高出了收益,无套利期货价格降低至 $F=(S-D)(1+r)$ 以下。类似的,当期货价格即将触及跌停板,价格涨跌板的收益高出了成本,无套利期货价格高过了 $F=(S-D)(1+r)$ 之上。这样,触发价格限制的可能性会改变当前的无套利期货价格,正如图 11.1 中所示。Chance 无法得出价格限制对无套利期货价格影响程度的精确解,但是估计在三分之一的情况下,会超过期货价格的 1%。

引入价格限制制度有一系列影响,即使该制度没有真正实施。它降低了每个结算期的期货价格的方差,从而改变了避险比率,对给定的现货仓位会要求更多的期货合约来套期保值;也会影响股票价格的分布,例如会变成参数随时间变动的卡方分布。Harel、Harpaz 和 Yagil（2005）开发了存在价格限制的情形下预测期货回报分布的模型。实施价格限制意味着有新变量会影响期货价格。当期货价格波动性上升时, 触及最近的涨跌停限制的可能性要高于触及较远的涨跌停限制的可能性,因此就增强了价格限制对无套利价格的影响。当延长清算时间(当价格限制的大小保持不变)后会增加触及价格涨跌停限制的机会,因此也会提高对无套利价格的影响。

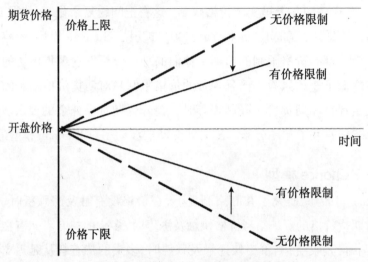

图 11.1   价格限制对无套利价格的影响

11.3.3 熔断机制

当交易过程出现失控时,可以激活先前设定的能改变交易进程和交易步骤的控制机制,这些机制往往包括停止交易和广泛地传播信息。Moser(1990)描述了三种可以触发熔断机制(circuit breakers)的情形:(1)在买卖指令之间出现了极大的失衡,对市场造成了很大的影响;(2)过大的交易量,使得后台处理发生了问题;(3)大幅的价格变动。在股票市场中,熔断机制的主要形式是停止交易,而在期货市场中的形式是价格限制。价格限制与停止交易的区别在于价格限制并不停止一切交易,只有当价格超出了价格限幅(通常是当天的剩余交易时间)才中止交易。相反,停止交易则禁止一切价格水平上的买卖,通常持续十分钟到几个小时。

Brady(1988),Greenwald 和 Stein(1988),Stoll 和 Whaley(1988b)等人的研究支持了熔断机制的实施。触发熔断机制意味着在一段时间内在意愿的买卖方之间的交易是不可能的——这也是市场失灵的一个极端例子。这种市场关闭会阻碍套利、组合保险和套保策略的落实,也使得投资者无法平仓了结其头寸。这种限制也意味着交易将发生替代性转移,如从股指期货交易转向股票,或者从国内市场转向国外市场。

学者通常对停止意愿买卖双方之间的交易持反对的意见,除非交易的一方或者处于非常不利的地位(例如没有达到法定年龄或者患有精神疾病),或者对相关的信息(内部信息)不知晓,或者交易将对其他方(例如交易投票权)的利益带来负面影响。对停止交易的主要理由是当信息的传递机制中断后,应该停止交易,或者需要给市场以时间来消化重要信息。这样的中断或许会/不会带来剧烈的价格变动(Greenwald、Stein,1988)。

Kumar 和 Seppi(1994)对临时中止套利行为但继续其他交易的熔断机制提供了一个理论上的论据。他们假设希望在流动性强的且价格冲击成本不大的市场中交易的不知情的交易者,他们根据过去市场的流动性构建了他们对当前指令的市场流动性预期。他们进一步假定市场在过去是非常缺乏流动性的,其结果就是看重流动性的交易者将不会交易,从而也与他们对低流动性的预测和市场的仓位缺乏流动性的观点一致。如果套利者临时被禁止交易,做市商们会乐意与剩下的交易商做交易,但是这些交易商是不知晓信息的,并且当前的市场流动性也转好,于是流动性的提高也鼓励了不知晓的交易商在未来时期继续交易。这时可以取消对套利者的禁止,因此这种特殊形式的熔断机制被视为流动性较差市场的解决手段。

实证研究。目前对股指期货熔断机制对降低价格波幅的效果有若干项研究。

美国。Kuhn、Kuserk 和 Locke(1991)研究了标普 500 指数期货和主要市场指数(MMI)期货在 1989 年 10 月 13 日和 16 日(均发生了小幅下挫)的交易数据。在 10 月 13 日标普 500 发生了两次交易停止。他们认为如果中止交易只是延迟了价格发现的过程的话,当交易重新恢复后现货和期货价格的波动性将不会低于停止前的水平;但是当停止交易以给市场留出时间来对某种市场失灵做出调整,交易重新恢复后现货和期货价格的波动性将下降。对 10 月 13 日的两次交易来说,没有证据表明复市后波动率下降,意味着只不过延迟了价格发现的过程。他们还发现当标普 500 指数期货交易中止后,主要市场指数(MMI)期货继续交易时,其波幅出现扩大。

McMillan(1991)研究了标普 500 指数期货在 1989 年 10 月的分钟价格变动,他发现期货价格往往向触及中止交易的价格水平转移。这种所谓的引力或者称为磁场效应或许是因为当期货价格靠近中止交易的临界价格水平时,抢帽者(scalpers)和日交易者逐步撤离了市场。这是因为这类交易者不愿意在市场中止时持有风险资产，给市场添加流动性的交易者的撤离意味着任何想在市场关闭之间达成交易的人需要比在平时对报价做出过大的调整。当价格接近临界价格水平时，这种效应影响趋于增大。

Santoni 和 Liu（1993）考察了在 1987 年股灾后引进熔断机制的效果。他分别考察了道·琼斯工业平均指数和标普 500 指数大幅变动所引起的熔断机制，并可以运用在股票和股指期货市场上。在纽约证券交易所实施的并由道·琼斯工业平均指数的大幅变动所触发的机制是：(1) 在指数套利中限制使用指定指令转换（Designated Order Turnaround, DOT）系统，该系统是从 1988 年 5 月 4 日开始根据纽交所 80a 规则所实行的，当上下偏离前一道·琼斯工业平均指数收盘价 50 个指数点后就触发（点位上下限制，collar）；(2) 根据纽交所 80b 规则，从 1988 年 10 月 20 日起当道·琼斯工业平均指数较前一日收盘价下跌超过 250 个指数点后，停止股票交易；(3) 在 1990 年 7 月 31 日对 80a 规则做出了修正，规定当突破道·琼斯工业平均指数 50 点的点位上下限制后，卖出股票的指数套利指令只能在高出上一交易的价格上成交，而买入股票的指数套利指令只能在低于上一交易的价格上成交。对标普 500 指数期货价格变动所触发的熔断安排是从 1988 年 3 月 28 日起的交易中止机制，分别在 1988 年 4 月 1 日、1988 年 10 月 20 日和 1990 年 12 月 13 日进行了修改。此外，在 1988 年 10 月 20 日对 80a 规则进行了修订，当标普 500 指数期货价格跌破前一收盘价的一定百分点后，对指数套利引进了通过指定指令转换系统使用二轮车（sidecar）制度。

通过使用标普 500 指数期货在 1962~1991 年间的日数据，用解释现货回报的 GARCH 回归模型的条件方差来表示现货波动率，Santoni 和 Liu（1993）发现 1987 年股灾后现货波幅变大，但是现货和期货市场上的熔断机制并不对现货波幅产生显著影响。80a 规则实施修正后，规定当套利交易的股票最后的价格变动方向错误时将停止套利交易。他们研究了 80a 规则实施修正后 16 天的分钟回报，并将结果与 1990 年前 6 个月中若实施该规则将触发该机制的 10 天数据进行了对比。他们发现当规则实施触发后，将降低 34% 的回报方差。对于控制样本，当假设的规则实施后其回报方差却增加了 30%。但是在触发时点的 10 分钟内，无论是检验还是控制样本中回报方差都没有出现显著变化，这也表明 80a 规则的实施以及限制指数套利不能立刻导致现货波动的降低。

Kuserk、Locke 和 Sayers（1992）运用标普 500 指数的交易数据,对在 1990 年 8~10 月限制套利的修正 80a 规则实施 14 天进行了事件研究。他们没有发现当 80a 规则实施后会割断现货和期货市场的联系的证据;但是规则的实施会略微增加期货价格的波动,并稍微减少期货市场的流动性。因此,实行 80a 规则没有对现货和期货市场带来严重的打击,但也没有达到推动市场稳定的目标。

Overdahl 和 McMillan（1998）研究了在 1990~1993 年标普 500 指数的分笔成交数据,发现当 80a 规则实行时,套利量大幅减少。但是套利机会消失的速度变慢,实行 80a 规则对于期货波动性没有很大的影响。

Chen（1998）使用了 1982~1994 年间的标普 500 指数期货的日数据来研究当相对前一收盘价发生涨跌停后的当日均价。他没有得到价格翻转的证据,因此价格限制短期内会限制消息的过度反应的说法并不成立。

日本。Berkman 和 Steenbeek（1998）对 1992 年的日经 225 指数期货调查了价格限制的引力或者磁场效应。因为该期货在大阪和新加坡两地交易,在一家交易所的引力效应会把交易转向另一家交易所（其价格并没有逼近其限制）,但是没有发现价格的引力效应。

Martens 和 Steenbeek（2001）研究了当在大阪交易的日经 225 指数期货的交易暂停,但新加坡继续交易情况下的特点。使用了 1991~1992 年间的分笔交易数据,他们发现当大阪交易暂停后,交易量转移至新加坡。但是当交易中止时,价格波动性仍旧很高。因此,即使在两地上市交易的情形下,交易暂停对降低波动性方面效果一般。

结论。对交易暂停的研究表明它不会降低现货的波动性,也不会阻断现货和期货市场的联系,有一些证据显示期货价格会靠近交易暂停时的价格水平（双重上市的情况除外）。

11.4 交易时间

期货交易所可以选择其交易时间,并且尽量与基础股票的交易时间相配。无风险套利需要同时在现货和期货市场交易,一些交易所的交易时间与现货市场略有不同,通常期货市场比现货市场开盘早而收盘晚。在期货中引进电子化交易方式促进了交易时间的延长,使得在其他时区的交易时间中流动性得到了提高。有一系列实证研究对现货收市后期货市场仍旧开放的效应做了调查。

美国。Chang、Jain 和 Locke（1995）研究了标普 500 指数期货在 1982~1990 年间的交易数据，现货市场比期货市场早 15 分钟收市。除了星期五，他们发现在最后 15 分钟的期货回报更高，在最后 15 分钟的期货波幅呈 U 形分布。

日本。Hiraki、Maberly 和 Takezawa（1995）研究了在现货市场收市后 10 到 15 分钟内日经 225 指数期货回报，它们在 1988~1991 年收盘时的方差非常大。

中国香港地区。在 1993~1997 年间，恒生指数期货在现货收市后继续交易 5 到 15 分钟。Ho 和 Lee（1998）利用交易数据，发现紧跟着现货市场的收市，期货回报、交易量和波动率都出现下降，这些变量在最后的交易时间内呈 U 形分布。

1998 年 11 月 20 日起，恒生指数期货开盘比现货提前 15 分钟，收盘落后 15 分钟进行交易。4 篇论文对交易时间延长的效应做了研究。

Cheng 和 Cheng（2000）发现 1998 年 11 月后，期货和现货市场回报在早盘开始的 15 分钟内波幅降低。这是因为期货市场消化了前夜的信息起到了有效价格发现的功能，从而降低了对现货市场的过度反应和噪音。

Fong 和 Frino（2001）研究了恒生指数期货和股票在 1998~1999 年间的交易和报价数据。在延长交易时间后，在开始和最后的 15 分钟里，期货的波动率和期货成交数量下降。而在开始和最后的 15 分钟里的指数现货的波动率也出现了下降，期货买卖价差在最后 15 分钟里收窄。研究者指出，如果用交易数据来计算波幅，买卖报价反弹（bid-ask bounce）将会产生高估偏差。对该误差控制后，他们发现当现货开始交易时，期货的波动率依然增加；当现货结束交易时，期货的波动率降低。

Chan（2002）对恒生指数期货 1998~1999 年间的数据做了研究。他发现 1998 年 11 月后，期货交易量主要转向开市后 15 分钟内，在该期间波动率比以前降低，定价误差也降低。这与开市后 15 分钟会提高价格发现机制相吻合，在收市前 15 分钟对期货交易量、波幅和定价误差不产生显著影响。

Cheng、Jiang 和 Ng（2004）研究了恒生指数期货和股票在 1998~2000 年间的交易和报价数据。他们发现 1998 年 11 月后，知晓的交易者（informed traders）主导了开市后 15 分钟内的交易（价格发现的特征非常强）。虽然在收市前 15 分钟里也发现了一些价格发现的行为，但是总体情况不强。

结论。在电子化交易和更加国际化的客户群体对延长期货和现货市场交易时间成为可能。但是这一过程往往表现为现货期货交易时间不相匹配，从而对价格发现、套利、波动率和两个市场的交易量产生了影响。

11.5 期货交易税负

在 1993 年日本是世界主要期货市场中唯一对期货交易征收交易税(税率0.001%)的国家,Edwards (1993)研究了引入税负的原因,其中包括降低现货和期货价格的波幅,降低资金成本,减少投资者的短视行为,降低期货交易从而将资源配置到经济体中更加有效用的用途中和提高政府收入。我们将逐一讨论这些原因。

降低波动率的观点认为实施交易税会降低期货的投机行为, 但是没有理由相信交易税会降低投机而不是其他类型的交易。即使如愿降低了投机交易,但是价格波动不一定会降低。Edwards (1993)在 1989 年对 16 只期货的横截面研究没有发现在投机期货交易和现货及期货价格波动之间有任何联系。降低资金成本的观点认为收税后价格波动会降低(假定是这样),但是征税后会提高交易者的交易成本,从而也提高了要求的回报水平,所以提高了资金成本。

在管理者和股东之间的信息不对称问题指的是股东对公司的远景不很了解,因此往往关注企业的短期表现。期货交易税不能消除这种信息不对称,因此也无法消除短视行为。期货交易税会降低交易量,从而会释放一些可以用在其他方面的资源。但是,这样释放出的资源是非常有限的,而且交易量的下降也会产生其他不利的经济影响。当了解信息的交易被限制后,期货交易税会削弱期货市场价格发现的功能;而且,期货税在限制投机者的同时,也会增加套期保值者支付的风险溢价。

任意大小的期货税或许会大幅降低交易量。这是因为交易可能会转向外国交易所,特别是对于那些两地上市的品种(参考第 11.11 章节),或者会转向替代性的交易品种,结果便是期货税没能提高政府收入。Edwards (1993)总结认为对期货交易收税不存在合理依据。

在台湾期货交易所(Taifex)买卖的期货需要支付交易金额 0.025%的税负,而在 2000 年 5 月 1 日前,该税率是 0.05%。Chung、Liu,Wu 和 Yang (2003)使用台湾股指期货在 2000 年的日间数据调查了减税效应。他们发现流动性得到了提高,交易量放大,价格波动降低,而定价也更加准确,并且税负也小幅增加。Chou 和 Lee(2002)一项减税对台湾和新加坡交易所领先和滞后效应的研究在第 6.6.3 章节中介绍,这些实证研究都与理论上的分析相一致。

11.6 最小价格变动和价格聚集

每个交易所对每只期货品种都规定了最小价格变动单位。对金融时报100指数期货而言,这就是5英镑。进一步说,当价格变动8英镑是不允许的,因为所有的价格变动必须是最小价格变动单位的整数倍。这样,金融时报100指数期货的价格可以变动5英镑、10英镑、15英镑、20英镑、25英镑等,但是按它们中间的数字变化是不行的。Ball、Torous 和 Tschoegl(1985)这一限制能避免在记录交易价格时对价格数据的过分关注,从而加快交易过程。但这也意味着市价与市场出清的均衡价格之间不相等,除非均衡价格恰好落在一种可允许的价格上。于是一些认为期货合约价格略微不利的交易者就不会进行交易,从而会降低交易量。最小价格变动单位决定了最小非零买卖价差,以及价差每次调整的最小变动量。

当把最小价格变动单位设置得较低,交易者会选择变动较大的报价来避免一些价位。例如,他们可能希望价格能以0或者5结尾,尽管最小价格变动单位允许使用其他中间数值。这就造成了价格聚集现象,实际的最小价格变动单位可能高于最小价格变动单位,但是却不能比其低。

Brown、Laux 和 Schachter(1991)研究了决定最优价格变动单位的因素,他们发现在下述情况下最优价格变动单位提高:(1)客户交易量较大(可能由于场内经纪商为客户讨价还价的成本提高);(2)价格波动较高(由于现有的信息不充分无法将价格分解,或者延迟成本增加);(3)较大比例的交易清算延迟到第二日上午(因为奇零价格可能产生了穿价买卖);(4)较低比例的套利交易(因为价格的小幅不同对这类交易更加重要);(5)每笔交易的平均合约数下降(因为讨价还价的收益大于大笔交易)。他们辩称小幅价格变动单位带来的额外交易成本必须在考虑到大幅价格变动单位消除了双方合意的交易价格而导致交易量下降这种情况才能准确判断。

在价格随机序列中引入离散价格变动可能会产生较小的负相关,从而拒绝随机性假设(Harris,1990b)。Gottlieb 和 Kalay(1985)认为这还有可能高估方差估计。对于价格低而且价格变动的方差也很低的期货而言,这个高估误差会很大,大约是200%。因为当计算价格变动区间缩短后,方差也下降,因此当使用日或者小时数据时会加大高估偏差(通过使用实际性较差、不同的理论模型,Marsh 和 Rosenfeld [1986]没有发现偏差)。根据 Gottlieb 和 Kalay (1985) 和 Ball (1988)等人的研究,最小价格变动的限制产生(强化)了价格变动分布的峰度,特别是在使用较短时间间隔的数据时,该现象更加明显。他们认为这可以解释时间间隔较短的价格变动的分布往往具有尖顶现象。Ball (1988), Cho 和 Frees (1988),Ederington 和 Lee (1995)以及 Harris (1990b)提出了纠正了方差高估的波动率估计方法。

实证研究。在过去的几年中,对几个国家都进行了实证研究(在第 11.7 章节中提到的部分研究也与最小价格变动有关,但是是与合约乘数的变动联系在一起研究的)。

美国。Schwartz、Van Ness 和 Van Ness (2004)研究了 1999~2000 年标普 500 指数期货价格聚集现象。他们发现超过 40%的交易的价格最终以 0 或 5 结尾,尽管在有限的情况下也使用了其他小数计价。价格聚集随着波动性而加增加,随着交易量增加而降低。

Kurov 和 Zabotina (2005)研究了 2002 年标普 500 和纳斯达克 100 指数期货和其对应的电子化小型期货的交易数据。电子化小型期货的合约乘数是大型合约的五分之一,并且仅在 GLOBEX 电子交易平台上买卖。对于大型合约,有证据表明存在价格聚集现象,但是对于电子化小型期货却不存在该现象, 这也与最小价格变动实际上给价格变动设置了一个下限的观点相一致。对于电子化小型期货合约的平均买卖价差仅略高出最小价格变动,他们建议降低电子化小型期货合约的最小价格变动单位。

英国。Ap Gwilym、Clare 和 Thomas(1998)分析了金融时报 100 指数期货在 1992~1995 年间的交易和报价数据。发现其中 98%的交易和报价都是在整数指数位,即实际变动单位是 10 英镑,他们还发现在奇数指数点位的期货成交量比在偶数点位成交量要大出三倍。

Henker (1998)分析了金融时报 100 指数期货在 1994~1996 年间的交易和报价数据,发现其中 99%的报价是在整数指数位,但他发现在偶数点位的成交更大些。

Ap Gwilym 和 Alibo (2003)分析了金融时报 100 指数期货在 1997~1999 年间的交易和报价数据。在 1999 年 5 月 10 日,交易从场内转向电子化交易, 这使得在整数指数位聚集的报价占比从以前的 99%下降到 68.2%。这一改变说明了电子化交易系统以价格优先为原则,当价格发生小幅变动便提高了其优先级,或者由于电子化交易降低了较小价格变动单位的不利影响。

Lee、Gleason 和 Mathur（1999）绘出了荷兰、香港、美国、英国、法国、西班牙和新西兰的 13 种股指期货在时点 t 的回报相对于其在时点 t+1 的回报的图形。对于日数据,上述股指期货中并没有出现离散化的最小价格变动机制而可能会生成罗盘图案(compass rose pattern,从原点发出分布均匀的射线)。但是运用 5 分钟数据发现,主要市场指数和标普 500 指数期货都显现了罗盘图案,而这也反映了相对于日数据,变动单位对 5 分钟回报的影响更为重要。

结论。上述研究指出价格聚集是一个普遍现象,较大的最小价格变动可能会抑制买卖价差的缩小。

11.7 合约乘数

交易所必须对每只股指期货选定一个合约乘数(contract multiplier),例如对于金融时报 100 指数期货,该乘数是 10 英镑。在一些情况下,交易所会在同样的基础指数上建立两个股指期货,但是运用不同的合约乘数。堪萨斯城期货交易所(KCBT)在价值线算术指数上发布了大型和小型两种股指期货。小型合约的乘数是 100 美元,最小价格变动单位是 5 美元;而大型合约的乘数是 500 美元,最小价格变动单位是 25 美元。目前只有小型合约还在交易。早先的主要市场指数（MMI）期货的合约乘数是 100 美元,在 1985 年 8 月引入了大型合约,合约乘数是 250 美元。而在 1986 年 9 月终止了最早的(小型)主要市场指数合约交易。金融时报 100 指数期货在 1998 年 6 月以后的合约乘数从 25 英镑降低到 10 英镑,而在 1998 年 7 月法国 CAC40 指数期货的合约乘数则从 200 法郎下调至 50 法郎。

当交易商从事商品间的套利和套保时,合约乘数过大会加剧合约的不可分割问题(indivisibility)。它还会阻碍只能进行半个合约交易的小型投资者的参与(Huang、Stoll,1998)。但是因为交易所的收费、佣金和经纪商的费用都是根据合同单位征收的,降低合约大小至少在短期会提高交易成本。

美国。在 1997 年 11 月 3 日标普 500 指数期货的合约乘数从 500 美元下调至 250 美元。与此同时,最小价格变动单位则从 0.05 提升到 0.10 个指数点(也就是从 25 美元到 25 美元),虽然百分比翻倍,但名义金额维持不变。Bollen、Smith 和 Whaley(2003)研究了 1996~1998 年间的标普 500 指数期货的交易数据,发现对该期货合约的重新设计造成了价格聚集的提高,与此同时有效买卖价差扩大,并且交易量出现 20% 的缩小。为了建立相同价值的仓位,投资者的交易成本因为买卖价差的扩大而扩大,主要是在每张合约费用不变时投资者需要买卖更多的合约数。因此,做市商和中间商获益了,但是投资者却没有。Chen 和 Locke(2004)研究了 1995~2001 年的交易数据,发现这些发生在标普 500 的变化导致了有效买卖价差的增加(用指数点来表示),客户的交易量和场内交易者的总收入均没有增加。Karagozoglu,Martell 和 Wang(2003)使用了 1996~1997 年的交易数据对 1997 年 11 月标普 500 指数期货合约乘数减小的影响,他们发现这次调整后,更多的公众客户进行了标普 500 期货的交易,平均的交易规模略有减少,交易量降低而价格波动没有变化。

Ates 和 Wang(2003)研究了分别在 1997 年 9 月和 1999 年 6 月引入的小型电子化标普 500 和小型电子化纳斯达克 100 指数期货后的影响。使用1995~2000 年的数据,他们发现小型电子化合约推出后没有显著提高大型合约的买卖价差,但是标普 500 大型合约的交易量减少而纳斯达克 100 的大型合约的交易量却增加,标普 500 和纳斯达克 100 期货合约的价格波动都得到了提高。小型电子化合约吸引小型投资者,75% 的交易都仅仅为 1 张合约。

澳大利亚。在 1993 年 10 月 11 日起 SPI 指数期货的合约乘数由 100 澳元降至 25 澳元,但是最小价格变动单位却从 10 澳元调至 25 澳元。Karagozoglu 和Martell(1999)发现这些变动提高了交易量,但对买卖价差没有稳定的效果。Brown(2001)却发现这些变动使得交易量和买卖价差都得到了提高,并认为有益于多数的市场参与者。

结论。调整合约乘数对买卖价差(绝对额或者比例变动)和交易量的影响是变化的,而且可能也是由于最小变动单位的同时变化所引起的。

11.8 合约交割月份

每个期货合约都有什么时候开始交易新合约,什么时候交割合约的时间表。例如,新的金融时报 100 指数期货每三个月开始新合约交易,每个合约的存续期是 12 个月。这也意味着在任何时点,交易者有 4 个不同的到期日、到期时间相差 3 个月的合约供选择。哪些决定了这种模式呢?

交易期货合约的主要动机是套期保值和套利。其中套利对合约到期时间的分布模式起不到重要作用,这是因为套利主要关注价格的差别,而非合约的到期时间,于是套期保值对某个特定到期日的合约的需求起了关键作用。如同我们在第9章所述,假设没有红利和利率风险,并且无套利条件在任何时候适用,套期保值对合约到期日的选择是任意的。对于任何到期时间的合约,套保总是无风险的。如果对仓位展期是没有成本的话,就不需要在到期日中进行选择,到期日是1天和到期日是100年的合约对于交易商来说是无关紧要的。因此,在任何时点市场只需存在一种合约,而该合约的到期时间并不重要(Grant,1982a)。因为该模型显然是与现实不符合的,因此我们需要放宽它的假设以得到更加合乎实际的结果。

如果展期需要交易成本,这将鼓励交易商选择存续时间很长的合约,因为这样可以减少仓位展期的次数,于是市场上就只有单独的到期时间很长的合约。如果支付的红利是不确定的,并假设随着交割日的临近,红利风险降低,对于到期时间较短的合约,基差风险就低。同样如果利率也是不确定的,可以想象到期日越近,由利率所产生的基差风险也越低,这样也支持了较近到期的合约(可以使用利率期货来规避利率风险)。如果还存在定价风险,当对一个头寸向前展期时,就会产生展期风险,也就是在展期时前后两个合约的相对价格被错误估计的风险。这就增加了展期成本,从而鼓励使用到期日较远的合约。但是正如我们在第6章所提出的,我们可以合理地认为随着到期临近,错误定价风险逐步降低。总体而言,似乎更加倾向于使用到期日较近的合约。

在支持到期时间长的因素(展期的交易成本和展期风险)和支持到期时间短的因素(红利、利率和错误定价造成的基差风险)之间存在一种取舍关系。如果多数套期保值者的套保期限都较短(例如短于最近月份合约的到期日),那么展期成本和风险(即使对于到期很短的期货合约)将为零,套保者就会偏好期限短的合约,但是那些希望在较长时间内持仓的交易者却偏好合约的存续期较长。可以通过持有大量且到期时间不同的合约来解决到期时间问题,但是这样会对流动性提出要求。

交易者通常希望市场的流动性很高,从而买卖价差很低并且大宗交易的价格冲击最小。当市场中有大量到期日不同的合约在交易,每种合约的流动性就会降低。因此,为了维持流动性需要在任何时点只有少数几个合约在交易。总交易量越高,未平仓合约的数量也就越大。

Neuberger（1997）建议可以通过一种永续期货合约来满足对冲时间很长的套保者的需求,永续合约也就是永远不被交割的期货合约。这种合约可以消除展期风险和成本,并且集中单一使用这种合约可以最大程度地提高流动性。

11.9 最后结算价格的操纵

至少在理论上可以通过在决定价格的时间内,在现货市场交易来决定期货合约的最终结算价格。价格操纵者首先建立一个股指期货的多头(空头)头寸,然后在现货市场上买入(卖出)股票以拉高(压低)最终的结算价格,这种策略被称为"打击结算价(punching the settlement price)。当期货合约交割后,现货头寸就按照随后未被操纵的价格清算了结。假设期货头寸大于现货头寸,那么期货合约的盈利就超过现货头寸损失,这种策略的预期总收益为正。

当交易成本超过预期收益时或者操纵者的风险厌恶度会遏制这类操纵,而且操纵者的现货头寸必须大到能够至少影响一个价位,而财富约束也会阻止操纵。此外,持仓限制也会阻止期货头寸超过现货头寸。假如操纵是有吸引力的,在综合考虑限制性因素后,许多交易者会尝试操纵最终结算价格。但是Kumar 和 Seppi(1992)证明当价格操纵者数目增加到无限时,会相互抵消操纵行为,从而使操纵的预期利润降为零。

金融时报 100 指数期货的交易所交割结算价(EDSP)是根据报价而非实际交易得出的。因此,做市商可以改变金融时报 100 指数下的多数股票的报价,从而操纵期货的交易所交割结算价。在这种策略下,唯一需要进行的现货交易是做市商有义务按照他们的证券电子自报价(SEAQ)成交。所谓的 1990 年 6 月的金融时报 100 指数期货的交易所交割结算价格操纵就是采用了这种形式。据说两家银行(高盛和 Barclays de Zoete Wedd)影响了 1990 年 6 月的金融时报 100 指数期货和期权的交易所交割结算价格。随后的调查并不认为两家银行对指数成分股给出了不合理的、在计算交易所交割结算价格时不愿履行的报价,市场单位质量(Quality of Markets Unit, 1990)。

Citat 和 Lien (1992)考虑了如何把可能会受到操纵和误差影响的一组价格最好地转化为清算价格。他们的结论是所有价格的平均价要优于去掉最高价和最低价后的平均价,而且也优于中位价。Cita 和 Lien (1997)建议使用提靴带(bootstrap)法来决定剔出观测值的数目。

11.10 指数选择

设计新的股指期货的一个重要决定是选择交易的指数。在选择中有很多因素要考虑,其中最关键的目标是基于该指数的期货能最大化交易量。

套期保值可能是最主要的交易行为。因此,任何新的股指期货应该是对典型的机构投资者有吸引力的套保工具。因为平均组合是市场组合,这意味着股指期货的标的指数应该是大公司市值加权形成的指数。如果指数的变动跟踪了那些买入并持有的股票组合,指数应该是算术平均的指数。Kook、Kwon、Lee和Choe(1992)模拟了8个韩国指数的套保效果,为设立韩国股指期货的标的指数的选择提供了参考。而Tay和Tse(1991)则模拟了5只新加坡股票指数的表现,研究了最适合做期货标的的指数。因为不存在期货价格,这些模拟依赖在每个指数的点位和基于该指数的期货价格之间存在稳定的关系。

与之相关的问题是设计指数的目的是不是为了反映某一国家的公司股价的变动,还是为了反映若干个国家的公司股价的变动,如欧洲前100指数(Eurotop 100)。在后述情况下,需要说明对计算指数使用的共同货币。

在现货和期货市场之间套利的便捷程度保证了期货价格能正确反映标的的实际情况。套利还能带来交易量。套利的一个必要的先决条件是能够立刻发现价格偏离了无套利价格。这也表明了指数计算需要用算术,而非几何平均;需要使用市值或价格加权,而非平均加权;需要使用当前的报价,而非滞后的交易价格。而现实情况也的确这样,股指期货都是以算术平均、市值或价格加权的指数为标的。一旦识别出错误定价,套利者能够很快地交易指数下的一篮子股票。因此,指数下的所有成分股票的交易必须活跃,如果能方便地卖空这些股票就更好。当交易了一篮子股票建立了套利头寸后,不能改变指数的定义,否则指数成分股的构成就发生了变动。

指数成分股的数目较少为交易篮子股票提供便利,但这也与最好使用代表市场组合的指数的目标不相符。在表11.2中设立股指期货的一组指数,并给出了每个指数的成分股数量。可以发现范围非常广泛,从荷兰TOP 5指数下的5只股票,到Russell 2000指数下的2,000只股票。在表11.2中股指期货的中位数是50只股票。

如果选择指数的目标是最大化交易,对内幕交易者提供高利润和最小化流动性交易者的损失,Lien 和 Luo(1993b)发现几何加权的指数要比算术平均的指数在这方面的效果好。他们认为堪萨斯城期货交易所(KCBT)在 1988 年错误地用算术平均指数代替了几何加权的指数,从那开始,世界没有任何一只股指期货的标的指数是几何加权的。

表 11.2　各种股票指数的成分股数目

指数	成分股数目	指数	成分股数目
Dutch Top Five	5	Fifty Leaders	50
ATX	18	ISEQ	76
SMI	19	FTSE 100	100
Bel–20	20	TSE–100	100
MMI	20	Eurotop 100	100
PSI–20	20	FTSE Eurotrack 100	100
FOX	25	KLSE CI	100
EOE	25	JSE All Share	143
KFX	25	NYSE Utilities	191
OBX	25	Nikkei 225	225
DAX	30	Wilshire SmallCap	250
MIB–30	30	FTSE Mid 250	250
OMX	30	TSE 300	300
Hang Seng	33	Nikkei 300	300
Ibex–35	35	All Ordinaries	305
Toronto–35	35	S&P MidCap 400	400
MSCI Hong Kong	36	S&P 500	500
CAC–40	40	Topix	1,200
Forty	40	NYSE Composite	1,700
Osaka 50 Kabusaki	50	Value Line Arithmetic	1,700
		Russell 2000	2,000

　　因为在交割时的指数值被用于股指期货合约的最终清算价格,因此指数必须不被操纵。这也意味着指数能够合理地覆盖一定数量具有较大市值的大公司股票。最后,指数必须能够非常迅速地计算(例如每 15 秒计算一次)。在电脑普及的情况下,这对指数选择不构成重要制约。

11.11 双重上市

某些股指期货将(已经)在超过一家交易所上市交易,例如日经 225 指数(在大阪交易所、新加坡交易所以及芝加哥商品交易所上市),Eurotop 100 指数(在荷兰阿姆斯特丹金融交易所[FTA]和纽约商品交易所[CMEX]上市),金融时报 100 指数(在英国伦敦国际金融期货和期权交易所[LIFFE]和芝加哥商品交易所上市)。在新加坡上市交易的日经 225 指数期货比在大阪交易的相同标的的股指期货有若干优点:较低的交易成本,不征收交易税,在午餐时间也不休市, 比大阪的交易时间长 15 分钟以及能够买卖在新加坡交易所上市的其他期货(Semkow,1989)。在两地(或者三地)上市的期货之间可能并不是完美的替代品,因为它们以不同货币标价或者在不同的时区交易,因此引入双重上市会提高额外交易量。但是双重上市也可能将总量不变的交易量在两个交易所之间进行分配,因此降低了两只期货的流动性。鉴于流动性对交易者的重要性,这就造成其中一个交易所的期货品种失败的可能。迄今为止,所有实证研究都是基于日经 225 指数期货的。

Vila 和 Sandmann (1995)使用了 1993 年 65 天的交易数据,对比了在大阪和新加坡交易的日经 225 指数期货。在大阪的交易金额几乎超出了新加坡 7 倍,但是在大阪的交易数量仅仅是新加坡的 46%。他们发现大阪的分钟回报的波幅较高,而两个交易所的每日回报的波动性基本一致。在大阪的买卖价差大约比新加坡高出 3 倍。新加坡的回报领先大阪的回报序列约 4~6 分钟,在新加坡的分钟回报的波幅具有较高的持续性(persistence)。在新加坡和大阪之间的差别或许可以部分归结为大阪较大的交易规模、较低的交易频率和较高的最小价格变动,以及两者不同的交易系统。

Bacha 和 Vila (1994)研究了日经 225 期货在大阪和芝加哥商品交易所两地上市后对相应的新加坡日经 225 期货的波幅的影响。在大阪推出日经 225 指数期货后的 30 天和 60 天后,新加坡的波幅下降,而芝加哥商品交易所推出合约交易后对新加坡的波动性没有影响。

套利观点认为在两个交易所交易的本质上相同的股指期货必然会联系在一起,从而成为一个市场。在这种情况下,双重上市不会减少流动性,除非在两个市场之间转移交易时有交易成本。实际上,当套利试图捕捉两个市场之间的价格差异时(价差套利),将会提高两个市场的交易量和流动性。

举例:假设相同的金融时报 100 指数期货分别在伦敦和爱丁堡上市。6 月 26 日的 9 月合约在伦敦和爱丁堡的价格分别是 4,800 英镑和 4,790 英镑,每张合约的乘数都是 10 英镑。一个套利者 Hugo Z. Hackenbush 想在 6 月 26 日进行以下交易:在伦敦以每张 4,800 英镑的价格卖出 10 张合约,在爱丁堡以每张 4,790 英镑的价格买入 10 张合约。在 9 月交割时,金融时报 100 指数是 x(该值不对套利利润产生影响)。Hugo 的毛利是[(4,800-x)+(x-4,790)]×10×10=1,000 英镑。

Board 和 Sutcliffe(1996a)研究了日经 225 指数期货在大阪和新加坡两地上市,它们均以日元计价,并且使用相同的最终结算指数点位。在这种情况下,两只期货之间的无套利条件是 $F_t^o=(m^o/m^s)F_t^s$,其中 m^o 和 m^s 分别是在大阪和新加坡的合约乘数,F_t^o 和 F_t^s 分别是时点 t 以日元计价的在大阪和新加坡的期货价格。使用在 1988 年 9 月~1993 年 6 月间每天的开盘价和收盘价,在大阪和新加坡之间的期货价差的定价误差很小,并且随着时间推移而缩小。大概是不存在红利和利率风险的原因,定价误差并不随交割临近而缩小,因为这类风险对价差套利也不产生影响。定价误差是对称的,意味着没有系统的高估或低估,也是因为卖出期货和建立多头头寸一样容易。每日的定价误差不存在自相关问题,并且没有发现给定合约的定价误差会改变正负号。这可能因为没有股票交易,对新建一个套利头寸和对已建的头寸平仓了结的交易成本都同样很低。

Lim、Loo 和 Tan(1998)分析了在大阪和新加坡上市的日经 225 指数期货在 1995 年和 1996 年中 15 天的 1 分钟交易数据。他们检验了 4 种价差套利策略,发现如果每次交易的费用是 130 日元的话,每次交易的平均利润是 2~5 日元。套利得到的净利非常小,如果存在执行风险或者交易费用再略高一点的话,就可能消除所有的净利。

巴林银行(新加坡)公司及其雇员尼克·里森曾经在新加坡和大阪交易所之间进行了日经 225 指数期货的价差套利,而里森本人则称其行为是"转换"。在 1994 年,巴林银行以为自己从交易中获得了 1,190 万英镑的收益,尽管巴林公布的来自该项交易中的利润主要是因为投机,而不是套利。这是由于里森对套利组合的某一合成部分平仓了结,使得剩余头寸短期内变成投机头寸。套利头寸本应该在每个交易日结束前平仓。关于在大阪和新加坡两地出现的临时但是非常有利可图的价差有两种解释。第一,大阪市场主要吸引日本客户,而新加坡则主要以海外客户为主,其结果是在两个市场中的供求因素不一样,因此导致了暂时的价格差异。第二,大阪市场是电子化交易,而新加坡市场是公开喊价(尽管在 2004 年 11 月 1 日起也推出了电子化交易),因此大阪的市场反应要比新加坡慢。巴林银行报告显示的日经 225 价差套利的头寸非常大,在 1995 年 2 月 17 日巴林银行以为它在大阪市场有价值为 35.36 亿美元的多头仓位,而在新加坡则有价值为 35.36 亿美元的空头仓位(相当于 38,188 张指数合约。在同一时间,除了巴林银行和里森外,还有其他交易者从事价差套利)。

但是实际情况与里森向在伦敦的巴林银行的汇报大不一样。实际上,里森并没有从事这种价差套利,在 1995 年 2 月 24 日他持有 61,039 张日经 225 指数期货的长仓(15,056 张大阪合约,乘以 2 后,得出等同于新加坡的 30,112 张合约,他还持有 30,927 张新加坡合约)。在两个月里(1995 年 1 月和 2 月),巴林银行在日经 225 指数期货交易中损失了 3.08 亿英镑。里森并没有如其所说的每月从日经指数期货的价差套利中获利 100 万英镑,这一结果也与 Board 和 Sutcliffe(1996a)的实证研究结论是一致的,他们认为在大阪和新加坡两个市场之间的价差套利机会是非常少的。

Board 和 Sutcliffe(1996a)使用大阪和芝加哥交易的日经 225 指数期货在 1990 年~1993 年间每天的开盘价和收盘价序列,研究了两地上市的问题。尽管两只期货都基于相同的最终结算的指数点位,大阪的合约以日元计价,而芝加哥合约以美元计价。无套利条件是 $F_t^0 = R(F_t^c - I_T m^c)C_T + I_T m^0$,其中 F_t^c 和 m^c 是以美元计价的芝加哥期货价格和合约乘数,I_T 是在交割时的日经指数。R 是价差比率,考虑到货币的不同,对于每张大阪期货,相当于 $R = m^0/m^c C_T$ 张芝加哥的期货。R 的大小还取决于在交割时美元对日元的汇率(C_T)。有两个原因使得无风险套利是不可能发生的:大阪和芝加哥市场从来没有同步开市,而且在设定价差比率时需要预测交割时美元对日元的汇率(C_T)。假如在套利开始时就能确定 C_T,无套利条件就变成以同一种货币计价的合约乘数的期货之间的套利。Board 和 Sutcliffe(1996a)发现定价误差较小而对称并不受合约到期时间的影响。在每日定价误差序列中存在微小的正自相关,这主要源于预测最终汇率时稳定的预测误差。最后,对于给定合约,定价误差正负号的持续性不强。

结论。套利交易提供了另一种联结市场的途径,而对在大阪、新加坡和芝加哥上市的日经 225 指数期货的研究发现,尽管在大阪和芝加哥之间存在时滞和外汇风险,但是国际期货市场是高度整合的,事实是由于价差套利很低的交易成本使得它们之间的价格联系要比现货和期货市场的价格联系更为紧密。

11.12 交易机制

股指期货通过公开喊价(例如标普 500、纽约交易所综合指数等)和电子盘(例如 FTSE100,DAX,SMI,OMLX,ATX,FOX,MIB30,KLSE,PSI 20,Kospi 200,Forty,Ibex 等)系统进行。Domowitz(1995)认为当交易所成立后所使用的交易机制有先动优势。因此,即使新成立的交易所使用电子盘交易,现存的交易所仍然会继续使用场内交易方式。为了延长场内交易后的交易时间,很多现存实行公开喊价的交易所也开始对部分交易实行电子盘方式,现存交易所也会对新推出的产品使用电子化交易机制,也有一些交易所(例如 Euronext-Liffe,Matif,Hong Kong,SAFEX)等已经完全从场内交易转变成电子盘交易。

Khan 和 Ireland(1993)识别了场内交易和电子盘交易的差异(参考 Board,Sutcliffe 和 Wells,2002,105~116 页)。

1)**流动性**。电子盘交易对场内交易者的吸引力较低,这也说明场内交易比电子盘更具有流动性。场内交易者对电子化交易时的流动性供应量不够。

2)**透明度**。电子盘交易时对买卖报价数量、持仓限制、交易笔数和交易者的身份等信息都充分披露。因此,电子盘交易的透明度很高,而交易所却往往并不公开所有这些信息。Domowitz(1993b)做了一个调查,发现参与电子盘期货和期权交易的交易商中只有 5%在报价时显示他们的个人身份,而交易商的身份并不公开。但是电子盘交易通常公示限价指令簿(Limit order book),而这在公开喊价交易中是不公布的。在场内交易中,交易所对指令流的信息掌握不多。但是公开喊价交易加快了一些信息的扩散,包括所有交易的价格和数量、场内交易者的身份和行为等。

3)**交易数据公布**。由于电子盘交易过程是自动的,因此可以迅速地公布交易价格和数量。

4)**交易过程**。电子化交易根据特定的规则和程序进行,这些规则和程序或许在场内交易中无法实现,例如指令完成的方式等。

5)**成本**。在电子盘交易中,个人就起到了经纪人、场内经纪人和场内交易商的作用。而且电子盘交易的参与者还能在一系列期货品种中进行转换买卖,而场内交易商则只能对同一种品种进行买卖。因为涉及较少的人,电子盘交易商比场内交易商的工资低。电子盘交易节省了修建场馆和交易场地的费用,但是需要相应软硬件的支持,而且也需要提高办公场地给交易员和中央电脑系统。

6)**数据录入**。对于电子盘交易而言,中央电脑系统自动记录交易信息。而场内交易则需要人工记录,结果是造成交易不匹配和较高的成本。

7)**距离**。电子化交易可以在任何地点开展,这就避免了需要在某地区和某国设立中间商的麻烦。把交易商设定在公司办公区域,而不是交易所,可以把交易与公司的运营整合起来。

8)**其他信息**。在电子盘交易中更加容易获得其他市场发生的信息,这就简化了套利交易。

9)**交易场所**。对新推出的期货合约采用公开喊价方式需要找到交易场地,而这往往会带来问题。电子盘交易只需要修改现有程序就能适应新合约交易的需要。

10)**监管**。由于电子盘交易在电脑上进行,容易开发程序对其交易过程进行监管。然而,由于监管者无法观察到电子化交易过程,可能存在前定交易的可能。而场内交易是可以观察到的,但是电脑系统对信息的捕捉度不高。

11)**穿价交易**。因为电脑捕捉了一切交易信息,电子盘交易也防止出现穿价交易(out trade)。因此,信息在电脑屏幕上显示要比在场内凭手势交易较难引起错误交易。

12)**人工**。电子盘交易与场内交易本质区别很大,这对交易者的技能要求与场内交易员的要求大不相同。

13)**交易量**。据称电子化交易难以适用于大宗交易以及在交易速度很快的市场中。例如当市场波动很大时,在电子盘上给出限价指令的成本非常大。

看起来电子盘交易更加适合在不存在支配地位的金融市场的国家所新建的交易所里运行,而且该交易所也不打算推出的期货交易会带来很高的交易量。

美国。在1993年9月20日,芝加哥商品交易所将其所有的股指期货转移到 GLOBEX 系统上交易。截至1996年,GLOBEX 系统上买卖芝加哥商品交易所上市了8种股指期货(标普500、标普中盘400、拉赛尔2000、主要市场指数、标普500/Barra 增长、标普500/Barra 价值、纳斯达克100和墨西哥 IPC 指数)以及法国国际期货及期权交易所的 CAC40 指数期货。

Domowitz(1993a)使用了一系列指标把 GLOBEX 系统与其他两种公开喊

价机制进行了对比。他使用的指标包括收敛速度、交易价格的波幅、买卖价差、流动性和交易差额。他发现在某些指标上,GLOBEX 系统占优;而在另一些指标上,公开喊价机制更有优势。总体上,他认为 GLOBEX 系统与公开喊价机制有相等的竞争力。Bollerslev 和 Domowitz(1991)将 GLOBEX 系统与公开喊价机制进行了模拟对比,他发现 GLOBEX 系统产生的回报呈现很强的 ARCH 特征,而公开喊价机制则没有。

Coppejans 和 Domowitz(1996)使用了标普 500 指数期货在 1994 年的交易数据对比了 GLOBEX 系统与芝加哥商品交易所的场内交易。在 GLOBEX 系统里,报价价差更大,这要归于增多的逆向选择行为。在场内交易中没有出现显著的价格聚集现象,但是在 GLOBEX 系统里出现了部分价格聚集现象,而且GLOBEX 系统产生的 ARCH 特征要强于场内交易。

中国香港地区。Fung、Lien、Tse 和 Tse(2005)使用了 1999~2000 年的数据,研究了 2000 年 6 月从场内交易转向电子盘交易的效果。他们发现买卖价差收窄,通过期货市场所产生的价格发现相对于现货市场的比例增加,而现货波动性对期货波动性的影响减弱。

Aitken、Frino、Hill 和 Jarnecic(2004)使用了 1999~2000 年恒生、金融时报100 和 SPI 指数期货的交易和报价数据。发现当转向电子化交易后,恒生和 SPI指数期货的买卖价差显著减小,而金融时报 100 的价差减小程度不明显。当这三种股指期货的波动增大时,在实行电子化交易时买卖价差扩大;当转向电子化交易后,恒生和 SPI 指数期货价格波幅减小。

Cheng、Fung 和 Tse(2005)研究了 1999~2001 年间恒生指数期货和期权的交易和报价数据,他们发现在期货和期权价格中均出现了价格聚集现象。他们还发现当在 2000 年 6 月期货和期权转向电子盘交易后,买卖价差降低,平均期货期权套利机会降低,而消除错误定价的时间减小。

中国台湾地区。Huang(2003)对比了台湾的电子化交易与新加坡的股指期货的场内交易。使用 2001 年交易和报价数据,他发现在台湾的买卖价差较低,价差中的不利信息部分在台湾较低。在台湾市场,预期和预期外的交易量变动对价格变动的影响比新加坡市场低,这意味着台湾的市场深度较大。

澳大利亚。Wang(1999)研究了 SPI 指数期货,该期货日间场内交易,晚间则采用电子盘交易。使用 1994 年的交易和报价数据,他发现相比场内交易,电子盘交易中的买卖价差对市场波动的敏感度更高,买卖价差中的不利信息部分较高,而指令处理成本部分较低。该结果说明电子盘交易不容易分清流动性交易者和知晓交易者。

在 1999 年 10 月,SPI 指数期货交易开始转向电子盘交易,Anderson 和 Vahid(2001)研究分析了改变前后的交易数据。他们发现在改变前,期货价格对定价误差的反应是非线性的;改变后,这一反应的非线性程度降低,更像电子盘交易的股票市场中对定价误差的反应。Bortoli、Frino 和 Jarnecic(2004)研究了 1998~2001 年间 SPI 指数期货的交易和报价数据,他们发现转向电子盘交易后,佣金、交易规模、买卖价差和价格波动都降低。

英国。Tse 和 Zabotina(2001)研究了 1999 年 5 月期间金融时报 100 指数期货的交易从场内转向 CONNECT 电子盘交易系统前后的报价和交易数据。这次交易机制改变的影响有:降低了买卖报价价差,报价聚集现象消失,定价误差的方差提高(特别在有交易笔数多的交易日),交易的信息含量降低,降低了未平仓量并且发现控制持仓的交易动机的重要性提高。因为在电子系统中处理一笔交易较慢,限价指令较难调整,因此在交易量和波动性较高的情形下,场内交易更加适合。而在其他时间里,电子盘交易工作正常。因此,他们的结论是场内和电子化交易可以互为补充。

Chng(2004a)研究了 1998~1999 年间金融时报 100 期货转成电子化交易前后的交易和报价数据。与 Tse 和 Zabotina(2001)的研究结论相左,他发现电子化交易比场内交易的信息量更大。

Copeland、Lam 和 Jones(2004)调研了金融时报 100、CAC 40、DAX 30 和 Kospi-100 指数期货在 1994~2001 年间的交易数据。前两只期货分别在 1999 年 5 月和 1998 年 6 月转换成电子化交易,而剩余两只期货一直采用电子化交易机制。在转变之前,英国和法国的价格序列都呈随机游走;但是转变为电子化交易后,两个市场的随机游走假设检验都被拒绝,对采用电子盘交易的 DAX30 和 Kospi100 指数期货的随机游走假设检验也都被拒绝。这项研究表明电子化交易造成了效率降低,而效率降低主要原因是开盘后每日产生的最高价和最低价数量太多。

南非。Beelders 和 Massey(2002)研究了在 1996 年 6 月全股指期货、黄金指数期货和工业指数期货从场内向电子盘交易转变的事件。使用 1990~2000 年的日数据,他们的研究结论是(除去下市的黄金合约外)电子化交易加快了期货和现货市场的信息传递,产生了更高的当期相关性,在两个市场之间的波动溢出的大小和非对称性也得到了减缓。

结论。转向电子化交易往往会降低买卖价差,而且可以影响市场很多方面:对定价误差的反应、市场深度、价格发现、价格聚集、价格波动、不利信息、市场效率、波动溢出等。有一种观点认为当交易量和波动率较低并且正常时,最好使用电子化交易;而当交易量较高和波动较大时,更加适用场内交易。

11.13 双重资格

双重资格(Dual capacity)是指场内交易员可以为自己的账户做交易,同时也可以作为场内经纪商为其他客户做交易。Stanley(1981)研究了在期货市场中取消双重交易资格的优缺点。如果要求交易商只有一种资格,也就是专一地成为委托人或者成为经纪人,将降低监管成本,同时能消除场内交易者的利益冲突(也就是使用来自客户的信息;抢先为自己交易,而不是首先为客户交易),这也将降低具有双重交易资格的交易商相对其客户所占有的信息优势。但是因为交易商将无法在中介和投机之间转换资格,当市场发生大量交易时,市场的流动性和中介服务质量会由于数量不够而下降,也就是执行延迟。在另一种情形下,如果在需求高峰时有足够的中介数量,没有投机利润就会提高中介收费。

Röell(1990)指出基于信息进行交易的交易商会隐瞒这一事实,以免市场价格朝着不利于他们的方向发展,而不持有信息的交易者也有掩盖这一事实的动机以保证市场不受影响。如果具有双重资格的交易者知道他们的一个客户是不知晓者,这一双重资格的交易者可能会成为交易的一方,而另一方由其他交易商来担任。这样做有利于双重资格的交易者,因为剩余部分交易的价格会上升。客户也会受益这是因为只是他们的部分交易暴露给市场,价格影响较小。但是总体上,双重资格的交易者的出现会降低信息缺乏下的市场交易,而增加剩余多半基于信息指令的价格冲击。

Sarkar(1995)认为双重资格减少了知晓的客户的交易量,因为经纪商会模仿他们进行交易,因此也降低了经纪商的盈利。但是,知晓客户的交易量减少会被双重资格交易商自身交易量的增加所弥补,因此对双重资格交易商的成交量不产生改变。因为他们的交易量少,双重资格就降低了知晓客户的盈利。

Sarkar 还认为双重资格对不知晓交易的价格没有影响。

Chakravarty（1994）认为当有 10 个或更多双重资格交易商从事抢先为自己交易（front running）时，他们之间的竞争将使得预期利润为零。因此，在交易活跃的期货市场中不需要为了禁止抢先交易而禁止双重资格。这一理论上的解释应证抢先交易的缺乏。但是，双重资格交易商会掩盖抢先交易的行为，正如 Grossman 和 Miller（1986）所说的，即使对交易时间的要求以分钟来衡量，监管者也很难查出抢先交易。

场内交易商 12%~25% 的利润来源于为其自身账户交易（美国国会，1990b，第 74 页）。许多期货交易商专业化程度很高，他们 90% 的交易或者是为自己，或者是为客户所完成的。从 1987 年 6 月 22 日开始，芝加哥商品交易所实施了 541 规则。该规则要求"交易商在执行了标普 500 指数期货指令后并且处在交易场地的最高阶（on the top step of pit）时不能在同一天为自己的账户交易标普 500 指数期货"。这项条款限制了处于交易场地的最高阶的交易商每日同时为其客户和其自身交易（美国国会，1990b，第 75 页）。从 1991 年 5 月 20 日开始，按照 552 规则，芝加哥商品交易所对所有包括标普 500 指数期货的具有流动性并成熟的合约禁止双重资格交易。除了价差交易外，552 规则限制了双重资格交易、为了隐藏错误的交易、为自身就是交易所会员的客户所做的交易，以及给予他们书面同意的交易等。此外，在当天为第一位客户交易之前，允许为自身账户交易，只是禁止特定合约月份（例如流动月）的双重资格交易。因此，交易商可能对最近月份（例如 3 月）和中间月份（例如 6 月）只有单一交易资格，但是对远期月份（例如 9 月）具备双重交易资格。此外，552 规则只适用于特定的合约月份，因此交易商可以为客户的 3 月合约做交易，同时也为自己的 6 月合约做交易，虽然对于这两个月份的双重交易资格都被限制（Chang、Locke 和 Mann，1994）。

实证案例。关于双重交易的实证研究分为两组。一组是研究具有双重资格的交易商与同期的单一资格的交易商（中间商和场内交易员）交易行为的对比，另一组是有关限制双重交易的前后对比。所有的研究都基于美国市场。

Park、Sarkar 和 Wu（1994）使用了 1987 年中 15 天的交易数据（在实行最高阶规则之前），对具有标普 500 指数和日元期货双重资格的交易员的表现做了研究。他们发现双重资格交易商给客户的标普 500 指数期货交易的价格要比单一资格交易商给客户的价格低 18 美分。这也说明在研究样本数据区间末实行最高阶规则,限制了双重交易资格将增加客户的成本。Park、Sarkar 和 Wu 还研究了作为双重资格交易商的好处,他们发现,相比较单一交易商,标普 500 指数期货双重资格交易商为其自身账户创造了更高的利润,这或许是因为他们获取的指令流的信息。尽管没有发现抢先交易,但他们发现了标普 500 指数期货双重资格交易商会尾随模仿客户的交易(piggy backing);此外,标普 500 指数期货双重资格交易商为其自己账户获得价格平均要比为其客户的价格低 10 美分,其中部分价差是对双重资格交易商提供的做市服务报酬(也就是买卖价差)。

在一项使用 1988 年半小时数据对主要市场指数期货的研究中,Walsh 和 Dinehart(1991)发现当双重资格交易商活跃时,买卖价差趋于下降。双重资格交易商会在交易不足时以接近边际成本的价格向市场提供流动性,从而降低了买卖价差。此外,还可能由于作为中间商的双重资格交易商会研究客户的交易规律为自己的投机提供收益。

Chakravarty 和 Lai (2003a,2003b)研究了允许双重资格交易的标普 400 指数期货在 1992 年的交易数据。当双重交易商获得信息后,他们会为自己的账户做交易,而这些交易要比他们作为中间商为客户交易的利润更大。使用双重交易商买卖标普 400 指数期货的数据,没有发现非公开信息、尾随交易和抢先交易的证据;但是有证据显示双重交易商倾向与客户反方向交易,也就是提供流动性,而他们自身交易是为了平衡他们的持仓。这项研究结果表明双重交易是有益的(提供流动性),并且没有发现恶意行为(尾随交易和抢先交易)。

最高阶规则。最高阶是指在标普 500 指数期货交易中很大比例的交易被执行,因此在 1987 年 6 月开始实施的最高阶规则对双重交易带来了很大的影响。双重交易商在 1987 年 2 月执行了约半数的交易量,而在 1987 年 9 月,该比例降低到 11%。

Park 和 Sarkar (1992)研究了标普 500 指数期货在 1986~1988 年间的交易数据,期间引进了最高阶规则。除了双重交易的交易量出现了 7% 的小幅下滑外,他们没有发现该规则带来的其他影响,特别是该规则没有对错误定价和市场深度(以大型交易对价格的冲击来衡量)产生影响。

Smith 和 Whaley (1994b)分析了标普 500 指数期货在 1983~1987 年间的

交易数据,其中包括的 78 个交易日是在最高阶规则实施后。他们把买卖价差的每日估计值对最高阶规则的虚拟变量、每日交易量和标普 500 指数期货隐含波动率的每日估计值进行了回归研究。与先前的发现一样,当交易量和风险增加时,价差下降,而引入最高阶规则后使得交易的买卖价差增加了约 20%,这也支持了实行监管限制会增加交易成本的观点。作为检验,Smith 和 Whaley 还研究了当时不受任何双重交易限制的主要市场指数期货。当引入双重交易限制后,相对于主要市场指数期货,标普 500 指数期货的交易量发生大幅下降,这与双重交易资格降低经纪商的市场容量和市场流动性的观点一致。当引入最高阶规则后,相对于主要市场指数期货,标普 500 指数期货的交易买卖价差扩大,但是该结果在统计上不显著。

Locke、Sarkar 和 Wu（1999）研究了标普 500 指数期货 1987 年间的交易数据, 大约在该期间中间引入了最高阶规则。在表 11.3 中给出了在引入最高阶规则前后活跃的场内交易商数量和他们占整个标普 500 指数期货交易量的比例。该表显示双重交易商的交易量在该期间发生了极大降低(从 48% 的占比下降至 12%),而中间商和进行自身交易的占比增加。此外,在引入了最高阶规则后,市场平均每日交易量下降了 17%,因此双重交易商的绝对交易量的下降要比在整个市场交易量中占比的下滑严重得多。在控制交易的买卖方向、净交易量和场内自身交易商数量后,Locke、Sarkar 和 Wu 发现引入了最高阶规则对于客户交易价格不产生影响,即市场深度。但是最高阶规则的确大幅减少了场内交易商的利润:可以进行双重交易的双重交易商下降了 84%,单一为自身交易的双重交易商下降了 79%,对于自身交易商下降了 57%,而且场内交易商的总数目也下降了 10%。

Locke、Sarkar 和 Wu（1999）还对标普 500 指数期货引入了最高阶规则后选择成为场内交易商的双重交易商的交易技能。假如他们有优秀的交易技能,他们就可以为其自身账户获得超过平均回报的盈利,而对其客户的指令的执行也只能产生低于平均的价格冲击。相较于实行最高阶规则后继续选择作为双重交易商的表现,那些选择放弃双重交易资格的交易商在 1987 年 6 月 22 日前为其账户取得了显著的高利润(在非双重交易时期),但是在继续成为和放弃双重交易资格的交易商之间的客户交易的价格冲击影响不大。这也意味着最高阶规则促使那些能为其自身账户创造更高利润的交易商们放弃了双重交易资格。

表 11.3　1987 年标普 500 指数期货场内交易商类型和交易占比

	交易商数目		交易量占比	
	规则推出之前	规则推出之后	规则推出之前	规则推出之后
双重资格交易商	252	197	–	–
• 自身账户	–	–	27%	7%
• 客户	–	–	21%	5%
自身交易商 – 自我账户	484	477	40%	54%
中间商 – 客户	205	176	12%	34%
总计	941	850	100%	100%

结论。对于双重资格交易影响的实证研究没有取得明确的结论。研究发现当限制双重交易后,客户的交易成本可能上升,而下降或者保持不变。一些研究表明双重资格交易商在了解客户交易信息后通过为自身交易而获益,但是其他研究没有发现这一现象。最后,限制双重交易后会降低市场交易量和自身交易商的盈利。

11.14 决定成功的因素

Barclay 和 Noll (1992)考察了决定权益衍生品(期货或期权)成功的因素,首先给出了"成功"的定义:他们认为一个国家中交易所交易的权益衍生品交易量高出该国基础权益市场的交易量有三种成功因素,但是他们并没有给出任何数据。第一个因素是交易衍生品相对于交易基础股票的成本。如果衍生品提供了以较低成本交易股票的途径,衍生品市场就有可能成功。第二个因素是外国交易者在现货市场的参与程度。外国投资者更愿意使用衍生品来实施其全球投资战略。第三个因素是现货市场的价格波动性。当现货市场的价格越发波动,那么衍生品就更加受到欢迎。

以上三种因素在很大程度上都是在市场控制之外的。其中第一个因素可以用现货交易额与现货市值比率来表示,该比率越高,对衍生品的潜在需求也越高。第二个因素可以考虑现货市值,对衍生品的需求必须达到一定的规模才能弥补创建衍生品交易所的固定成本。最后一个因素就是现货市值占 GDP 比率的增长率。假设 GDP 不降低,该比率的快速增长预示着现货市场的规模在增长,这也将扩大对包括衍生品等在内的风险管理工具的需求。

Barclay 和 Noll (1992)还研究了总体上市场可以控制的三种因素。这三种因素促进了现货和衍生品市场间的套利，从而保证市场相互之间是合理定价的。他们同时也与权益衍生品市场的成功相关联。其中第一个因素是现货市场的透明度。现货市场的透明度越高,交易者就更容易获得信息,市场间的联系度就更紧密。第一个因素是衍生品最终结算价格的计算。如果结算价是某一时点的市场价格,而不是时间段的平均价,这就使套利头寸可以准确按照结算价平仓了结，从而降低了套利交易的风险。最后一个因素是当能够交易篮子股票、沽空股票和在衍生品和现货市场之间实施交叉保证金(Cross Margin),则可以方便套利行为的发生。

最后,Barclay 和 Noll (1992)发现一个拥有成功的衍生品市场的国家往往也同时建立了期货和期权市场。我们就不在此重复在本章前面提到的一系列由衍生品交易所控制的决定成功的因素：对设立股指期货和期权基础指数的定义、保证金大小、实施价格限制、最小价格变动单位、合约乘数大小、合约到期时间和交易机制等。

目前有许多关于决定各别期货合约成功因素的文献研究。根据 Tashjian (1995),这些因素中包括很强的套期保值需求。如果资产价格波动很高,或当持有需要套保的现货头寸越多,或持有人的风险厌恶程度很高,或在期货价格和要进行套保资产价格之间存在很高的相关度,就都会增加套期保值的需求。

Holland 和 Fremault Vila (1997) 研究了衍生品交易的成功(用交易量衡量)的决定因素,他们使用了 1982~1994 年间在伦敦国际金融期货期权交易所(Euronext-liffe)上市的 16 种期货合约的数据。他们发现衍生品交易成功的关键主要和基础现货市场的规模,流动性(交易金额与未平仓合约的比率)以及是否是发行期货的首家交易所成正相关;而与来自没有交易时间重叠的双重上市交易所的竞争成负相关。令人吃惊的是他们的研究没有发现对冲有效性和现货波动与衍生品交易的成功相关。

Holder、Tomas 和 Webb (1999)研究了交易类似期货合约交易所之间的 90 个竞争案例(其中 15 个是关于股指期货的)。他们发现在竞争中胜出的交易商通常都是第一个上市该期货合约的交易所,或者是他们自身的规模相对于竞争对手的更大些,或者是期货交易市场与现货市场同在一国。但究竟是采用公开喊价还是电子盘交易对成功不产生影响。

11.15 结论

有很多关于期货合约的设计特征，而有证据表明对这些特征的取舍对期货的市场表现有重要影响。通常交易所决定合约的设计，而部分特点则由清算所、指数开发商、其他交易所和政府所决定。对如何设计成功的期货合约，不存在简单的法则，往往需要多次试验纠错。为了合约更加成功，交易所也会根据市场变化，对其可控的合约特点做出调整。

第12章
股指期货的未来课题

引 言

本章着重介绍了一些与股指期货相关的监管问题。监管层的兴趣主要在于指数期货是否增加股票市场的波动，这将在第一节中讨论。另一项相关的课题是投资组合保险在增加股票市场的波动中所扮演的角色，这将在第2节中讨论。在第3节中，股指期货存在的其他一些效应也会被讨论。最后，再简单考虑股票和期货市场是如何联系的。

12.1 股指期货及股市的波动

1987年10月的股市崩溃使人们极为关注新近建立的股指期货与剧烈动荡的现货市场之间的联系(Hazen,1992)。在考虑期货市场和股价的关系时,四个议题引起了我们的兴趣:(1)期货价格和标的资产价格的相对波动性;(2)在相应的资产价格波动性上建立的期货市场的影响;(3)程序化交易(其主要因为有期货市场而存在);(4)期货市场对指数成分股的系统风险的影响。以上议题将会依次讨论。

12.1.1 相对波动

相对现货和期货市场的波动,部分取决于波动是如何衡量的。对于回报,如果没有套利机会的条件(无套利条件)满足,假设股息、利息为若干,用一天或更短的输入频率(时间周期除以对应的回报)来计算指数回报的方差与期货的方差将会相同。随着投入的频率加长,期货回报的波动将趋于比现货波动更小的状态,但差异极小。 例如,用输入频率为一年来测量的期货投入回报的方差只是比现货市场的方差小不到10%。对价格和价格变动,如果不符合规定条件的套利和股息和利息大局已定,则股指期货的差额将略大于期货现货差额。额外波动理论预测为大约3%,该期货合约3个月后交货。

如果股息收益或利率是不确定的, 那么只要他们和现货价格之间不具有很强的负相关性,相对于相应现货价格的期货收益波动,价格或价格变动将会增加。但是,期货波动的尺寸目前还不可能数量化。在上文中提到的主要的理论估值在 Board 和 Sutcliffe (1995a) 的文章中有更详尽的描述。Amihud 和 Mendelson (1989)的文中提出了一个相对调整的模型,如果期货价格调整快于现货价格,那么期货波动性超过现货波动性。

对美国、日本、英国、瑞士、德国、芬兰和中国香港地区的数据研究已调查了股指期货和指数的相对价格波动,并且确立了指数价格期货比对应的指数从本质上更具动荡的特性,这些研究可进一步深入到那些衡量价格水平或变化以及那些投资回报的部分。

美国。Bortz (1984)于 1984 年研究美国标准·普尔 500 期货指数头 6 个月中每天的交易数据发现,每半个月或每个月的期货价格波动超过了数的波动。波动率可用公式 $\sigma^2 = \sigma (P_{t+1}-P_t)^2/n$ 来计算。

Cornell (1985a)的文章中用他的模型比较了 1982~1983 年间美国标准·普尔 500 期货指数每天期货价格变化的方差和理论期货价格变化的方差。他发现收市价格的实际变化方差比理论数据约高 47%,而对于开市价格,两者的差异为 30%。

Kawaller、Koch 和 Koch (1990)的文中使用 1984~1986 年第四季度美国标准·普尔 500 的交易数据, 发现每分钟期货价格变化的方差大于相应指数变化方差的 5 倍。

Miller、Muthuswamy 和 Whaley(1994)研究了美国标准·普尔 500 在 1982~1991 年间的数据。他们对每个期货合同价格在 15、30 及 60 分钟的时间段上进行了计算,由此发现期货波动性大大高于指数的波动性。

日本:Brenner、Subrahmanyam 和 Uno 于 1989 年的文中使用并分析了日经 225 指数在 1986~1988 年其间每日的价格变化,他们发现期货比现货有一个实质上更高的方差。

中国香港地区：Mak、Tang 和 Choi 在 1993 年的文章中使用了恒指于 1987 年暴跌前的 17 个月和之后的 16 个月的每日收盘价。他们发现在暴跌前,期货价格比现货价格的方差大 15%,而暴跌后两者差距扩大到 50%。

虽然许多学者发现的两者差别比实际预测的要偏大一些, 但这些关于价格水平或变化的研究和对于预测期货价格比指数更动荡是基本一致的。

对于回报,期望的期货和指数的方差应该是相等的。然而,现存的研究通常发现期货回报的方差超过了指数。

美国：Chu 和 Bubnys(1990)研究了 1982~1988 年间美国标准·普尔 500 和纽约股票交易所成分中每天的期货和现货数据。对这两个指数,每天的期货价格的自然对数相对明显的超过了指数价格的自然对数。

Harris、Sofianos 和 Shapiro(1994)于 1989~1990 年间在 1 分钟和 5 分钟的间隔上计算并发现了美国标准·普尔 500 期货比指数回报的动荡性要大得多。

而对于美国标准·普尔 500 的每日回报率,Schwert(1990)在文中报道了每个月的期货方差比指数方差要高,但他并没有标明之间的差额。

MacKinlay 和 Ramaswamy (1988)使用美国标准·普尔 1982~1987 年间每分钟的数据, 发现期货价格变化的自然对数比指数的自然对数要具有更大的动荡性。

Cheung 和 Ng(1990)分析了美国标准·普尔 1983~1987 年间的每 15 分钟的回报,并计算出了期货回报比现货回报的方差约高 53%。

Morse (1988)文中使用了 1986~1988 年间美国标准·普尔 500,纽约股票交易所成分指数及美国主要市场(MMI)指数,发现每个指数相对应的期货方差回报超过了指数方差回报。

Park (1993)分析了美国主要市场指数(MMI)于 1984~1986 年间的交易数据。相对于其他的研究,他发现了每天的现货回报的方差要略高于期货回报的方差。当计算 30 分钟回报的方差,现货和期货动荡性随之而增加。对每交易日前 3 个小时,指数比现货更为动荡;而交易日余下的时间里,两者动荡性的差异不明显。Park 也使用了不同的方法来衡量动荡性(价格或指数价值所需的时间长度,把预设的价格间距移到外面),他发现对于 30 分钟的时间段,期货价格比指数在全天更为动荡。这些结果表明如果动荡性的衡量方法改变了,那么得出的结论也会不同。

日本:对于股指期货的动荡性超过了现货市场这一普遍现象,日本也许是个例外。Brenner、Subrahmanyam 和 Uno（1990b）研究了东京股票价格指数及大阪和新加坡交易的日经 225 每日的收盘价。在 1988~1989 年间,每天的现货算术回报的动荡性要超过相对应的期货。更早发现这一冲突的是 Brenner、Subrahmanyam 和 Uno（1989b）,他们发现在新加坡交易的日经 225 期货要比大阪日经 225 期货更为动荡。

使用 1988~1989 年间 5 分钟的间隔段,Lim（1992a 和 1992b）也发现日经 225 指数在日本要比新加坡更为动荡。

Lim 和 Muthuswamy（1993）研究了在新加坡交易的日经 225 指数的 5 分钟的数据并发现每天现货回报的方差高于期货。这些相反的结果也许是由于相对较短的取样时间段,但研究者并没有对为什么日本指数（及其在新加坡交易的期货）的相对动荡性和其他市场相反做出解释。

Brenner、Subrahmanyam 和 Uno（1994）使用了每日收盘价对日经 225 和东京股票交易指数和对应的股指期货上的输入及输出周期（用于计算一组回报的方差的时期）相对动荡性展开了分析。他们发现 1987 年股市崩溃后,期货相对于其对应的现货指数的动荡性更小。

Bacha 和 Vila（1994）分析了在大阪、新加坡及芝加哥交易的日经 225 于 1986~1991 年间的盘中高价、低价及收盘价。动荡性的衡量使用了两种方法:每日回报的标准差,用帕金森高–低估算法则计算出的每日波动的均值,每日对现货及这三个期货合同回报的方差大体相同。采用高–低估算法则,唯一重大的区别是期货的波动性比现货的波动性要小 47%。

Iihara、Kato 和 Tokunaga（1996）文中采用 1989~1991 年间 5 分钟回报的自然对数对在大阪交易的日经 225 期货回报和指数回报的方差进行了比较。他们把数据细分为三个阶段,并且发现其中有两个时期的现货方差超过了期货方差。

中国香港地区: Yau,Schneeweis 和 Yung（1990）文中发现对恒生期货的每日价格取其自然对数,那么期货相对于指数会有更高的方差,特别是在 1987 年 10 月股市崩溃之后。

Tang 和 Lui（2002）在文中对 1994~1996 年间的恒生指数做了研究。对用 24 小时和 15 分钟的时间段分别测算,期货回报比现货回报的波动性更大,除了在开市时现货回报的波动性要高于期货回报。开市时现货回报的高波动性主要是因为躁动的交易者。

澳大利亚：Hodgson(1994)在文中比较了 1992~1993 年间 15 分钟的澳大利亚 AOI 和相应的 SPI 期货回报,他发现期货的波动性比现货更要高 175%。

英国：Yadav 和 Pope (1990)对 1984~1988 年间的英国金融时报 100 现货和期货的每日回报进行了比较。方差的计算分别采用了收市对收市、开市对开市,及帕金森高-低估算法则。更高的期货波动性在表 12.1 中列出,而且均位于 5%的重要性水平。

Board、Goodhart 和 Sutcliffe(1992)及 Board 和 Sutcliffe(1992,1995a)研究了 1984~1991 年间金融时报 100 的每小时数据。他们采用了三个输入和三个输出频率及五个替代的波动性的定义,对现货和期货的波动性进行了三十次比较。在所有情况下,期货的波动性要高于现货,而且所有的数字在表 12.1 中处于 1%重要的水平,而非像其他的处于 5%的重要性水平。输入的频率越短,过量的期货波动性越大;当输出的频率越长,过量的波动性则趋于减落。他们的结论是证据和六种可能的解释不一致:红利和利率的风险、期货波动的到期影响、违约的影响、期货的复式拍卖市场、周末的影响,及现货交易更高的交易费用。然而,结果和另四种可能的解释相符:大宗价格、接触范围外的交易、期货买卖差价及在期货交易中躁动的交易员,这些解释将在本节中会有进一步的讨论。

Strickland 和 Xu(1993)研究了 1988~1989 年间的金融时报 100 指数的每小时数据,他们发现期货百分比价格变化的方差高于现货的 45%。

德国：Grünbichler 和 Callahan(1994)用 DAX 指数及期货 1990~1991 年间的 5 日、15 日和 30 分钟的回报。他们发现期货回报的方差高于相应的现货回报,过量的期货波动性随时间跨度的增大而减小。例如:5 分钟回报的波动性为 27%,而 30 分钟的回报为 18%。

对于一、二、五天的回报,Grünbichler、Longstaff 和 Schwartz (1994)发现现货方差的增加小于期货方差,这和过量的期货波动性会随时间跨度的增大(从分钟到天)而缩小是一致的。

芬兰：Martikainen 和 Puttonen(1994a,1994b)文中研究了 FAX 指数及期货于 1988~1990 年间每天的回报。他们发现期货回报的方差约高于现货回报 60%,而 Martikainen、Perttunen 和 Puttonen (1995a)在文中发现这一数据高达 80%。

瑞士:Stulz、Wasserfallen 和 Stucki(1990)研究了由列伊银行运作的场外交易市场–瑞士市场指数期货。对于两个分别为三个月及九个月的输出周期,他们发现期货回报的方差高于现货回报方差的 3%。

表 12.1   对过量股指期货的价格和回报的波动性的数据研究

研究领域	指数	输入频率	输出频率	过量波动性
价格变化				
Kawaller, Koch & Koch (1990)	美国标准·普尔 500	1 分钟	30 分钟	732%
Kawaller, Koch & Koch (1991)	美国标准·普尔 500	1 分钟	天	630%
Bortz (1984)	美国标准·普尔 500	每日 OC	月	51%
Miller, Muthuswamy & Whaley (1994)	美国标准·普尔 500	15 分钟	9 年	83%
Miller, Muthuswamy & Whaley (1994)	美国标准·普尔 500	30 分钟	9 年	58%
Miller, Muthuswamy & Whaley (1994)	美国标准·普尔 500	60 分钟	9 年	45%
Miller, Muthuswamy & Whaley (1994)	VLCI	15 分钟	9 年	659%
Miller, Muthuswamy & Whaley (1994)	VLCI	30 分钟	9 年	431%
Miller, Muthuswamy & Whaley (1994)	VLCI	60 分钟	9 年	269%
Brenner, Subrahmanyam & Uno (1989b)	日经–新加坡交易所	每日 CC	24 个月	63%
	恒生	每日 CC	17 个月(f)	15%
Mak, Tang & Choi (1993)	恒生	每日 C	16 个月(g)	50%
Mak, Tang & Choi (1993)	美国标准·普尔 500	1 分钟	2 年	359%
Harris, Sofianos & Shapiro (1994)	美国标准·普尔 500	5 分钟	2 年	91%
Harris, Sofianos & Shapiro (1994)	美国标准·普尔 500	15 分钟	3 个月	56%
MacKinlay & Ramaswamy (1988)	美国标准·普尔 500	30 分钟	3 个月	26%
MacKinlay & Ramaswamy (1988)	美国标准·普尔 500	60 分钟	3 个月	16%
MacKinlay & Ramaswamy (1988)	美国标准·普尔 500	2 小时	3 个月	13%
MacKinlay & Ramaswamy (1988)	美国标准·普尔 500	每日 OC	3 个月	13%
MacKinlay & Ramaswamy (1988)	美国标准·普尔 500	15 分钟	3 个月	53%
Cheung & Ng (1990)	美国标准·普尔 500	每日 CC	天(a)	64%
Chu & Bubnys (1990)	美国标准·普尔 500	每日 CC	天(b)	81%
Chu & Bubnys (1990)	美国标准·普尔 500	每日 CC	天(c)	76%
Chu & Bubnys (1990)	美国标准·普尔 500	每日 CC	14 个月	4%
Morse (1988)	纽约证券交易所	每日 CC	14 个月	4%
Morse (1988)	纽约证券交易所	每日 CC	天(a)	90%
Chu & Bubnys (1990)	纽约证券交易所	每日 CC	天(b)	213%
Chu & Bubnys (1990)	纽约证券交易所	每日 CC	天(c)	203%
Chu & Bubnys (1990)	美国主要市场指数	每日 CC	14 个月	3%
Morse (1988)	(MMI)	每日 CC	2 年	–3%
Park (1993)	美国主要市场指数 (MMI)			

表 12.1（续）

研究领域	指数	输入频率	输出频率	过量波动性
回报				
Park (1993)	美国主要市场指数(MMI)	每日 OO	2年	-4%
Park (1993)	美国主要市场指数(MMI)	30 分钟	2年	-12%
Park (1993)	美国主要市场指数(MMI)	30 分钟	2年	403%
Brenner, Subrahmanyam & Uno (1990b)	日经-新加坡交易所	每日 CC	12个月	-19%
Bacha & Vila (1994)	日经-新加坡交易所	每日 CC	3个月	6%
Bacha & Vila (1994)	日经-新加坡交易所	每日	3个月(i)	5%
Lim (1992b)	日经-新加坡交易所	5 分钟	天	-30%
Lim & Muthuswamy (1993)	日经-新加坡交易所	5 分钟	天	-16%
Brenner, Subrahmanyam & Uno (1994)	日经-新加坡交易所	6 天 CC	23个月(f)	82%
Brenner, Subrahmanyam & Uno (1994)	日经-新加坡交易所	3 天 CC	23个月(f)	32%
Brenner, Subrahmanyam & Uno (1994)	日经-新加坡交易所	2 天 CC	23个月(f)	15%
Brenner, Subrahmanyam & Uno (1994)	日经-新加坡交易所	每日 CC	23个月(f)	28%
Brenner, Subrahmanyam & Uno (1994)	日经-新加坡交易所	每日 CC	月(f)	22%
Brenner, Subrahmanyam & Uno (1994)	日经-新加坡交易所	6 天 CC	14个月(g)	-21%
Brenner, Subrahmanyam & Uno (1994)	日经-新加坡交易所	3 天 CC	14个月(g)	-33%
Brenner, Subrahmanyam & Uno (1994)	日经-新加坡交易所	2 天 CC	14个月(g)	-21%
Brenner, Subrahmanyam & Uno (1994)	日经-新加坡交易所	每日 CC	14个月(g)	-20%
Brenner, Subrahmanyam & Uno (1994)	日经-新加坡交易所	每日 CC	月(g)	0%
Brenner, Subrahmanyam & Uno (1990b)	日经-大阪交易所	每日 CC	12个月	-24%
Bacha & Vila (1994)	日经-大阪交易所	每日 CC	3个月	-8%
Bacha & Vila (1994)	日经-大阪交易所	天	3个月(i)	-14%
Brenner, Subrahmanyam & Uno (1994)	日经-大阪交易所	6 天 CC	14个月(g)	-49%
Brenner, Subrahmanyam & Uno (1995)	日经-大阪交易所	3 天 CC	14个月(g)	-50%
Brenner, Subrahmanyam & Uno (1996)	日经-大阪交易所	2 天 CC	14个月(g)	-35%
Brenner, Subrahmanyam & Uno (1997)	日经-大阪交易所	每日 CC	14个月(g)	-29%
Brenner, Subrahmanyam & Uno (1998)	日经-大阪交易所	每日 CC	每月(g)	-27%
Iihara, Kato & Tokunaga (1996)	日经-大阪交易所	5 分钟	10 个月	-28%
Iihara, Kato & Tokunaga (1996)	日经-大阪交易所	5 分钟	8 个月	35%
Iihara, Kato & Tokunaga (1996)	日经-大阪交易所	5 分钟	6 个月	-6%
Bacha & Vila (1994)	日经-芝加哥商品交易所	每日 CC	3个月	3%
Bacha & Vila (1994)	日经-芝加哥商品交易所	每日	3 个月(i	-47%
Brenner, Subrahmanyam & Uno (1990b)	东京证券交易所	每日 CC	12 个月）	-9%
Brenner, Subrahmanyam & Uno (1994)	东京证券交易所	6 天 CC	14 个月(g)	-34%
Brenner, Subrahmanyam & Uno (1994)	东京证券交易所	3 天 CC	14 个月(g)	-40%
Brenner, Subrahmanyam & Uno (1994)	东京证券交易所	2 天 CC	14 个月(g)	-18%
Brenner, Subrahmanyam & Uno (1994)	东京证券交易所	每日 CC	14 个月(g)	0%
Brenner, Subrahmanyam & Uno (1994)	东京证券交易所	每日 CC	每月(g)	3%
Yau, Schneeweis & Yung (1990)	香港恒生	每日 CC	18 个月(f)	14%
Yau, Schneeweis & Yung (1990)	香港恒生	每日 CC	14 个月(g)	54%
Hodgson (1994)	澳大利亚 AO	15 分钟	1 年	175%
Board & Sutcliffe (1995a)	金融时报 100	60 分钟	每日	101%
Board & Sutcliffe (1995a)	金融时报 100	60 分钟	每月	85%
Board & Sutcliffe (1995a)	金融时报 100	60 分钟	每季	82%
Board & Sutcliffe (1995a)	金融时报 100	每日 CC	每月	46%
Board & Sutcliffe (1995a)	金融时报 100	每日 CC	每季	42%

表 12.1（续）

研究领域	指数	输入频率	输出频率	过量波动性
Board & Sutcliffe (1995a)	金融时报 100	每周	每季	18%
Strickland & Xu (1993)	金融时报 100	60 分钟	2 年	46%
Yadav & Pope (1990)	金融时报 100	每日 CC	3 个月(d)	15%
Yadav & Pope (1990)	金融时报 100	每日 CC	3 个月(e)	33%
Yadav & Pope (1990)	金融时报 100	每日 OO	3 个月(d)	18%
Yadav & Pope (1990)	金融时报 100	每日 OO	3 个月(e)	43%
Yadav & Pope (1990)	金融时报 100	每日 OC	3 个月(d)	47%
Yadav & Pope (1990)	金融时报 100	每日 OC	3 个月(e)	175%
Stulz, Wasserfallen & Stucki (1990)	瑞士市场指数	每日 CC	6 个月	3%
Grünbichler & Callahan (1994)	法兰克福证交所	5 分钟	10 个月	27%
Grünbichler & Callahan (1994)	法兰克福证交所	5 分钟	10 个月	19%
Grünbichler & Callahan (1994)	法兰克福证交所	30 分钟	10 个月	18%
Martikainen & Puttonen (1994a, 1994b)	芬兰 FOX	每日 CC	2 年	60%
Martikainen, Perttunen & Puttonen (1995a)	芬兰 FOX	每日 CC	2 年	80%

a=传统的波动性测量($1n(P_{t+1}/P_t)$, b=Garman–Klass 波动测量法, c= Ball–Torous 波动测量法, d=金融大改革前, e=金融大改革后, f=1987 年股市崩溃前, g=1987 年股市崩溃后, h= Cho 和 Frees (1988) 波动测量法, i= Parkinson 方差估值。

　　详细的有关期货价格的变化和回报的波动性的研究列于表 12.1，过量的波动性用期货方差除以现货方差再乘以 100。CC 代表收市对收市数据，OC 指开市对收市数据，而 OO 代表开市对开市数据。

　　在表 12.1 中出现的大多数过量波动性比理论上预测的价格变化的波动性只有几个百分比，比回报的波动性为零要大得多。通过对所有指数的研究对比，这一结果得到了普遍支持。该表显示了如果输入的频率越短，过量的期货波动性要更高，除了最近的日本市场外，我们可以在图 12.1 中看到。对于用一天的输入频率来计算的波动性，则期货的过量波动性就小。然而，在一天中，每分钟的期货波动率可以远远大于指数的波动率，例如：可以大几倍。期货价格的高波动性产生的原因可因为测量上的问题及非套利条件下的经济因素的省略。下面，我们先讨论测量的问题，接着讨论经济的因素。

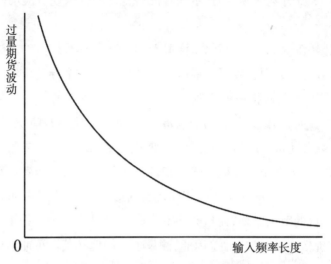

图 12.1　过量的期货波动性和输入频率的关系

Stoll 和 Whaley(1988b)认为,即使股指期货和个股的现货价格的波动性是同样的,现货指数比股指期货价格将表现出更小的波动性,这是因为在美国用以计算的指数是取真实指数在一段时间上的平均值, 这是由于在实践中采用了交易价格来计算指数。在这种情况下期货价格的波动性比指数更精确地反映了现货市场的波动。通过延长输入频率再来计算价格变化应当可以减少波动性的差异,而滞后的价格影响的重要性也会减少。

MacKinlay 和 Ramaswamy（1988）文中分析了美国标准·普尔 500 在 1982~1987 年间的数据。他们发现在期货回报中存在很少的自相关性(在 15 分钟时间段上价格的对数), 而 15 分钟时间段上的指数回报表现出 0.2 的一阶自相关性。在检验建立指数的正自相关性中滞后的价格所扮演的角色,时间段增加到了 30 分钟、1 小时、2 小时和 1 天。指数回报的一阶自相关性快速从 15 分钟时的 0.2 递减到 30 分钟时的 0.08,1 小时递减到了 0.06,2 小时为 0.1,而 1 天时为 0.06。这些结果暗示了虽然一些无法解释的正自相关性在指数中存在,但多数滞后的价格影响可以通过 1 到 2 小时的差分来消除掉,因而滞后的价格不能完全用以解释期货价格和指数之间波动性的差异。然而, 基于 Miller、Muthuswamy 和 Whaley（1994）的模型及对美国标准·普尔 500 的观察结果暗示了滞后的价格可导致在 15 分钟时间段的价格变化方差低估达 23%,而当他们把预先估计的滞后价格影响从指数中去除后,Miller、Muthuswamy 和 Whaley

发现对应15分钟美国标准·普尔500价格变化的过量期货波动性从83%降到了23%。

在英国,在1997年10月20日引入SETS前,计算指数的方法不同于多数美国的指数,由此而引发了一些问题。英国是报价主导的市场,而金融时报100指数是基于其所构成的每股的中间价(例如取最好的买入价和卖出价的平均值)。因而,不像大部分的美国指数,即使实际上并没有交易发生,金融时报100指数会随市场缔造人观点的改变而改变,结果可能导致一些滞后的价格影响在英国远远小于多数的美国指数;虽然在市场制造者更新报价前有些延迟,英国的指数可能还是会受相同现象的影响。大宗的交易可发生在最好的买入、卖出价的范围以外,而指数却不会改变。所以,金融时报100指数已经低估了现货价格真正的波动性。因此,测量上的问题在英国可能由现货波动性的低估而导致,但在美国导致的原因就不同了。

在原理模型中被忽略的经济因素也许可以解释为什么期货的波动性会大于现货的波动性。Harris、Sofianos和Shapiro(1994)提出了买入、卖出价的差异可导致期货的波动性相对于现货会增大,Smith和Whaley(1994b)发现超过80%的美国标准·普尔500期货交易价格变化的方差是由买入、卖出的价差引起的。在英国的指数是基于中间询价的,而在美国以前的一些交易是基于询价,而其余的是基于出价,所以指数受买入、卖出价差的影响小于股指期货的价格。然而,通过观测美国标准·普尔500,Miller、Muthuswamy和Whaley(1994)提出买入、卖出的价差只能解释在15分钟的时间段上所引发的0.1%的期货价格变化方差的增加。Schwert(1990)给出了另外一种解释,那就是躁动的交易者(没有正确的关于他们正在交易的股票信息的交易人)在期货市场比现货市场更为亢奋。交易和指数对应的一览子股票产生更高的交易费用,伴随期货的价格发现功能,这也许意味着期货价格会对新的市场信息做出回应,而在指数中却没有变化。而只有当不适当的定价大到足以填补交易股票和期货的交易费用时,套利交易才会发生。因而,期货价格的一些小的变化不会在指数中反映。Samuelson假设(见第7章)为当交货期临近时,期货价格的波动性会随之而增加,而到期日的影响(正或负)将造成期货波动性的动荡。Park(1990)建议期货价格的波动性也许超过了指数是因为期货价格是由双重拍卖市场决定的,而股票交易则由市场制造人来完成的。红利及利率的不确定性及期货不履约的风险也是产生过量的期货波动性的原因。如果现货和期货的周末影响在不同的量上,这也会引起波动性的差异。

12.1.2 股指期货对股价波动性的影响

股指期货的存在会导致资产市场的价格波动增加的问题引起了监管层的极度关注。对于期货市场对现货波动性的影响,这样的关注早已有了。1956 年 8 月 28 日,美国国会通过了"洋葱期货法案"(公共法 85–839)。该案禁止了洋葱期货的交易, 因为这可能会破坏现货市场。尽管 Gray （1963）和 Working (1960,1963) 在以后的研究观察中发现洋葱期货目的是稳定现货市场,而 Johnson(1973)同样也没发现有证据表明洋葱期货对市场有破坏作用。在 20 世纪 60 年代,美国有过一次禁止土豆期货的失败的尝试,因为他们认为这增加了现货的波动性。

通过在现货市场的波动性上引入期货市场的影响,其理论调查的结果是不明确的。Cass 和 Shell（1983)提出了一个理论模型,通过它我们可以了解期货市场的存在对现货价格波动性的影响。虽然建立一个期货市场的总收益为零（例如期货市场是一个总盈亏为零的游戏）, 但它可导致财富的重新分配。这种财富的转移可致对资产需求模式上的改变,因而改变了现货的价格（例如现货价格的波动性的增加）。Green（1986)却不这样认为,他觉得这一模型对股指期货的重要性没有太大的关系,因为我们没有理由去预测当财富从亏损方流入赢利方而导致的需求模式发生大的改变（因为所有的参与者的需求模式大体是相似的）。Subrahmanyam（1991)也建立了一个股票和股指期货的原理模型, 由此他认为引入股指期货对现货的波动性的影响是不明确的。Kawai(1983)、Turnovsky(1983)以及 Weller 和 Yano（1987)得出了一个相似的结论。Turnovsky 和 Campbell(1985)的模拟方法发现如果考虑用一个特定的模型, 那么一个期货市场的存在可以减少现货的波动性。Chari 和 Jagannathan(1990),Chari、Jagannathan 和 Jones（1990)揭示了当我们可以建立一个理论模型来演示一个期货市场的存在可以减少现货的波动性,而当我们对模型进行少许的改动时,得出的结论是相反的。因而,关于这方面的讨论不能单单建立在理论的基础上。Chari 和 Jagannathan 也质疑现货波动性的增加是否一定是件坏事,甚至波动性的减少对社会上有些族群是不利的。这种微分的利益影响同样被 Turnovsky 和 Campbell（1985)所发现,尽管总的社会福利在增加,但这也许是期货市场遭到有些人抵制的一个原因。

Antoniou、Holmes 和 Priestley（1998）认为股指期货的引入可以改变现货市场对新闻的回应方式，而且这样的改变也许是有益的。因而，即使股指期货的存在可以增加现货的波动性，但我们必须衡量引入期货市场也许对现货市场如何回应新闻媒介产生的一些益处。

最近几年有大量关于股指期货对于相关指数波动性的影响的观测和研究，总体上他们支持股指期货长期来说不会增加现货价格的波动性的观点。有四种假设用于测试是否期货市场增加了现货价格的波动性：（1）实验研究；（2）在引入股指期货前后对波动性的比较；（3）跨区域（或相对的）分析比较相关资产在没引入期货合同和引入情况下的波动性；（4）时间序列的分析，用期货数量等一些变量来尝试解释现货波动性的变化种类。

1. 实验研究。我们已知有很多实验研究关于引入期货市场对现货波动性的影响。Friedman、Harrison 和 Salmon（1983，1984）对加利福尼亚的学生进行了一次实验研究，发现期货市场加快了市场趋于平衡的速度（例如价格发现），而且期货市场的存在使得现货价格的波动更少。Forsythe、Palfrey 和 Plott（1984）也对加利福尼亚的学生进行了一次实验并发现期货市场的引入增加了现货的波动性，因为期货增强了对价格发现的功能。他们声称现货波动性的增加代表了一种效率上的收益，但这不意味决策者应该过多的来干涉期货市场以稳定现货的价格。Harrison（1992）研究了从南加州来的学生，当他使用一个较长期的期货，他得出了和 Forsythe、Palfrey 和 Plott（1984）同样的结论。当期货的到期日不尽相同时，波动性增加的现象减少了。Porter 和 Smith（1995）研究了来自亚利桑大的本科生，也发现通过引入期货市场可以大大地减少现货价格的泡沫。实验研究表明引入期货市场可能增加或减少现货的波动性，同样也增强了功能价格发现的功能。

2. 研究前和研究后。这些研究比较了引入股指期货前后对现货波动性的影响。

美国：Santoni（1987）对 1975~1986 年间的每日及每周的标准·普尔 500 指数进行了分析，发现在 1982 年 4 月引入股指期货的前后对指数方差的变化没有什么不同。Santoni 也对每天的指数价值（$\Lambda =$（高−低）/收市价）进行了分析，发现在引入股指期货后平均价值的统计的重要性降低了。最后，Santoni 研究了在期货推出之后标准·普尔 500 期货合同的每日成交量和三种波动性测量方法（即：指数每天的百分比变化、指数每天的百分比变化的绝对值及每天的指数价值)的相关性,他发现唯一重要的结果是期货成交量和 $\wedge$ 之间存在着负相关性,这意味着期货交易的增加并不能导致指数波动性的增加。

Edwards (1988a 和 1988b)使用了 1973~1987 年间每天的数据研究了在引入相应的期货前后对标准·普尔 500 及价值线综合指数的波动性的影响,他发现相应资产(用几种方法来测量)的每日波动并不会随期货交易的存在而增加。

Becketti 和 Roberts (1990)认为重要的不是波动性而是跳动的波动性。例如指数每天的变化超过了 1.75%(Miller,1991 认为当大的价格变化时,尤其是负的大价格变化时市场参与者干涉了波动性)。使用美国标准·普尔 500 在 1962~1990 年间的每日数据,他们发现当引入股指期货合同后这些大的价格变化出现的频率减少了,而同时当平均的跳动幅度并没有改变。他们的结论是股指期货的存在和股票市场的跳动波动性没有或几乎没有任何关系。

Lockwood 和 Linn (1990)研究了 1964~1989 年间的道·琼斯工业指数的每日开市及收市价值。他们把数据按可能会改变与每日价格相关的自然对数细分为不同的子周期。从期货出现前的 1975 年 5 月开始,而同期在美国固定的佣金制已被废弃;直到 1982 年的 2 月结束,而那时价值线综合指数指数期货的交易已开始。期货交易出现后的时间段始于 1982 年的 2 月,终于 1988 年的 2 月,当时更大的保证金被引入到了股指期货。他们发现用期货出现之后的收市对收市价格来计算的方差要大于期货出现前的 120%(而且具有高度的统计重要性),比用整个数据周期的方差大 66%。然而,当用每日的开市对开市价格变化,期货出现后的时间段内的方差仅比出现前大 44%(而且统计上不具有重要性),和整个时间周期的方差相比,也仅大 35% 而已。

Baldauf 和 Santoni (1991)研究了 1975~1989 年间的标准·普尔 500 指数的每日开市及收市价。起先,他们比较了指数在 1982 年 4 月 (此时标准·普尔 500 指数的期货合同刚被引入)前后的每日百分比变化的方差。他们发现当股指期货被引入后,股市的波动性明显地增加了。然而,他们认为这样的测试本身并不全面,因为它不允许在价格变化的百分比上存在正的自相关性(例如大的价格运行总是跟随大的价格运行, 而小的价格运行总是跟随小的价格运行)。为了处理这一问题,他们使用了一个 ARCH 模型并得出了在引入股指期货后股市的动荡性 (用每日价格的对数及整个数据周期内的均值的平方差来衡量)没有显著地增加这一结论。

Brorsen (1991)提出当在市场中交易时,如果阻力增加,那么新信息在现货价格中反映的速度会减弱(例如更高的交易费、保证金的增加、套利交易的限制等)。因此,他提出了一个简单的模型。该模型可以减少现货市场对新信息的调整的延误,从而降低了现货回报的自相关性,同时增加了短期现货的波动性。使用 1962~1986 年间的标准·普尔 500 指数的每日开市及收市价, 他把回报定义为每日价格相关物的对数。

Brorsen 发现回报的自相关性仅能维持一天(例如序列为 AR(1)),而且在 1982 年 4 月后进一步减弱。在 1982 年 4 月引入标准·普尔 500 期货后, 每日回报的方差显著上升。然而在 5 天或更长的时期内,由于现货价格已经充分地反映了新信息,所以方差并没有变化,而且减小交易阻力对长期的波动性也没有影响。

Kamara、Miller 和 Siegel(1992)采用了 1976~1988 年间标准·普尔 500 指数的每日收市价值。他们发现在期货交易开始后,每日回报的方差增加了,但每月回报的方差并没有增加。由于发现每日回报的方差会随时间而改变,那么每天的波动性就不是由于股指期货的引入而产生的。

Pericli 和 Koutmos (1997)分析了 1953~1994 年间标准·普尔 500 指数每天的数据。当在他们的 EGARCH 模型中允许了 1987 年的股市崩溃及弹性的汇率周期后,他们发现当引入期货交易后波动性的坚持性增加了,但波动性本身并没有增加。

Rahman (2001)使用 30 个指数构成者的 1997~1998 其间的报价数据对 1997 年 10 月引入道·琼斯工业平均指数期货做了研究。他把期货交易前后的每家公司纳入到 GARCH(1,1)的模型中,但没有发现有条件的方差等式中的参数有何重要的变化,这就表明了期货交易没有增加现货的波动性。

日本: Chan 和 Karolyi (1991)研究了 1985~1987 年间日经 225 的每日回报。他们使用了一个 GARCH-M 回归模型,在波动性测量的过程中也用到了虚假的变量,这些虚假的变量波动性测试在 1986 年 9 月(当时日经的期货开始在新加坡股市上市交易)发生改变,他们得出了波动性不会由于股指期货的存在而改变的结论。然而,新加坡股市的成交量只能算中等,而且研究者并没有对从 1988 年 9 月起在大阪证交所交易的日经 225 期货是否影响现货的波动性做测试。

Bacha 和 Vila (1994)比较了日经 225 期货被引入新加坡、大阪及芝加哥交易前后的 30 日和 60 日波动性。波动性的衡量采用了每日回报的标准差及帕金森的高-低估算法,结果没有发现波动性有改变。

Brenner、Subrahmanyam 和 Uno（1994）使用了每日的收市价来比较日经 225 和东京证交所的指数在引入股指期货前后的波动性。当已知有很多因素会引起日本现货市场的波动,他们的结论是没有证据表明期货交易会导致日本现货市场波动性的增加。

Chen、Jarrett 和 Rhee（1992）随机取样了 100 只日本股票,并研究了他们在 1988 年 9 月引入东京证交所期货前后的每日数据（同期日经 225 期货也被引入到了大阪）。每日的波动性用四种方法来衡量:（1）每日回报平方的每月平均值;（2）在一个月内的每日价格变化的标准差;（3）每日价格的高-低范围的每月均值除以开市价格;（4）帕金森的高-低估算法。结果表明,在引入东京证交所期货前后不管用年还是月来测量,取样的 100 只股票的波动性均没有任何的变化。

中国香港地区:Freris（1990）观察了自 1986 年 5 月后在香港存在的恒生指数期货对市场的影响。他选取了 1984~1987 年间的每日交易数据并研究了每日算术回报的标准差后发现随着股指期货的引入,指数回报的标准差降低了,Freris 因而总结出股指期货的存在对恒生指数的波动性没有可测量的影响。

澳大利亚:Hodgson 和 Nicholls（1991）考虑了 1983 年 2 月在澳大利亚 AOI 上引入的期货合同对市场产生的影响,他们选用了 1981~1987 年间的每日数据并计算了每周三价格相关物的自然对数。他们的结论是:1983 年 2 月后的波动性和之前的没有什么本质上的不同,因而期货的存在并不影响澳大利亚股市的波动性。

法国和丹麦:Reyes（1996）研究了法国及丹麦开始交易 CAC40 及 KFX 指数期货的前后 3 年间的每周市场数据。用 EGARCH（1,1）-MA（1）回归模型,他们发现法国的现货波动性降低了,而丹麦的现货波动性却没有变化。

美国、日本、中国香港地区、澳大利亚及英国:Lee 和 Ohk（1992a）考虑了股指期货分别在澳大利亚、香港、日本、英国及美国这 5 个国家引入后的情况,他们分析了每个国家在引入股指期货前后各两年时间内指数的每日回报。这些指数分别为:全普通、恒生、东证、金融时报及纽约证券交易所综合指数。通过计算和比较在引入前后不同期间（100 天、250 天及 500 天）的回报方差,他们发现在日本的波动性明显地增加了,同样的情况也发生在英国和美国,而在香港情况正相反,但这取决于取样周期。在澳大利亚,波动性并不发生变化。因为只有一个参照物的存在,这样的前后对比测试有相当的难度:当股指期货被引入时的波动性的改变可能已经受到了其他一些不可控制的因素的影响,例如会影响总的市场波动性的宏观经济及其他一些变量(在引入利率期货影响的研究中也可发现)。另外一个因果问题是:当现货波动性大时,股指期货较容易被列出。而在英国存在的问题是:金融时报100期货及美式金融时报100权证在同一天开始交易,所以之前的方法并不能区分这两者的影响。

Schwert(1989)用美国1857~1987年间的数据发现股市的波动由四个因素而影响:金融杠杆、衰退、现货交易量及利率的波动,Schwert(1990)同时也考虑了操作杠杆及股票按金作为现货波动可能的决定因素。Grossman(1990)建议由于近年来快速发展的信息技术使市场参与者能够迅速地获取信息从而可以做出快速反应,这也导致了波动性的增加。Maberly、Allen 和 Gilbert(1989)利用1963~1988年间的数据展示了美国标准·普尔500指数期货的存在可能会增加、减小或不改变相应的指数的每日回报的波动性。因而,采用这种前后对比的方法论还是值得质疑的。

3. 跨区域研究。这些研究通过考察现货波动性的变化来试图控制其他的一些对现货波动性的影响,而这和不受股指期货影响的资产有关。

美国:Aggarwal(1988)首先用相对波动性(或者叫做跨区域)的方法来研究股指期货,他使用了1981~1987年间的数据来研究是否股指期货的存在影响了美国标准·普尔500及道·琼斯工业平均指数的波动性(用回报的标准差来衡量)。为了控制其他的影响,他使用了一个合成的场外指数(没有主动的期货市场与之对应)。他发现当引入期货后,美国标准·普尔500及道·琼斯工业平均指数的波动性增大了,而相对于场外指数的波动性减弱了。他的结论是:股指期货的存在并没有增加相应指数的波动性。Aggarwal 也调查了期货引入对道·琼斯工业平均指数(相对于场外市场)交易量波动性的影响,从中发现了在引入主要市场指数期货后交易量的波动性显著地增加了。

Harris(1989b)研究了1975~1987年间同时列在美国标准·普尔500及纽约证券交易所的股票。对每个公历年,他把这些股票和一些同样列于纽约证券交易所的相似的但不包含在指数中的取样股票进行了比较。回报用一些差异化的时间段(1~20天)来计算。他首先调整了每个股票的波动性来去除一系列的其他因素的影响,然后对标普500的股票和在监控群中的股票调整后的波动性进行了对比。在1982年以前,之间的波动性没有什么差异,而在1985、

1986 及 1987 年，标普 500 股票的波动性大大超过了监控群内的股票。然而，如果用一天的差异化周期来衡量，其标准差的增加不大，例如约为 7%。而随着周期的变大，波动性逐渐减小。Harris 的结果也许是因为在 80 年代一系列因素的改变而导致的，例如掌握美国本土资产（主要集中在标普 500 的股票）的外国业主的壮大，指数基金的增长或许也是原因之一。Harris 建议相对短期的波动性的微弱增加是由于不充分的市场流通性以至于可以吸收在短期内产生的指数套利交易，或是因为期货市场的出现加快了指数中股价对新信息（例如通过指数套利）的响应速度。Harris 指出，当交易员建立一个股票组合时，由于他们可以在股票间套利，所以如果股指期货增加了标普 500 股票的波动性，那么这些所增加的波动性有些也可能已经转移到了非标普 500 的股票上去了。如果这样的话，跨区域研究（例如在 Harris，1989b）的结果可能低估标普 500 股票波动性的影响。

Damodaran（1990）参考了 1982 年 4 月 21 日推出标普 500 指数期货前后 5 年间的数据。他分析了在标普 500 指数中的 378 家公司在这 10 年之间的每日回报，同时也分析了同期另 699 家在纽约证券交所上市的公司，而这些公司和标普 500 指数没有关系。他计算了每天的两个回报，即：标普 500 及另外一部分股票的非加权每日平均回报。在引入标普 500 期货后，非指数的股票相应方差的统计重要性降低了。因而，在引入股指期货后标普 500 股票回报的方差相对于其他股票而言是上升了。

Laatsch（1991）在文中使用 1982~1986 年间列于 MMI 指数上的股票的每日回报，同时把这些股票按 20 个为一组，共分为两组。一组包含的是一些特定的股票（大部分列于其他一些已经有期货交易的指数上），另一组是随机选取的股票。期货推出前的数据为了使市场模型（例如 $R_{jt}=\alpha_j+\beta_j R_{mt}+\varepsilon_{jt}$）和 60 只股票中的每一只相匹配，然后他对推出期货之后从等式中得出的预测错误进行了分析。他发现没有证据表明期货合同的存在改变了 MMI 指数中或是其他股票的贝塔值（例如系统性风险），也没证据表明这会增加预测错误的方差（例如非系统性风险）。

Koch 和 Koch（1993）用 1987~1988 年中八天时间内的标普和 MMI 指数中股票的波动性和同期其他一些非指数的股票做了对比。波动性用每天的最高价对最低价比率的自然对数来衡量，结果没有证据表明指数及非指数股票的波动性有何区别。

Gerety 和 Mulherin(1991)利用每小时和每天的数据计算了道·琼斯指数的回报。对于 1974-1989 年间的每一个公历年,他们计算了这些回报的方差。最后,他们得出了每年的方差对时间之比率。

他们论述了如果美国 1982 年引入的股指期货增加了日间的波动性,而日间的波动性保持不变,则可以通过方差比的大幅跳升来显示。由于测试中用了每小时和每天的波动性比率,总的市场波动性的增加和减少会相互抵消。他们从中发现了这一比率的长期趋势,而这一比率在 1982 年没有跳升。因此,他们总结出股指期货的存在不会增加日间现货的波动性。

Kamara、Miller 和 Siegel(1992)参考了 1976~1988 年间标普 500 指数的每日收市价值。他们用 5 个可解释变量对每月的现货回报做了回归分析,然后检查了在引入起火交易前后的残量方差。当包含 1987 的股灾时,方差增加;而剔除 1987 年的股灾后,方差不变。由于期货还没有被显示引起了这次股灾,研究者因此总结出期货交易并没有增加每月的现货回报的波动性。

Galloway 和 Miller(1997)调查了自 1991 年 2 月标普 400 期货推出后 1990~1992 年间的每日数据。他们比较了标普 400 指数和 100 间中型美国公司及另外 100 家大型美国公司的波动性变化,结果并没有发现标普 400 指数相对波动性的增加,贝塔值及交易量的相关变化也没发生变化。

美国、日本、中国香港地区、澳大利亚及英国:Lee 和 Ohk(1992a)试图用一种不同的方法来控制其他因素对波动性的影响,他们使用股指期货开始交易前后两年的数据分别对 5 个国家(澳大利亚、香港、日本、英国及美国)进行了考察。为了消除其他的波动性来源的影响,他们把股指期货开始交易的日期定为中心日期,然后他们依照 5 个现货市场 4 年期间的指数价值分别建立了平均加权的及价值加权的资产组合。这 5 个国家资产组合的每日回报的方差在引入期货交易前后分别被进行了比较,结果发现由于股指期货的存在导致方差明显地增大。用 GARCH 模型加上一个假变量来测量组合的每日回报后发现在股指期货被引入后波动性显著地增加了,同时可发现波动性的自相关结构性有很大的变化,这意味着震荡很快被指数所吸收了。

日本:Chang、Cheng 和 Pinegar(1999)分析了 122 个日本股票(95 个列于日经 225 指数上,其余 27 个作为另外一个控制取样组)1982~1991 年间的每日数据,他们研究了在大阪及新加坡引入日经 225 指数期货后所产生的影响。他们把两个现货组合的波动性分解成跨区域的波动性及组合中股票的平均波动性。唯一发生的变化就是当期货被引入到大阪后,日经 225 现货组合的波动性增加了,而日经 225 的跨区波动性相对于平均波动性来说是降低了,这表明在大阪交易的日经 225 期货导致了现货的小幅波动。

美国、日本、英国及德国:Cohen(1999)使用了 1,2,5 天的方差比率来检验是否对股指期货交易被引入到标普 500、日经 225、金融时报 100 及 DAX 后对其波动性及价格发现功能有影响。他发现虽然期货交易导致美国,日本及德国的现货回报标准差的增加;而方差比率(2/1,5/1 及其 20/1 天)均减小,但不足以完全表明负的自相关性的存在。这对期货交易动摇了现货稳定性的观点提出了否定的意见,而更低的方差比率与增强的价格发现功能是一致的。

4. 时间序列的研究。有些研究者采用了第四种方式来研究期货对现货波动性的影响。通过建立一个模型并使用几种不同的经济变量来解释现货的波动性,然后看这是否需要使用期货成交量、开放权益或波动作为解释变量。这种手段假设了任何的因果关系是因期货市场致使现货市场波动性的增加,而不是反向的。这也使研究方向从探查期货市场引入后一些离散事件产生的影响上偏离出来,而且考虑到了这些变量所代表的期货市场的活动层次。Schwert(1990)提到了当标普 500 的现货波动性高的话,现货和期货成交量也会放大,而 Schwert(1989)发现标普 500 期货的成交量对标普 500 现货回报的波动性改变没有任何改变。

美国:Bessembinder 和 Seguin(1992)研究了标普 500 在 1978~1989 年间的每日数据。通过使用 Schwert 发明的迭代程序,他们研究了有条件的现货回报波动性的决定因素。他们认为信息的到来可用现货交易量来替换,而且把每天的现货交易量分解到一个长期的趋势上(使用 100 天的移动平均),预期的变化(使用 ARIMA(0,1,10)模型)和不可预期的(残量)成交量变化。他们在允许期货交易存在的情况下,通过加入假变量之后来适应固定周期及 3 个现货成交量变量的移动。没料想到的成交量及成交量的长期趋势被发现增加了现货的波动性,而当期货开始交易后这些影响开始减弱了。Bessembinder 和 Seguin 也注意到期货交易减少了恒定周期(即无条件的波动性)。另外,他们验证了期货交易层次对现货波动性的影响(分解成长期的,预期的和非预期的变化,采用和现货成交量相同的方式)。现货成交量量(长期的、预期的和非预期的)对现货波动性有正面的影响,而不可预期的期货成交量对之也有正面的影响,可预期的及长期的期货成交量却有负面的影响。另外,长期的开放权益对现货波动性有负面的影响，他们得出的结论是期货交易的出现使现货波动性减小了因为由于它的存在导致了一个更深的、流动性更强的资本市场的诞生。

Brown-Hruska 和 Kuserk(1995)使用了 1982~1990 年间标普 500 期货及纽约证交所的每日数据,因此所有的数据均来自标普 500 期货交易开始之后。他们使用了 Schwert 的迭代程序来检验现货交易价值,期货交易及这两个价值的比率对有条件现货回报(用标普 500 指数来测量)的方差的影响(他们指出在学术著作中还没有对现货和期货交易的相对成交量建立一个"正确"的比率)。使用 ARIMA(0,0,10)模型,这三个解释变量中的每一个被分拆为可预期及不可预期的两部分。他们发现不可预期的现货几期货交易对现货波动性有正面的影响,这和信息的到来对三个变量均产生影响是一致的。可预期的期货交易价值相对于现货交易值的增加,对现货波动性有负面的影响,而不可预期的期货交易相对于现货交易的增加则对现货波动性没有影响。这些结果和关于期货交易的增加会动摇现货市场的稳定性是不一致的,事实上,他们的建议是相反的。

Darrat 和 Rahman(1995)研究了 1982~1991 年间标普 500 指数的每小时数据,他们调查了是否是每月期货交易量或是开放权益和每月的跳动波动性(每小时指数回报的数目的绝对值超过了极限)有正面的联系。滞后的周期结构方差及非市场指数(清除了已经被期货成交量及开放权益所捕获的影响)对现货跳动波动性有正面的影响。然而,既不是期货交易中滞后的变化,也不是开放权益中滞后的变化影响了现货的跳动波动性。

Choi 和 Subrahmanyam (1994)对 1984 年间 MMI 的股票的买卖中间点每日标准差在它们的价格层次上做了回归分析,用一个时间趋势及若干变量对市场波动性的宽度变化上进行控制,他们发现引入 MMI 期货对现货的波动性没有影响。

Change、Chou 和 Nelling (2000)验证了增加的期货波动性对避险及投机对期货需要的影响。对 1984~1990 年间标普 500 期货的每日数据,他们对大的对冲机构的长期及短期开放权益用若干个变量来做回归分析,而变量则包括可预期的及不可预期的期货价格波动性。这同样用于对大的投机商及小散户所持有的长期及短期开放权益进行反复试验。他们发现增加不可预期的波动性会加大避险者及投机商对未平仓合约数额的需求,而避险的需求占主导地位。结果表明,当存在不可预期的波动性时,避险(主要是稳定市场的行为)而不是投机在交易中占主导地位,这也支持了期货不会动摇现货市场的的观点。

中国香港地区:Kan（1997）研究了列于 1983~1989 年间香港恒生指数的 28 只股票及另外一个监控群中的 30 只股票的每日回报。每个股票的每日方差对恒生组成的虚拟物、股票的贝塔值、反转的股价、公司的市场价值及股票的交易量的对数进行了回归分析。当允许了对波动性的其他一些影响后,在期货交易开始前指数股与非指数股的波动性没有区别,但当期货交易开始后指数股的波动性相对较低。

韩国:Bae、Kwon 和 Park（2004）使用了 1990~1998 年间的指数股及另一监控组中的非指数股的每日数据,分析了在 1996 年 5 月引入的 Kospi 200 期货对股市的影响。他们对每间公司标准差在贝塔风险、市场价值、反转的股价、及外汇风险上进行了回归分析,从而得出引入 Kospi 期货导致了现货波动性的增加,而且对信息做出的调整速度也增加了。

澳大利亚:Gannon（1995）通过对全普通指数在 1992 年间的 15 分钟回报研究了期货波动性对现货波动性的影响。他分为两步来做:第一,他把现货回报放入到 GARCH(1,1)的模型中,而把期货波动性(用期货价格的平方变化的对数来衡量)放入到一个有条件的方差等式中,结论是在 GARCH 模型的有条件方差等式中放入非虚假变量使得对这样的变量的诠释更为困难, 因为 GARCH 有条件方差等式包含了一个在主变量及因变量之间的递归关系。因此,Board、Sandmann 和 Sutcliffe（2001）认为,在等式中放入当前的成交量即有效地包含了所有滞后的成交量价值,伴随着一系列隐含的分量的降低。这项研究的结果,应该考虑这个问题。第二,他把含有 ECM 的回归方程应用到了现货波动上。这两方面的分析得出的结论是, 期货波动对现货波动起了积极的作用,而且现货波动在第一小时交易中明显高于其他时间。因此,他表明正如他所料,这两个市场起伏不定的同时并代表一个市场正在动摇另一个市场。

英国:Board、Goodhart 和 Sutcliffe(1992)及 Board 和 Sutcliffe(1992)分别研究了 1978-1991 年间每日的金融时报全(FT-A)股票指数及 1984~1991 年间的金融时报 100 指数和期货的每小时数据。在使用全股票指数的每日数据时,他们把对现货波动的各种测量在若干可解释变量上做了回归分析, 在其中还包括一个对现存的期货交易的虚拟物。他们发现,在推出期货交易后没有证据表明它增加了现货的波动性。使用 1984 以来的每小时数据,他们又对现货波动的各种测量在若干可解释变量上做了回归分析, 这次包含了股指期货的交易量。他们发现在现货波动性及同时代的期货成交量之间的联系,但他们把这归结于由于信息时代的到来同时影响了两个市场,而非期货交易增加了现货的波动性。通过使用1987~1991年间的每日数据来计算每月现货成交量的每月方差,他们也研究了期货成交量对现货成交量的波动性影响。结果发现期货成交量运动和现货成交量波动性的运动是积极相关的,而这归结于这两个市场都受到信息时代到来的影响。

Antoniou和Holmes(1995b)使用金融时报500指数在1980~1991年间的每日收市价值并计算了每日的对数回报。他们发现GARCH(1.1)模型优于其他形式的GARCH(p,q),同样也优于GARCH-M(p,q)。他们把没被列在证券市场上的股票回报也放入到了均值等式中来作为一个市场宽幅运动的参照物,1987年的股灾及1986年的股市振荡时作为虚拟物也被放入了其中。当一个现存的在金融时报100期货中交易的虚拟物被放入有条件的方差等式中时,它有一个显著的正相关系数,表明期货交易增加了每日现货回报的波动性。他们也用GARCH模型对推出股指期货交易前后时期分别进行了估算。在引入股指期货后无条件的方差增加了,表面期货交易增加了现货的波动性。无条件的方差的自相关性程度也在增加,而有条件方差过去价值的影响在轻微地降低。Antoniou和Holmes把这诠释为1984年5月之后的现货波动性的增加是由于增加的信息流入而非期货交易产生的动荡性的影响。他们也发现在引入股指期货以前现货市场是完整的(震荡对方差有永久性的影响),而1984年5月后现货市场处于静态(震荡对现货方差仅有暂时的影响)。

Robinson(1994)使用1980~1983年间的金融时报全股票指数对于1984年5月推出的金融时报100指数的影响做了研究。他利用ARCH-M回归模型对每日回报的对数进行了验算,在有条件方差等式中又包含了4个表现货币体制改革的虚拟变量,一个金融体制改革的虚拟变量、常量及ARCH变量的虚拟物以允许股指期货的引入。他发现两个表现货币体制改革的虚拟物及常量的移位是由于股指期货的引入对有条件方差很重要的影响。金融体制改革对有条件的波动性没有影响,而股指期货的引入对ARCH变量的系数也没有重要的影响。有条件方差对回报没有重大影响,这可能是因为风险的衡量系统的好过全部风险。Robinson因而得出了期货交易的引入导致了现货波动性减少了17%的结论。

Holmes(1996a)检验了金融时报欧元跟踪期货的引入和撤除对对相应的

指数波动性的影响。他把一个周期分为 3 段：期货交易开始前、开始时、结束后，然后用 GARCH(1,1)模型对这 3 个时期的现货回报进行了分析。为了控制市场波动性程度的总的变化，他把摩根史坦利资本的国际欧洲指数的回报放入了回报等式。使用 1990~1994 年间交易的（金融时报欧元跟踪期货在 1991 年 6 月~1992 年 6 月交易）期间交易）每日收市值，他发现当期货交易时信息更快地反映到了现货价格中（α_1 增加，而 β_1 减小），而期货停止交易后信息反映的速度比以前减慢了。

Kyriacou 和 Sarno（1999）使用了一个同时的等式模型对 1992~1995 年间的金融时报 100 的每日数据进行了研究。在对金融时报 100 的期货交易的影响进行控制后，发现每日期货交易量除以未平仓和约对用每日范围来衡量的每日现货波动性有负面的影响，而对用 GARCH 模型来衡量的波动性则有正面的影响。当波动性用另两种方法来衡量时，期货交易对现货波动性没有影响

Hwang 和 Satchell（2000）使用 1984~1996 年间的每日数据对引入金融时报 100 期货的影响做了调查。一个随机波动性的模型把总现货波动性分成了一个基本的波动性及一个短时或噪音波动性。他们发现期货交易对基本波动性有正面的影响，对噪音波动性有负面的影响，而对总的波动性没有影响。

Board、Sandmann 和 Sutcliffe（2001）对 1988~1995 年间的金融时报 100 的每日数据进行了分析。他们用了一个随机的波动性模型，克服了在有条件方差等式中放入一个非虚拟变量的问题，同时偏差的问题及建立活动变量时的问题。通过调整信息到来及时间趋势的影响后，同期的期货交易量并没有动摇现货市场的稳定性。他们示范了使用不恰当的估算技术可导致关于期货交易对现货波动性的不正确的结论。

西班牙：Illueca 和 Lafuente（2003a）使用 1993~1996 年间 IBEX 35 指数的每小时交易数据，发现总的期货交易量对同期的现货波动性没有影响。使用 2000~2002 年间的 15 分钟数据，Illueca 和 Lafuente（2003b）发现现货的波动性随不可预期的期货交易量而增加，而非可预期的期货交易量。这支持了期货市场的价格发现的功能及期货交易并没有动摇现货市场的稳定性的观点。

2001 年 11 月 IBEX35 的微型期货交易开始了，Illueca 和 Lafuente（2004）也分析了 2001~2002 年间的 15 分钟回报。小型期货的引入也许增加了中小投资者（主要属于躁动的交易者）的交易量，从而导致了现货波动性的增加。Illueca 和 Lafuente 发现预期的 IBEX35 迷你期货交易量和现货波动性之间没

有什么联系。然而不可预期的期货交易量和现货波动性之间是正相关的,这和因引入迷你期货而增强的价格发现功能是一致的。

Meneu 和 Torró(2003)分析了 IBEX35 指数介于 1994~2001 期间的每日回报。在使用一个多变量 GARCH 模型对一个不对称协方差矩阵进行验算后,他们发现期货市场的波动对现货和期货两者的波动要比仅比现货市场的波动要小,而现货方差对震荡的反应要比期货波动性的反应大。他们归纳出期货市场有一个稳定的影响,波动性的主要来源于现货市场。

瑞士:Braund 和 Gibson-Asner(1998)对 SMI1985~1994 年间的每日数据进行了调查后,发现于 1990 年 11 月引入的期货交易导致了现货回报波动性的减少。Clerc 和 Gibson(2000)考虑了 SMI1988~1992 年间的每周数据后发现引入期货及权证交易减少了现货回报的波动性。这也导致了瑞士额外风险的降低。

美国、日本、英国、德国、西班牙及瑞士:Antoniou、Holmes 和 Priestley(1998)研究了 6 种股指期货:标普 500、日经 225(大阪)、金融时报 100、DAX、IBEX35 及 SMI,引入后对市场的影响。他们使用了 GARCH(1,1)模型,但在有条件方差等式中另外加入了一个周期用以测量对好消息及坏消息的不对称的反应。和 ARCH 条款中包含了滞后的平方偏差一样,他们的模型中也包含了滞后的平方偏差,但只选用负的偏差。他们的回报等式中包含了周虚拟物的天,用引入期货交易(对于英国,要求使用金融时报的全股票指数)前后 3 年的每日数据。他们把现存股指期货的一个假变量放入有条件方差等式中,然后用这6 年的数据,运用 GARCH 模型对每个国家进行了估算。他们发现股指期货的引入在德国和瑞士减少了现货的波动性,而在美国、英国、日本及西班牙的现货波动性没有影响。接着,他们调查了期货市场的存在对现货波动性对好消息及坏消息不对称反映的性影响。通过使用期货交易开始前后 3 年的数据,他们把不对称的元素(但不是期货虚拟物)放入 GARCH 模型后发现了很强烈的不对称性存在于德国、日本、西班牙及瑞士,但不存在于美国和英国。在每个案例中,坏消息比好消息对现货波动性有更大的影响。这种不对称的反应和杠杆效应是一致的,即:好消息增加了现货的价格,但减少了杠杆作用,这导致了更小的波动性及更低的所要求的回报(所以倾向于进一步增加价格)。反之,也同样适用于坏消息。而且对同样尺度的价格变化,对于好消息的回报率的影响更大。他们对引入股指期货后的 3 年又重复了这一分析,发现重大的不对称反应只表现在日本和西班牙,而在瑞士的表现性则不太明显,他们由此得出结论认为股指期货交易改变了现货市场对消息反应的方式。不对称反应的消失("特别在德国")和杠杆效应是不一致的,也不受股指期货交易的影响。最后,他们利用GARCH 模型及不对称元素对引入期货之后 3 年的交易数据进行了研究。他们发现坏消息对在日本、西班牙及瑞士期货回报的有条件方差有更重大的影响,同样的国家在这一时期对现货波动性有不对称的反应。

美国、日本、中国香港地区及英国:Lee 和 Ohk(1992b)分析了股指期货分别被引入到英国(金融时报 100)、美国(纽约证交所指数)、日本(东京证交所指数)及中国香港地区(恒生)。他用时间序列法法对股指期货引入前 4 年及引入后 3 年的数据做了回归分析(目前还不清楚作者是如何获得英国的期货推出前的指数价值的),因为金融时报 100 指数和股指期货是在同年推出的。通过使用每月及每日的指数价值,现货波动性用了两种不同的方法来测量,而 7 个宏观的经济变量的每月值则被用来控制对现货波动性的其他一些影响。使用贝叶斯定理的向量自回归法,通过对所有 4 个国家每月及每日的波动性进行测量后表面:没有证据可证明引入股指期货会影响现货的波动性。Lee 和 Ohk(1992b)也使用每月及每日计算得出的波动性对上述每个国家的现货波动性进行了简单地前对比。通过每日数据的计算,他们发现在日本的波动性明显上升了,而英国则下降,显示了不对现货波动性的潜在影响控制的危险性。

美国、加拿大、日本、英国、法国及德国:Antoniou、Koutmos 和 Pericli(2005)研究了 1969~1996 年间标普 500、多伦多 300、日经 225、金融时报全股票、CAC 工业及法兰克福 Commerzbank 指数的每日数据。期货市场的建立也许会吸引正面回应的交易者,从而导致了期货市场的高波动性通过套利的方式转移到了现货市场。另一方面,一个期货市场也会吸引理性的且想稳定期货交易的交易商,因此也是通过套利来和现货市场相联的。在所有研究的国家中除了美国外,在推出期货后,其正面回应的交易显著地减少了,而没有一个国家的现货波动性因此增加。在美国正面回应的交易并不是因期货的引入而减少,是因为它不存在。因此,期货交易并没有破坏现货供应市场的稳定性。

25 国:Gulen 和 Mayhew(2000)采用了 25 个不同国家及地区 1973~1997 年的股票指数的每日数据,通过使用一个二变量的 GARCH 模型(该模型允许每个国家有条件的协方差和世界指数随时间而变化)后发现引入相应的股指期货后,有 5 个国家(芬兰、德国、匈牙利、日本及西班牙)的现货波动性增加了,有 11 个国家(澳大利亚、加拿大、智利、丹麦、马来西亚、荷兰、挪威、南非、瑞典、瑞士及英国)的现货波动性减小了,而其余 9 个国家及地区(奥地利、比利时、法国、中国香港地区、以色列、意大利、韩国、葡萄牙及美国)的现货波动性不变。对于其中的 17 国,他们把预期的及不可预期的期货交易量及未平仓和约加入到 GJR–GARCH 模型中的有条件方差等式中,并得出以下结论:预期的期货交易量对丹麦、德国及香港的现货波动性有正面的影响,而对奥地利及英国存在负面的影响(注意 Board、Sandmann 和 Sutcliffe,2001 通过在有条件方差等式中加入了一个非虚假的变量后,对以上结论提出了反对意见;见 12.1.2 章节)。

表 12.2   股指期货对现货波动性的影响

研究方法	指数名称	时间跨度	波动性增加	无变化	波动性减小
实验法					
Friedman et al (1983, 1984)	无	无			√
Forsythe, Palfrey & Plott (1984)	无	无	√		
Harrison (1992)	无	无	√		
Porter & Smith (1995)	无	无			√
前后对比法					
Santoni (1987)	标普 500	1975~86		√	
Becketti & Roberts (1990)	标普 500	1962~90		√	
Kamara, Miller & Siegel (1992)	标普 500	1976~88		√	
Baldauf & Santoni (1991)	标普 500	1975~89		√	
Brorsen (1991)	标普 500	1962~86	√	√	
Maberly et al (1989)	标普 500	1963~88	√	√	√
Edwards (1988a, 1988b)	标普 500	1973~87		√	
Cohen (1999)	标普 500	1970~83		√	
Pericli & Koutmos (1997)	标普 500	1953~94		√	
Lee & Ohk (1992a)	纽约证交所综指	1980~84	√		

表 12.2(续)

研究方法	指数名称	时间跨度	波动性增加	无变化	波动性减小
Lee & Ohk (1992b)	纽约证交所综指	1978~85		√	
Lockwood & Linn (1990)	道·琼斯工业平均	1964~89	√	√	
Rahman (2001)	道·琼斯工业平均	1997~8		√	
Chan & Karolyi (1991)	日经-新加坡	1985~7		√	
Bacha & Vila (1994)	日经-新加坡	1986		√	
Brenner et al (1994)	日经-新加坡	1984~9	√		
Bacha & Vila (1994)	日经-大阪	1988		√	√
Brenner et al (1994)	日经-大阪	1984~9			
Bacha & Vila (1994)	日经-芝加哥交易所	1990		√	
Cohen (1999)	日经-新加坡	1972~89		√	
Lee & Ohk (1992a)	东京证券交易所	1986~90	√		√
Brenner et al (1994)	东京证券交易所	1984~9			
Lee & Ohk (1992b)	东京证券交易所	1984~91	√		
Chen, Jarrett & Rhee (1992)	东京证券交易所	1987~9		√	
Freris (1990)	恒生	1984~7		√	√
Lee & Ohk (1992a)	恒生	1984~8		√	
Lee & Ohk (1992b)	恒生	1980~91		√	
Hodgson & Nicholls (1991)	全普通	1981~7		√	
Lee & Ohk (1992a)	全普通	1981~5		√	
Lee & Ohk (1992a)	金融时报 100	1982~6		√	√
Lee & Ohk (1992b)	金融时报 100	1978~89		√	
Cohen (1999)	金融时报 100	1975~98		√	
Cohen (1999)	DAX	1970~91		√	√
Reyes (1996)	CAC 40	1985~91		√	
Reyes (1996)	KFX	1986~92		√	
跨区域法					
Harris (1989b)	标普 500	1975~87	√		
Damodaran (1990)	标普 500	1977~87	√		
Kamara, Miller & Siegel (1992)	标普 500	1976~88		√	
	标普 500,道指	1981~7		√	
Aggarwal (1988)	标普 500,MMI	1987~8		√	
Koch & Koch (1993)	道指	1974~89		√	
Gerety & Mulherin (1991)	MMI	1982~6		√	
Laatsch (1991)	标普 400	1990~2		√	
Galloway & Miller (1997)	日经 225-大阪	1982~91	√		
Chang, et al. (1999)	日经 226-新加坡	1982~91		√	
Chang, et al. (1999)	五国	1980~8	√		
Lee & Ohk (1992a)					
时间序列法	标普 500	1978~89			√
Bessembinder & Segui(1992)					

表 12.2（续）

研究方法	指数名称	时间跨度	波动性增加	无变化	波动性减小
Darrat & Rahman (1995)	标普 500	1982~91		√	
Brown–Hruska & Kuserk (1995)	标普 500	1982~90		√	
Antoniou et al (1998)	标普 500	1979~85		√	
Change, Chou & Nelling (2000)	标普 500	1984~90		√	
Choi & Subrahmanyam (1994)	MMI	1984		√	
Antoniou et al (1998)	大阪	1985~91		√	
Kan (1997)	恒生	1983~9			√
Bae，Kwon & Park (2004)	韩国证券指数	1990~8	√		
Board et al (1992)	金融时报 100	1977~91		√	
Antoniou & Holmes (1995b)	金融时报 100	1980~91	√		
Robinson (1994)	金融时报 100	1980~93			√
Antoniou et al (1998)	金融时报 100	1981~7		√	
Hwang & Satchell (2000)	金融时报 100	1984~96		√.	
Kyriacou & Sarno (1999)	金融时报 100	1992~5	√	√	√
Board，et al. (2001)	金融时报 100	1988~95		√	
Antoniou et al (1998)	DAX	1987~93			√
Antoniou et al (1998)	IBEX35	1989~95		√	
Illueca & Lafuente (2003a)	IBEX35	1993~6		√	
Illueca & Lafuente (2003b)	IBEX35	2000~2		√	
Illueca & Lafuente (2004)	IBEX35	2001~2		√	
Meneu & Torró (2003)	IBEX35	1994~2001		√	
Antoniou et al (1998)	SMI	1987~93			√
Braund & Gibson–Asner (1998)	SMI	1985~94			√
Lee & Ohk (1992b)	4 国	1980~8		√	
Gulen & Mayhew (2000)	25 国	1973~97	5	9	11
Antoniou et al (2005)	6 国	1969~96		6	

    股指期货的存在对于现货波动性影响的实验研究被归纳在表 12.2 中。这展示了超过 3/4 的研究发现股指期货的交易并没有导致现货价格波动性的增加。

    关于期货交易引入的研究总体上使用了交易开始后的数据，而非使用期货公布以前更早的数据，这和期货交易过程产生的影响的观点是一致的。许多研究已经忽视了同期或后期引入的指数的权证交易，虽然它仅仅只是对现货波动性产生影响。

    由于股指期货是新生事物，大多数针对现货波动的实证研究也相当依赖刚推出股指期货后这一时期的数据。但由于低的期货交易量及交易商经验的缺乏，在这个初始时期数据可能是非典型的。因此，上述报导的实证研究结果值得商榷。但是期货并不增加现货价格波动的发现并不局限于股指期货，其他期货的证据也表面了这是引入期市场的通常结果。

当从管理层角度来考虑波动性时，把 3 种不同类型的波动性区分开也许是有用的，即：基本波动性、交易涵盖的波动性及噪音涵盖的波动性，摘自于Harris（1989c）的论文中。基本的波动性是由于对相关资产价值（例如信息的到来）的不确定性而引起的，同时如果市场价格正确地反映了相关资产的价值波动，这也是必要的。交易涵盖的波动性是由于交易过程所引起的，例如买卖价的弹性幅度或短期定单的不平衡，而这不是我们所希望的。噪音涵盖的波动性是由仅享受交易快乐的，或相信他们得到的信息是有价值的人制造的，但这实际上并没有什么用处。噪音交易者增加了波动性，但他们未获情报的交易为和他们交易的已获得消息的交易者制造了利润。这也导致了更多有消息的交易商的产生，从而导致了更多有情报价格，而这也不清楚是否噪音交易不受欢迎。

通过价格发现的功能及对滞后价格影响的减小，股指期货导致可衡量的现货波动性的增加，进一步延伸到基本波动性更精确地展现在了现货价格中，这是有益的。因而，这还不能归纳出股指期货引致了现货波动性的增加，任何这样的增加都须按期望的和不期望的部分来进行分析。管理部门也许希望最小化交易涵盖的波动性而不管总的现货波性的增加或减少与否，也想当总的波动性已经增加时接受基本波动性的增加。以前的学术著作对以上所做的归纳仅限于总的现货波动性。

Dennis 和 Sim（1999），Lee 和 Tong（1998）及 McKenzie、Brailsford 和 Faff（2001）对在澳大利亚交易的股票期货进行了研究，着重于这些资产期货的引入对相关的股票回报的波动性上的影响，所有的研究结果发现期货交易并没有增加现货的波动性。

12.1.3 程序化交易对股价波动性的影响

Brady（1988）提到，某些对股指期货的批评家认为和指数套利及投资组合保险相关的的程序交易也许要对资产价格波动性的增加负主要责任。然而，Miller（1990b）否定了指数套利从长期来说会动摇股价的稳定性，尽管他承认这引起了每分钟间的价格波动的增加。例如像 Harris（1989b）所建议的那样，如果指数套利短期内造成股票市场流动性的问题，那么指数股在短期内的价格波动会有一点增加。当有新的流动进入市场时，这种影响会消失。

Fremault（1991）用一个原理模型就指数套利对现货及期货价格波动性的影响做了研究，并归结为对这种影响没有清晰的原理上的预测可以做到。现货价格的波动性也许会增加或降低,而期货价格的波动性也会增加或降低,所以相对价格波动性的变化是不可预测的。她确实发现指数套利对有些交易者来说情况更糟,所以为那些人提供了一个合理的依据来反对程序交易。

程序交易也许会增加一个由每个股票最后交易时的价格计算得出的指数的波动性。通常,指数中的股票在以买入价或卖出价进行最后交易时的数目是基本相同的。结果,买卖价差会相互抵消,而指数价值就等同于用在最后交易时的中间询价来计算一样。然而,仅用一个程序交易来买(卖)许多股票,在指数中使用的大多数价格计算会是要(出)价。结果,指数的运行会被一半的买卖价差所夸大。除了买卖价差的影响,程序交易暂时保证了大多数最后交易价格是最近的或叫做"新鲜"价格,所以消除了滞后价格的影响。因此,作为程序交易的结果,多数股价反映了它们目前的而非历史的价值。这也会倾向于增加用交易价格所计算的指数波动性,同时由于滞后价格的减少使用所以也减少了可测量的波动性。

美国:Furbush (1989)对 1987 年 10 月 14、15、16、19 及 20 日(这段时间是在美国股灾发生的前几日)的标普 500 指数每 5 分钟间隔的数据进行了分析。分析结果显示在 14、15 及 16 日,程序交易可以用来解释约一半左右的指数波动,而 19 日及 20 日(股灾发生时)的程序交易对指数交易的波动的影响仅占 5%~10%而已,因而程序交易在 1987 年的股灾中并不占主导因素。

Harris、Sofianos 和 Shapiro (1994)也分析了程序交易对标普 500 指数波动性的影响。为了检验买卖价差的影响,他们建立了两个等同于标普 500 但基于中间询价(QC)的新指数,而且选用了股票(QL)在最后交易时间的中间询价。这使他们可以把基于最后交易价格(I)的标普 500 指数目前的价值分解成买卖弹性部分(I-QL),一个滞后的价格部分(QL-QC),及真实指数(QC),因而 I= (I-QL)+(QL-QC)+QC。他们发现 1989 年 6 月标普 500 指数(I)的每分钟价格变化的方差要比用中间询价指数(QL)的价格变化方差大约 140%,因而最后交易的价格波动是由于买卖价格的转化,从而导致了可衡量现货波动性的大幅度增加。目前的中间询价方差(QC)要比最后成交(QL)时的中间询价大约 20%,表明了使用滞后来计算指数可导致所测量方差的减少。因而,由于买卖价格的弹性导致了所测的一分钟回报方差的增加超过了由于滞后价格所引起的方差的减少。由于程序交易使滞后的价格得到了更新且产生了一个买卖价差的影响,由此预期的方差增加了 160%。Harris、Sofianos 和 Shapiro (1994)在指数套利交易开始后,没有在 30 分钟的波段上发现价格的反转,以此来证明这类交易并没有引起短期流动性的问题,从而导致了过量的现货波动性。

通过使用 1987 年的每日数据,Grossman（1988d）发现标普 500 指数的每日波动性和剧烈的程序交易对纽约证交所的影响之间没有关系。价格波动用两种不同的方式来衡量:H/L 及 （H-L)/L 的自然对数,H 在此代表每日的高价,而 L 则代表了每日的低价。程序交易的剧烈度也用两种方式来测量:程序指令的数量（买加上卖,用股数来衡量）,及程序指令的数量除以 DOT 指令的数量。然而,Grossman 发现在标普 500 的每日波动性和非程序交易的剧烈性之间存在了一种正相关性,而每日波动性与 DOT 定单除以纽约证交所定单及非程序 DOT 定单除以纽约证交所定单间有一种重要的统计相关性。Sultan、Hogan 和 Kroner(1995)使用了 1988~1991 年间的标普 500 指数的每日数据分析了程序交易对现货及期货波动性的影响。他们使用了一个双变量的GARCH(1,1)模型对现货和期货的回报进行了分析,而在有条件方差等式中把程序交易量的各种衡量作为附加的解释变量 （注:Board、Sandmann 和 Sutcliffe ［2001］ 对在有条件方差等式中加入非假变量持反对意见; 见章节12.1.2)。每日的程序交易量被分解成买入交易及卖出交易,用每日的非程序交易的一个比例来表示。

Sultan、Hogan 和 Kroner 发现买入程序交易的比例对现货及期货交易的每日波动性上有一种负的影响,而卖出交易的比例对之则有正面的影响。他们把这理解为买入程序交易增加了现货价格的杠杆作用是一致的,所以减小杠杆比例则可导致更低的波动性,反之也适用于卖出程序交易。最后,他们发现非程序交易和现货及期货的波动性有正相关作用,而把这归结为信息时代的到来刺激了价格及交易的运行轨迹。

Hogan、Kroner 和 Sultan （1997)研究了 1988~1991 年间的标普 500 指数数据。他们使用了一个双变量 GARCH(1,1)模型,并在平均值等式中加入了纠错条款、现货量及一周中某一天的影响。他们把买、卖、程序及非程序交易量的变量也放到了有条件方差等式中 （见 Board、Sandmann 和 Sutcliffe,2001 对此问题起因的考虑),他们得出了这样的结论:程序交易尤其是卖出交易和现货及期货的波动性有关。由于套利交易使现货及期货的价格趋于平衡,所以这时候现货及期货波动性的增加是可预期的。

Duffee、Kupiec 和 White （1992)对 1989 年证监会的一个研究中也就程序

交易对纽约证交所股票交易波动性的影响做了验证,而得出了和 Grossman 不同的结论。用 1988~1989 年间的数据, 他们把程序交易的产生分解为 3 个动机:指数套利、资产分配及其他策略(也包含资产组合的保险)。通过对每小时回报的每日标准差的测量, 发现纽约证交所总的程序交易水平及由指数套利引起的程序交易与现货波动性存在着很重要的正相关性,其他策略所用到的程序交易和现货当天的波动性之间仅存在边缘性的正相关性。

Thosar 和 Trigeorgis (1990)在文中提到, 当一个股票被包含在一个有股指期货为依据的指数中时,它会受到程序交易的影响。他们分别对股票包含和不包含在标普 500 指数时的波动性进行了比较, 并作为一种程序交易对现货波动性影响的测试。他们把 1982~1986 年间的 86 只股票放入到标普 500 指数中,然后计算了对 60(及 150)天的每日回报的标准差。他们发现了当被放入指数时,波动性在统计上有一个重要的增加,约为 6%,他们把这解释为是由于某些种类的程序交易的关系,例如:股票组合保险及某种资产配置的策略。

Chan 和 Chung (1993)考虑了现货、期货价格误定的大小和现货、期货价格波动性的关系。他们使用了 1984~1985 年间的 MMI 指数数据,用 5 分钟回报的绝对值对波动性进行了测量。结果发现,绝对价格的误定导致了 5 分钟后的现货及期货波动性的增加, 这个发现与由指数套利活动的增加导致了现货及期货价格的波动是一致的。另外有证据表面, 当误定的价格要求抛空股票时,套利反应会减弱,现货和期货波动性的增加导致了 5 分钟后的绝对误定价格的减小。Chan 和 Chung 建议这可能是因为更高的波动性引起了套利服务供应量的增加,从而导致了误定价格的减小。我们应当注意到 Chan 和 Chung 在测量技术上使用了 VAR,而 Koch(1993)则使用了 SEM,所以结果因此而发生了改变。

结论:尽管有证据表明在程序交易和现货波动性之间存在着正面的联系,但主要原因是由于买入、卖出价差的影响更新了滞后的价格及套利交易更正了错误的价格,事实上并没有证据表明程序交易动摇了现货市场的稳定性。

12.1.4 股指期货对系统风险的影响

除了对股指期货对总的现货波动性影响进行了调查之外, 很多研究也调查了其对波动性的一个部分-系统风险的影响。

美国：Martin 和 Senchack（1989）对 1976~1987 年间 MMI 指数成分股的每月回报使用前后对比的方法进行了分析。他们发现在 1984 年 7 月引入股指期货后，其中的 20 只股票的平均贝塔值上涨了超过 50%，而作为总风险（比如 $\beta_i^2\sigma_m^2/\sigma_i^2$）中一个部分的平均系统风险则由 24% 上升到了 49%，即增长了 100%。

Martin 和 Senchack（1991），Senchack 和 Martin（1990）接着研究了 1980~1987 年间 MMI 指数中的 20 只股票的每日数据。由于其他的股指期货（指数包含了这 20 只 MMI 股票）自 1982 年 2 月后相继开始出现，他们对从 1982 年 2 月~1984 年 7 月这一过渡期内的数据进行了分析。他们用这 20 只 MMI 指数股的系统风险占总风险比例的变化与另 20 只更小型的且不列于任何指数（但有期货及权证合同存在）中的股票进行了比较（例如：采用跨区域的方法），对于这 20 只 MMI 指数股的系统风险比例来说，平均增长了 14%，而非指数股的系统风险比例则没有增加。

Martin 和 Senchack（1991），Senchack 和 Martin（1990）认为系统风险比例的增加也许是由于 MMI 指数股的程序交易和包含这些股票的股指期货的建立有关。为了对之进行测试，沿用 Grossman（1988d）的方法，他们把 1987 年的交易日分成高度程序交易日及其他日子。然后他们分别计算了高、低密度程序交易日的 MMI 股票回报的平均相关性，结果高密度程序交易日比其他日子的相关性高 66%，对于非指数的监控群，当程序交易密集时，平均的相关性降低了 16%，这表明了 MMI 指数股系统风险比例的增加部分是与程序交易有关的。

Damodaran（1990）对 1977~1987 年间标普 500 指数中的 378 家公司及 699 家非指数公司的每日回报进行了分析。他用市场模型对 1982 年 4 月 21 日标普 500 指数期货引入的前后 5 年内的每家公司进行了研究，结果发现标普 500 的公司在 1982 年 4 月后的估算贝塔值在统计上有显著的增加，而非指数公司的贝塔值则没有显著的变化。标普 500 贝塔值的显著增加证实了 Martin 和 Senchack（1989）的发现。Damodaran 然后调查了是否是变量而不是标普 500 期货的存在导致了标普 500 公司的贝塔值的增加，他考虑了 5 个特别可能导致更高昂贝塔值的因素：股息收益、债务/资产净值的比率、现金/总资产的比率、资产的历史净值及再购买/资产净值的比率，他发现没有一个变量会引起标普 500 股票贝塔值的增加。如本章前面所述，Laatsch（1991）对 MMI 及

Galloway 和 Miller（1997）对标普 400 的考证后均没有发现有证据表面期货交易会改变指数中股票的贝塔值。

中国香港地区：Kan 和 Tang（1999）对 1980~1992 年间恒生指数的每日数据进行了研究,同时还抽样使用了一组非指数股。他们的结论是:没有证据表明恒生期货交易增加了指数股的贝塔值。

结论：美国的实验研究总体上发现系统风险对指数股重要性的增加是由于股指期货的引入,而这一影响和程序交易的强度呈正相关性。然而,在另外一些研究中没有发现贝塔值发生变化。

12.2 投资组合保险与股价波动性

Brady（1988）,Gammill 和 Marsh（1988）,Stoll 和 Whaley（1988b）认为有一种形式的程序交易(投资组合保险)对资产价格波动性的大幅增加负有主要责任,例如像 1987 年 10 月的股灾。Grossman（1988a,1988b,1988c）文中讲道,如果对投资组合保险(例如通过交易指数期及债券来人为建立一个认估权证)有需求的话,那么股价的波动性会增大。因为资产组合的承保人倾向于当价格降低时卖出,而价格升高是买入,这就加剧了价格的运转,例如:他们是趋势而非价值交易商(或是积极的而非消极反应的交易商)。

Grossman（1988a,1988b,1988c）描述了交易真实的有价证券和他们的合成物结果的差别。他特别使用认估权证来考虑投资组合保险的不同影响,并用动态的避险策略(交易股票及/或股指期货)来复制了一个认估权证。他认为买入认估权证即告诉市场当股价低于行权价时,交易者的意图倾向于卖出股票。因而,当价格较低时,认估证的价格有机地平衡了计划卖出股票的资产组合的承保人与其他想买入股票的交易者。如果资产组合的承保人使用了一个合成的策略,那么当股价回落时市场事先并不得知他们的意图要卖出股票,这样意料不到的期货及股票交易会耗尽这些市场资本的容量(例如流动性)。对于所期望的回报来说,他们也许传达了一个坏消息,所以也减少了交易者从资产组合的承保人那里购买保险的欲望。结果,股价会降得更低,从而增加了股票及期货的价格波动性。这就是 1987 年 10 月股灾的"层叠原理",例如:股票市场价格下降导致了股票组合的承保人要卖出股指期货,因而导致了期货价格的下降,引发了股市价格的进一步滑落等情况。

　　Santoni（1988）对这种股灾的解释做了测试,并检验了层叠原理的两个隐含物:期货回报的正自相关性及现货回报领先于期货回报。通过 1987 年 10 月 16 日、19 日及 20 日标普 500 指数的每分钟间隔的数据,他发现没证据可支持层叠原理。Neal（1993a）通过对美国合成资产组合保险的程序交易量及在 1987 年股灾时的有条件现货供应波动性的关系检测了 Grossman 的假设。通过使用 5 分钟时间段上, 同期的及之前 3 分钟与之后 5 分钟的资产组合保险的成交量数据, 他发现波动性和资产组合保险交易间没有关系, 因此他否定了 Grossman 的假设。

　　Brady（1988）报道了在 1987 年 10 月股灾时相对更少的投资者参与了和保险相关的交易, 但凡是参与的则交易量非常之大, 其中 3 个承保人承担了 20 亿美元的股票及 28 亿美元的期货销售。在 10 月 16 日星期五这天的美国股指期货上,资产组合保险合计的卖出量占到了 21%。有证据表明在 10 月 19 日星期一那天,有些美国投资者因预期美国纽约证交所的股票会下跌,所以赶在纽约证交所开市(平均一个投资者售出股票价值为 9,500 万美元)前在伦敦开始售出股票。Leland 和 Rubinstein（1988）在文中提出了这样的异议:由于美国的资产组合保险在股灾发生前只占到了最多 2% 的市场份额,所以它不应该对高达 20% 的股价回落负主要责任。Quality of Markets Unit(1987~1988)一文中提到在英国股灾发生时的那一周, 资产组合保险的交易量仅占到了金融时报 100 指数期货交易的 5%, 而只占相应于那一周总的净资产交易量的 1.5% 而已。Miller（1988）提议不需要通过管理来限制资产组合保险的活动。他的理由是尽管资产组合保险的绝对数庞大,但相对于整个股灾却很小,而股灾对那些没有金融衍生品的国家的影响在量级上是相似的。因而,没有证据可说明资产组合保险销售的影响是过度的,而其不足处也很明显,而且这类活动的量级也随其自身的发展规律大幅减少了。

　　另一种对合成资产组合保险的任何不利影响的处理方法叫做“阳光交易”。这是由一个特别的投资者所发布的公告,并宣称在期货市场上发起一种在特定时间内的特定规模的交易。这就允许投资者可以区分那些因受新信息所驱动的交易及那些受资产组合保险影响而产生的活动,因而增加了投资者参与交易资产组合保险的意愿(因为这消除了参与者间信息不平衡的任何猜疑),但这种交易目前在美国不被允许。

　　Kodres(1994)使用了 1989 年标普 500 期货交易的数据来找寻趋势(或反

应积极的)交易者,资产组合保险实际上也是成为趋势交易者的一个可能的原因。趋势交易定义为当价格上升(下降)了 0.25 个指数点时交易商在 15 分钟内进行的买入(卖出)交易。她发现在所有活跃的交易员中约 16%~20% 的人可被归类为主流趋势或反应积极的交易员(一个广义上相似部分的活跃的交易商被定义为主流价值,或负面反应的交易员)。反应积极的交易员的成交额占所有活跃的交易员的总成交量的 12%~17%。反应积极的交易员多为客户而非当地人或是清算会员。注意,当交易员把一个大单分拆为有序的几个小单,这就有可能是趋势交易了。在 1989 年 10 月(10 月 13 日星期五发生了一个小型股灾)的趋势交易的成交量发生了递减,暗示了这类交易并非造成小型股灾的主要因素。为了测试反应交易对期货波动性的影响,Kodres 把期货的波动性用了 3 种不同的方法来进行估算:帕金森高–低估算法、Schwert 的迭代程序及 ARCH(1)。通过对正、负反应的交易员在 15 分钟时间段的成交量估计的波动性进行的回归分析, 作为同样 15 分钟时间段上的总成交量的一部分,她发现了混合的结果。有微弱的证据表明当正、负反应的交易员表现的更积极时,波动性会随之增加。当期货交易量大时,大多数的趋势交易员表现的最为积极, 例如:期货市场非常"拥挤"。最后,Kodres 发现 15 分钟之后当趋势交易员在整个成交量中占到了一个不寻常的高比例时, 在接下来的 30 分钟内没有价格反转的倾向,也没有证据表明趋势交易员损失了金钱(至少在这 30 分钟的时间段上)。总之,趋势交易员对原理所预测的波动性没有破坏性的影响。

　　结论:当合成的资产组合保险有潜能动摇现货市场的稳定性,而现有的证据不足以证明它应当对 1987 年的股灾负责。

12.3 股指期货存在的其他一些影响

　　股指期货的推出不仅仅对现货波动性有影响, 还包括对现货市场其他一系列的特性也有影响,这些可能性也被进行了调查和考证。

12.3.1 现货引用的买卖差价

　　Jegadeesh 和 Subrahmanyam(1993)观察了 1982 年 4 月引入的标普 500 指数期货对纽约证交所的买卖价差大小的影响。股指期货的存在也许导致了一些相对信息量较少的交易者(例如避险者)因更低的交易费用从现货市场转入到了期货市场。有两个原因可以解释为什么现货买卖价差会增大。第一,因为在现货市场有更高比例的信息灵通的交易员，而现货买卖价差会增大以保护市场制造者因信息不对称而受损。第二，更低的现货成交量意味着市场制造者的固定成本必须要从更少量的交易者中收回，从而导致了现货买卖价差的增大。然而，股指期货的引入也为现货市场创建人提供了规避因持有各种股票所带来的系统风险，这会导致更低的买卖价差。因而，引入股指期货对相应的现货市场的买卖价差大小的影响是一个尚处于研究观察的议题。

Jegadeesh 和 Subrahmanyam（1993）通过对标普 500 指数中的股票在股指期货引入前后的 6 个月期间的月末的买卖价差的报价进行了观测和分析，而对另一组在纽约证交所交易的非标普 500 的股票也做了同样的分析。在控制了现货回报方差，现货价格水平及交易量变化的影响后，发现标普 500 指数期货引入后相应比例的现货买卖价差显示了统计上重要性的增加。这也暗示了信息量少的交易者从现货转向期货市场的影响大于市场建立者的避险的影响，而这与资本市场的创建者并不使用与资产相关的权证来避开他们存货风险的观点是一致的，援引于 Board 和 Sutcliffe（1995b,1998）。

Choi 和 Subrahmanyam(1994)也研究了期货交易的引入对现货买卖价差的影响。除了对 Jegadeesh 和 Subrahmanyam（1993）关于信息量少的交易者从现货转向期货及市场建立者利用期货进行避险的影响研究之外，他们考虑到了一个期货市场也许会因市场范围内的信息而刺激额外的交易量。这类受信息刺激的交易也许会通过指数套利的形式而渗透到现货市场中，导致现货买卖价差的进一步扩大及现货成交量的放大。因而，他们使用了 3 个清晰的假设：（a）信息量少的交易者转入期货市场增加了现货买卖价差的波动但减少了现货交易量；(b)使用期货来避险减少了现货买卖价差但没有使现货交易量发生改变；(c)根据整个市场范围的信息在期货市场进行交易扩大了现货买卖价差也加大了现货交易量。他们用 1984 年（在 MMI 期货被引入前 7 个月及之后的 5 个月）股票的报价数据测试了这些假设。通过对价格水平的买卖价差的影响进行控制之后，发现现货回报的波动性，现货成交量及市场范围内的因素与现存的股指期货没有关系。回归分析的结果标明，MMI 指数期货的引入导致了 MMI 的 20 个成分股所提供的买卖价差在统计上有显著的增加。然而，这个增加小于 1 分钱，所以从经济上看也许不重要，这和 Jegadeesh 和 Subrahmanyam（1993）得出的结论是相同的。

12.3.2　现货成交量

Damodaran（1990）使用了 378 只标普 500 指数股及 699 只非指数股,并对它们在标普 500 指数期货引入前后 5 年间的每日回报及每日交易价值（相对与市值）进行了研究。在后 5 年的时期内,标普 500 股票交易价值（相对与市值）增长了 98%,而非指数股的交易价值（相对与市值）则仅增加了 42%。和非指数股比较,标普 500 交易股票的价值（相对与市值）在统计上有明显的增加。这可能是因为标普 500 指数期货的引入的关系,尽管这也许是由于 80 年代早期指数基金快速增长而导致的。

12.3.3　方差比率

Damodaran（1990）也计算并研究了每家公司在 20 天时间段上回报方差,即除以每日回报的方差再乘以 20。如果股价完全随新信息而调整,而回报相对于时间又是独立的话,这个方差比率应该只有一个。对于标普 500 的股票来说,当期货交易引入后的非加权平均的方差比率降低了 0.029 到 0.9661,而相对于非指数股票则上升了 0.5% 到 0.9321。他把这个结果解释为由于指数套利及资产组合保险的引入导致了信息躁动的上升。然而,也存在其他可能的解释,例如:标普 500 股票的买卖价差的增加（由 Jegadeesh 和 Subrahmanyam,1993 年发现）。

12.3.4　交易持续期

Taylor（2004a）使用了自回归有条件持续期（ACD）模型对相邻现货交易的时间长度间断的决定因素进行了调查,并把这叫做交易持续期。1998 年金融时报 100 股票的交易持续期展现了一种反转的 U 形。另外,Taylor 发现当现货与期货的价格错定时,交易持续期下降了。这是个非线性的关系,只有当错价超过了套利交易的成本之后,交易持续期才会在本质上增加。Taylor 然后提出使用交易持续期模型等同于使用反转的瞬间有条件现货回报波动性模型。因此,买卖价差、成交量及套利机会是现货波动性的决定因素。

12.3.5　现货一周中某一天的影响

Hiraki、Maberly 和 Taube（1998）对 1976~1996 年间日经 225 指数的每日

数据进行了分析。他们发现,日经 225 指数期货于 1986 年被引入新加坡后,在日本股市的"星期二"现象消失了。这主要是由于日本的资本市场当时发生了结构性的变化,而股指期货的交易就是原因之一。

12.4　资本市场和期货市场的联系

Board、Goodhart 和 Sutcliffe (1991)提到,从 80 年代早期开始,股指期货市场的陆续引入导致了现货与期货市场发生了一定的交互作用, 而且也引起了监管层要控制这种衍生品工具可能会对已建的资本市场产生有害影响的注意。1987 年 10 月的股灾就被归咎于股指期货,所以在美国发生了一系列的调整和变化旨在处理这一问题。这一节,我们首先讨论现货与总体上被认为是有益的并值得鼓励的期货市场间的联系。然后,各种可能的有害的联系也会被讨论。

12.4.1　有益的联系

大部分关于现货与期货的有益联系在本书中已有大量的描述, 所以在这里我们仅简略地再提一下。

1. 对冲:在股指期货的交易中使用对冲主要原因是降低风险。对冲有效性的一个关键因素就是基差的稳定,例如当前的期货价格减去现货价格(见第 9 章)。通过稳定期货和现货的价格增强了使用股指期货来进行对冲的有效性,进一步推进了套利程序有助于消除套利机会,这是加快稳定性的一个方面。股指期货的引入为市场建立者提供了一个对冲他们手中股票的工具。因此,Kling(1986)认为市场建立者风险的减少也许导致了现货市场买卖价差的降低。

2. 套利:套利与现货及期货市场是紧密地结合在一起的, 所以稳定了基差。Fremault(1991)提到,套利也增加了现货与期货市场的流动性及风险承受能力。Holden(1995)创建了一个与市场的建立有关联的模型。市场创立者为交易者单一的证券在不同的时候提供了流动性,而套利者则为交易者的不同的证券在同时间提供流动性。因而,套利活动被认为是一个功能完好的市场的正常特点,而非是一种无效的表现。

有些观察研究已经从股指期货的无套利价格之外寻找线索, 尽管结果并不清晰,但总的来说支持以下观点:虽然期货和现货的价格是高度相关的,但通过对调查发现即使允许高额的交易成本, 有些套利机会仍然在所有被研究的国家存在。Maberly 和 Maris（1991）研究了公司规模的影响,即美国一年交替时期股票的回报（例如小型公司比大型公司的回报在 1 月 1 日那天来的高）。研究发现当股指期货于 1982 年被引入后,这种异常现象在很大程度上减少了。他们认为这也许是由于期货推动了大公司与小公司间在一年更替时期不同回报的发掘,具体的办法是卖出标普 500 期货然后买入有价值的期货,这种交易所引起的期货价格的变化随后通过股指的套利流入到了股票市场。

3. **流动性**：股指期货市场的建立吸引了更多的交易商及新资本加入到以股票为基础的证券交易中。这额外增加的流通性使得股市能更方便地吸引更大宗的交易,例如:程序交易,而不会引发股价的大震动(Grossman 和 Miller,1988)。Grossman（1988a）指出,每笔股指期货的低交易成本意味着大额的交易可被分拆成几个小额交易,所以减少了对市场流通性的需要(由于没有一个投资者被要求扮演成大额交易的另一方的角色)。

4. **现货成交量**：股指期货的存在允许了希望参与市场整体的运作的交易者可以用比买股票更有效的办法即股指期货来达到他们的目的（例如可使用股指期货及债券来建立一个合成的指数基金,见 10.2.9 章节）,这就把交易量从股市转移了出去。然而,股指期货的存在也允许了指数的套利,从而同时增加了股票市场及期货市场的交易量。另外,使用期货市场来对冲一个股票组合的风险也会增加这两个市场的成交量。1992 年 4 月 13 日星期一那天,芝加哥商品交易所的交易从中午开始就被暂停了直到那天结束为为止,主要由于环芝加哥隧道地区的洪水所致。Kuserk 和 Locke（1994）发现纽约证交所的交易量也因芝加哥商品交易所的关闭而萎缩了,而下降的幅度超过了指数套利产生的影响。因而,可以看出期货市场的关闭也打击了现货交投的活跃性。股指期货市场也许对股票的平均交易量有一个本质的影响,同时对交易量的可变性也有影响。如果期货交易增加了股票的交易量,那么它会同样增加股市的流通性,也会减少大宗交易的价格影响。

5. **信息及价格的发现**：期货价格能够反映额外的超过已在现货价格中所反映的信息,从而对现货价格起到指向和标志杆的作用,见第 6 章。美国的研究表明股指期货的价格领先相应的市场指数达好几分钟。

6. **新的金融工具**：股指期货的存在导致了指数套利的增加,这增加了交易一篮子和指数股对应的股票的需要。套利者对于交易一篮子股票的需要,同样也适用于资产组合承保人及其他一些人。这也导致了提议开发新型的票据类产品,例如仓库收据,有抵押的开放式基金、套餐交易、超级股票及指数参与(这些开始时因美国监管层的争议而受阻,但指数参与自 1990 年 3 月 9 日起在多伦多 35 指数上上开始了活跃的交易),引自于 Harris(1990a)、Kupiec(1990)、Rubinstein(1989)和 Stoll (1987)。指数参与现已在许多国家用交换交易基金的名称广泛地进行交易,就某些目的来说,这些新型的金融工具可能可以代替股指期货(例如指数基金的建立)。

7. 交易工具:对快速执行程序交易的需要和指数套利及其他策略的联系导致了证券交易工具的发展,比如美国的 DOT。

8. 短期化:R. Miller (1990)争辩道:由于基金经理对股指期货的增加使用,城市公共机构的短期收费减少了。而不用股指期货,执行这样基金的时间决定要求买入或卖出很多公司的股票,而原因大多和公司的表现无关。这就显现出基金是短期投资者,因为他们重复地买卖股票。然而,如果时间决定可通过使用股指期货来完成的话,那么基金对所选择的公司进行长期投资就更为明显。这样一种发展意味着交易量从股票市场向股指期货市场的转移,从而使股票市场的流通性降低。这将导致更高的市场撞击成本,因而加宽了在套利发生前期货与股票的价格可波动的范围。

12.4.2 潜在的有害联系

多数潜在的有害联系包括股指期货的交易对现货价格行为的扭曲。

1. 价格波动:关于期货市场的存在增加了相关资产价格的波动性的说法已广为人知。虽然存在理论上的可能性,但观测研究表明期货并没有增加相应的现货市场价格的波动性,见 12.1 章节。

2. 到期日: Chamberlain,Cheung 和 Kwan (1989),Edwards(1988a,1988b),Feinstein 和 Goetzmann(1988),Hancock(1993),Herbst 和 Maberly(1990,1991),Merrick (1989),Santoni (1987),Sofianos (1994),Stoll (1986,1988),Stoll 和 Whaley (1987a,1987b,1990a,1991)and Whaley (1986)文中分别提到,有证据表明当股指期货推出时,美国和加拿大短期内的指数价格波动性增加了(例如三倍魅力小时),但只算是小数量级别,同时股票和期货的成交量也有增加。

美国: Chen 和 Williams (1994)发现,标普 500 期货和纽约证交所合成期货及权证的结算时间在 1987 年 6 月 19 日的转变,对从星期五的收市到开市来说并没有减少最后哪个星期五的每日波动性,但却导致了星期五收市时波动性的减少,而增加了星期五开市时的波动性。对于 1992 年 7 月引入的标普 500 指数权证,结算时间为星期五开市时而非收市时。

Petzel（1989,第 104 页）文中提到,交货时波动性的增加也许是由于现金的使用而非实物结算。当用实物交货时,对于尚未结清的合约则在到期日需要用实物进行交易,而现金结算则只需在到期日使用现金即可。套利者在现货市场中采用一个对冲交易,而非对他们的期货和约接受现金结算。因此,如果是现金结算的话,则很难预测在交货时相关现货市场的交易。

Hancock（1991）研究了标普 500 指数期货权证到期日对相应的标普 500 指数期货波动性的影响,结果发现有证据表明波动性有所增加。

Sultan、Hogan 和 Kroner(1995)使用 1988~1991 年间直到 1991 年 12 月的每日数据来寻找在到期日及那一周的现货与期货回报波动性的变化,使用了一个双变量 GARCH(1,1)模型,他们发现到期日对波动性没有影响。这个发现也许是因为在研究中所使用的是每日而非 5 分钟的数据,而且数据都已于 1987 年后公布。

中国香港地区:Chow、Yung 和 Zhang （2003）使用了 1990~1999 年间的 5 分钟回报数据对恒生指数期货的到期日影响做了研究,EDSP 被作为在整个最后交易日的平均价格来计算。从 1993 年起,恒生指数权证的到期日和股指期货的是一样的。在到期日那天,没有发现回报或现货交易量发生变化。然而,现货回报的波动性相对于前一日有中度的增加。

英国:在对金融时报 100 指数的研究中,Karakullukcu（1992)发现几乎没有证据显示当 EDSP 被计算时的价格波动性或成交量有所增加。这也许是因为在英国,结算价格的计算通常发生在早晨和中午的当中时间,而非发生在交易结束后。

德国:Schlag（1996)选取了 1991~1994 年间 DAX 的数据,通过对指数中股票的开市价计算了 DAX 期货在星期五的 EDSP。他发现在到期日的星期五,DAX 股票的成交量比往常放大了 3 倍,而许多指数股的开放时间发生了延迟。然而,价格波动性在星期五第一个小时的交易时没有增加。

期货的到期日会导致股票价格波动性的增加,但这个小问题可以通过使各种不同的衍生品的到期日不同步即可。

3. 资产组合保险:当股价降低时通过卖出股指期货(或股票)时,资产组合保险有潜在的破坏稳定的作用。但是,Leland 和 Rubinstein(1988),Miller

（1988）已否定了其为 1987 年 10 月股灾的主要因素。

4. 相对股价：指数其实仅覆盖了一部分在股市中经选择的股票，而因指数而应运而生的期货则有潜力来改变指数中的股价，这相对于非指数股票来说。Damodaran（1990）考虑了引入股指期货对指数中股价回报的影响，他发现，在 1982 年 4 月后的 5 年时间里，标普 500 股票的非加权每日平均回报增加了88%，而对于非指数股仅增长了 38%。结果，虽然在 1982 年 4 月前的平均回报没有什么差别，但在之后标普 500 股票比非指数股的回报要高得多。这也许是因为 80 年代的前 5 年对指数股的需求因指数基金的成长而增加，而非因为股指期货的引入。

有些研究已经开始关注一个略微不同的问题了。如 Sutcliffe（1997）在第一章所总结的那样，这些论文分析了被包含在标普 500 指数中的股价的影响。在有些著作中，结果可按那些标普 500 指数期货引入前后来进行分解，而这一事件对结果没有影响。

另外也有一些对 1987 年 10 月股灾期间相对股价的研究。Blume、MacKinlay 和 Terker（1989）调查了 1987 年 10 月股灾期间标普 500 指数股及市值相当的非标普 500 指数股的相对价格变化。通过调整"滞后"的价格及重新计算了标普 500 指数后，他们发现，标普 500 股票相对于非标普 500 股票在10 月 19 日星期一那天下降了超过 7%（例如：-20%而不是-13%），而 10 月 20日星期二早晨的交易段几乎所有的损失被弥补了。在对不同的市值控制后，标普 500 指数股在这两天的成交量始终居高。通过对一段给定时期内的要价的买压，卖价的卖压，及买压减去卖压所产生的定单不平衡进行测算后，他们发现标普 500 指数及非标普 500 指数的定单不平衡与回报间存在很强的正相关性。当 Blume、MacKinlay 和 Terker（1989）对定单不平衡与回报间的关系进行了跨区域的分析后，他们也发现这种正相关性。他们认为结果和假设是一致的，标普 500 指数股在 10 月 19 日星期一那天的下调是因为市场当天无法吸收如此强劲的卖压。这样的卖压也许是由指数相关的策略所引发的，例如资产组合保险。然而，第二天，这些股票的价格立即回升了上来。因而，对一个较短的时期，标普 500 指数股及其他纽约证交所的股票的相对价格被扭曲了（Kleidon 和 Whaley，1992，否定了这种价格压力的假设，见 6.7 章节）。

Board、Goodhart 和 Sutcliffe（1992）以及 Board 和 Sutcliffe（1992）通过控制了市场的宽幅运动（用金融时报全股票指数水平来衡量）后，检验了金融时报

100 期货交易量对金融时报 100 指数水平的影响。使用 1984~1991 年间的每日数据，他们发现了在期货成交量与金融时报 100 指数间存在着一个微小的但在统计上占有重要性的正相关性。这也许是由于大公司效应，即由于套利及流通性的增加而导致对指数股需求的增加，或是因为指数基金的增长。

　　5. 资本的竞争：美国的管理层担心因股指期货的存在而使有限的风险资产从投资股票转向期货。然而，Jaffee（1984），Stein（1986）对这种简单地认为总投资基金的供应量减少的观点持反对意见。期货的买卖不仅包括支付最初的保证金及价格变动保证金，而且必须另外安排一笔资金用以追加保证金通知时用。对于资本市场来说，这些资金并没有消失。结算所收到的最初的保证金对不管是结算所的相关成员还是计算所本身同样获得利息收入。价格变动保证金是一个零和的游戏，而交易者持有的预防余额除了满足追加保证金通知的需要外，也可用来投资以挣取利息。Powers 和 Castelino（1991）建议，通过允许银行及股票经济人对冲他们的风险及发展新的储蓄产品，期货增加了资本形成的水平。

　　一个更复杂的担心是股指期货也许会吸收本可以为高风险投资项目进行的融资。如果确实是这样的话，股指期货的存在将会使投资分配发生从高风险投资中撤出而转向更安全投资的改变。然而，期货使风险在交易者中间得以重新分配，而对于避险者来说则降低了总风险。这样的投资者也许现在准备投资到更高风险的项目中，而以前他们可能不会那么去做。因此，虽然没有理由去期望可能的风险资产数目的减少，但这类资本的供应量因为选择的不同也许会变化，而债券及股票的相对成本也会变化。

　　6. EDSP：如果一个未平仓的指数和约持有到交货时，则持有人有去影响交易所交货结算价格（EDSP）的动机，这种对 EDSP 的人为操控在 11.9 章节中被考虑过。

12.5 结论

　　除了资产组合保险及到期日的影响外，现有的证据也支持股指期货对现货市场没有负面影响的观点。资产组合保险（在 80 年代的前 5 年进行了实践）被 1987 年的股灾严重地破坏了，所以也不可能成为期货的问题；而到期日波动性的增加则是个小问题，因为通过改变 EDPS 计算周期已减少了在美国的这一影响。股指期货可能也有其他一些负面影响，但在实践中尚未发生。股指期货带来的许多益处尽管不能数量化，但却是实质性的。